WordPress Para leigos

Com o WordPress é possível criar um site de acordo com seus gostos e necessidades. Todas as ferramentas de publicação de que você necessita estão disponíveis: algumas vêm com o software do WordPress, enquanto outras são plugins e add-ons de terceiros, criados por membros da comunidade de usuários do WordPress. Com um pouco de pesquisa, conhecimento e tempo, você pode criar um site WordPress que se adéque às suas necessidades e dê aos seus leitores uma experiência empolgante que os faça pedir por mais.

© McLittle Stock / Shutterstock.com

ENCONTRANDO O SUPORTE DA COMUNIDADE WORDPRESS

A comunidade WordPress tem voluntários que administram fóruns para cada versão da ferramenta. Nesses fóruns, você pode fazer perguntas e obter respostas de usuários mais experientes. Certifique-se de acessar o fórum de suporte adequado para a versão do WordPress que você está utilizando.

Se Você Estiver...	... Use este Fórum
Usando a versão hospedada de forma gratuita pela incrível turma do site WordPress.com	Fóruns do WordPress.com
Executando a versão de usuário único do WordPress em seu próprio servidor web (auto-hospedagem ou self-hosting)	Suporte WordPress
Buscando um repositório de informações sobre o uso geral do WordPress	WordPress Codex

WordPress Para leigos

VISITANDO O PAINEL DO WORDPRESS

O Dashboard (ou Painel) do WordPress possui alguns itens principais no menu que são os mesmos em ambas as versões — WordPress.com e WordPress.org. As opções de submenu podem variar de acordo com a versão do software.

Item de Menu	Descrição
Meu Painel	Encontre informações e estatísticas básicas sobre seu site, bem como informações do Blog de Desenvolvimento do WordPress e outros blogs administrados por pessoas envolvidas nos recursos ou desenvolvimento do software.
Posts	Veja todos os arquivos de mídia que você enviou ao seu site, incluindo imagens, áudios e vídeos. Envie e gerencie novos arquivos de mídia com o uploader de mídia embutido.
Mídia	Veja todos os arquivos de mídia que você enviou ao seu site, incluindo imagens, áudios e vídeos. Envie e gerencie novos arquivos de mídia com o uploader de mídia embutido.
Páginas	Escreva e publique novas páginas estáticas para o seu site, além de editar ou apagar páginas publicadas anteriormente. Atribua páginas a modelos personalizados de página.
Comentários	Administre os comentários, visualizando-os, editando-os ou apagando-os. Além disso, administre sua fila de moderação de comentários e caixa de spam de comentários/trackback.
Aparência	Administre seus temas do WordPress, visualizando-os, ativando-os e editando-os no Editor de Temas. Aqui você também pode usar e configurar os widgets da barra lateral.
Plugins	Veja uma lista dos plugins instalados em seu site WordPress. Encontre novos plugins e os instale, ative, desative, melhore e edite.
Usuários	Administre seus usuários e assinantes, além de editar o seu próprio perfil.
Ferramentas	Importe dados de outro sistema de gerenciamento de conteúdo (como Blogger, TypePad ou Movable Type) para seu blog ou exporte os dados atuais de seu site para um arquivo de backup. Atualize seu software para a versão mais recente com a funcionalidade de atualização automática.
Configurações	Escolha as opções gerais para seu site. Encontre configurações de posts, feeds RSS, opções de discussão, privacidade e links permanentes.

WordPress

Para leigos

WordPress Para Leigos

Copyright © 2023 da Starlin Alta Editora e Consultoria Eireli.
ISBN: 978-65-5520-841-2

Translated from original WordPress For Dummies. Copyright © 2021 by Wiley Publishing, Inc. ISBN 978-1-119-69697-1. This translation is published and sold by permission of John Wiley, the owner of all rights to publish and sell the same. PORTUGUESE language edition published by Starlin Alta Editora e Consultoria Eireli, Copyright © 2023 by Starlin Alta Editora e Consultoria Eireli.

Impresso no Brasil — 1ª Edição, 2023 — Edição revisada conforme o Acordo Ortográfico da Língua Portuguesa de 2009.

Dados Internacionais de Catalogação na Publicação (CIP) de acordo com ISBD

S116w   Sabin-Wilson, Lisa

WordPress Para Leigos / Lisa Sabin-Wilson ; traduzido por Matheus Araújo. - Rio de Janeiro : Alta Books, 2023.
480 p. : il. ; 16cm x 23cm.

Inclui índice.
ISBN: 978-65-5520-841-2

1. WordPress. 2. Software. 3. Gestão de conteúdos – Internet. I. Araújo, Matheus. II. Título.

CDD 005.3
CDU 004.42

2023-1228

Elaborado por Odilio Hilario Moreira Junior - CRB-8/9949

Índice para catálogo sistemático:
1.1   Ciência da Computação: programas de computador 005.3
2.1   Ciência da Computação: programas de computador 004.42

Produção Editorial
Grupo Editorial Alta Books

Diretor Editorial
Anderson Vieira
anderson.vieira@altabooks.com.br

Editor
José Ruggeri
j.ruggeri@altabooks.com.br

Gerência Comercial
Claudio Lima
claudio@altabooks.com.br

Gerência Marketing
Andréa Guatiello
andrea@altabooks.com.br

Coordenação Comercial
Thiago Biaggi

Coordenação de Eventos
Viviane Paiva
comercial@altabooks.com.br

Coordenação ADM/Finc.
Solange Souza

Coordenação Logística
Waldir Rodrigues

Gestão de Pessoas
Jairo Araújo

Direitos Autorais
Raquel Porto
rights@altabooks.com.br

Produtor da Obra
Thiê Alves

Produtores Editoriais
Illysabelle Trajano
Maria de Lourdes Borges
Paulo Gomes
Thales Silva

Equipe Comercial
Adenir Gomes
Andrea Riccelli
Ana Claudia Lima
Daiana Costa
Everson Sete
Kaique Luiz
Luana Santos
Maira Conceição
Natasha Sales
Pablo Frazão

Equipe Editorial
Ana Clara Tambasco
Andreza Moraes
Beatriz de Assis
Beatriz Frohe
Betânia Santos
Brenda Rodrigues
Caroline David
Erick Brandão

Elton Manhães
Gabriela Nataly
Gabriela Paiva
Isabella Gibara
Henrique Waldez
Karolayne Alves
Kelry Oliveira
Lorrahn Candido
Luana Maura
Marcelli Ferreira
Mariana Portugal
Marlon Souza
Matheus Mello
Milena Soares
Patricia Silvestre
Viviane Corrêa
Yasmin Sayonara

Marketing Editorial
Amanda Mucci
Ana Paula Ferreira
Beatriz Martins
Ellen Nascimento
Guilherme Nunes
Livia Carvalho
Thiago Brito

Atuaram na edição desta obra:

Tradução
Matheus Araújo

Copidesque
Alberto Streicher

Revisão Gramatical
Thamiris Leiroza
Vivian Sbravatti

Revisão Técnica
Osvaldo Relder Silva
Especialista em WordPress

Diagramação
Lucia Quaresma

Editora
afiliada à:

Rua Viúva Cláudio, 291 – Bairro Industrial do Jacaré
CEP: 20.970-031 – Rio de Janeiro (RJ)
Tels.: (21) 3278-8069 / 3278-8419
www.altabooks.com.br – altabooks@altabooks.com.br
Ouvidoria: ouvidoria@altabooks.com.br

ALTA BOOKS
GRUPO EDITORIAL

WordPress
para leigos

Tradução da 9ª Edição

Lisa Sabin-Wilson

PREFÁCIO DE Matt Mullenweg
Cofundador do WordPress

ALTA BOOKS
GRUPO EDITORIAL
Rio de Janeiro, 2023

Sobre a Autora

Lisa Sabin-Wilson tem trabalhado com o software WordPress desde sua criação, em 2003, e construiu uma carreira fornecendo suporte técnico, hospedagem e soluções de designs para pessoas e empresas que usam a ferramenta. Ela oferece seus serviços, habilidades e conhecimento a respeito do produto a milhares de pessoas em todo o mundo. Lisa também é autora dos best-sellers *WordPress All-In-One For Dummies* e *WordPress Web Design For Dummies*.

Lisa administra alguns blogs na internet, todos criados pelo WordPress. Seu blog pessoal (`http://lisasabin-wilson.com`) está online desde fevereiro de 2002. Ela e seu parceiro de negócios, Brad Williams, fornecem serviços personalizados de desenvolvimento e design em sua agência de WordPress, a WebDevStudios (`http://webdevstudios.com`).

Quando conseguem convencê-la a se afastar do computador, onde normalmente está trabalhando para fornecer soluções de design aos seus clientes usuários do WordPress, por vezes faz algumas aparições em palestras públicas sobre design, desenvolvimento e WordPress. Ela participou de conferências como South by Southwest Interactive Conference, Blog World Expo, CMSExpo, Prestige Conference e de diversos eventos de WordCamp ao redor do mundo.

Lisa realiza consultorias para donos de sites, tanto grandes quanto pequenos. Editores web são sempre muito diversos, desde empresariais até editores pessoais, criativos e técnicos, só para citar alguns. A Lisa se comunica com milhares deles ao redor do mundo e é grata pela oportunidade de compartilhar seu conhecimento com o *WordPress Para Leigos*. Ela também espera que este livro seja bem valioso para você!

Quando não está criando projetos ou realizando consultorias com seus clientes, normalmente é possível encontrá-la em sua cafeteria favorita bebericando café expresso, no cume de alguma montanha esquiando com sua família, ou a trinta metros de profundidade em águas oceânicas praticando mergulho com seu marido e nadando com os peixes.

Você pode encontrar Lisa na internet em sua conta do Twitter: @LisaSabinWilson.

Dedicatória da Autora

Para meu pai, Donald Sabin — obrigada por seu amor, apoio incansável e por encorajar minhas escolhas loucas na vida. Sinto sua falta, pai... descanse em paz.

Agradecimentos da Autora

Meus agradecimentos e créditos a Matt Mullenweg e Mike Little, a equipe central de desenvolvimento do WordPress, e a cada um envolvido para tornar o WordPress o melhor sistema de gerenciamento de conteúdo disponível na internet atualmente. Aos voluntários e testadores, que acabam com aqueles incômodos bugs de pré-lançamento para cada nova versão, a comunidade WordPress agradece! E a cada desenvolvedor de plugins e designer de temas do WordPress que doa seu tempo, conhecimento e sua habilidade para fornecer ferramentas valiosas a toda a comunidade de usuários do WordPress, nos ajudando a criar sites dinâmicos, mil vezes obrigada! Todas as pessoas mencionadas aqui são um recurso de valor incalculável para a experiência geral do WordPress. Gostaria de nomeá-los individualmente, mas vocês são, literalmente, milhares!

Um agradecimento extra e especial aos meus colegas e amigos da comunidade WordPress que me inspiram e ensinam todos os dias.

Um grande agradecimento a Steve Hayes e a Charlotte Kughen pelo apoio, assistência e orientação durante o curso deste projeto. O simples fato de que precisaram ler cada página deste livro significa que merecem uma medalha de honra! Além disso, muito obrigada ao editor técnico, Greg Rickaby, que trabalhou muito para garantir que eu parecesse letrada.

Sumário Resumido

Sumário

Prefácio

Havia um programa da Microsoft chamado FrontPage, que era a primeira interface visual para a criação de sites que eu vi. Ele funcionava como o Microsoft Word e o Microsoft Publisher, então, com pouquíssimo conhecimento, fui capaz de criar o pior site do mundo em apenas algumas horas, sem me preocupar com o que estava acontecendo por trás daquela interface.

Anos depois, quando olho novamente para aquele site, me sinto envergonhado, mas, na época, aquilo era incrivelmente empoderador. O software, embora rudimentar, me ajudou a publicar algo que qualquer pessoa, em qualquer lugar do mundo, poderia ver. Ele abriu as portas para um mundo que eu nunca havia imaginado antes.

Agora, usando softwares como o WordPress, é possível ter um blog ou site muito à frente daquele meu primeiro, tanto em funcionalidade quanto em estética. Assim como minha primeira experiência abriu meu apetite por mais, espero que sua experiência o encoraje a explorar os milhares de plugins, temas gratuitos e as personalizações que o WordPress torna possíveis, muitos dos quais são explicados neste livro.

WordPress é mais do que apenas um software; ele também é uma comunidade, um ecossistema em rápida evolução e um conjunto de filosofias e opiniões sobre como criar a melhor experiência web. Ao abraçá-lo, estará em boas mãos. Alguns dos usuários do WordPress são as antigas empresas de mídia, como CNN, *The New York Times* e *The Wall Street Journal,* além de milhões de blogueiros pessoais, como eu, para os quais o blog do WordPress é um meio de expressão.

Matt Mullenweg

Cofundador do WordPress

Introdução

oi em 2003 que descobri o WordPress. Naquela época (e em "anos de internet" isso é bastante tempo), eu usava o Movable Type como minha plataforma de blog. Uma amiga me apresentou ao WordPress. "Teste", disse ela. "Você vai gostar."

Como uma criatura de hábitos, relutei em fazer a mudança, mas, desde então, não olhei para trás. Uso o WordPress desde aquela época.

O WordPress teve início como uma ferramenta para blogs. Autores, alunos, pais, donos de negócios, acadêmicos, jornalistas, entusiastas — e uma infinidade de outras pessoas — usam os blogs como parte de seu dia a dia. Ao longo da última década, o WordPress surgiu como o melhor sistema de gerenciamento de conteúdo (CMS, na sigla em inglês) disponível na internet. O software do WordPress é, atualmente, responsável por 35% dos sites que você vê por aí.

Atualmente, o WordPress é muito mais que uma ferramenta para fazer blogs. Pessoas, empresas e corporações estão usando-o para construir toda sua presença online. Ele se tornou uma solução valiosa para tudo, desde a venda de produtos na internet até a administração de sites de assinatura e blogs. Praticamente tudo o que você imagina que pode fazer com seu site pode ser feito pelo WordPress.

Para um novo usuário, alguns aspectos do WordPress podem ser um tanto intimidadores. Porém, depois que você começar a utilizá-lo, perceberá como o software é intuitivo, amigável e expansível.

Este livro oferece uma visão perspicaz do WordPress. No livro, tratarei sobre administrar e manter seu site feito pelo WordPress por meio do uso de plugins e temas, bem como o uso do Painel intuitivo do WordPress para administrar seu conteúdo. Caso tenha interesse em conferir detalhadamente a ferramenta de criação de sites fornecida pelo WordPress, então você está com o livro certo.

Sobre Este Livro

Este livro cobre todos os aspectos importantes do WordPress que os novos usuários precisam saber para usar o software na criação de seus sites. Eu falo sobre o pacote de software disponível em `https://WordPress.org`, destacando assuntos importantes, como:

» Instalando e configurando o software

» Navegando no Painel do WordPress

» Usando o Editor de Blocos para criar posts e páginas

» Encontrando e instalando temas gratuitos para usar em seu site do WordPress

» Usando programação básica para projetar seu próprio tema do WordPress ou modificar o tema que você está utilizando

» Instalando, ativando e gerenciando plugins do WordPress

» Escolhendo a opção de múltiplos sites do WordPress Network para hospedar uma rede de sites em seu domínio

» Migrando seu site existente para o WordPress (caso esteja usando uma plataforma diferente, como Drupal, Movable Type ou Expression Engine)

Com o WordPress você pode criar um site de acordo com seus gostos e necessidades. Alguns sites têm o pacote próprio do WordPress, enquanto outros usam plugins e add-ons criados por terceiros e disponibilizados pelos membros da comunidade de usuários do WordPress. Com um pouco de pesquisa, conhecimento e tempo, você pode criar um site do WordPress que se adéque às suas necessidades e dê aos seus leitores uma experiência empolgante que os faça pedir por mais.

Penso que...

Jamais saberei que tipo de suposição você fez sobre mim até aqui, mas posso contar algumas coisas que já presumi a seu respeito:

» Você sabe o que é um computador, consegue ligá-lo e entende que, se derramar café no teclado, precisará substituí-lo.

» Você entende como entrar na internet e sabe o básico sobre usar um navegador para visitar diferentes sites.

» Você tem um conhecimento básico sobre o que são sites e blogs, e tem interesse em usar o WordPress para criar o seu próprio site ou blog. Ou você já tem um site, já usa o WordPress e deseja compreender melhor o programa para que possa fazer coisas mais legais e deixar de incomodar seu melhor amigo geek quando tiver alguma dúvida.

» Você já tem um site em outra plataforma e deseja movê-lo para o WordPress.

» Você sabe o que é um e-mail, tem um endereço de e-mail e envia e recebe e-mails com certa frequência.

Ícones Usados Neste Livro

Os ícones enfatizam uma informação a ser lembrada, um perigo a ser evitado ou uma informação que acredito ser útil. Essas informações são ilustradas da seguinte forma:

DICA

Dicas são pequenas informações que podem ser úteis.

CUIDADO

Uso este ícone para indicar situações perigosas.

PAPO DE ESPECIALISTA

Este ícone é usado para todos os assuntos geek. Não o uso com frequência, mas, quando uso, você saberá que está prestes a encontrar uma série de jargões técnicos.

LEMBRE-SE

Quando vir este ícone, leia o texto próximo a ele duas ou três vezes para gravá-lo em seu cérebro e lembrar-se dele.

Além Deste Livro

Você pode acessar a Folha de Cola Online no site da editora Alta Books. Procure pelo título do livro. Faça o download da Folha de Cola completa, bem como de erratas e possíveis arquivos de apoio.

De Lá para Cá, Daqui para Lá

Este livro é uma verdadeira amálgama de informações, ideias, conceitos, ferramentas, recursos e instruções sobre o WordPress. Algumas partes deste livro se aplicam diretamente ao que você quer fazer com seu blog. Outras partes podem lidar com assuntos sobre os quais você só tem alguma curiosidade, então sinta-se livre para folhear (ou pular) essas páginas.

Caso já tenha o WordPress instalado no seu servidor web, por exemplo, você pode pular o Capítulo 3. Se não estiver interessado em mergulhar no código de um modelo WordPress e não quer descobrir como aplicar CSS ou HTML para melhorar o design do seu site, você pode pular os Capítulos 9 a 12. Se você não tem interesse em executar múltiplos sites por meio do WordPress, pule o Capítulo 13.

Não espero que leia este livro do começo ao final (a menos que você seja minha mãe — nesse caso, não a perdoarei caso pule páginas ou capítulos). Em vez disso, veja o sumário e o índice para encontrar a informação de que precisa.

Em resumo: pegue o que for necessário e ignore o resto.

Nota da Editora: Ao longo deste livro, há diversos sites indicados que apresentam conteúdo em inglês. Sua acessibilidade e conteúdo são de inteira responsabilidade da autora.

1
Apresentando o WordPress

Capítulo **1**

O que o WordPress Pode Fazer por Você

Em um mundo em que a tecnologia avança num piscar de olhos, o WordPress realmente facilita a criação de sites — e gratuitamente! De que outra forma você levaria seu conteúdo para um público em potencial de milhões de pessoas ao redor do mundo sem gastar um centavo? Almoços grátis podem não existir, mas você pode apostar todo seu dinheiro que existem sites e blogs grátis. O WordPress serve a todos eles com um único e elegante pacote.

A gratuidade, a facilidade de uso e a velocidade de criação e publicação do seu site são três bons motivos para usar o WordPress em seu blog pessoal ou site de negócios. Um motivo ainda melhor é a comunidade de usuários do WordPress, sempre incrivelmente solidária e apaixonada. Neste capítulo, apresento você ao software WordPress para que descubra quão eficaz ele será como uma ferramenta para a criação de seu próprio site.

Descobrindo os Benefícios do WordPress

Trabalho com criadores de sites de primeira viagem o tempo todo — gente nova em toda essa coisa de publicar conteúdo na internet. Uma das perguntas que me fazem com frequência é: "Como posso administrar um site? Eu nem sei programá-lo ou criá-lo."

Eis o WordPress. Você não precisa mais se preocupar com programação porque o software já faz essa parte para você. Ao entrar no seu site, só precisará fazer duas coisas para publicar seus pensamentos e ideias:

1. **Escrever o conteúdo.**

2. **Clicar em um botão para publicá-lo.**

E pronto!

O WordPress, como a ferramenta de gerenciamento de conteúdo mais popular do mercado, oferece as seguintes vantagens competitivas:

» **Diversidade de opções:** Existem duas versões do WordPress disponíveis e que se adéquam a quase todo tipo de dono de site:

- *WordPress.com:* Uma solução pronta para uso e hospedada na internet. Usada principalmente para a criação de blogs.

- *WordPress.org:* Uma versão auto-hospedada para ser instalada no servidor web de sua escolha. Usada para a criação de blogs e sites.

Entro em mais detalhes sobre cada uma dessas versões posteriormente, na seção "Escolhendo uma Plataforma WordPress".

» **Facilidade de uso:** A instalação do WordPress é rápida e o software é fácil de usar.

» **Expansividade:** O WordPress é extremamente expansível, o que significa que é fácil obter plugins e ferramentas que o permitirão personalizá-lo para se adequar melhor aos seus objetivos.

» **Forte comunidade de usuários:** O WordPress possui uma grande comunidade de membros leais que ajudam uns aos outros por meio de fóruns de suporte públicos, blogs e sites ajustados para o uso do WordPress.

As seções a seguir descrevem alguns detalhes dessas características e indicam alguns locais do livro em que você pode aprender mais sobre elas.

Configuração fácil e rápida

O WordPress é uma das únicas plataformas que podem se gabar de uma instalação de cinco minutos — e é verdade! As duas versões do software têm instalações que duram aproximadamente o mesmo tempo.

Lembre-se de que cinco minutos é o período *aproximado* de instalação do software no WordPress.org. Essa estimativa não inclui o tempo necessário para registro de domínio, serviços de hospedagem web ou configuração das opções no Painel (você pode encontrar mais informações sobre serviços de hospedagem web no Capítulo 3).

Ao concluir a instalação, porém, o mundo do WordPress o aguarda. A página inicial é bem organizada e não intimida à primeira vista. Tudo é claro e lógico, facilitando até para um usuário de primeira viagem enxergar para onde ir se quiser alterar as configurações.

O WordPress com certeza tem recursos suficientes para deixar até mesmo o desenvolvedor mais experiente feliz e ocupado. Ao mesmo tempo, porém, é amigável o suficiente para que um usuário novato se impressione com a facilidade de utilização. Cada vez que você usa o WordPress, pode acabar encontrando algo novo e empolgante.

Expandindo as competências do WordPress

Descobri que a parte mais empolgante e divertida de administrar um site no WordPress é explorar a flexibilidade do software. Centenas de plugins e *temas* (designs) estão disponíveis para que crie um site que funcione da forma que *você* precisa.

Se pensar no seu site como um aspirador de pó, então os plugins são seus acessórios. Eles não funcionam por si só, mas, quando você os adiciona ao aspirador de pó, estará adicionando diferentes funcionalidades a ele, provavelmente melhorando o desempenho do aparelho.

Todos os sites do WordPress são, em essência, os mesmos, então a utilização de plugins pode verdadeiramente individualizar o seu site, fornecendo características e ferramentas adicionais que beneficiam você e seus leitores. Em 98% das vezes, quando você visita um site do WordPress com algumas funções bem diferentes e legais, é possível incluí-las no seu próprio site por meio de um plugin para o WordPress. Caso não saiba qual plugin o site está utilizando, tente enviar um e-mail ou fazer um comentário para o dono. Os donos de sites na plataforma WordPress normalmente gostam de compartilhar as ferramentas incríveis descobertas por eles.

A maioria dos plugins está disponível de forma gratuita. Você pode ler mais sobre os plugins para o WordPress e onde consegui-los no Capítulo 7. O Capítulo 15 lista minhas dez escolhas favoritas dentre os plugins para WordPress mais populares disponíveis para download.

Além do uso de plugins, é possível embelezar o seu site do WordPress com modelos e temas. O WordPress possui um tema padrão bem legal para você começar. A Figura 1-1 mostra o tema padrão Twenty Twenty, criado pela equipe do WordPress, que é exibido por padrão após instalar e configurar o seu site pela primeira vez.

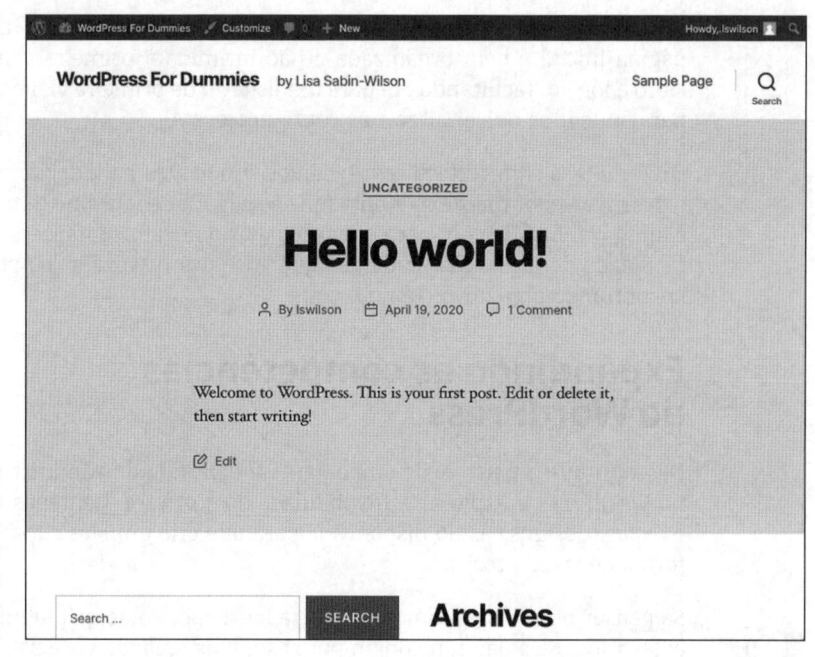

FIGURA 1-1:
Comece criando um novo site do WordPress com um tema.

O estilo padrão do tema é minimalista, com configurações úteis embutidas na seção Personalizar, permitindo que você mude as cores e insira uma imagem para usar como cabeçalho (você pode ler mais sobre como configurar os temas do WordPress e a utilização do Personalizar nos Capítulos 9 a 12).

LEMBRE-SE

O tema Twenty Twenty (veja a Figura 1-1) inclui todos os elementos básicos de que precisará para começar a criar um site no WordPress. Existem centenas de formas diferentes para expandir o seu site por meio de plugins e temas lançados por membros da comunidade WordPress, mas o tema padrão é um bom ponto de partida.

Ao usar alguns dos milhares de plugins e temas disponíveis, você pode, de fato, administrar muitos tipos de conteúdo em seu site. O WordPress não é mais feito apenas para blogs (embora continue sendo ótimo nisso!). Embora o WordPress tenha alcançado grande fama como plataforma de criação e gerenciamento de blogs, também é possível utilizá-lo para criar sites dinâmicos e diversos, construindo coisas como sites de e-commerce (venda de produtos online), um site exclusivo para membros com conteúdo apenas para pessoas registradas, ou um grande site de negócio corporativo como o que você pode ver no Microsoft News Center, em `https://news.microsoft.com`.

Usar o WordPress como um sistema de gerenciamento de conteúdo (CMS — Content Management System) livra você de administrar apenas um blog na plataforma (veja o Capítulo 12 para mais informações sobre a técnica de usar o WordPress como um CMS).

Participando da comunidade

Permita-me apresentar a turma ferozmente leal que compõe a base de usuários do software, mais conhecida como a vasta comunidade WordPress. Esse grupo alegre de damas e cavalheiros está por toda parte, da Califórnia ao Cairo, da Flórida a Florença e em muitos outros lugares.

Em março de 2005, Matt Mullenweg, do WordPress, declarou com orgulho que o número de downloads do software havia alcançado 900 mil — um marco incrível na história do software. No entanto, a coisa realmente empolgante aconteceu em agosto de 2006, quando o software registrou mais de 1 milhão de downloads, e depois em 2007, quando esse número subiu para 3 milhões. Desde então, os downloads do software têm superado esse teto, com mais de 30 milhões de downloads até o começo de 2020 — e esse é um número que cresce todos os dias. O WordPress é, com certeza, o CMS mais popular disponível na internet atualmente. Até a primeira metade de 2020, ele era responsável por aproximadamente 35% de todos os sites na internet naquele mesmo ano — basicamente algo entre dois a cada seis sites que você encontrava na internet.

Não deixe o grande volume de usuários enganá-lo: o WordPress também pode se gabar por ter a comunidade mais prestativa da internet. Você pode encontrar usuários ajudando uns aos outros nos fóruns de apoio, em `https://WordPress.org/support`. Você também pode encontrar usuários contribuindo para o muito prestativo WordPress Codex (uma coleção de documentos com instruções sobre determinados assuntos) em `https://codex.WordPress.org`. Finalmente, espalhados pela internet, você encontrará diversos sites sobre o WordPress, com usuários compartilhando suas experiências e histórias de guerra na esperança de ajudar os próximos novatos.

Você pode assinar diferentes mailing lists, também. Essas listas são uma oportunidade para se envolver em diversos aspectos da comunidade WordPress, bem como no desenvolvimento contínuo do software.

Participar da comunidade WordPress é fácil: simplesmente comece seu site usando uma das opções de plataforma WordPress. Caso já esteja publicando conteúdo em outra plataforma, como Blogger ou Movable Type, o WordPress permite uma fácil migração dos seus dados atuais para uma nova configuração do WordPress (veja o Capítulo 14 para saber mais sobre migrar seu site existente para o WordPress).

Escolhendo uma Plataforma WordPress

Uma das realidades de administrar um site atualmente é escolher uma no verdadeiro banquete de plataformas disponíveis para encontrar aquela que funcione do jeito que você precisa. É bom ter certeza de que a plataforma escolhida tem todas as opções que você procura. O WordPress é único no sentido de que oferece duas versões de seu software, cada uma projetada para atender a necessidades diversas:

» A versão hospedada em WordPress.com: `https://WordPress.com`.

» A versão autoinstalada e auto-hospedada disponível em `https://WordPress.org`. (Este livro tem como foco essa versão.)

Cada configuração de site WordPress possui certas características disponíveis, esteja você usando o software auto-hospedado do WordPress.org ou a versão hospedada em WordPress.com. Essas características incluem (mas não se limitam a):

» Instalação e configuração rápida e fácil

» Capacidade total de publicação, permitindo que publique conteúdo na internet por meio de um editor de blocos de fácil uso em uma interface web

» Arquivamento dos seus posts por tópicos, usando categorias

» Arquivamento mensal de seus posts, com a possibilidade de fornecer uma listagem dos arquivos para uma fácil navegação em seu site

» Ferramentas de comentários e trackback

» Proteção automática contra spam por meio do Akismet

» Galeria integrada para fotos e imagens

» Gerenciador de Mídia para arquivos de áudio e vídeo

» Excelente apoio da comunidade

» Número ilimitado de páginas estáticas, permitindo que você saia da caixinha dos blogs e passe a administrar um site completamente funcional

» Suporte a RSS (Really Simple Syndication; veja o Capítulo 2) com suporte a RSS 2.0, RSS 1.0 e Atom

» Ferramentas para importação de conteúdo de outros sistemas de blogs, como Blogger, Movable Type e Livejournal

A Tabela 1-1 compara as duas versões do WordPress

TABELA 1-1 **Explorando as Diferenças entre as Duas Versões do WordPress**

Característica	WordPress.org	WordPress.com
Custo	Grátis	Grátis
Download de software	Sim	Não
Instalação de software	Sim	Não
Hospedagem web necessária	Sim	Não
Controle CSS* personalizado	Sim	A partir de R$312 anuais
Acesso aos modelos	Sim	A partir de R$312 anuais
Widgets de barra lateral	Sim	Sim
RSS	Sim	Sim
Acesso a um código central	Sim	Não
Habilidade de instalar plugins	Sim	A partir de R$996 anuais
Instalação de temas**	Sim	A partir de R$996 anuais
Suporte a múltiplos autores	Sim	Sim
Número ilimitado de configurações de sites em conta única	Sim	Sim
Fóruns de suporte movidos pela comunidade	Sim	Sim

* *CSS = Cascading Style Sheets*
** *Seleção limitada no WordPress.com*

Escolhendo a versão hospedada a partir do WordPress.com

WordPress.com é um serviço gratuito. Se o download, a instalação e o uso do software em um servidor web lhe parecem grego — e coisas que prefere evitar —, a turma do WordPress tem a solução para você em WordPress.com.

WordPress.com é um *produto hospedado*, o que significa que ele não possui nenhum requisito de software, instalação ou configuração de servidores. Tudo é feito para você no backend, por trás das câmeras. Você nem precisa se preocupar em saber como o processo funciona; ele funciona rapidamente e, antes que se dê conta, estará publicando seu primeiro post com um produto do WordPress.com.

No entanto, o WordPress.com tem suas limitações. Não é possível instalar plugins ou temas personalizados, por exemplo, e você não pode personalizar os arquivos básicos de código. Também não é possível alugar espaço para propagandas ou monetizar seu site de qualquer forma a menos que pague uma taxa anual que pode variar entre R$312 e R$1.788, a depender de suas necessidades. Além disso, o WordPress.com exibe propagandas em seus posts e páginas para usuários não logados na rede WordPress (`https://WordPress.com/support/no-ads`). Mas, mesmo com suas limitações, o WordPress.com é um excelente ponto de partida se você for novo em toda essa coisa de administrar blogs e se sente intimidado pelos requisitos de configuração do software em WordPress.org.

Caso você não queira ou não necessite criar um site completo para seu negócio ou serviço e seu desejo seja apenas criar uma espécie de diário online, o WordPress.com costuma ser utilizado para esse fim por ser ótimo na criação de um site simples de forma rápida. Como mencionei anteriormente, porém, caso queira usar os milhares de plugins e temas disponíveis para WordPress — ou caso queira personalizar seu próprio tema para o site —, você só terá acesso a alguns temas pelo serviço hospedado em WordPress.com e não poderá instalar seus próprios plugins nele.

A boa notícia é que, se em algum momento você quiser migrar do site hospedado no WordPress.com para o software do WordPress.org, isso é possível. E poderá até mesmo levar todo o conteúdo do seu site hospedado no WordPress, importando-o para sua nova configuração com o software do WordPress.org.

Auto-hospedagem com o WordPress.org

A versão autoinstalada do WordPress.org, versão que eu trato neste livro, requer que você baixe o software no site do produto e o instale em um servidor web. A menos que você tenha seu próprio servidor web, precisará alugar um — ou alugar espaço em um.

O uso de um servidor web normalmente é conhecido como *hospedagem web* e, a menos que você conheça alguém que conhece alguém, a hospedagem não é grátis. Dito isso, a hospedagem web não tem um alto custo. Você geralmente consegue um bom serviço de hospedagem web por um valor mensal que gira em torno de R$25 a R$100, dependendo de suas necessidades (o Capítulo 3 cobre detalhes importantes que você precisa saber sobre a obtenção de uma hospedagem web).

No entanto, é preciso certificar-se de que qualquer hospedagem web escolhida possua o software exigido no servidor web. Atualmente, as configurações mínimas recomendadas para o WordPress são:

» Suporte a HTTPS

» PHP versão 7.4 ou superior

» MySQL versão 5.6 ou superior

Alguns provedores de hospedagem web nem sempre atualizam sua versão do PHP para a versão mais recente. Se seu provedor de hospedagem web possuir versões mais antigas de PHP e MySQL, o software WordPress funcionará com o PHP 5.6.20 ou superior e MySQL 5.0. No entanto, essas versões mais antigas são consideradas como *end of life*, o que significa *descontinuadas* no mundo do software. Versões mais antigas de PHP e MySQL ainda funcionam, mas não recebem suporte e, portanto, estão suscetíveis a vulnerabilidades de segurança.

Após instalar o WordPress em seu servidor web (veja as instruções de instalação no Capítulo 3), pode começar a usá-lo para publicar como achar melhor. Com o software WordPress, é possível instalar diversos plugins capazes de expandir a funcionalidade da plataforma, conforme descrevo no Capítulo 7.

Você também tem controle total dos arquivos e código central sobre o qual o WordPress é construído. Então, se souber alguma coisa de PHP e tiver conhecimentos de MySQL, poderá trabalhar dentro do código para criar seus próprios temas e plugins que acredite serem úteis para você e seu site. Encontre mais informações sobre PHP e MySQL no Capítulo 2.

Habilidades de design não são necessárias para que seu site fique bonito. Membros da comunidade WordPress criaram mais de 3.900 temas de WordPress, e é possível baixá-los gratuitamente e instalá-los em seu site (veja o Capítulo 8). Além disso, caso tenha uma propensão para a criatividade, goste de criar seus próprios designs e saiba CSS (Cascading Style Sheets), acredito que ficará feliz em saber que terá acesso completo ao sistema de modelos do WordPress e poderá criar seus próprios temas personalizados (veja a Parte 4).

DICA

O software auto-hospedado do WordPress.org permite que você tenha um número ilimitado de sites em uma única instalação e em um único domínio. Quando configura as opções de Rede dentro do WordPress para permitir uma interface de múltiplos sites, você se torna administrador de uma rede de sites. As opções continuam as mesmas, mas, com a configuração de Rede, terá sites e domínios adicionais, bem como poderá permitir que os usuários do seu site hospedem seus próprios sites dentro da rede. Você pode ler mais sobre a característica de múltiplos sites do WordPress no Capítulo 13.

Alguns sites que usam a opção de Rede do WordPress são:

> » **BBC America** (`https://www.bbcamerica.com`): O site da BBC America contém todos os programas e filmes que a rede oferece. Essa é uma grande rede de múltiplos sites do WordPress, com cada programa tendo seu site individual.

> » **Universidade Estadual de Boise** (`https://www.boisestate.edu`): A Universidade Estadual de Boise é a maior instituição de educação superior do estado do Idaho, EUA, oferecendo quase 200 cursos em 7 departamentos diferentes. A navegação global e as notificações de emergência são administradas de forma centralizada, e atualizações são enviadas para mais de 200 instâncias separadas nos múltiplos sites do WordPress em questão de minutos.

> » **Microsoft Windows** (`https://blogs.windows.com`): Redes de blog com nichos específicos usam o WordPress para administrar o conteúdo que publicam em diversos canais no seu site sobre o software Windows — e em vários idiomas diferentes.

Capítulo **2**

O Básico do WordPress

Muitas coisas acontecem por trás das câmeras para que seu blog ou site do WordPress funcione. A beleza de tudo isso é que você não precisa se preocupar com o que acontece no backend para administrar e manter um site do WordPress — a menos que queira. Neste capítulo, falo um pouco sobre a tecnologia por trás da plataforma do WordPress, incluindo uma olhada rápida no PHP e no MySQL, dois componentes de software necessários para executar o WordPress.

Este capítulo também trata sobre algumas das várias tecnologias que podem ajudá-lo a administrar um site de sucesso, como comentários e feeds RSS, bem como informações sobre como combater spam.

O WordPress nos Holofotes

A publicação de conteúdo é um processo evolucionário, e os blogs têm evoluído para algo muito além de diários pessoais. Sem dúvida alguma, um blog é uma ferramenta incrível para publicar seu diário pessoal com seus pensamentos e ideias, mas eles também são uma excelente ferramenta para negócios, jornalismo editorial, notícias e entretenimento. Às vezes, você encontra um blog que é como um site completo. Outras vezes, encontra um site que contém um blog, mas que também contém outros tipos de conteúdo (produtos à venda, assinaturas, newsletters, fóruns, entre outros). Aqui estão alguns usos comuns de sites e blogs criados pelo WordPress:

» **Pessoal:** Esse tipo de blogueiro cria um blog como uma espécie de diário pessoal. Você é considerado um blogueiro pessoal se usar seu blog principalmente para discutir seus assuntos pessoais, como família, gatos, filhos ou seus interesses (tecnologia, política, esporte, arte ou fotografia, por exemplo). Eu tenho um blog pessoal em `https://lisasabin-wilson.com/blog`.

» **Comercial:** Esse tipo de site usa o poder dos blogs para promover os serviços e/ou produtos de uma empresa. Blogs são ferramentas bem eficazes de difusão e publicidade, com blogs comerciais normalmente oferecendo informações úteis aos leitores e consumidores, como dicas e análises de produtos. Os blogs comerciais também deixam os leitores fornecerem feedbacks e ideias, o que pode ajudar a empresa a aprimorar seus serviços. Minha empresa, a WebDevStudios, mantém um blog ativo dentro do site comercial no seguinte endereço: `https://webdevstudios.com/blog`.

» **Mídias/jornalismo:** Cada vez mais veículos de comunicação populares, como Fox News, MSNBC e CNN, têm adicionado blogs aos seus sites para fornecer informações sobre atualidades, política e notícias em níveis regionais, nacionais e internacionais. Essas novas organizações com frequência têm blogueiros editoriais, também. A *Reader's Digest* é um exemplo desse tipo de publicação; seu site criado no WordPress está disponível em: `https://www.rd.com`.

» **Jornalismo cidadão:** O surgimento do jornalismo cidadão coincidiu com a migração da mídia antiga para as novas mídias. Na mídia antiga, os jornalistas e empresas de notícias direcionam as conversas sobre novos assuntos. Com o aumento da popularidade de blogs e os milhões de blogueiros que surgiram na internet, a mídia antiga previu uma mudança. Os cidadãos comuns, usando o poder de suas vozes por meio de blogs, mudaram a direção da conversa. Jornalistas cidadãos normalmente verificam as informações veiculadas nas mídias tradicionais, expondo inconsistências, com a intenção de regular a mídia ou os políticos locais. Um exemplo de jornalismo cidadão é o site Talking Points Memo: `https://talkingpointsmemo.com`.

» **Profissional:** Essa categoria cresce cada dia mais. Os blogueiros profissionais são pagos para escrever em blogs de empresas ou sites. Redes de blogs, como a Gartner (`https://blogs.gartner.com`), têm uma rede completa de blogueiros. Além disso, diversos serviços combinam anunciantes com blogueiros para que os anunciantes os paguem para fazer posts sobre seus produtos. É possível ganhar dinheiro como blogueiro? Sim, e isso é comum atualmente. Caso esteja interessado nesse tipo de blog, confira o ProBlogger, de Darren Rowse (`https://problogger.com`). Rowse é considerado o avô de todos os blogueiros profissionais porque, há anos, ele fornece recursos e informações úteis sobre como ganhar dinheiro com blogs.

Adentrando nas Tecnologias do WordPress

O software WordPress é um sistema de publicação pessoal que usa PHP e MySQL. Essa plataforma fornece tudo que você precisa para criar seu próprio site e publicar seus conteúdos de forma dinâmica, sem precisar saber como programar essas páginas sozinho. Em resumo, todo o seu conteúdo fica armazenado em um banco de dados do MySQL na sua conta de hospedagem.

PAPO DE ESPECIALISTA

PHP (que significa *Hypertext Preprocessor* — e originalmente significava *personal home page*, ou *página inicial pessoal*, conforme nomeado por seu criador, Rasmus Lerdorf) é uma linguagem de programação *server-side* para a criação de páginas web dinâmicas. Quando um visitante abre uma página construída em PHP, o servidor processa os comandos PHP e envia os resultados para o navegador do visitante. O MySQL é um sistema de gerenciamento de bancos de dados relacionais (RDBMS, na sigla em inglês) de código aberto que usa a Structured Query Language (SQL), a linguagem mais popular para adição, acesso e processamento de dados em um banco de dados. Se tudo isso soa grego para você, pense no MySQL como um grande arquivo onde todo o conteúdo do seu site fica armazenado.

Sempre que um visitante vai até seu site para ler o conteúdo, ele faz um pedido que é enviado ao servidor de hospedagem. A linguagem de programação PHP recebe o pedido, obtém a informação requisitada do banco de dados MySQL e a apresenta para o seu visitante por meio do navegador.

Ao usar o termo *conteúdo* como ele é aplicado aos dados armazenados no banco de dados do MySQL, refiro-me aos seus posts, páginas, comentários e opções configuradas por você no Painel do WordPress. O tema (design) que você escolheu usar para o site — seja o tema padrão, algum tema que criou ou um tema personalizado — não é parte do conteúdo, ou dos dados, armazenado no banco de dados atribuído ao seu site. Esses arquivos são parte do sistema de arquivos e não ficam armazenados no banco de dados. Então, crie e mantenha backups de todos os arquivos de temas que está utilizando. Veja, no Capítulo 9, mais informações sobre o gerenciamento de temas no WordPress.

DICA

Ao buscar um serviço de hospedagem, escolha aquele com backups diários do seu site para que o conteúdo e os dados não se percam caso surja algum problema. Provedores de hospedagem web que oferecem backups diários como parte do serviço podem ser uma salvação, pois restauram o site a sua forma original. Você pode ler mais sobre como escolher um provedor de hospedagem no Capítulo 3.

Arquivando seu histórico de publicação

Junto do software WordPress está a capacidade de manter arquivos cronológicos e categorizados de seu histórico de publicação — automaticamente. O WordPress usa as tecnologias PHP e MySQL para organizar todas suas publicações em uma ordem que você e seus leitores possam acessar de acordo com data e categoria. Esse processo de arquivamento é feito automaticamente a cada post ou página publicados em seu site.

Ao criar um post em seu site do WordPress, é possível incluir esse post em uma categoria especificada por você. Essa característica sustenta um elegante sistema de arquivamento no qual você e seus leitores podem encontrar artigos ou posts incluídos dentro de determinado assunto com facilidade. Uma página de arquivo categorizado no meu site de negócios (https://webdevstudios.com/category/WordPress; veja a Figura 2-1) contém um arquivo com todos os posts do site que foram publicados sob a categoria WordPress.

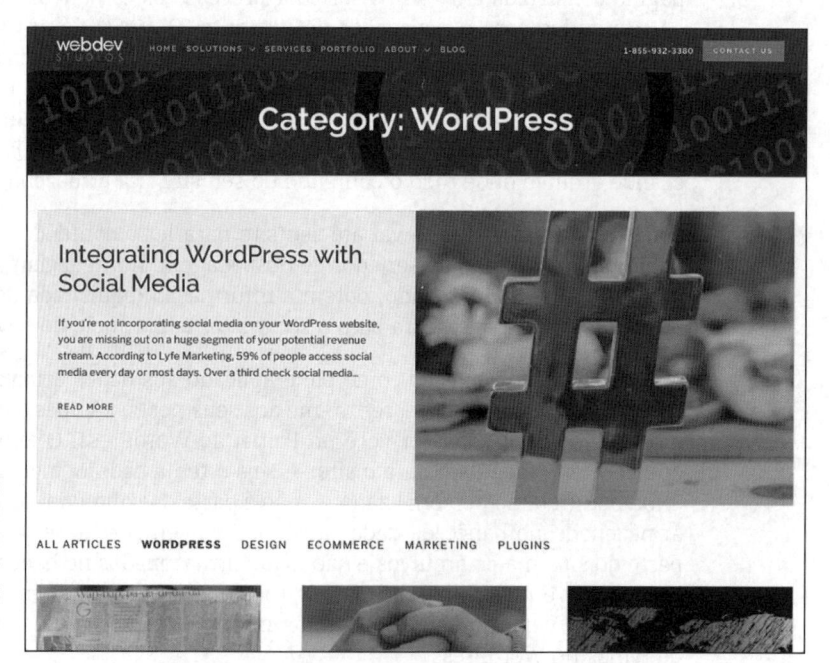

FIGURA 2-1: Uma página de arquivo categorizado no blog da minha empresa.

O WordPress permite que você crie tantas categorias quanto achar necessário para a distribuição de seu conteúdo e posts. Já vi sites com apenas uma categoria e sites com até 1.800 categorias. O WordPress fornece preferências e opções para a organização do seu conteúdo. Por outro lado, usar as categorias do WordPress é opcional. Você não precisa usar essa função.

Interagindo com seus leitores por meio de comentários

Um dos aspectos mais divertidos e empolgantes de publicar conteúdo na internet com o WordPress é receber feedback de leitores quando você cria um post em seu site. Os feedbacks, aqui chamados de *comentários,* são como um livro de visitas em seu site. As pessoas podem deixar mensagens para você que serão publicadas no site, e você poderá responder e se envolver com seus leitores em conversas sobre o assunto em questão. Veja alguns exemplos na Figura 2-2 e na Figura 2-3. Ter essa função em seu site cria a oportunidade de expandir seus pensamentos e ideias apresentados no post, dando aos seus leitores a oportunidade de expressar suas opiniões.

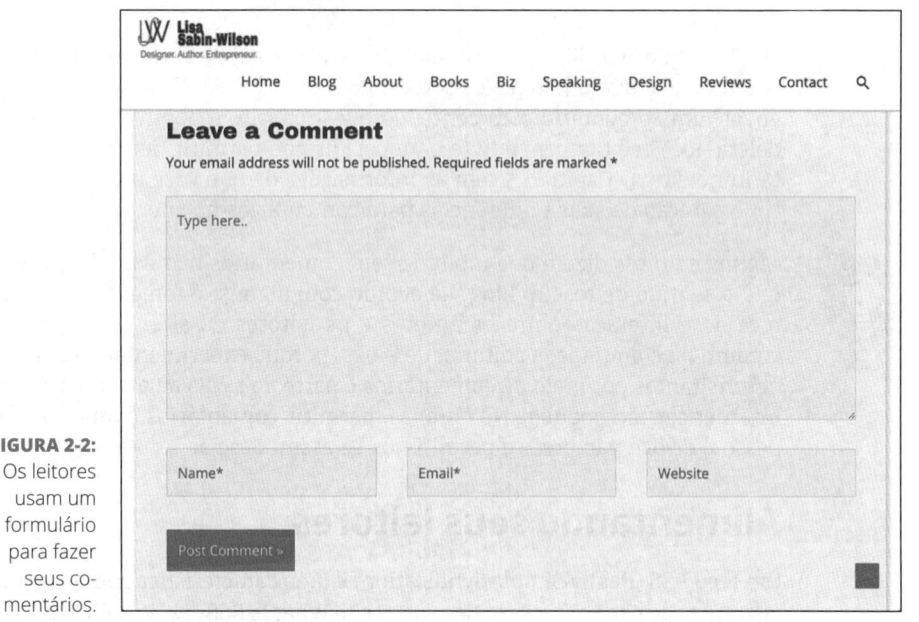

FIGURA 2-2: Os leitores usam um formulário para fazer seus comentários.

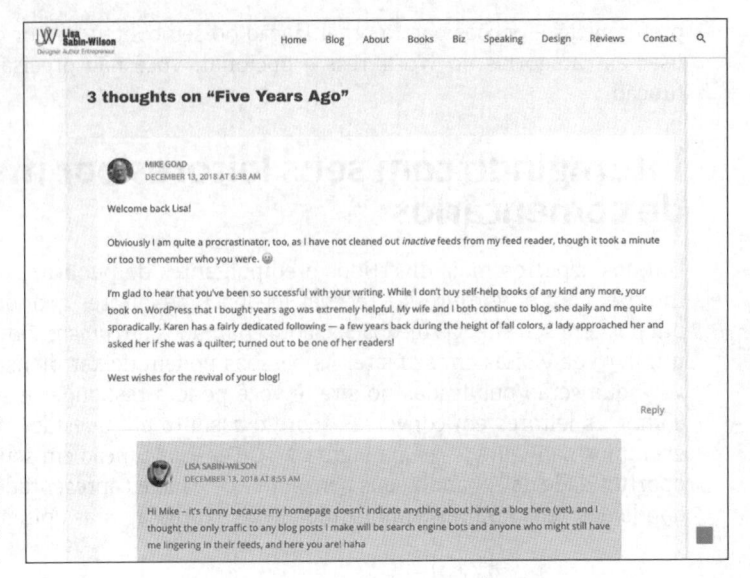

FIGURA 2-3: Comentários de leitores em um post no meu blog.

No Painel do WordPress, você tem um controle administrativo total sobre quem pode e quem não pode escrever comentários. Além disso, se alguém enviar um comentário com conteúdo questionável, é possível editá-lo ou deletá-lo. Você também é livre para decidir não permitir nenhum comentário no site. O Capítulo 5 tem as informações de que você precisa sobre a configuração de suas preferências para comentários no site.

DICA

Alguns editores dizem que um blog sem comentários não é um blog, porque o sentido de ter um blog, de acordo com alguns, é fomentar a comunicação e interação entre os autores e os leitores do site. Essa crença é comum na comunidade editorial de blogs, porque experimentar o feedback dos visitantes por meio de comentários é parte da razão de a publicação na internet ser tão popular. No entanto, permitir comentários é uma escolha pessoal e você não precisa permiti-los se assim desejar.

Alimentando seus leitores

Um feed RSS (Really Simple Syndication) é uma característica padrão que os visitantes de site passaram a desejar. O site What Is RSS? (`www.whatisrss.com`) define o RSS como "um formato para entregar conteúdos online alterados regularmente. Muitos sites de notícias, weblogs, e outros enviam seu conteúdo como um Feed RSS para quem desejar recebê-lo".

Os leitores podem usar programas específicos (leitores de feed) para baixar seu feed — isto é, esses programas descobrem automaticamente novos conteúdos (como posts e comentários) do seu blog. Então, os leitores podem baixar e consumir esse conteúdo. A Tabela 2-1 lista alguns dos leitores de feed mais populares no mercado atualmente.

TABELA 2-1   Leitores de Feed RSS Populares

Leitor	URL	Descrição
MailChimp	`https://mailchimp.com`	MailChimp é um serviço de newsletter para e-mails. O programa possui um serviço de RSS para e-mail que permite a você enviar seu conteúdo recém-publicado para seus leitores por um serviço de assinatura de e-mail.
dlvr.it	`https://dlvrit.com`	Use RSS para fazer publicações automáticas no Facebook, Twitter, LinkedIn, Pinterest e outras redes sociais.
Feedly	`https://feedly.com`	Com o Feedly, você pode se manter atualizado sobre todos seus sites favoritos com conteúdo RSS. Você não precisa baixar ou instalar nenhum software para usar esse serviço, mas existem aplicações opcionais disponíveis para utilização.

Para se manter atualizado com o mais recente e melhor conteúdo publicado em seu site, seus leitores e visitantes podem assinar o seu feed RSS. A maioria das plataformas permite que os feeds RSS sejam *descobertos automaticamente* pelos vários leitores de RSS — isso significa que o leitor só precisa inserir o URL do seu site e o programa automaticamente encontra o seu feed RSS.

O WordPress tem feeds RSS embutidos em diversos formatos. Uma vez que os feeds são embutidos na plataforma de software, não é necessário nenhum passo adicional para oferecer um feed RSS com seu conteúdo aos seus leitores. Confira o Capítulo 5 para ler mais sobre como usar feeds RSS dentro do WordPress.

Os trackbacks

A melhor forma de entender os trackbacks é pensar neles como comentários, só que com uma diferença: *trackbacks* são comentários deixados em seu site por outros sites e não por outras pessoas. Parece razoável, não é? Afinal, por que objetos inanimados não participariam da discussão?

Na verdade, talvez a coisa não seja tão louca assim. Um trackback acontece quando você faz uma publicação em seu site e, dentro do conteúdo da publicação, fornece um link para uma publicação feita por outro autor em um site diferente. Ao enviar essa publicação, o seu site envia uma espécie de notificação eletrônica ao site vinculado. Esse site recebe a notificação e publica um reconhecimento de recebimento na forma de comentário na publicação vinculada ao seu site. A informação contida no trackback inclui um link de volta à publicação do seu site que contém o link para o outro site — bem como data, hora e um breve trecho da publicação. Trackbacks aparecem dentro da seção de comentário das publicações individuais.

A notificação é enviada por meio de um *ping de rede* (uma ferramenta utilizada para testar, ou verificar, se um link pode ser acessado online) do seu site até o site do qual você tirou o link. Esse processo funciona desde que ambos os sites suportem o protocolo trackback. Praticamente todos os principais sistemas de gerenciamento de conteúdo (CMS) oferecem suporte ao protocolo trackback.

Enviar um trackback para outro site é uma boa forma de dizer ao autor daquela página que você gostou da informação apresentada na publicação. A maioria dos autores gosta de receber os trackbacks para suas publicações.

Atualmente, os trackbacks não são tão populares quanto antigamente, mas ainda existem e são ferramentas que algumas pessoas gostam de usar para obter vantagens. Uma opção no WordPress permite que você desative os trackbacks, caso queira. Você pode encontrar mais informações no Capítulo 5.

Lidando com spam de comentários e trackbacks

A verdadeira desgraça da publicação de conteúdo na internet é o spam de comentários e trackbacks. Ai. Quando os blogs se tornaram a "coisa do momento" na internet, os spammers viram uma oportunidade. Caso já tenha recebido spam em seu e-mail, você entende o que quero dizer. Para os criadores de conteúdo, o conceito é semelhante e igualmente frustrante.

Spammers enchem os conteúdos com comentários abertos e com seus links, mas sem nenhuma conversa ou interação relevante nos comentários. A razão é simples: os sites recebem classificações mais altas nos principais mecanismos de busca caso tenham diversos links em outros sites. Logo, um software como o WordPress, com tecnologias de comentários e trackback, torna-se um grande terreno fértil para milhões de spammers.

Uma vez que os comentários e trackbacks são colocados em seu site de forma pública — e geralmente com um link para o site do comentador —, os spammers fazem seus links serem publicados em milhões de sites por meio da criação de programas que buscam automaticamente sites com sistemas abertos de comentários, lotando esses sistemas com comentários que contêm links para seus sites.

Ninguém gosta de spam. Por isso, os desenvolvedores de alguns CMS, como o WordPress, gastaram incontáveis horas para impedir esses spammers e, em grande parte, eles têm sido bem-sucedidos. De vez em quando, no entanto, os spammers conseguem ultrapassar as barreiras de proteção. Muitos spammers são ofensivos e todos eles são frustrantes, já que não contribuem para as conversas que ocorrem nos sites em que publicam o spam.

Todas as plataformas WordPress têm algo importante e excelente em comum: Akismet, que acaba com o spam. O Capítulo 7 fala mais sobre o Akismet, oferecido pela Automattic, criadora do WordPress.com.

Usando o WordPress Como um Sistema de Gerenciamento de Conteúdo

Você vê muito da frase a seguir caso visite sites que publicam artigos sobre o WordPress: "O WordPress é mais do que uma plataforma de blog, é um sistema completo de gerenciamento de conteúdo." Um *sistema de gerenciamento de conteúdo* (CMS) é uma plataforma que permite administrar um site completo em seu domínio. Isso significa que o WordPress permite a você criar e publicar todo tipo de conteúdo para seu site, incluindo páginas, posts de blogs, páginas de e-commerce para a venda de produtos, vídeos, arquivos de áudio e eventos.

Explorando as diferenças entre um site e um blog

Um site e um blog são duas coisas diferentes. Embora um site possa conter um blog, um blog não contém e não pode conter um site completo. Eu sei que essa descrição parece confusa, mas após ler esta seção e explorar as diferenças entre blogs e sites, entenderá melhor.

Um *blog* é uma exibição cronológica de conteúdo, geralmente posts ou artigos escritos pelo autor do blog. Esses posts (ou artigos) são publicados, geralmente categorizados por assunto, e arquivados de acordo com a data. Os posts de um blog podem ter os comentários ativados, o que significa que os leitores podem deixar seu feedback, e o autor do blog pode responder, criando um diálogo contínuo entre autor e leitor.

Um *site* é uma coleção de páginas e seções publicadas que oferece ao visitante uma variedade de experiências ou informações. Parte do site pode ser um blog que melhora a experiência geral do visitante, mas geralmente o site tem outras seções e recursos, como os seguintes:

» **Galerias de fotos:** Essa área do site armazena álbuns e galerias de fotos enviadas, permitindo que seus visitantes pesquisem e façam comentários sobre as fotos exibidas por você.

» **Lojas de e-commerce:** Esse recurso é um carrinho de compras completamente integrado ao site e no qual você pode publicar os produtos que estão à venda e seus visitantes podem comprá-los por meio de sua loja online.

» **Fóruns:** Essa área do site permite que os visitantes entrem, criem tópicos de discussões e respondam uns aos outros em tópicos específicos.

>> **Comunidades:** Essa seção do site permite que os visitantes se tornem membros, criem perfis, façam amizade com outros membros, criem grupos e agreguem à atividade comunitária.

>> **Portfólios de trabalho:** Caso seja um fotógrafo ou web designer, por exemplo, pode exibir seu trabalho em uma seção específica do site.

>> **Formulários de feedback:** Você pode ter uma página em seu site com um formulário de contato que os visitantes podem preencher para contatá-lo via e-mail.

>> **Páginas estáticas como Bio, FAQ (Perguntas Frequentes) ou Serviços:** Essas páginas não mudam com a mesma frequência de uma página de blog. As páginas de um blog mudam sempre que você publica um novo post. As páginas estáticas, por outro lado, contêm informações que não mudam com frequência.

Vendo alguns exemplos de blogs e sites

Nesta seção, incluo algumas figuras para ilustrar melhor a diferença entre um blog e um site. A Figura 2-4 mostra como estava a página frontal do blog da minha empresa em `https://webdevstudios.com/blog` no momento em que este livro foi escrito. Visite esse URL em seu navegador e perceberá que ele contém uma lista cronológica das minhas publicações mais recentes.

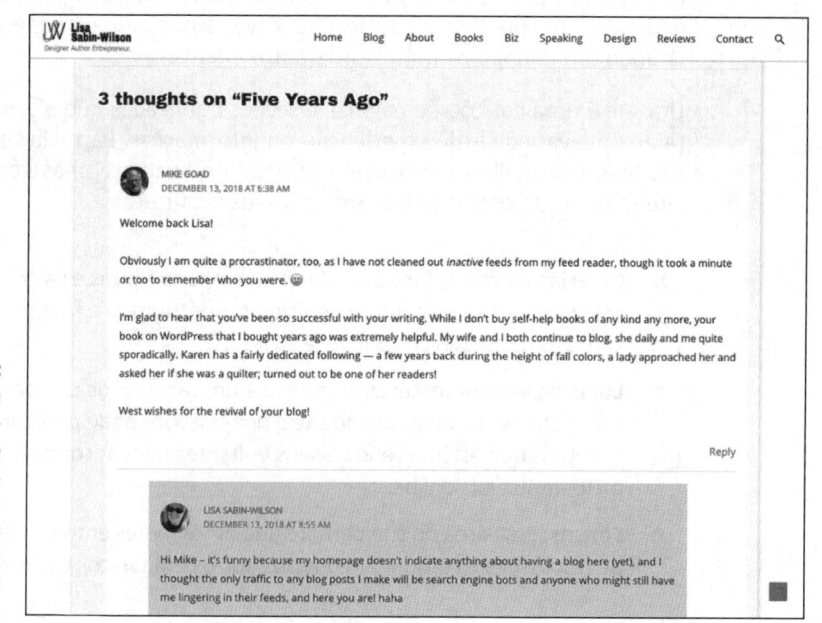

FIGURA 2-4:
O blog da minha empresa usa o WordPress como ferramenta de gerenciamento de blogs.

O site da minha empresa em `https://webdevstudios.com` também usa o WordPress em todo o site, não apenas no blog. Esse site completo tem uma página frontal estática com informações que serve como um portal para o restante do site, no qual pode-se encontrar um blog, um portfólio de trabalho, um formulário de contato, e diversas landing pages, incluindo páginas de serviço que delineiam informações sobre os diferentes serviços que oferecemos (`https://webdevstudios.com/services`). Veja a Figura 2-5 e visite a página do nosso site. Ela é bem diferente da seção de blog do mesmo site.

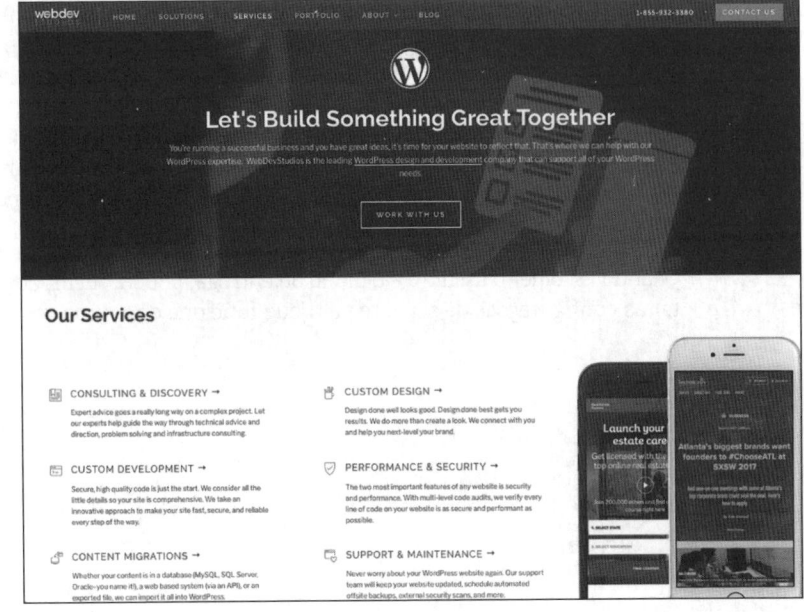

FIGURA 2-5: O site da minha empresa usa o WordPress como um CMS.

Usar o WordPress como um CMS significa que o usará não apenas para criar um blog, mas um site completo, cheio de seções e recursos que oferecem uma experiência diferenciada aos seus visitantes.

Seguindo para a Publicação

Antes de começarmos a falar sobre publicação, você precisa dar uma boa olhada nos grandes planos que tem para seu site. Um conselho: organize seu plano de ataque antes de começar. Tenha uma boa ideia de que tipo de informação gostaria de publicar, como deseja apresentar e organizar essa informação e que tipos de serviços e interação deseja fornecer ao seu público.

Faça-se estas perguntas em voz alta: "Sobre o que escreverei?" e "Eu terei um blog em meu site?". Vá em frente — faça essas perguntas. Encontrou as respostas? Talvez as tenha encontrado, talvez não, mas está tudo bem de qualquer forma. Não há um conjunto claro de regras que você deve seguir. Ter uma ideia do que você espera escrever em seu blog facilita um pouco o seu planejamento ofensivo. Pode ser que você queira escrever sobre sua vida pessoal; talvez queira apenas compartilhar algumas de suas fotos com breves comentários; ou talvez seja empresário e deseje escrever posts em um blog sobre seus serviços e sobre as notícias dentro da área ou do setor em que atua.

Ter uma ideia do seu assunto ajuda a determinar como entregar essa informação. Meu blog de design, por exemplo, é onde escrevo sobre meus projetos de web design, estudos de caso de clientes e notícias relacionadas a design e desenvolvimentos de blog. Você não encontrará fotos dos meus gatos lá, mas poderá encontrá-las em meu blog pessoal. Mantenho dois blogs separados, assim como muitas pessoas mantêm uma linha distinta de separação entre suas vidas pessoais e profissionais, não importa o setor em que trabalhem.

Quando escolher o assunto e o plano de entrega, poderá seguir adiante e ajustar as configurações de seu site para que funcione de acordo com seu plano.

Configurando o WordPress

Capítulo **3**

Configurando a Base do Seu WordPress

ntes de começar a usar o WordPress, é preciso montar sua base. Para isso, é necessário mais do que simplesmente baixar e instalar o software. Também é preciso estabelecer seu *domínio* (o endereço do seu site) e seu *serviço de hospedagem web* (o lugar que armazenará o seu site). Apesar de, inicialmente, baixarmos o software WordPress em nosso dispositivo de armazenamento, é em seu provedor de hospedagem que ele deve ser instalado.

A obtenção de um servidor web, bem como a instalação de softwares nele, é um projeto que exige um envolvimento muito maior do que simplesmente criar uma conta na versão hospedada do WordPress, disponível em WordPress.com (e tratada no Capítulo 1). É preciso levar em consideração diversos fatores ao longo desse trabalho, bem como aprender a lidar com a curva de aprendizado, pois configurar seu site por meio de um serviço de hospedagem envolve a utilização de algumas tecnologias que podem deixá-lo desconfortável no começo.

Este capítulo guia você pelo básico dessas tecnologias e, ao alcançar a última página do capítulo, terá realizado uma instalação bem-sucedida do WordPress em um servidor web com seu próprio nome de domínio.

Estabelecendo Seu Domínio

Você leu sobre todas as expectativas e ouviu todos os rumores. Você viu os sites piscantes da internet que foram criados pelo WordPress, mas por onde começar?

Os primeiros passos na instalação e configuração do site WordPress é decidir o nome de domínio e comprar o registro desse nome por meio de um serviço especializado. Um *nome de domínio* é o endereço online *único* que você digita em um navegador para visitar determinado site. Alguns exemplos de nomes de domínio são `WordPress.org` e `Google.com`.

DICA

Enfatizo a palavra *único* porque não podem existir dois nomes de domínio iguais. Se alguém já registrou o nome de domínio que você deseja, então não poderá utilizá-lo. Às vezes, leva algum tempo até encontrar um domínio que já não esteja em uso e que esteja disponível para ser registrado.

Entendendo as extensões de nome de domínio

Quando registramos um nome de domínio, precisamos estar cientes da *extensão* que queremos usar. As extensões `.com`, `.net`, `.org`, `.info`, `.me`, `.us` ou `.biz` que você vê ao final de qualquer nome de domínio é o *domínio de nível superior*. Ao registrar seu nome de domínio, é preciso escolher a extensão desejada para ele (desde que esteja disponível, claro).

LEMBRE-SE

Aqui cabe um aviso: só porque você registrou um domínio com a extensão `.com` não significa que alguém não poderá registrar o mesmo domínio com a extensão `.net`. Então, se você registrar o domínio `MeuCachorroTem-Pulgas.com` e ele se tornar bem popular entre os leitores que possuem cachorros com pulgas, outra pessoa pode registrar o domínio `MeuCachor-roTemPulgas.net` e administrar um site parecido com o seu na esperança de surfar na onda de popularidade e liderança de seu site.

Caso queira evitar esse problema, é possível registrar seu nome de domínio com todas as extensões disponíveis. Meu site pessoal, por exemplo, possui o nome de domínio `lisasabin-wilson.com`, mas também registrei o domínio `lisasabin-wilson.net` para o caso de alguém ter a mesma combinação de nomes.

Levando em consideração o custo de um nome de domínio

O registro de um nome de domínio pode variar entre R$3 e R$3.000, a depender do serviço contratado e das opções (como espaço de armazenamento, banda de rede, opções de privacidade, serviços de submissão a mecanismos de busca, entre outros) que você aplica ao nome de domínio durante o processo de registro.

LEMBRE-SE

Se pagar o registro de domínio hoje, precisará pagá-lo novamente quando chegar a data de renovação, daqui a um, dois, três ou cinco anos — ou seja lá o tempo pelo qual você registrou o seu domínio. (Veja o quadro anterior "Nomes de domínios: Posse ou aluguel?" para saber mais.) A maioria dos sites de registro dá a opção de assinar um serviço com renovação automática, cobrando o valor diretamente no cartão de crédito salvo na conta. O site de registro envia um lembrete com alguns meses de antecedência, avisando que é hora de renovar. Caso não tenha ativado a opção de renovação automática, precisará entrar na sua conta do site de registro e renovar o domínio manualmente antes que você o perca.

Registrando seu nome de domínio

Sites de registro de domínio são certificados e aprovados pela Corporação da Internet para a Atribuição de Nomes e Números (ICANN, na sigla em inglês; `https://www.icann.org`). Caso tenha interesse em usar a extensão `.br`, o site `https://www.registro.br` é administrado pelo governo brasileiro e é o principal responsável pelo registro de domínios com essa extensão. Embora centenas de registradores de domínio existam atualmente, os sites na lista a seguir são populares graças à longevidade deles no setor, ao preço competitivo e a uma variedade de serviços oferecidos além do registro de nome de domínio (como hospedagem web e geradores de tráfego para o site):

» **GoDaddy:** `https://www.godaddy.com`

» **Register.com:** `https://www.register.com`

» **Network Solutions:** `https://www.networksolutions.com`

» **WordPress:** `https://WordPress.com/domains`

Independentemente do site que escolher para registrar seu nome de domínio, aqui estão os passos a serem tomados para realizar essa tarefa:

1. Decida um nome de domínio.

Planejar e pensar adiante é necessário. Muitas pessoas pensam no nome de domínio como uma *marca* — uma forma de identificar seus sites ou blogs. Pense em nomes potenciais para seu site e, em seguida, prossiga com o plano.

2. Verifique a disponibilidade do nome de domínio.

Em seu navegador, insira o URL do registrador de domínio de sua escolha. Procure a seção do site que permite a você inserir o nome de domínio para verificar sua disponibilidade (geralmente é um pequeno campo de texto). Se o domínio não estiver disponível com a extensão `.com`, tente `.net` ou `.info`.

3. Compre o nome de domínio.

Siga os passos do registrador de domínio para comprar o nome com seu cartão de crédito. Após concluir o processo de compra, você receberá a confirmação em seu e-mail, então use um endereço de e-mail válido durante o processo de registro.

O próximo passo é adquirir uma conta de hospedagem, algo que eu menciono na seção seguinte.

LEMBRE-SE

Alguns registradores de domínio possuem serviços de hospedagem que você pode utilizar, mas que não é obrigado a usá-los. Normalmente, pesquisando um pouco é possível encontrar serviços de hospedagem por um preço menor que o oferecido por esses registradores.

Encontrando um Lar para Seu Site

Após registrar um domínio, você precisará encontrar um local para ele viver: um serviço de hospedagem web. A hospedagem web é a segunda peça do quebra-cabeças que se faz necessária antes de começar a trabalhar com o WordPress.

Uma *hospedagem web* é um negócio, grupo ou indivíduo que fornece espaço e largura de banda em um servidor web para a transferência de arquivos de donos de sites que não têm um servidor. Geralmente, os serviços de hospedagem web cobram uma taxa mensal ou anual — a menos que você seja sortudo o suficiente para conhecer alguém que lhe ofereça espaço e largura de banda em um servidor gratuitamente. O custo varia de hospedagem para hospedagem, mas você pode conseguir esse tipo de serviço a partir de R$30 mensais ou pagar mais caro, dependendo de suas necessidades.

Alguns serviços de hospedagem web consideram o WordPress como um *aplicativo de terceiros*. Isso significa que o serviço não oferecerá suporte técnico quanto ao uso do WordPress (ou qualquer outro software) porque o suporte não está incluído em seu pacote de hospedagem. Para descobrir se o seu serviço de hospedagem escolhido suporta o WordPress, pergunte primeiro. Como usuário de WordPress, você poderá encontrar suporte nos fóruns oficiais, que podem ser encontrados no seguinte endereço: `https://br.WordPress.org/support/`.

Diversos provedores de hospedagem web fornecem serviços relacionados ao WordPress por taxas adicionais. Esses serviços podem incluir suporte técnico, instalação e configuração de plugins e serviços de design de temas.

Provedores de hospedagem web geralmente fornecem, no mínimo, os seguintes serviços para sua conta:

>> Espaço em disco rígido

>> Largura de banda (transferência)

>> E-mail de domínio com acesso ao seu e-mail

>> Acesso ao Secure File Transfer Protocol (SFTP)

>> Estatísticas completas do site

>> Banco(s) de dados MySQL

>> PHP

Já que você pretende executar o WordPress em seu servidor web, é preciso procurar um serviço que ofereça os requisitos mínimos necessários para executar o software em sua conta de hospedagem, que são:

>> PHP versão 7.4 (ou superior)

>> MySQL versão 5.6 (ou superior) *ou* MariaDB versão 10.1 (ou superior)

>> Suporte ao protocolo HTTPS

A forma mais fácil de descobrir se determinado provedor cumpre os requisitos mínimos para executar o WordPress é verificar a seção de FAQ (perguntas frequentes) do site do provedor, se ele possuir tal seção. Caso contrário, busque as informações de contato da empresa e envie um e-mail, ou use o bate-papo ao vivo do site, se houver um, solicitando informações sobre o que é suportado pelo serviço.

Conseguindo ajuda com a hospedagem do WordPress

A popularidade do WordPress fez com que surgissem serviços que enfatizam o uso do software. Alguns desses serviços são os designers e consultores do WordPress e, sim, provedores de hospedagem web especializados em WordPress.

Muitos desses provedores oferecem um conjunto inteiro de características voltadas para o WordPress, como uma instalação automática do software em sua conta, uma biblioteca de temas do WordPress e uma equipe de suporte técnico com bastante experiência no uso do programa.

Aqui estão alguns desses provedores:

>> **Bluehost:** https://bluehost.com [conteúdo em inglês]

>> **GoDaddy:** https://godaddy.com

>> **Pagely:** https://pagely.com [conteúdo em inglês]

>> **WP Engine:** https://wpengine.com [conteúdo em inglês]

CUIDADO

Alguns poucos provedores de hospedagem web oferecem um registro gratuito de domínio ao assinar o serviço de hospedagem. Faça sua pesquisa e leia os termos de serviço, porque esse nome de domínio gratuito pode ter algumas condições. Muitos de meus clientes seguiram esse caminho, descobrindo apenas mais tarde que o provedor tem controle total do nome de domínio e que eles não podem migrar o domínio para fora dos servidores do provedor durante o período estabelecido (geralmente um ano ou dois) ou para sempre. A melhor opção sempre será ter o controle em suas mãos e não nas mãos de terceiros, então tente ficar com um registrador de domínio independente, como o Network Solutions.

Lidando com espaço em disco e largura de banda

Os serviços de hospedagem web fornecem duas coisas muito importantes para sua conta:

>> **Espaço em disco:** A quantidade de espaço que você pode acessar no disco rígido do servidor web, geralmente calculado em megabytes (MB) ou gigabytes (GB).

>> **Largura de banda de transferência:** A quantidade de transferências que seu site pode fazer por mês. Esse tráfego costuma ser calculado em gigabytes.

Pense na sua hospedagem web como uma garagem pela qual você paga para estacionar o carro. A garagem dá a você o lugar para armazená-lo (espaço em disco) e até mesmo a entrada (largura de banda), para que você e outras pessoas possam sair e entrar do carro. Porém, a garagem não vai consertar o sistema de som do seu carro (WordPress ou qualquer outro aplicativo de terceiros) a menos que esteja disposto a pagar um pouco mais por esse serviço.

Gerenciando espaço em disco

Espaço em disco é simplesmente o disco rígido em seu computador. Cada dispositivo de disco tem a capacidade, ou espaço, para uma determinada quantidade de arquivos. Um dispositivo com capacidade de 80GB (gigabytes) pode armazenar até um total de 80GB de dados — e nem um arquivo a mais. Sua conta de hospedagem lhe fornece uma quantidade limitada de espaço em disco na qual o mesmo conceito se aplica. Caso queira mais espaço em disco, é preciso melhorar suas limitações de espaço. A maioria dos serviços de hospedagem web tem um mecanismo para essa melhoria.

Começar com um pequeno blog do WordPress não consome muito espaço. Um bom ponto de partida para o espaço em disco é entre 10GB e 20GB. Caso precise de espaço adicional, entre em contato com o provedor e solicite uma melhoria.

LEMBRE-SE

Conforme o site aumenta, mais espaço se faz necessário. Além disso, um maior número de visitantes e tráfegos pedirá por uma maior largura de banda (veja a seção seguinte).

Escolhendo o tamanho de sua largura de banda

A *largura de banda* se refere à quantidade de dados que é transportado do ponto A até ponto B dentro de um período específico (geralmente um ou dois segundos). Eu moro no interior do meu país — no meio do nada, praticamente. Consigo água de um poço particular do meu quintal. Entre minha casa e o poço existem canos que levam a água até minha casa. Esses canos fornecem um fluxo livre de água até nossa casa para que todos gozem de longos banhos quentinhos enquanto labuto lavando pratos e roupas, tudo isso ao mesmo tempo. Que sorte eu tenho!

Esse mesmo conceito pode ser aplicado à largura de banda disponível em sua conta de hospedagem. Todo provedor de hospedagem web fornece uma série de limites de largura de banda nas contas que oferece. Quando quero visualizar seu site em meu navegador, a largura de banda é, em essência, o "cano" que permite o fluxo de dados do seu "poço" ao meu computador, aparecendo, por fim, no meu monitor. O limite de banda é como o cano conectado ao meu poço: ele tem um limite de quanta água pode suportar até atingir a capacidade máxima e deixar de levar água para minha casa. O tamanho é determinado pela largura de banda concedida a você pelo provedor. Quanto maior o número, maior o seu "cano". Um limite de largura de banda de 50MB representa um cano menor que um limite de 100MB.

Os provedores costumam ser bem generosos com a quantidade de largura de banda oferecida em seus pacotes. Assim como o espaço em disco, a largura de banda é calculada em gigabytes (GB). Um fornecimento de 50GB a 100GB de largura de banda costuma ser uma quantidade respeitável para gerenciar um site com um blog.

LEMBRE-SE

Sites com arquivos pesados — como vídeos, áudios ou fotos — podem se beneficiar de um maior espaço em disco (em comparação com os sites que não têm esses arquivos pesados). Tenha isso em mente ao contratar um serviço de hospedagem: se o seu site requer arquivos pesados, precisará de mais espaço. O planejamento pode livrá-lo de algumas dores de cabeça ao longo do caminho.

CUIDADO

Cuidado com provedores de hospedagem que fornecem coisas como largura de banda, domínios e espaço em disco ilimitados. Essas ofertas são muito tentadoras, mas o que esses provedores não dizem (você precisa ler as letrinhas miúdas do contrato) é que, embora não coloquem esse limite em sua conta, eles limitam o uso de CPU do seu site.

CPU (que significa *central processing unit* ou *unidade central de processamento*) é a parte do computador (servidor web, neste caso) que lida com todos os pedidos de processamento de dados enviados ao seu servidor web sempre que alguém visita seu site. Embora você possa ter uma largura de banda ilimitada, se um pico considerável de tráfego aumentar o uso de CPU do seu site, seu provedor criará um gargalo em seu site graças ao limite imposto na CPU.

O que quero dizer com *gargalo*? Quero dizer que o provedor fecha o seu site, desligando-o. Esse desligamento não é permanente e costuma durar algo em torno de alguns minutos a uma hora. O provedor faz isso para encerrar quaisquer conexões ao seu servidor web que esteja causando esse pico no uso da CPU. Depois de algum tempo, o provedor religa o seu site, mas a inconveniência ocorre regularmente com muitos clientes e em diferentes ambientes de hospedagem.

DICA

Quando você pesquisar sobre diferentes provedores de hospedagem web, pergunte sobre suas políticas quanto ao uso de CPU e o que eles fazem para administrar um pico de processamento. É melhor saber diretamente do que deixar para descobrir quando seu site sofrer com o gargalo.

Entendendo Conceitos de Secure File Transfer

Esta seção apresenta os elementos básicos do SFTP (Secure File Transfer Protocol), um método de transferência de arquivos em um ambiente seguro. O SFTP fornece uma camada adicional de segurança além daquela existente no FTP comum por usar SSH (Secure Shell) e criptografar mensagens, dados e senhas importantes, de modo que não sejam transferidas sem proteção dentro da rede de hospedagem. A criptografia dos dados garante que qualquer um monitorando a rede não leia os dados livremente — e, portanto, não possa obter uma informação que deveria estar protegida, como senhas e nomes de usuário.

O SFTP oferece duas formas de mover arquivos de um lugar para o outro:

>> **Upload:** Transferência de arquivos do computador local para o servidor web

>> **Download:** Transferência de arquivos do servidor web para o computador local

Você pode fazer muitas outras coisas com o SFTP, incluindo a lista a seguir, que trato com mais detalhes um pouco mais adiante neste capítulo:

>> **Visualizar arquivos:** Depois de entrar em sua conta pelo SFTP, poderá ver todos os arquivos localizados em seu servidor web.

>> **Visualizar a data de modificação:** Você pode ver a data em que um arquivo foi modificado pela última vez, o que pode ser útil no momento de resolução de problemas.

>> **Visualizar o tamanho de arquivo:** Você pode ver o tamanho de cada arquivo em seu servidor web, o que é útil caso precise gerenciar o espaço em disco da sua conta.

>> **Editar arquivos:** Quase todos os programas de SFTP permitem que você abra e edite arquivos por meio de sua própria interface, o que é uma forma conveniente de fazer seu trabalho.

>> **Alterar permissões:** Mais conhecido como CHMOD (acrônimo para Change Mode ou Modo de Alteração), as configurações de permissão de um arquivo determinam quais tipos de permissão de leitura/escritura/execução os arquivos têm em seu servidor web.

SFTP é um utilitário conveniente que lhe dá acesso aos arquivos localizados em seu servidor web, tornando o gerenciamento do seu site WordPress um pouco mais fácil.

Recomendo muito o uso do SFTP no lugar do FTP (File Transfer Protocol) porque trata-se de uma conexão segura com o seu provedor de hospedagem. Caso o seu provedor não ofereça conexões SFTP, pense na possibilidade de migrar para outro provedor. Atualmente, quase todos os provedores de hospedagem web oferecem o SFTP como protocolo padrão para transferência de arquivos.

Configurando o SFTP em sua conta de hospedagem

Atualmente, muitos provedores de hospedagem web oferecem o protocolo SFTP como parte de seu pacote de hospedagem, então confirme se seu provedor disponibiliza o SFTP para sua conta. O cPanel é, de longe, o software de gerenciamento de conta de hospedagem mais popular na internet, ofuscando outras ferramentas como Plesk e NetAdmin. Você encontra as configurações dentro de sua interface de administração da conta de hospedagem, onde poderá configurar a conta SFTP para seu site.

Neste capítulo, uso o cPanel como exemplo. Caso seu provedor de hospedagem use uma interface diferente para trabalhar, o conceito será o mesmo, mas precisará pedir ao seu provedor os detalhes específicos para adaptar essas instruções ao seu ambiente de trabalho.

Na maioria das vezes, o protocolo SFTP é configurado automaticamente em sua conta de hospedagem. A Figura 3-1 mostra a página do Gerenciador de Usuários do cPanel, onde você pode configurar contas de usuário para acesso ao SFTP.

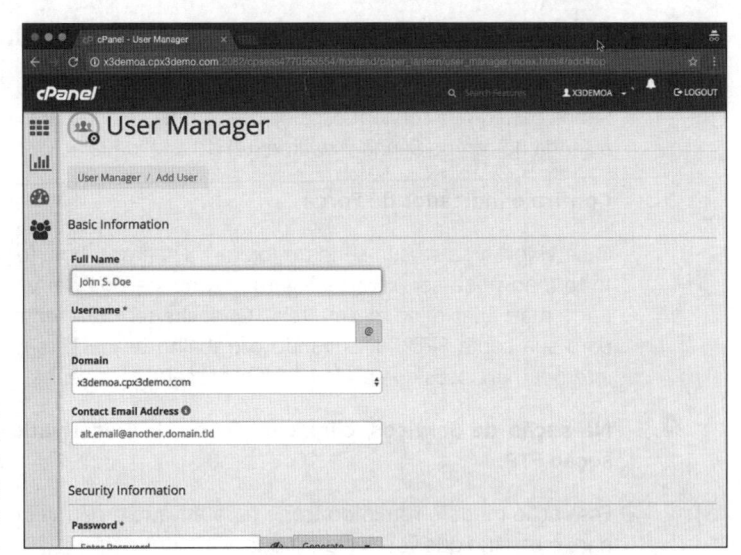

Siga os passos a seguir para ir até esta página e configurar sua conta SFTP:

1. **Entre no cPanel com sua conta de hospedagem.**

Normalmente, você digita http://*seudominio*.com/cpanel no navegador para entrar na página de login do cPanel. Insira o nome de usuário e a senha de sua conta de hospedagem e clique em OK.

2. **Vá até a página Gerenciador de Usuários [User Manager].**

Clique no link ou ícone de Contas SFTP em seu cPanel para abrir a página de Gerenciador de Usuários (veja a Figura 3-1).

3. **Veja a conta SFTP existente.**

Caso seu provedor de hospedagem tenha configurado automaticamente uma conta SFTP para você, ela estará visível na seção do Gerenciador de Usuários. Em 99% das vezes, a conta padrão de SFTP usa a mesma combinação de nome de usuário e senha da sua conta de hospedagem ou informação de login utilizada para entrar no cPanel durante o primeiro passo.

Se a página de Contas SFTP não exibir um usuário padrão SFTP na seção de Gerenciador de Usuários, é possível criar um de maneira fácil na seção Adicionar Conta SFTP seguindo estes passos:

1. **Preencha os campos fornecidos.**

Os campos da página do Gerenciador de Usuário pedem que você insira seu nome [Full Name], nome de usuário desejado [Username], domínio [Domain] e endereço de e-mail [Contact E-mail Address].

2. **Insira sua senha desejada no campo senha [Password].**

É possível escolher sua própria senha ou clicar no botão Gerador de Senha para que o servidor escolha uma senha segura para você. Redigite a senha no campo Senha (Novamente) para validá-la.

3. **Confira o indicador de Força.**

O servidor avisa se sua senha é muito fraca, fraca, boa, forte ou muito forte (não pode ser visto na Figura 3-1, mas é possível encontrar essa parte mais abaixo, na mesma tela). O ideal é ter uma senha muito forte para sua conta SFTP, dificultando o trabalho de hackers e usuários de internet maliciosos que podem tentar descobrir sua senha.

4. **Na seção de Serviços, clique no ícone de Desativado dentro da seção FTP.**

Essa ação muda o rótulo do ícone para Ativado e permite o uso de FTP para o usuário que você está criando.

5. **Indique a limitação de espaço no campo Cota.**

Uma vez que você é o dono do site, deixe o botão Irrestrito selecionado. (No futuro, caso adicione um novo usuário, poderá limitar a quantidade de espaço, em megabytes [MB], ao selecionar o botão à esquerda do campo de texto e digitar a quantidade numérica no campo de texto, como 50MB.)

6. **(Opcional) Digite o acesso de diretório para esse usuário SFTP.**

O cPanel preenche essa informação para você: algo como `public_html/usuário`. (O usuário, nesse caso, é o mesmo usuário inserido no Passo 1.) Deixar o campo dessa forma dá ao seu novo usuário do SFTP acesso apenas a uma pasta com o nome de usuário dele. Para o propósito de instalação do WordPress, essa conta precisa ter acesso à pasta `public_html`, então remova a parte `/usuário` do diretório, de forma que o campo contenha apenas `public_html`.

7. **Clique no botão Criar.**

Você verá uma nova tela com a mensagem de que a conta foi criada com sucesso. Além disso, verá também as configurações para essa nova conta de usuário.

8. **Copie e cole as configurações em um arquivo em branco de um editor de textos (como o Bloco de Notas, para o PC, ou Editor de Texto, para usuários do Mac).**

As configurações da conta de usuário são os detalhes de que você precisa para se conectar ao servidor web via SFTP. Salve as seguintes configurações:

- *Nome de usuário:* `nomedeusuario@seudominio.com`
- *Senha:* `suasenha`
- *Nome da hospedagem:* `seudominio.com`
- *Porta do Servidor SFTP:* 22
- *Cota:* MBs irrestritos

Nome de usuário, senha e Porta do Servidor SFTP são informações específicas do seu domínio e das informações inseridas nos passos anteriores.

Em 99,99% das vezes, a Porta do Servidor SFTP é a porta 22. Certifique-se de conferir suas configurações de SFTP para garantir que esse também é o seu caso, porque alguns provedores de hospedagem podem utilizar diferentes portas para o SFTP.

É possível, a qualquer momento, voltar até a página de Contas de Usuário para deletar as contas criadas, alterar a cota, mudar a senha e encontrar os detalhes de conexão específicos de determinada conta.

Conectando-se ao servidor web via SFTP

Os programas de SFTP são chamados de *clientes* SFTP ou *software de cliente* SFTP. Seja lá como decidir chamá-lo, um cliente SFTP é o software que você usa para se conectar ao servidor web e visualizar, abrir, editar e transferir arquivos do computador local para o servidor e vice-versa.

Usar o SFTP para a transferência de arquivos exige um cliente SFTP. Muitos clientes SFTP estão disponíveis para download. A seguir listo alguns clientes bons (e gratuitos) [conteúdos em inglês]:

- » **SmartFTP (PC):** `https://www.smartftp.com/en-us/download`
- » **FileZilla (PC ou Mac):** `https://filezilla-project.org`
- » **Transmit (Mac):** `https://panic.com/transmit`

Para os propósitos deste capítulo, usarei o cliente SFTP FileZilla (`https://filezilla-project.org`). Ele é bem fácil de usar e é gratuito!

A Figura 3-2 mostra um cliente FileZilla que não está conectado a um servidor. Por padrão, o lado esquerdo da janela mostra um diretório de arquivos e pastas no computador local.

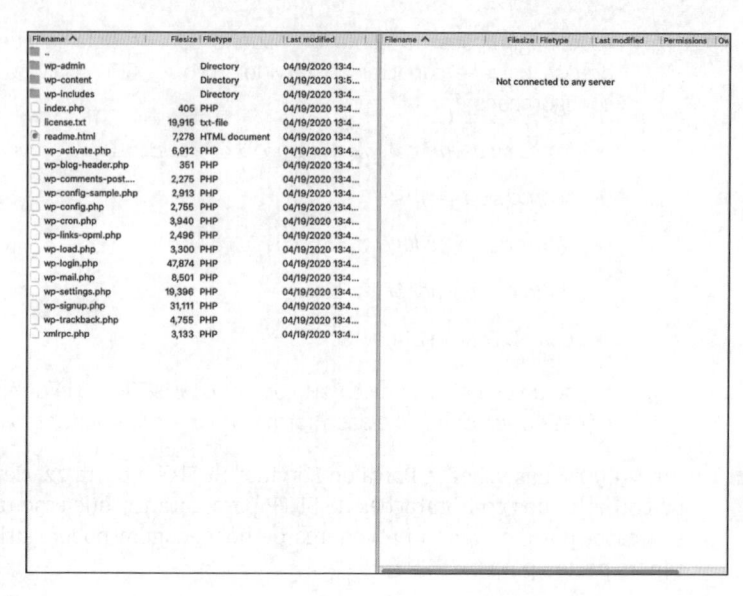

FIGURA 3-2:
Software
de cliente
SFTP Mozilla
FileZilla.

O lado direito da janela mostra o conteúdo quando o FileZilla está conectado a um servidor web — mais especificamente, exibe os diretórios das pastas e arquivos do servidor web.

LEMBRE-SE

Caso use um cliente de SFTP diferente, precisará adaptar seus passos e praticar com o cliente SFTP em questão.

Conectar-se a um servidor web é tarefa simples. As configurações SFTP que você salvou no Passo 8 de "Configurando o SFTP em sua conta de hospedagem" anteriormente são as mesmas configurações que verá em sua página de Gerenciador de Usuários se o SFTP tiver sido configurado automaticamente para você:

» **Nome de usuário:** *nomedeusuário@seudominio.com*

» **Senha:** *suasenha*

» **Servidor:** *seudominio.com*

» **Porta de Servidor SFTP:** 22

» **Cota:** MBs irrestritos

É nesse processo que você precisará dessas informações. Para se conectar ao seu servidor web por meio do cliente SFTP FileZilla, siga estes passos:

1. Abra o cliente SFTP em seu computador local.

Encontre o programa em seu computador e clique (ou dê um clique duplo) no ícone do programa para executá-lo.

2. **Escolha Arquivo ⇨ Gerenciador de Sites para abrir o utilitário Gerenciador de Sites.**

   O Gerenciador de Sites será aberto, como é possível ver na Figura 3-3.

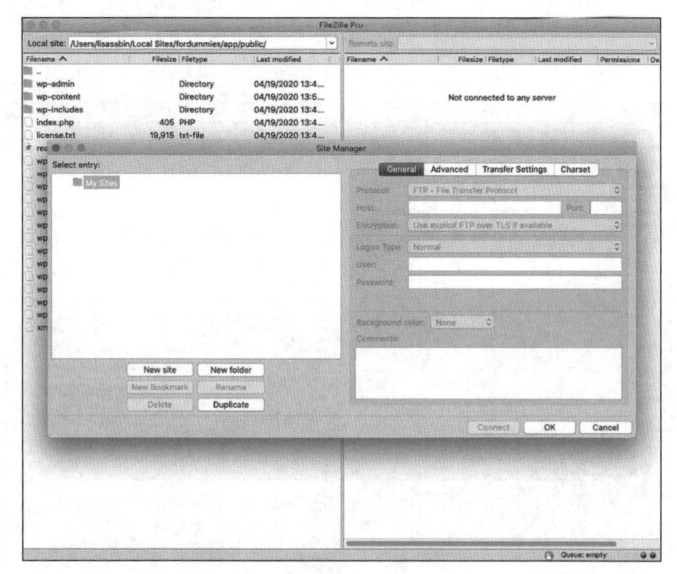

FIGURA 3-3:
O utilitário de Gerenciador de Sites do cliente SFTP FileZilla.

3. **Clique no botão Novo Site [New Site].**

4. **Digite um nome para o seu site que ajude a identificá-lo.**

   Esse nome do site pode ser qualquer coisa, porque ele não faz parte dos dados de conexão que você adicionará nos passos seguintes. (Eu usei WPPL — acrônimo para *WordPress Para Leigos*.)

5. **Insira o servidor SFTP no campo Host.**

   Host é a informação de servidor SFTP fornecida a você quando configurou a conta SFTP no servidor web. Por exemplo, o servidor SFTP é `wpaio.sftp.wpengine.com`, então isso é inserido no campo Host, como mostra a Figura 3-4.

6. **Insira a porta SFTP no campo Porta [Port].**

   Normalmente, o SFTP usa a porta 22 e essa configuração nunca muda. O meu provedor, no entanto, usa a porta 2222 para o SFTP. Caso o seu provedor seja como o meu e use uma porta diferente de 22, confira o número da porta e insira-o no campo correspondente, como é possível ver na Figura 3-4.

7. Escolha o tipo de servidor.

O FileZilla pede que você selecione um tipo de servidor (assim como a maioria dos clientes SFTP). Escolha SFTP — SSH File Transfer Protocol no menu de Protocolo [Protocol], como mostra a Figura 3-4.

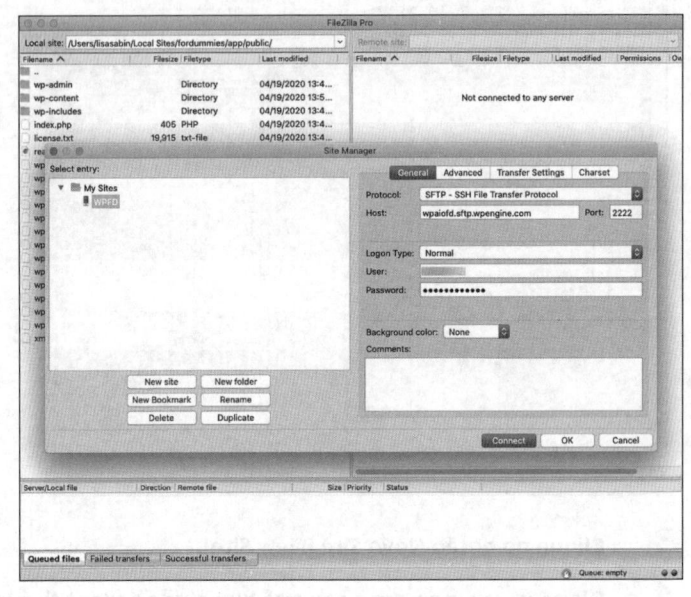

8. Escolha o tipo de logon [Logon Type].

O FileZilla oferece diversos tipos de logon para escolhermos, assim com a maioria dos clientes SFTP. Escolha o tipo Normal a partir do menu correspondente.

9. Insira seu nome de usuário no campo Usuário [User].

Aqui você deve inserir o nome de usuário que recebeu nas configurações de SFTP.

10. Insira sua senha no campo Senha [Password].

Essa é a senha que você criou ao configurar o protocolo SFTP.

11. Clique no botão Conectar [Connect].

Esse passo conecta seu computador ao servidor web. O diretório de pastas e arquivos de seu computador local aparecerá no lado esquerdo da janela do FileZilla, enquanto o diretório de pastas e arquivos do servidor web aparecerá do lado direito, como é possível ver na Figura 3-5.

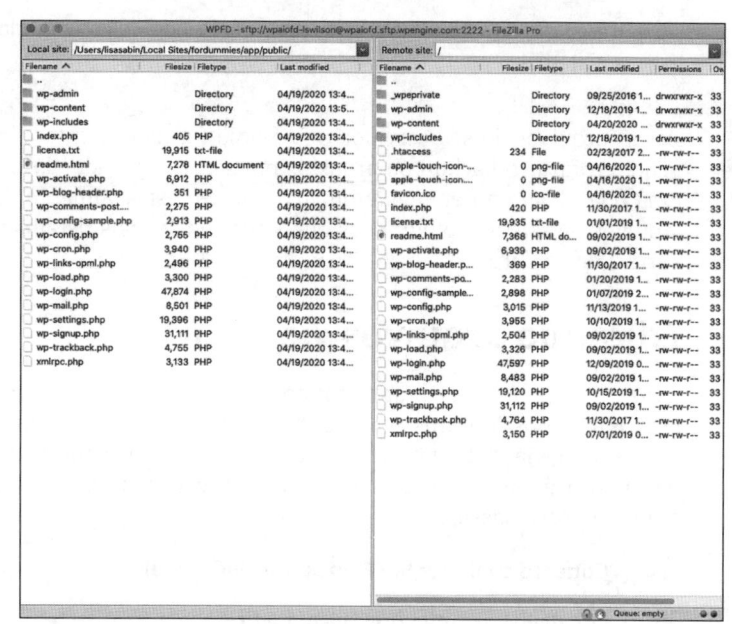

FIGURA 3-5:
O FileZilla
exibe arqui-
vos locais
no lado
esquerdo e
arquivos do
servidor no
lado direito.

Agora você pode usufruir de todas as ferramentas e características que o SFTP pode lhe oferecer!

Transferindo arquivos do ponto A ao ponto B

Agora que seu computador local está conectado ao seu servidor web, a trans-ferência de arquivos entre os dois não poderia ser mais fácil. Dentro do cliente SFTP, você pode navegar pelos diretórios e pastas de seu computador local no lado esquerdo. Do outro lado, é possível navegar pelos diretórios e pastas do servidor web.

Clientes SFTP facilitam a transferência de arquivos de um computador a sua conta de hospedagem por meio de um método de arrastar e soltar.

Os dois métodos de transferência são

» **Upload:** De modo geral, essa é a transferência de arquivos do seu computador local para o servidor web. Para realizar o upload de um arquivo do computador para o servidor web, clique no arquivo do seu computador que você deseja transferir, arraste-o até o lado direito (lado do servidor web) e solte-o.

» **Download:** É a transferência de arquivos do seu servidor web para seu computador local. Para realizar o download de um arquivo do servidor web para o computador, clique no arquivo do servidor web que deseja

> transferir, arraste-o até o lado esquerdo (o lado do computador pessoal) e solte-o.

DICA

Baixar arquivos do seu servidor web é uma forma eficiente, fácil e inteligente de fazer o backup de arquivos em seu computador local. Sempre é uma boa ideia manter seus arquivos seguros, especialmente coisas como arquivos de temas e plugins, os quais menciono mais detalhadamente na Parte 3 deste livro.

Editando arquivos via SFTP

Às vezes, você precisa editar certos arquivos do seu servidor web. É possível usar os métodos descritos na seção anterior para baixar um arquivo, editá-lo, salvá-lo e enviá-lo de volta ao servidor web. Uma outra forma de fazer isso, no entanto, é usar a função de edição, presente na maioria dos clientes SFTP, seguindo estes passos:

1. Conecte o cliente SFTP ao seu servidor web.

2. Localize o arquivo que deseja editar.

3. Abra o arquivo usando o editor interno do cliente SFTP.

Clique no arquivo com o botão direito e escolha a opção Ver/Editar no menu (lembre-se de que estou usando o FileZilla e o seu cliente pode ter nomes diferentes para essa função, como Abrir ou Editar). O FileZilla, assim como a maioria dos clientes SFTP, usa um programa (como o Bloco de Notas no PC ou Editor de Texto no Mac) designado para a edição de texto e previamente instalado em seu computador. Em alguns casos raros, o seu cliente SFTP pode ter um editor de texto interno.

4. Edite o arquivo como achar melhor.

5. Salve as mudanças feitas no arquivo.

Clique no ícone Salvar [Save] ou selecione Arquivo [File] ⇨ Salvar [Save].

6. Envie o arquivo para seu servidor web.

Após salvar o arquivo, o FileZilla alerta que o arquivo foi modificado e pergunta se deseja enviar a nova versão ao servidor.

7. Clique no botão Sim.

O arquivo recém-editado substituirá o arquivo antigo.

E isso é tudo. Use a função de edição do cliente SFTP para editar, salvar e enviar os arquivos conforme for necessário.

Ao editar arquivos com a função editar do cliente SFTP, você está editando arquivos em um ambiente "ao vivo", o que significa que, após salvar as mudanças e enviar o arquivo, essas mudanças acontecerão imediatamente e afetarão o seu site online. Por essa razão, recomendo muito que você faça o download de uma cópia do arquivo original em seu computador local antes de realizar quaisquer mudanças. Dessa forma, se ocorrer de você cometer algum erro no arquivo editado e o seu site apresentar um mau funcionamento, terá sempre em mãos um arquivo original para enviar e restaurar o arquivo ao seu estado original.

Programadores e desenvolvedores são pessoas que geralmente têm um conhecimento tecnológico maior que o usuário comum. Essas pessoas não costumam usar o SFTP para editar e transferir arquivos. Em vez disso, elas usam um sistema de controle de versão chamado Git. O Git gerencia arquivos no seu servidor web por meio de um sistema de versão que tem um conjunto complexo de regras de implementação para a transferência de arquivos atualizados do computador para o servidor e vice-versa. A maioria dos iniciantes não usa esse tipo de sistema para esse fim, mas o Git é um sistema que os iniciantes podem usar. Caso tenha interesse em usar o Git, um bom ponto de partida é no Elegant Themes (`https://www.elegant-themes.com/blog/resources/git-and-github-a-beginners-guide-for-complete-newbies`) [conteúdo em inglês].

Alterando permissões de arquivo

Todo arquivo e pasta em seu servidor web possui um conjunto de atributos designados, chamado de *permissão,* cuja função é dizer ao servidor web três coisas sobre esse arquivo ou pasta. De forma muito simplificada, essas permissões podem conter o seguinte:

» **Leitura:** Essa configuração determina se o arquivo/pasta pode ser lido pelo servidor web.

» **Gravação:** Essa configuração determina se o arquivo/pasta pode ter informações gravadas pelo servidor web.

» **Execução:** Essa configuração determina se o arquivo/pasta pode ser executado pelo servidor web.

Cada conjunto de permissões tem um código numérico atribuído a ele, identificando quais tipos de permissões são atribuídos a determinado arquivo ou pasta. Há muitas permissões disponíveis, então veja as mais comuns com as quais você vai se deparar ao administrar um site WordPress:

» **644:** Arquivos com permissões em 644 podem ser lidos por todos e gravados apenas pelo dono do arquivo/pasta.

» **755:** Arquivos com permissões em 755 podem ser lidos e executados por todos, mas só podem ser gravados pelo dono do arquivo/pasta.

» **777:** Arquivos com permissões em 777 podem ser lidos, gravados e executados por todos. Por razões de segurança, você não deve usar esse conjunto de permissões em seu servidor web a menos que seja absolutamente necessário.

Normalmente, pastas e arquivos dentro do seu servidor web recebem as permissões 644 ou 755. Os arquivos PHP, ou arquivos com a extensão .php, costumam ter a permissão 644 caso o servidor web esteja configurado para usar o Modo Seguro do PHP.

DICA

Esta seção lhe dá uma noção básica das permissões de arquivo porque, normalmente, você não precisa mexer com as permissões do seu servidor web. Caso precise se aprofundar, poderá encontrar uma ótima referência sobre permissões de arquivo em https://www.elated.com/articles/understanding-permissions [conteúdo em inglês].

Você pode se encontrar em uma situação na qual alguém pedirá para que edite e mude as permissões de arquivo de um arquivo específico do seu servidor web. Para os sites WordPress, essa situação normalmente acontece ao lidar com plugins ou temas que exigem que os arquivos ou pastas sejam gravadas pelo servidor web. Essa prática é comumente chamada de CHMOD. Quando alguém diz: "Você precisa usar um CHMOD nesse arquivo e mudar para 755", você saberá sobre o que a pessoa está falando.

Veja alguns passos simples para usar o seu programa SFTP para realizar o CHMOD em um arquivo ou editar as permissões em seu servidor web.

1. **Conecte o cliente SFTP ao seu servidor web.**

2. **Localize o arquivo no qual você deseja usar o CHMOD.**

3. **Abra os atributos de arquivo do arquivo.**

Clique com o botão direito no lado de seu servidor web e escolha Permissões de Arquivo do menu (caso não use o FileZilla como cliente SFTP, a terminologia pode ser diferente).

A caixa de diálogo de Alteração de Atributos de Arquivo [Change File Atributes] aparecerá, como mostra a Figura 3-6.

4. **Digite o número correto de permissão de arquivo no campo Valor Numérico.**

Esse número é atribuído às permissões que você quer dar ao arquivo. Normalmente, o desenvolvedor do plugin ou tema avisa qual permissão dar ao arquivo ou pasta — as mais comuns são a permissão 644 e a permissão 755 (as permissões da Figura 3-6 receberam o valor 644).

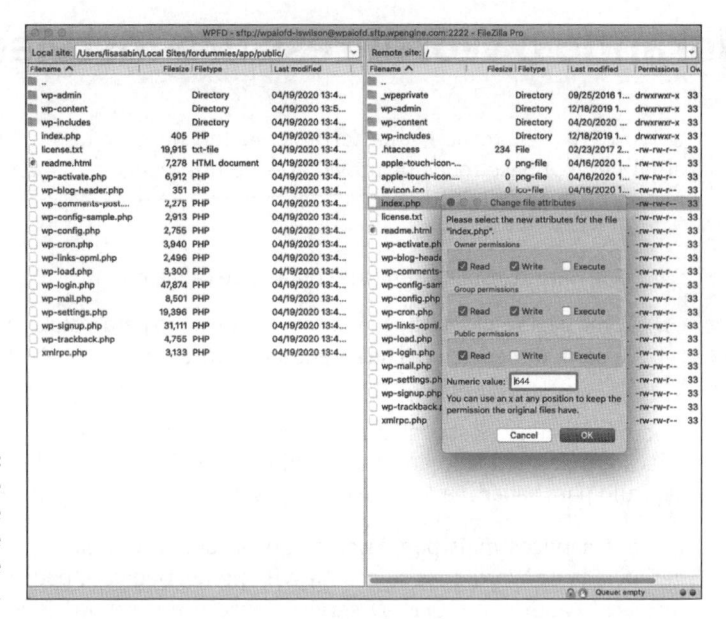

FIGURA 3-6:
A caixa de
diálogo de
Alteração de
Atributos de
Arquivo.

5.   **Clique em OK para salvar o arquivo.**

Instalando o WordPress

Quando finalmente estiver pronto para instalar o WordPress, você já deve ter feito o seguinte:

»   Comprado o registro de nome de domínio para sua conta

»   Obtido um serviço de hospedagem em um servidor web para seu blog

»   Estabelecido o nome de usuário, senha e endereço do Secure File Transfer Protocol (SFTP) da sua conta (veja o Capítulo 2)

»   Adquirido um cliente SFTP para transferir arquivos até sua conta de hospedagem (veja o Capítulo 2)

Caso tenha pulado alguma dessas etapas, volte até o início deste capítulo para ler as seções necessárias.

DICA

Alguns provedores de hospedagem possuem seus próprios instaladores WordPress, o que pode facilitar a instalação com coisas como um guia passo a passo ou uma interface simplificada. Confira com seu provedor de hospedagem para saber se ele possui um instalador WordPress pronto para ser utilizado.

Explorando o WordPress Pré-instalado

O WordPress se tornou uma ferramenta tão popular de publicação que, atualmente, quase todos os provedores de hospedagem disponíveis o fornecem de duas formas distintas:

» Software já instalado em sua conta ao se cadastrar

» Uma página inicial do usuário com um utilitário para instalar o WordPress a partir de seu sistema de gerenciamento de conta

DICA

Se o provedor de hospedagem não oferecer acesso a um utilitário de instalação, pule para a seção "Instalando o WordPress manualmente" neste capítulo para saber mais sobre como instalar o WordPress via SFTP.

Um dos serviços mais populares de hospedagem web para a hospedagem gerenciada do WordPress se chama WP Engine, que você pode conferir em `https://wpengine.com`. O serviço fornece um utilitário de instalação fácil e útil embutido na página inicial de sua conta do WP Engine, permitindo que você configure e execute o WordPress assim que começar.

Se não estiver usando o WP Engine, então seu serviço de hospedagem pode ter um utilitário um pouco diferente, mas o conceito básico permanece. Certifique-se de aplicar os mesmos conceitos a qualquer utilitário que esteja utilizando. Para acessar a página inicial do WP Engine, siga estes passos:

1. **Faça login para acessar a página inicial do WP Engine.**

   a. Acesse `https://my.wpengine.com` *para visualizar a tela de login.*

   b. Insira o e-mail usado para se cadastrar, sua senha e clique em Acesso. A página será atualizada e exibirá a página inicial da sua conta.

2. **Clique no botão Adicionar Site [Add Site] (veja a Figura 3-7).**

   A página Adicionar Site aparecerá na tela do seu navegador.

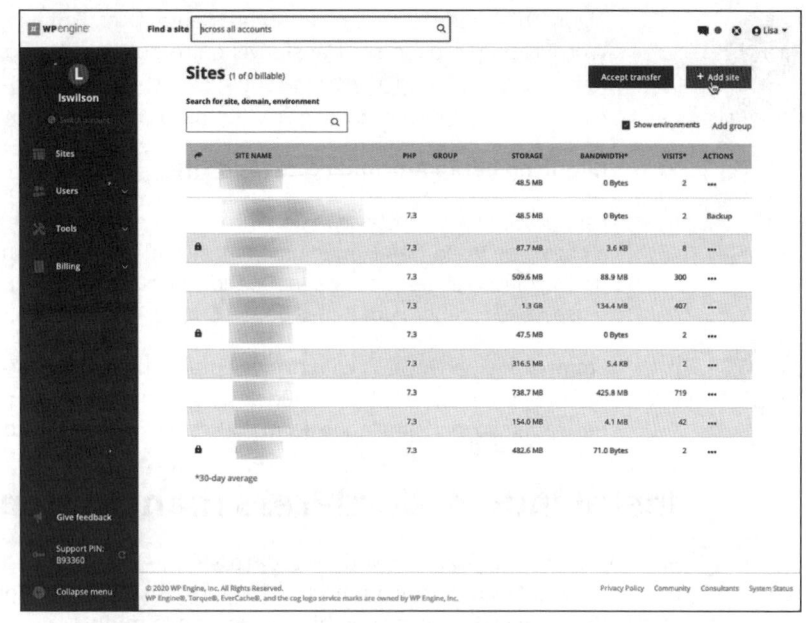

FIGURA 3-7:
O botão
Adicionar
Site dentro
da página
inicial de
uma conta
do WP
Engine.

3. Digite o nome de sua nova instalação WordPress no campo Nome do Site [Site Name].

Esse nome é o nome de domínio temporário de seu novo site. Como mostra a Figura 3-8, usarei o nome *wppl como nome do site*, um acrônimo para *WordPress Para Leigos*. Este passo criará o nome de domínio `wppl.wpengine.com`.

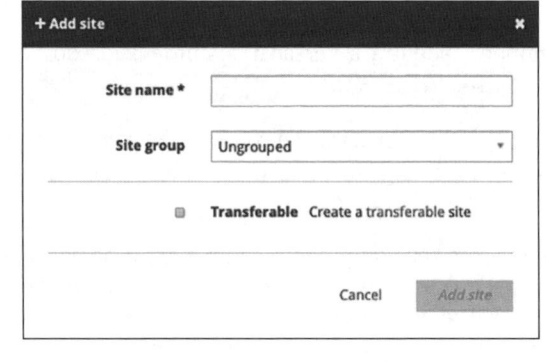

FIGURA 3-8:
O módulo
Adicionar
Site no WP
Engine.

4. Escolha Desagrupado [Ungrouped] na lista Grupo do Site [Site Group].

Este passo criará um novo site em sua conta que não é agrupado a nenhum outro site.

5. Mantenha a caixa Criar um Site Transferível [Create a Transferable Site] desmarcada.

PAPO DE ESPECIALISTA

Algum dia pode lhe parecer interessante criar uma instalação do WordPress que pode ser transferível entre duas contas do WP Engine, mas hoje não é esse dia. Leia mais sobre o processo em `https://wpengine.com/support/transfer-wp-engine-environment/`.

6. **Clique no botão Adicionar Site [Add Site].**

Este passo criará a instalação do WordPress em sua conta e o levará até a página de Visão Geral, onde uma mensagem afirma que sua instalação do WordPress está sendo criada. Quando a instalação estiver pronta para o uso, você receberá um e-mail do WP Engine.

DICA

Em minha experiência, o WP Engine sempre utilizou a versão mais atualizada disponível do WordPress. Não deixe de conferir se o seu provedor fornece a versão mais atualizada do WordPress em seu utilitário de instalação.

Instalando o WordPress manualmente

Fazer uma instalação manual do WordPress é pô-lo à prova — isso é, pôr a famosa instalação de cinco minutos do WordPress à prova. Configure seu cronômetro e veja se alcança o objetivo dos cinco minutos.

LEMBRE-SE

A famosa instalação de cinco minutos inclui apenas o tempo necessário para instalar o software. Nesse tempo não está incluído:

» Registro de um nome de domínio

» Obtenção e configuração do serviço de hospedagem web

» Download, instalação, configuração e aprendizado do software SFTP

Sem mais delongas, adquira a versão mais atualizada do WordPress em `https://WordPress.org/download`.

DICA

O WordPress oferece dois formatos de compressão para o software: `.zip` e `tar.gz`. Recomendo o arquivo `.zip` por ser o formato mais comum de arquivos comprimidos.

Baixe o WordPress em seu computador e faça a extração dele em uma pasta dentro de seu disco rígido. Esses são os primeiros passos do processo de instalação do WordPress. No entanto, deixar o software em seu computador não é suficiente; é preciso fazer o *upload* dele (transferi-lo) para sua conta do servidor web (aquela que você adquiriu na seção "Encontrando um Lar para Seu Site" deste capítulo).

Antes de instalar o WordPress em seu servidor web, certifique-se de ter um banco de dados MySQL configurado e pronto para aceitar a instalação do software. A próxima seção trata do que você precisa saber sobre o MySQL.

Configurando o banco de dados MySQL

O software WordPress é um sistema de publicação pessoal que usa uma plataforma baseada em PHP e MySQL, fornecendo tudo o que você precisa para a criação de seu próprio site e publicação de seu conteúdo de forma dinâmica, sem precisar saber como programar todas essas páginas. Em resumo, todo seu conteúdo (opções, posts, comentários e outros dados pertinentes) é armazenado em um banco de dados MySQL dentro de sua conta do serviço de hospedagem.

Sempre que os visitantes vão até seu blog e leem o conteúdo, eles fazem um pedido que é enviado ao servidor. A linguagem de programação PHP recebe o pedido, obtém a informação requisitada do banco de dados MySQL e a apresenta para seus visitantes por meio dos navegadores.

Cada serviço de hospedagem web é diferente quanto à forma que oferecem o acesso para a configuração e gerenciamento do(s) banco(s) de dados MySQL para sua conta. Nesta seção, eu uso o cPanel, uma popular interface de hospedagem. Caso sua hospedagem use uma interface diferente, os passos básicos serão os mesmos, mas a configuração na interface fornecida por seu provedor de hospedagem pode ser diferente.

Para configurar o banco de dados MySQL para seu site WordPress com o cPanel, acompanhe os passos a seguir:

1. **Entre na interface de administração com o nome de usuário e senha atribuídos a você pelo provedor de hospedagem.**

   Estou usando a interface de administração do cPanel, mas seu provedor pode usar NetAdmin ou Plesk, por exemplo.

2. **Localize a seção Administração de Banco de Dados MySQL.**

   No cPanel, clique no ícone Banco de Dados MySQL.

3. **Escolha um nome para seu banco de dados e o insira na caixa de texto Nome.**

   Anote o nome do banco de dados, porque precisará dele mais tarde, durante a instalação do WordPress.

4. **Clique no botão Criar Banco de Dados.**

   Você receberá uma mensagem confirmando que o banco de dados foi criado.

5. **Clique no botão Voltar na barra de ferramentas do seu navegador.**

   A página Banco de Dados MySQL aparecerá em seu navegador.

6. **Localize a seção Usuários MySQL na página Banco de Dados MySQL.**

Vá até aproximadamente o meio da página para encontrar essa seção.

7. **Escolha um nome de usuário e senha para seu banco de dados, insira-os nas caixas de texto correspondentes e clique no botão Criar Usuário.**

Uma mensagem de confirmação aparecerá, afirmando que o nome de usuário foi criado com a senha especificada.

DICA

Por razões de segurança, certifique-se de que sua senha não seja algo que os hackers possam adivinhar facilmente. Dê ao seu banco de dados um nome do qual você se lembrará mais tarde. Essa prática será especialmente útil caso utilize múltiplos bancos de dados em sua conta. Ao nomear um banco de dados como *WordPress* ou *wpblog,* por exemplo, pode ter certeza de que, daqui a um ano, quando precisar acessar seu banco de dados para mudar algumas configurações, você saberá exatamente quais informações usar.

CUIDADO

Certifique-se de anotar o nome do banco de dados, nome de usuário e senha configurados durante o processo. Você precisará dessas informações antes de instalar oficialmente o WordPress em seu servidor web. Coloque esses detalhes em um pedaço de papel ou cole-os em um editor de texto. Independentemente de como escolher guardá-las, tenha sempre essas informações por perto.

8. **Clique no botão Voltar na barra de ferramentas de seu navegador.**

A página Banco de Dados MySQL aparecerá na janela de seu navegador.

9. **Na opção Adicionar Usuários da seção Bancos de Dados encontrada na página Bancos de Dados MySQL, escolha o usuário que acabou de configurar a partir da lista suspensa e escolha o novo banco de dados na lista suspensa.**

A página de Gerenciamento de Privilégios de Usuário, no Gerenciamento de Contas MySQL, aparecerá no cPanel.

10. **Atribua privilégios de usuário marcando a caixa Todos os Privilégios.**

Já que você é o *administrador* (ou dono) desse banco de dados, é necessário garantir que seu novo usuário tenha todos os privilégios sobre ele.

11. **Clique no botão Aplicar Alterações.**

A página resultante mostrará uma mensagem confirmando que você adicionou seu usuário selecionado ao banco de dados escolhido.

12. **Clique no botão Voltar na barra de ferramentas de seu navegador.**

Você voltará para a página Bancos de Dados MySQL.

O banco de dados MySQL para seu site WordPress está criado e você está pronto para seguir até o último passo da instalação do software em seu servidor web.

Fazendo Upload de Arquivos do WordPress

Para enviar os arquivos do WordPress até seu provedor de hospedagem, volte à pasta de seu computador em que extraiu seu software WordPress, baixado anteriormente. Você encontrará todos os arquivos de que precisa em uma pasta chamada /wordpress (veja a Figura 3-9).

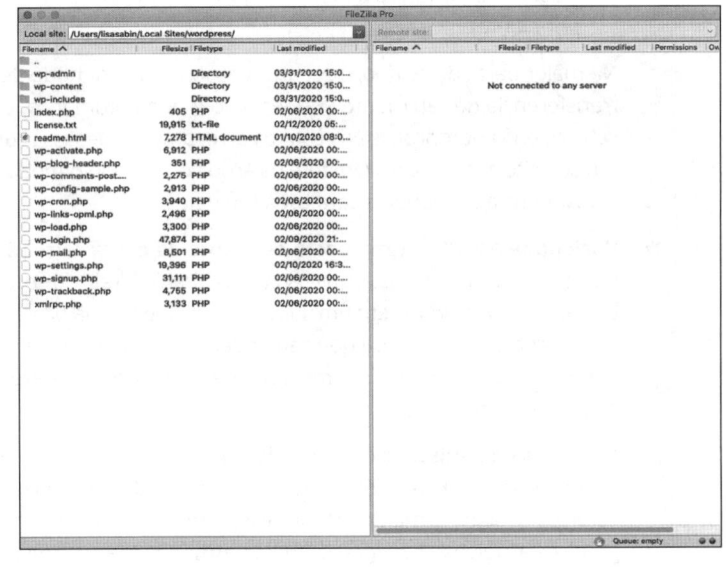

Usando seu cliente SFTP, conecte-se ao seu servidor web e transfira todos esses arquivos para o diretório raiz de sua conta de hospedagem.

DICA

Se não souber qual é seu diretório raiz, entre em contato com o provedor de serviço e pergunte: "Qual é o diretório raiz da minha conta?" A configuração difere entre cada provedor de serviço de hospedagem. No meu servidor web, meu diretório raiz é a pasta public_html; alguns de meus clientes têm um diretório raiz chamado httpdocs. A resposta depende do tipo de configuração de seu provedor. Na dúvida, pergunte!

Aqui estão algumas coisas para considerar na hora de transferir seus arquivos:

>> **Faça o upload do *conteúdo* da pasta /wordpress, não da pasta em si.** A maioria dos clientes SFTP permite que você selecione todos os arquivos, arrastando-os e soltando-os em seu servidor web. Outros

programas pedirão que você destaque os arquivos e clique em um botão para transferi-los.

» **Escolha o modo correto de transferência.** A transferência de arquivos via SFTP tem duas formas: ASCII e binária. A maioria dos clientes SFTP é configurada para detectar automaticamente o modo de transferência. Compreender a diferença de ambos os modos no que diz respeito a essa instalação do WordPress é importante para que, mais tarde, você possa diagnosticar quaisquer problemas que possam surgir.

- *Modo de transferência binária* é como imagens (arquivos `.jpg`, `.gif`, `.bmp`, e `.png`, por exemplo) são transferidas por meio do SFTP.

- *O modo de transferência ASCII* serve para todos os outros tipos de arquivo (arquivos de texto, arquivos `.php`, JavaScript e assim por diante).

Na maior parte do tempo, é seguro pressupor que o modo de transferência de seu cliente SFTP está no modo automático. Entretanto, se você enfrentar problemas com o carregamento desses arquivos em seu site, transfira novamente os arquivos usando o modo de transferência apropriado para cada um deles.

» **Você pode escolher uma pasta diferente da pasta raiz.** Não é obrigatório transferir os arquivos para o diretório raiz do servidor web. É possível transferi-los em um subdomínio ou em uma pasta diferente da sua conta. Caso queira que seu endereço de blog seja `http://seudominio.com/blog`, transfira os arquivos do WordPress para uma pasta nomeada `/blog`.

» **Escolha as permissões corretas de arquivos.** As *permissões de arquivos* dizem ao servidor web como esses arquivos podem ser utilizados em seu servidor — se é permitido gravar nesses arquivos ou não. Como regra geral, os arquivos `.php` precisam da permissão (`CHMOD`) 644, enquanto as pastas de arquivo precisam da permissão 755. Quase todos os clientes SFTP permitem que você verifique e altere as permissões dos arquivos caso precise. Normalmente, você pode encontrar a opção de alterar as permissões de arquivos nas opções de menu de seu cliente SFTP.

Alguns provedores de hospedagem usam seu software PHP em um formato mais seguro, conhecido como *modo de segurança* ou *safe mode*. Se esse é o caso do seu provedor, é preciso usar a permissão 644 em seus arquivos `.php`. Se não tiver certeza, pergunte ao seu provedor quais permissões precisa conceder aos arquivos `.php`.

Último passo: Executando o script de instalação

O passo final desse procedimento de instalação do WordPress é conectar o software WordPress que você transferiu ao servidor web com seu banco de dados MySQL. Siga estes passos:

1. **Digite o URL de seu site na barra de endereço do seu navegador web** (`http://seudominio.com/wp-admin/install.php`).

Caso escolha instalar o WordPress em uma pasta diferente do diretório raiz da sua conta, certifique-se de indicar isso no URL de instalação do script. Caso tenha enviado o software WordPress para uma pasta nomeada /blog, por exemplo, insira o seguinte URL em seu navegador para executar a instalação: `http://seudominio.com/blog/wp-admin/install.php`.

Supondo que você tenha feito tudo corretamente, o primeiro passo do processo de instalação deverá ser exibido, como mostra a Figura 3-10.

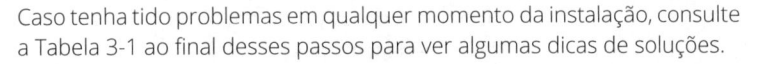

Caso tenha tido problemas em qualquer momento da instalação, consulte a Tabela 3-1 ao final desses passos para ver algumas dicas de soluções.

DICA

2. **Escolha seu idioma preferido na lista fornecida pela página de configuração (veja a Figura 3-10).**

No momento da redação deste livro, o WordPress estava disponível em 87 idiomas. Para esses passos, utilizarei a versão Português (Brasil).

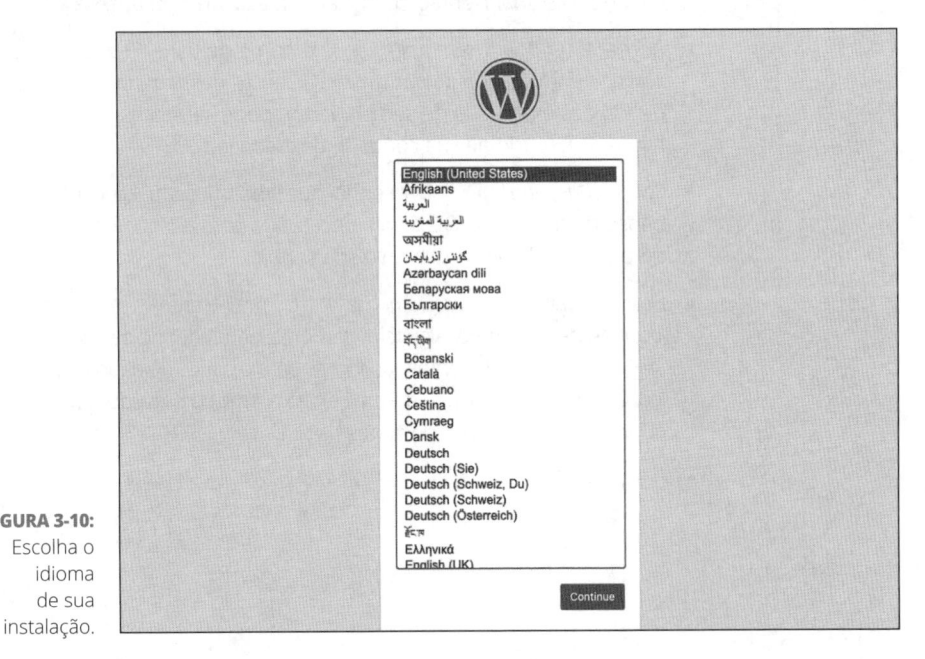

FIGURA 3-10:
Escolha o idioma de sua instalação.

3. **Aperte o botão Continuar.**

Uma nova página será exibida com uma mensagem de boas-vindas e a instrução de que você precisará das informações do MySQL que salvou em uma seção anterior deste capítulo.

4. **Clique no botão Vamos lá!**

Uma nova página será carregada, exibindo os campos que você precisa preencher.

5. **Use o nome, nome de usuário e senha do banco de dados que você criou antes (veja a seção "Configurando o banco de dados MySQL", neste mesmo capítulo) e use essas informações para preencher os campos, como mostra a Figura 3-11.**

- *Nome do Banco de Dados [Database Name]:* Digite o nome do banco de dados que você utilizou quando criou o banco de dados MySQL antes dessa instalação. Como as configurações diferem entre os provedores, pode ser necessário inserir apenas o nome do banco de dados ou o nome do banco de dados com o nome de usuário de sua conta de hospedagem anexado.

  Caso tenha nomeado seu banco de dados *WordPress,* por exemplo, insira **wordpress** nessa caixa de texto. Se o seu provedor exigir que o seu nome de usuário esteja anexado ao nome do banco de dados, digite ***nomedeusuário*_wordpress**, substituindo *nome de usuário* com o nome de usuário da sua conta de hospedagem. Meu nome de usuário é *lisasabin,* então eu digitaria **lisasabin_wordpress**.

- *Nome de usuário [Username]:* Digite o nome de usuário que você utilizou ao criar o banco de dados MySQL antes dessa instalação. Dependendo das exigências de seu provedor, pode ser necessário anexar o nome de usuário de sua conta de hospedagem.

- *Senha [Password]:* Digite a senha que você utilizou ao configurar o banco de dados MySQL. Não é necessário anexar seu nome de usuário da conta de hospedagem à sua senha.

- *Host do Banco de Dados [Database Host]:* Em 99% das vezes, você digitará *localhost* nesse campo. Alguns provedores, dependendo de suas configurações, possuem diferentes servidores para o banco de dados MySQL. Se *localhost* não funcionar, entre em contato com seu provedor para descobrir o servidor do banco de dados MySQL.

- *Prefixo da Tabela [Table Prefix]:* Digite *wp_*.

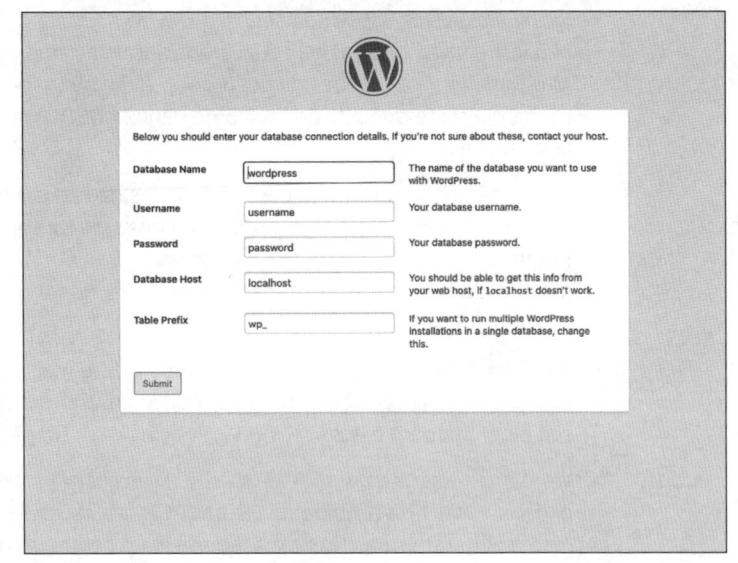

6. **Após preencher todas essas informações, clique no botão Enviar [Submit].**

Você verá uma mensagem que diz: Muito bem! Você concluiu esta parte da instalação. Agora o WordPress pode se comunicar com seu banco de dados. Se você estiver pronto, é hora de instalar.

7. **Clique no botão Instalar.**

Você verá outra página de boas-vindas ao famoso processo de instalação de cinco minutos do WordPress.

8. **Insira ou possivelmente altere essas informações, exibidas na Figura 3-12.**

- *Título do Site [Site Title]:* Insira o título que deseja dar ao seu site. O título inserido não é definitivo; você pode alterá-lo mais tarde. O título do site também aparece em seu site.

- *Nome de usuário [Username]:* Insira o nome que você usa para entrar no WordPress. Por padrão, o nome de usuário é *admin* e você pode mantê-lo assim. No entanto, por razões de segurança, recomendo que mude seu nome de usuário para algo único. Esse nome de usuário é diferente daquele configurado para o banco de dados MySQL. Você usará esse nome de usuário ao entrar no WordPress para acessar seu Painel (veja o Capítulo 4), então certifique-se de usar um nome de usuário do qual se lembrará.

- *Senha [Password]*: Digite sua senha desejada na caixa de texto. Caso não insira nada, uma senha será gerada automaticamente para você. Mais uma vez, por razões de segurança, é uma boa ideia usar uma senha diferente daquela do banco de dados MySQL, desde que não confunda as duas.

Por razões de segurança (e para que outros não consigam adivinhar sua senha), as senhas devem ter pelo menos sete caracteres e usar o máximo de caracteres nas maiores combinações possíveis. Use uma mistura de letras em caixa alta e caixa baixa, números e símbolos (como ! " ? $ % ^ &).

- *Seu E-mail [Your E-mail]*: Insira o endereço de e-mail no qual você deseja ser notificado sobre informações administrativas a respeito de seu blog. Também é possível mudar essa informação mais tarde.

- *Visibilidade nos mecanismos de busca [Search Engine Visibility]*: Por padrão, essa caixa (exibida na Figura 3-12) fica marcada, o que permite aos mecanismos de busca indexarem o conteúdo de seu blog, incluindo-o nos resultados de buscas. Para manter seu blog fora dos mecanismos de busca, desmarque essa caixa. (Veja o Capítulo 13 para saber mais sobre a otimização dos mecanismos de busca.)

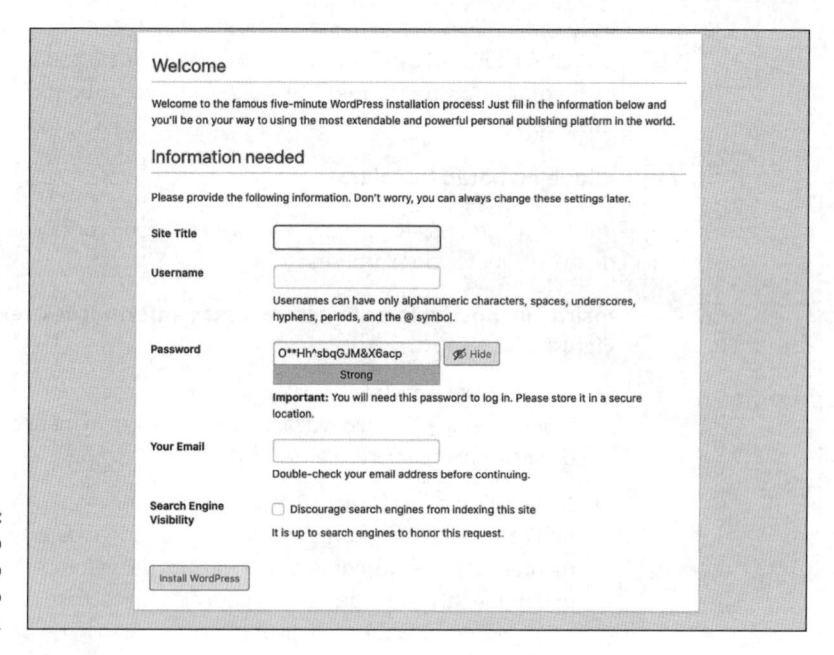

FIGURA 3-12:
Finalizando
a instalação
do
WordPress.

9. Clique no botão Instalar WordPress [Install WordPress].

A ferramenta de instalação do WordPress faz seu trabalho e cria todas as tabelas dentro do banco de dados que contém os dados padrões de seu site. O WordPress exibe a informação de login de que você precisará para acessar o Painel do programa. Anote o nome de usuário e a senha antes de sair da página, seja escrevendo essas informações ou colando-as em um editor de texto, como o Bloco de Notas (PC) ou Editor de Texto (Mac).

Após clicar no botão Instalar WordPress, você receberá um e-mail com suas informações de login e URL de login. Essa informação é útil caso você não esteja por perto durante essa parte da instalação, então aproveite e leve o cachorro para passear, atenda o telefone, faça café ou dê um bom cochilo de quinze minutos. Se, de alguma forma, não tiver acesso a essa página, o e-mail enviado para você contém as informações necessárias para fazer login em seu site com WordPress.

10. Clique no botão Acessar para entrar no WordPress.

Caso não tenha acesso a essa página antes de clicar no botão Acessar, sempre poderá retornar à página de acesso ao digitar seu domínio seguido da chamada para o arquivo de acesso (como `http://seudominio.com/wp-login.php`).

Você saberá que finalizou o processo de instalação quando vir a página de acesso, exibida na Figura 3-13.

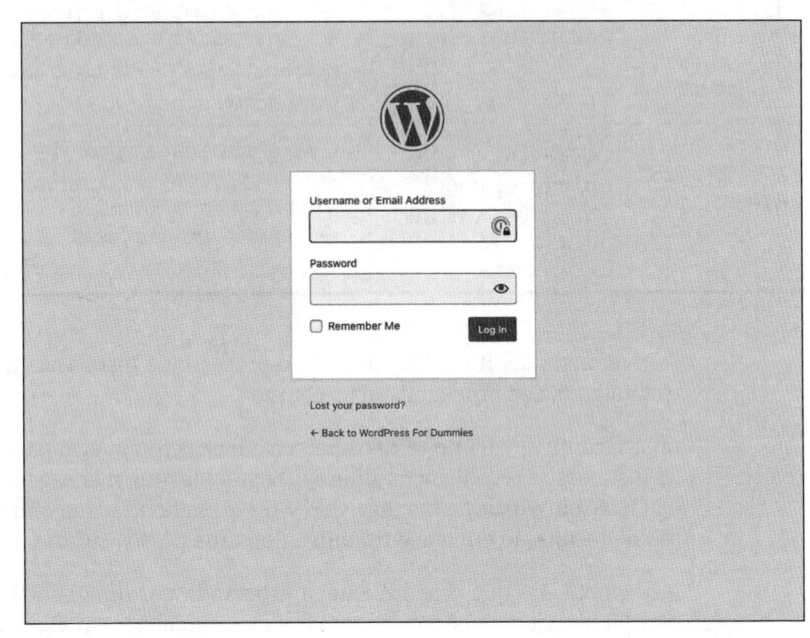

FIGURA 3-13:
Você terá instalado com sucesso o WordPress ao ver a página de acesso.

TABELA 3-1 ## Problemas Comuns na Instalação do WordPress

Mensagem de Erro	Causa Comum	Solução
Error Connecting to the Database [Erro de Conexão com o Banco de Dados]	Uma ou mais das informações (nome, nome de usuário, senha ou servidor) do banco de dados foi inserida incorretamente.	Revisite seu banco de dados MySQL para obter nome, nome de usuário e senha, reinserindo essa informação.
Headers Already Sent [Cabeçalhos já Enviados]	Um erro de sintaxe ocorreu no arquivo `wp-config.php`.	Abra o arquivo `wp-config.php` em um editor de texto. A primeira linha deve conter apenas o seguinte: `<?php`. A última linha deve conter apenas a seguinte informação: `?>`. Certifique-se de que essas duas linhas não contenham nada além disso — nem mesmo espaços. Salve as alterações nos arquivos.
500: Internal Server Error [Erro Interno de Servidor]	Permissões incorretas nos arquivos `.php`.	Tente mudar as permissões (CHMOD) dos arquivos `.php` para 666. Se isso não funcionar, mude para 644. Cada servidor web tem uma configuração diferente sobre como ele permite que o PHP seja executado em seus servidores.
404: Page Not Found [Página Não Encontrada]	O URL para a página de acesso está incorreto.	Certifique-se de que o URL digitado para a área de acesso é o mesmo do diretório de instalação do WordPress (como `http://yourdomain.com/wp-login.php`).
403: Forbidden Access [Acesso Proibido]	Um arquivo `index.html` ou `index.htm` existe no diretório de instalação do WordPress.	O WordPress é um aplicativo PHP, então a página inicial padrão é `index.php`. Dê uma olhada na pasta de instalação do WordPress em seu servidor web. Se a pasta tiver um arquivo `index.html` ou `index.htm`, delete-o.

Se tiver alguma dificuldade durante o processo de instalação, a Tabela 3-1 trata alguns dos problemas mais comuns.

Agora, conte — quanto tempo aparece em seu cronômetro para o processo de instalação? Levou cinco minutos? Envie-me uma mensagem no Twitter (@LisaSabinWilson) e me diga se o WordPress honrou sua famosa reputação de instalação em cinco minutos. Sou uma pessoa curiosa.

A boa notícia é que acabou! Estava esperando por uma banda marcial? O WordPress não é tão extravagante assim... ainda. Se tem alguém que pode criar uma, tenho certeza de que é a turma do WordPress.

Deixe-me ser a primeira a parabenizá-lo por seu site WordPress recém--instalado! Quando estiver pronto, acesse e se familiarize com o Painel, o qual descrevo em mais detalhes no Capítulo 4.

NESTE CAPÍTULO

» Acessando o Painel

» Familiarizando-se com seu Painel

» Personalizando o Painel

» Aplicando suas configurações

» Personalizando seu perfil

» Definindo a aparência de seu site

Capítulo **4**

Entendendo Melhor o Painel do WordPress.org

Com o WordPress.org instalado, você poderá explorar o novo software de seu site. Este capítulo guia você pela configuração preliminar de seu site WordPress por meio do Painel (também conhecido como Dashboard).

Ao criar um site com o WordPress, você passa muito tempo no Painel, que é o local em que você organiza todas as coisas empolgantes que acontecem por trás das câmeras. No Painel, você encontrará todas as configurações e opções que lhe permitem configurar seu site do jeito que quiser (caso ainda precise instalar e configurar o WordPress, veja o Capítulo 3).

Sentir-se confortável com o Painel prepara você para uma entrada de sucesso no mundo do WordPress. Esteja pronto para modificar configurações do WordPress muitas vezes ao longo da vida de seu site. Neste capítulo, conforme menciono diversas seções, configurações e opções disponíveis para você, compreenda que nada é definitivo. Você pode escolher uma configuração hoje e mudá-la a qualquer momento.

Acessando Seu Painel

Particularmente, acredito que a abordagem direta (também conhecida como "mergulhar de cabeça") funciona melhor quando quero me familiarizar com um novo software. Por isso, acompanhe os seguintes passos para acessar o WordPress e conferir o Painel [Dashboard]:

1. **Abra seu navegador e digite o endereço (ou URL) de acesso do WordPress.**

O endereço da página de acesso será algo parecido com isso:

```
http://www.seudominio.com/wp-login.php
```

Caso tenha instalado o WordPress em uma pasta específica, inclua o nome da pasta no URL de acesso. Caso tenha instalado o WordPress em uma pasta nomeada genialmente de `wordpress`, o URL de acesso será:

```
http://www.seudominio.com/wordpress/wp-login.php
```

2. **Digite seu nome de usuário ou endereço de e-mail na caixa de texto Nome de Usuário ou Endereço de E-mail. Em seguida, digite sua senha na caixa de texto correspondente.**

Caso tenha esquecido sua senha, o WordPress pode ajudá-lo. Clique no link Esqueceu Sua Senha? (localizado próximo ao final da página), insira seu nome de usuário ou e-mail e clique no botão Obter Nova Senha. O WordPress redefinirá sua senha e a enviará por e-mail.

Após o pedido de senha, você receberá um e-mail da instalação do WordPress. O e-mail conterá um link que você precisa acessar para a redefinição de senha.

3. **Selecione a caixa Lembrar de Mim caso queira que o WordPress use um cookie em seu navegador.**

O cookie diz ao WordPress para se lembrar de suas credenciais de acesso na próxima vez que você acessar o link. Esse cookie é inofensivo e armazena suas informações de acesso em seu computador. Graças a ele, o WordPress se lembrará de suas informações na próxima vez em que acessá-lo. Além disso, já que o cookie lembrará de suas credenciais na próxima vez em que acessar o WordPress, não recomendo marcar essa caixa em computadores públicos. Evite marcar a opção Lembrar de Mim quando estiver usando seu computador do trabalho ou em um cibercafé.

Observação: Antes de marcar essa opção, certifique-se de que seu navegador está configurado para aceitar cookies (se não tem certeza de como fazer isso, verifique a documentação de ajuda do navegador que você está utilizando).

4. **Clique no botão Acessar.**

Após acessar o WordPress, você verá o Painel.

Navegando pelo Painel

Você pode pensar no Painel como um painel de controle, uma vez que ele oferece diversos links e áreas que dão mais informações sobre seu site, começando com o Painel em si, exibido na Figura 4-1.

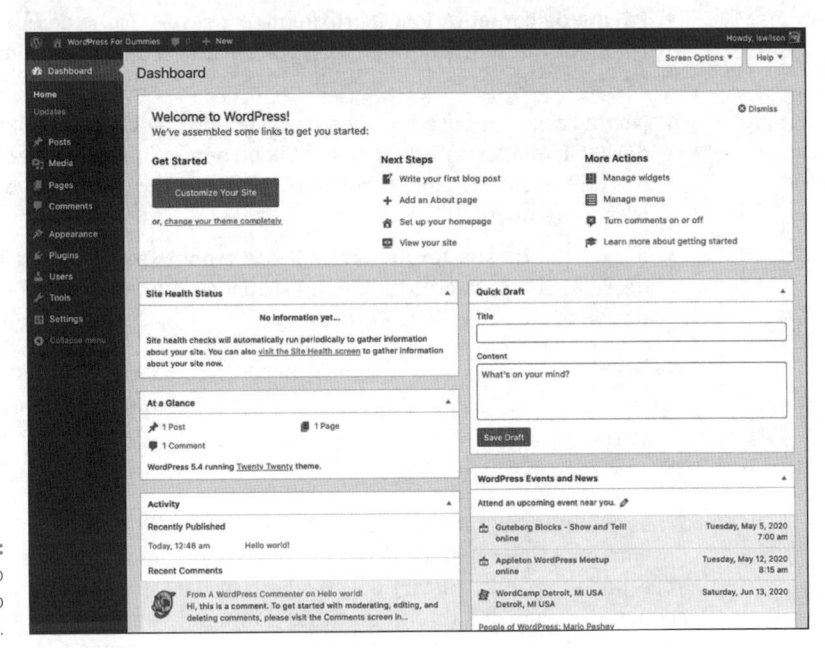

FIGURA 4-1: Acessando o Painel do WordPress.

DESCOBRINDO A BARRA DE FERRAMENTAS DO ADMINISTRADOR

A barra de ferramentas do administrador é o menu que você vê no topo do Painel (veja a Figura 4-1). Por padrão, ela aparece no topo de todas as páginas do seu site, além de aparecer no topo de todas as páginas do Painel, caso você assim estabeleça nas configurações de perfil. O legal é que você é a única pessoa que consegue ver a barra de ferramentas, já que ela aparece apenas para o usuário acessando a conta. A barra de ferramentas do administrador possui atalhos que levam você até as áreas vistas com mais frequência do seu Painel do WordPress. Da esquerda para a direita:

- **Links do WordPress:** Esse atalho fornece links para diversos sites do WordPress.org.

- **O nome de seu site:** Esse atalho leva você até a página inicial de seu site.

- **Página de comentários:** O próximo link possui o ícone de um balão de comentários. Ao clicar nele, você pode visitar a página de comentários de seu Painel.

- **Novo:** Passe o mouse por cima desse atalho e encontrará links chamados Post, Mídia, Página e Usuário. Clique nesses links para ir até as páginas de Novo Post, Novo Arquivo de Mídia, Nova Página e Novo Usuário, respectivamente.

- **A exibição de sua foto e nome:** Passe o ponteiro do mouse por cima desse atalho para abrir um menu suspenso com links para duas áreas de seu Painel: Editar Seu Perfil e Sair.

É importante relembrar que a barra de ferramentas do administrador só é visível no topo do site, não importa a página, se estiver acessando seu site com sua conta de administrador.

É possível alterar a aparência do Painel do WordPress mudando a ordem dos módulos que aparecem nela (como os módulos Agora e Atividade). Você pode expandir (abrir) ou recolher (fechar) um módulo clicando na pequena seta cinza à direita do título do módulo em questão. Essa função é muito legal, pois permite que você use o Painel apenas para os módulos utilizados com frequência.

O conceito é simples: abra os módulos que utiliza com frequência e feche aqueles que usa com menor regularidade, pois você poderá abri-los quando precisar deles. Assim, você economizará espaço e personalizará o Painel para atender melhor às suas necessidades. O WordPress se lembrará da configuração de seu Painel, então, se fechar certos módulos hoje, estes permanecerão fechados sempre que visitar o Painel até que resolva abri--los novamente.

Quando você visualiza seu Painel pela primeira vez, todos os módulos aparecerem expandidos (abertos) por padrão (veja a Figura 4-1).

O menu de navegação do Painel do WordPress aparece do lado esquerdo de seu navegador. Quando precisar voltar ao começo do Painel, clique no link do Painel no topo do menu de navegação em qualquer uma das telas dentro do Painel do WordPress.

Nas seções seguintes, comento sobre o Painel conforme ele aparece para você na primeira vez em que o acessa. Mais adiante, neste mesmo capítulo, mostro como configurar seu Painel para que atenda melhor às suas necessidades no que diz respeito à utilização dos módulos disponíveis.

Bem-vindo ao WordPress!

Este módulo, em inglês conhecido como "Welcome to WordPress!" e exibido na Figura 4-2, aparecerá no topo do seu Painel quando visitá-lo pela primeira vez. E ele pode permanecer aí, caso assim o deseje. Perceba, também, um pequeno link no lado direito desse módulo, chamado Dispensar. Esse link permite que você remova o módulo caso não deseje vê-lo.

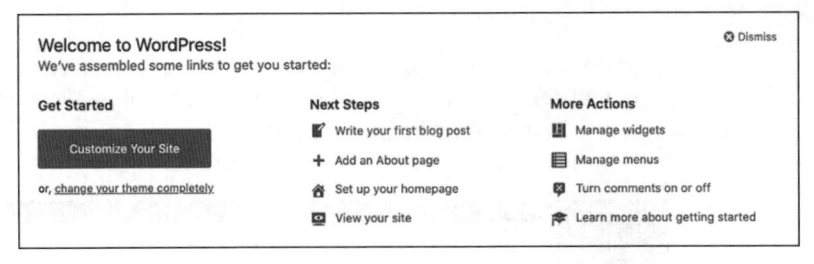

FIGURA 4-2: O módulo Bem--vindo ao WordPress fornece links úteis para você começar a usar o software.

Os criadores do WordPress fizeram muitos testes com usuários para descobrir o que desejam fazer imediatamente ao acessar um novo site com WordPress. O resultado desse teste é um grupo de links apresentados no módulo Bem-vindo ao WordPress:

» **Comece a Usar [Get Started]:** Esta seção contém um botão que, se clicado, abre a personalização do tema ativo. Além disso, a seção fornece um link que o leva até a página Temas, na qual você pode alterar seu tema atual. O Capítulo 8 tem muitas informações sobre a escolha de um tema, bem como sobre personalizá-lo da forma que você achar melhor.

» **Próximos Passos [Next Steps]:** Esta seção fornece links para várias áreas dentro do Painel do WordPress a fim de que você comece a publicar conteúdo, inclusive seu primeiro post e sua página Sobre. Ademais, o link Veja seu Site, contido nessa seção, abre o seu site, permitindo que você veja o que seus visitantes vão ver.

>> **Mais Ações [More Actions]:** Esta seção contém alguns links que podem ajudá-lo a gerenciar seu site, incluindo um link para o gerenciamento de widgets, gerenciamento de menus e a opção de ativar ou desativar os comentários. Contém também o link Saiba Mais Sobre como Começar, que leva você até o artigo de Primeiros Passos no WordPress Codex, onde poderá ler mais sobre como usar seu novo site WordPress.

Diagnóstico

O módulo Diagnóstico [Site Health] no Painel oferece detalhes sobre a situação da configuração de seu WordPress e de seu servidor. Caso tenha uma instalação recente, não verá nada listado nesse módulo (veja a Figura 4-1). Conforme o tempo passa, no entanto, começará a receber notificações de configurações que demandarão sua atenção, como

>> Plugins inativos ou antigos que devem ser removidos ou atualizados

>> Temas inativos ou antigos que devem ser removidos ou atualizados

>> Notificação de que seu site não pode ser indexado pelos mecanismos de busca

Clicar no link Visite a Tela de Diagnóstico leva você até o diagnóstico de sua página inicial, no qual encontrará as informações necessárias para melhorar a condição de seu site (veja a Figura 4-3).

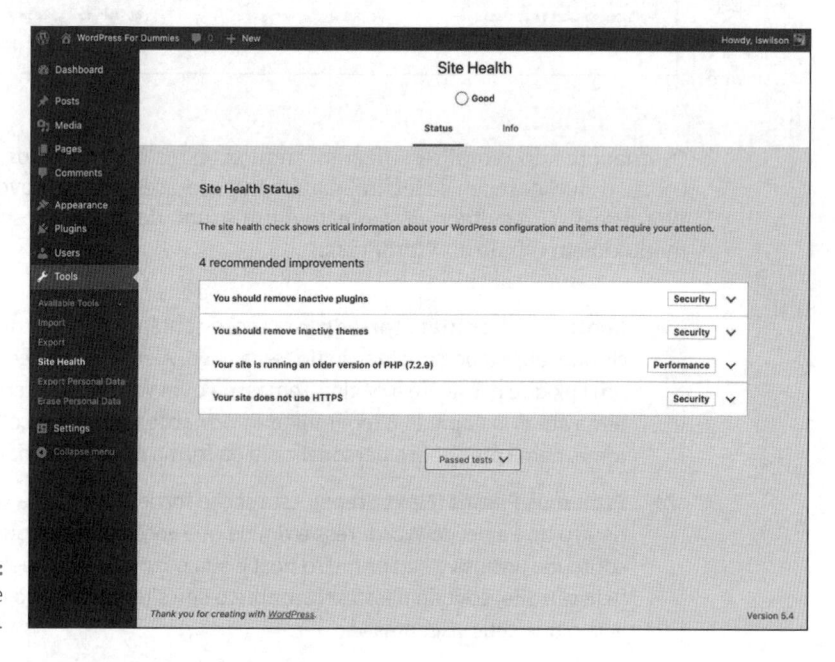

FIGURA 4-3:
A tela de
Diagnóstico.

Agora

O módulo Agora [At a Glance] do Painel mostra alguns detalhes sobre o que está acontecendo em seu site em tempo real! A Figura 4-4 mostra o módulo Agora expandido do meu site novíssimo em folha.

FIGURA 4-4:
O módulo
Agora do
Painel,
expandido
para que
você veja
as carac-
terísticas
disponíveis.

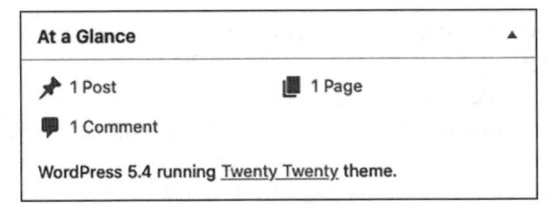

O módulo Agora mostra, por padrão, as seguintes informações:

» **Número de posts:** O número total de posts que você publicou em seu site. O site na Figura 4-4, por exemplo, tem apenas um post. O link do número de posts é azul, o que significa que é possível clicar nele. Ao clicar no link, você é levado até a tela Posts, onde poderá visualizar e gerenciar os posts de seu site (o Capítulo 5 fala sobre o gerenciamento de posts).

» **Número de páginas:** O número de páginas de seu site. Esse valor muda conforme você adiciona e deleta páginas (nesse contexto, *páginas* são as páginas estáticas que você cria no site). A Figura 4-4 mostra que o site tem uma página.

Clicar nesse link leva você até a tela Páginas, na qual é possível ver, editar e deletar suas páginas atuais (descubra a diferença entre posts e páginas do WordPress no Capítulo 5).

» **Número de comentários:** O número total de comentários em seu blog. A Figura 4-4 mostra que o site utilizado como exemplo tem um comentário.

Clicar no link de comentários leva você até a tela Comentários, em que poderá gerenciar os comentários do seu blog. O Capítulo 5 também trata sobre comentários.

A última seção do módulo Agora no Painel exibe as seguintes informações:

» **Tema do WordPress utilizado no momento:** A Figura 4-4 mostra que o site está usando um tema chamado Twenty Twenty (o Capítulo 8 oferece informações sobre temas do WordPress). O nome do tema é um link que, se clicado, leva você até a página Gerenciar Temas, na qual pode visualizar e ativar temas do seu blog.

» **Versão do WordPress utilizada no momento:** A Figura 4-4 mostra que o blog usado como exemplo está utilizando o WordPress em sua versão 5.4. Essa notificação de versão muda caso esteja utilizando uma versão anterior do software. Quando o WordPress recebe uma atualização, essa notificação avisa que você está utilizando uma versão desatualizada do software e recomenda que faça uma atualização para a versão mais recente.

Atividade

O módulo Atividade [Activity] está abaixo do módulo Agora, como mostra a Figura 4-5.

FIGURA 4-5: O módulo Atividade do Painel.

Dentro desse módulo, você encontrará

» **Posts publicados recentemente [Recently Published]:** O WordPress exibe um máximo de cinco posts nessa área. O link de cada post pode ser clicado para levá-lo até a tela Editar Post, na qual é possível visualizar e editar o post em questão.

» **Comentários publicados recentemente [Recent Comments]:** O WordPress exibe um máximo de cinco comentários nessa área.

» **O autor de cada comentário:** O nome da pessoa que escrever um comentário aparecerá em cima dele. Essa seção também exibe a foto (ou avatar) do autor, caso ele tenha um, ou o avatar padrão, caso não tenha.

» **Um link para o post em que o comentário foi escrito:** O título do post aparece à direita do nome do comentador. Clique no link para ir até o respectivo post em seu Painel.

» **Um trecho de comentário:** Esse link é um trecho do comentário que a pessoa escreveu em seu site.

» **Links de gerenciamento de comentário:** Quando você passa o mouse sobre o comentário, seis links aparecem abaixo dele. Esses links dão a você a oportunidade de gerenciar esses mesmos comentários a partir de seu Painel: o primeiro link é Reprovar, que só aparece caso você tenha habilitado a moderação de comentários (descubra mais sobre a moderação de comentários na seção "Comentários", neste mesmo capítulo). Os outros cinco links são Responder, Editar, Spam, Lixeira e Ver.

» **Links de visualização:** Esses links — Todos, Meus, Pendentes, Aprovados, Spam e Lixeira — aparecem ao final do módulo Comentários Recentes.

Você encontrará ainda mais informações sobre o gerenciamento de comentários na seção "Comentários", mais adiante neste capítulo.

Rascunho Rápido

O módulo Rascunho Rápido [Quick Draft], exibido na Figura 4-6, é um formulário útil que permite a você escrever, salvar e publicar um post de blog a partir de seu Painel. As opções são semelhantes àquelas que menciono no Capítulo 5.

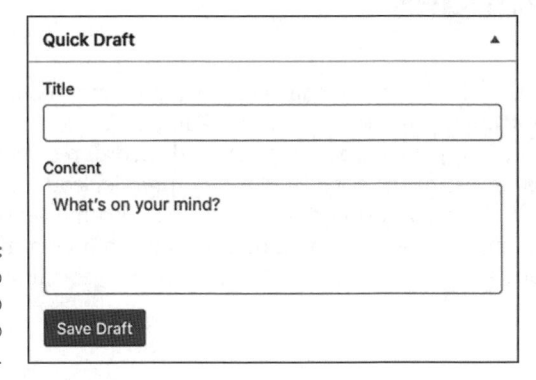

FIGURA 4-6: O módulo Rascunho Rápido do Painel.

Caso esteja usando um novo blog do WordPress e uma nova instalação do software, a lista de rascunhos não aparecerá no módulo Rascunho Rápido, pois você não escreveu nenhum post com classificação de rascunho. No entanto, com o tempo, e depois de escrever alguns posts, alguns deles podem ser salvos como rascunhos, o que permite editá-los e publicá--los posteriormente. Esses rascunhos aparecem nas seções Rascunhos do módulo Rascunho Rápido.

O WordPress exibe um máximo de cinco rascunhos, com o título de cada post e a data em que foram salvos. Clique no título do post para ir até a página Editar Post, na qual você pode ver, editar e gerenciar o rascunho. Para saber mais, veja o Capítulo 5.

Eventos e Notícias do WordPress

O módulo Eventos e Notícias do WordPress em seu Painel exibe posts de um site chamado WordPress Planet (`https://planet.wordpress. org`). Nesse módulo, você terá contato com diversos posts feitos por pessoas envolvidas no desenvolvimento, design e resolução de problemas do WordPress. Verá também muitas coisas úteis e interessantes se manter essa área intacta. Encontro, com frequência, ótimas informações sobre novos plugins ou temas, áreas problemáticas e suporte, diagnóstico de problemas e novas ideias, então costumo manter a configuração padrão. Você também pode encontrar links para eventos como os WordPress Meetups e WordCamps. Se clicar no ícone de um lápis, na parte superior do módulo, onde está escrito "Participar de um Evento Futuro Perto de...", uma caixa de texto aparecerá. Nela, você pode digitar o nome da sua cidade e o módulo será atualizado com uma lista de eventos perto de você.

Organizando o Painel para Atender às Suas Necessidades

Uma característica do WordPress da qual eu realmente gosto permite a criação de sua própria área de trabalho no Painel. Nas seções seguintes, você descobrirá como personalizar seu Painel do WordPress para atender melhor às suas necessidades e vai, inclusive, aprender como modificar o layout, mudando links e informações do feed RSS, e como reorganizar os módulos nas diferentes páginas do Painel. Armado com essa informação, você poderá abrir seu Painel e criar sua própria área de trabalho.

Nos passos seguintes, mostro como mover o módulo Agora para que seja exibido no lado direito do Painel:

1. **Passe o mouse sobre a barra de título do módulo Agora.**

O ponteiro do mouse será alterado para o ponteiro de movimento (uma cruz com setas).

2. **Clique e segure o botão do mouse. Em seguida, arraste o módulo Agora até o lado direito da tela.**

Enquanto arrasta a caixa, uma linha pontilhada na cor cinza-escuro aparecerá no lado direito de sua tela. Essa linha cinza é um guia que mostra onde você deve soltar o módulo (veja a Figura 4-7).

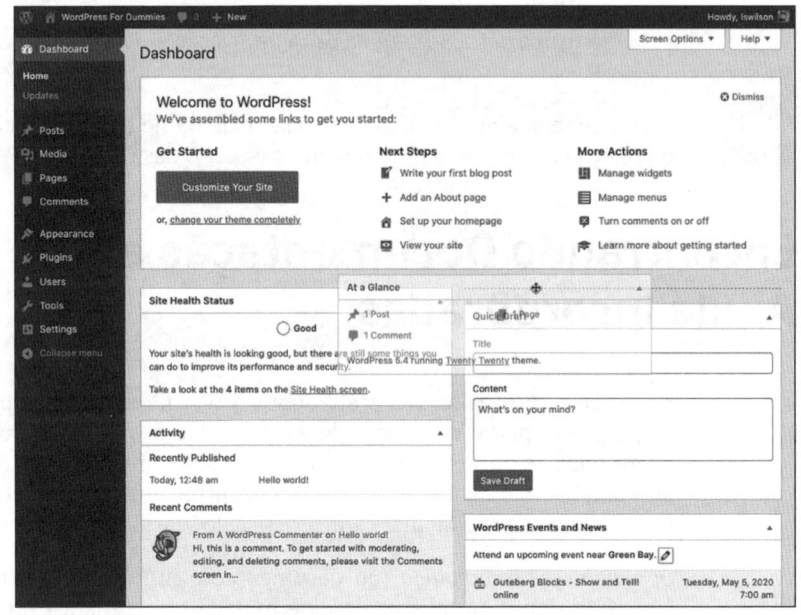

FIGURA 4-7: Uma linha cinza aparece como um guia ao arrastar e soltar módulos no Painel do WordPress.

3. **Solte o botão do mouse quando o módulo Agora estiver no local correto.**

O módulo Agora está posicionado no lado superior direito do Painel. Os outros módulos do lado direito moveram-se para baixo e o módulo Atividade está agora no lado superior esquerdo do Painel.

4. **(Opcional) Clique na seta cinza à direita do título Agora.**

O módulo será fechado. Clique na seta novamente e ele será expandido. É possível manter o módulo aberto ou fechado, dependendo de suas preferências.

Repita esses passos com cada um dos módulos do Painel para que apareçam na ordem que você preferir.

Ao sair do Painel, o WordPress se lembrará das mudanças realizadas. Quando retornar, ainda poderá visualizar seu Painel personalizado sem a necessidade de refazer todas as alterações.

Se perceber que o Painel contém alguns módulos que você nunca utiliza, é possível se livrar deles com os seguintes passos:

1. **Clique no botão Opções de Tela no topo do Painel.**

O menu suspenso de Opções de Tela será aberto, exibindo os títulos dos módulos com uma caixa de seleção à esquerda de cada título.

2. **Desmarque a caixa de seleção do módulo que deseja esconder.**

A marca desaparecerá da caixa de seleção e o módulo desaparecerá do Painel.

Caso queira que um módulo volte a ser exibido no Painel, selecione a caixa de seleção correspondente no menu suspenso das Opções de Tela.

Encontrando Documentação e Ajuda Incorporadas

Uma coisa que realmente gosto sobre o WordPress é o tempo e esforço empregados pelos desenvolvedores para dar aos usuários uma grande quantidade de documentação embutida ao software, além das dicas dentro do Painel. Geralmente, você poderá encontrar uma documentação incorporada para quase qualquer característica do WordPress que deseje utilizar.

Documentação incorporada (ou documentação inline) são as frases curtas que vê ao longo ou abaixo de determinada característica do WordPress, oferecendo uma explicação curta e útil da característica em questão. A Figura 4-8 mostra a tela de Configurações Gerais, na qual a documentação e as dicas incorporadas correspondem às características disponíveis. Essas dicas podem informá-lo sobre a utilidade de determinada característica, como utilizá-la e mencionar algumas recomendações de configurações.

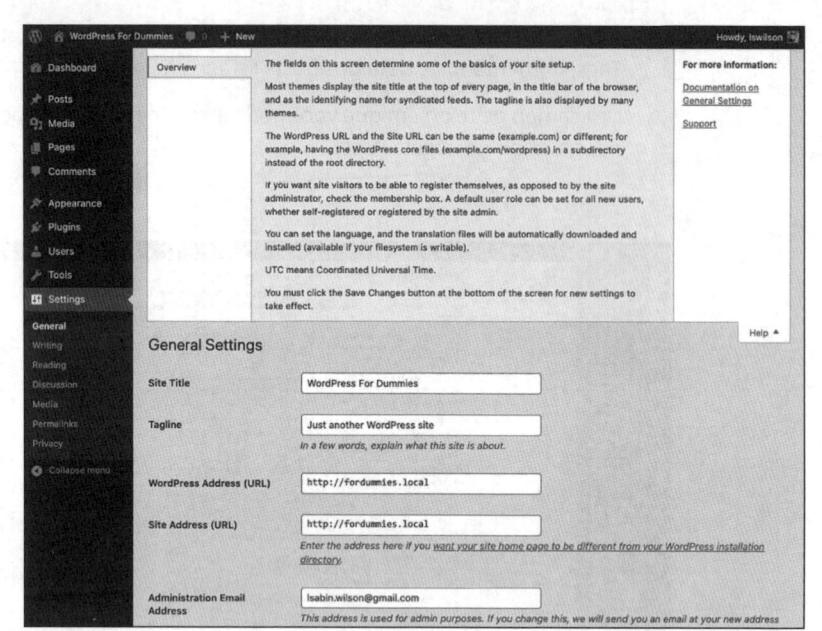

FIGURA 4-8:
Documenta-
ção incorpo-
rada na tela
Configura-
ções Gerais
do Painel do
WordPress.

Além da documentação incorporada que você encontrará ao longo do Painel, existe uma aba nomeada Ajuda no canto superior direito do Painel. Ao
clicar nessa aba, o usuário é levado até um painel com um texto auxiliar
relevante para a tela atualmente exibida no Painel. Se estiver visualizando
a tela Configurações Gerais, por exemplo, a aba Ajuda exibirá documentações relevantes para a tela Configurações Gerais. Da mesma forma, caso
esteja na tela Adicionar Novo Post, a aba Ajuda exibirá documentações com
assuntos relevantes para as configurações e características que são encontradas na página Adicionar Novo Post de seu Painel.

Documentações, assuntos e textos incorporados da aba Ajuda existem
para auxiliar você durante a experiência de uso da plataforma WordPress,
facilitando o máximo possível sua compreensão acerca do software. Outro
lugar onde é possível encontrar ajuda ou suporte é na página dos Fóruns
WordPress, localizada em `https://br.wordpress.org/support`.

Ao longo das páginas de seu Painel, você poderá aplicar as funções de
personalização que mencionei anteriormente neste capítulo. Cada seção do
Painel do WordPress é personalizável com módulos *drag-and-drop*, opções
de tela, e documentações e ajuda incorporadas.

Dê uma olhada na Figura 4-9, que exibe a página Posts do Painel do
WordPress (a página Posts é mencionada mais detalhadamente no Capítulo
5). Nessa Figura, o menu de Opções de Tela exibe suas opções para personalização, incluindo:

» Caixas de seleção que você pode marcar para exibir Autor, Categorias, Tags, Comentários e Data dos posts listados na página Post

» Um campo de texto em que você pode inserir o número de posts que deseja exibir na página Posts

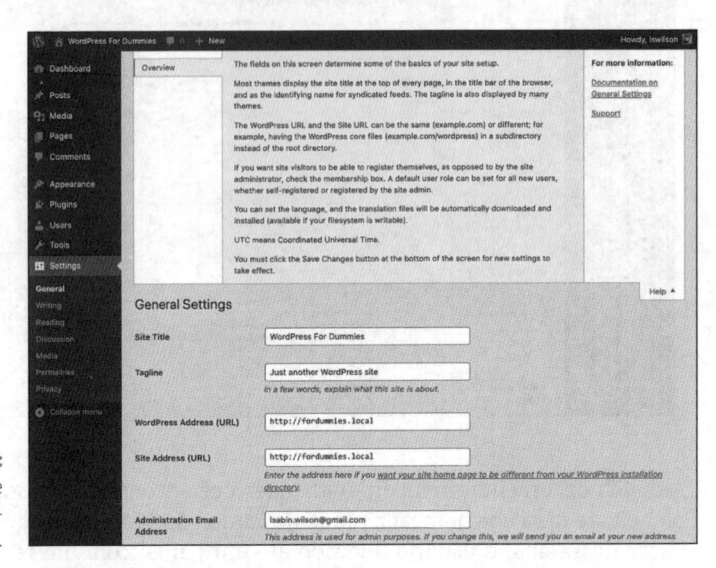

FIGURA 4-9: Opções de Tela na página Posts.

A Figura 4-10 exibe os assuntos da aba Ajuda [Help] na página Posts. Ao clicar na aba Ajuda, na parte superior da tela, a documentação incorporada da página em questão será exibida.

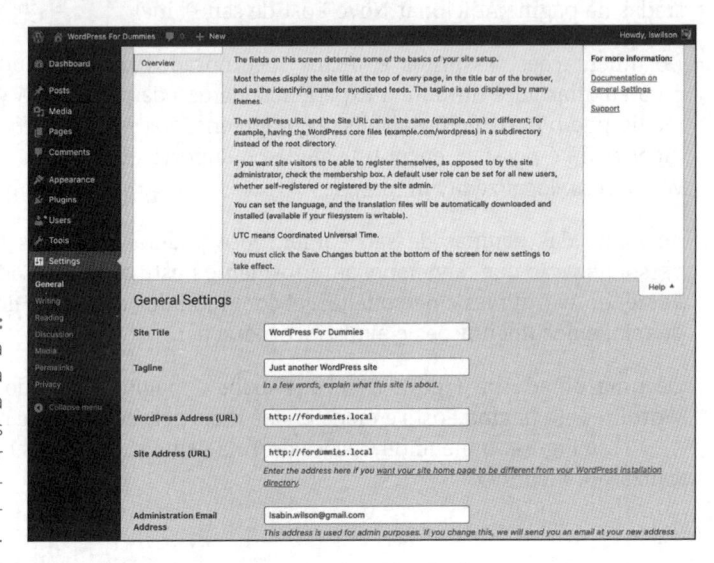

FIGURA 4-10: Clique na aba Ajuda dentro da página Posts para exibir a documentação incorporada.

DICA

Outras características úteis do menu de Ajuda do Painel são os links que levam você até outras áreas da internet para um maior auxílio, assuntos sobre assistência e recursos sobre as diversas características do WordPress.

Configurando Opções do Painel

O menu de navegação está localizado no lado esquerdo de todas as telas do Painel do WordPress. Você o encontrará em todos os lugares. Assim como um amigo leal, ele sempre estará por perto quando você precisar!

O menu de navegação é dividido em nove menus (incluindo o menu do Painel, mencionado anteriormente). Passe seu mouse sobre um menu e outro menu aparecerá à direita, revelando um submenu de funções. As funções do submenu levam você até áreas do Painel que lhe permitem realizar tarefas, como publicar um novo post, configurar seu site e gerenciar os comentários.

As configurações que lhe permitem personalizar seu site são as primeiras que menciono na próxima parte deste capítulo. Algumas das funções dos menus, como a criação e publicação de novos posts, são tratadas detalhadamente em outros capítulos, mas também vale mencioná-las aqui para que você entenda o que está vendo (seções com informações adicionais têm uma referência cruzada indicando onde poderá encontrar informações mais detalhadas sobre determinado assunto neste livro).

Configurando

Ao final do menu de navegação, você encontrará a opção Configurações. Ao passar o mouse pelo link Configurações um menu é exibido com os links descritos a seguir e que são mencionados nas próximas seções.

» Geral [General]

» Escrita [Writing]

» Leitura [Reading]

» Discussão [Discussion]

» Mídia [Media]

» Links permanentes [Permalinks]

» Privacidade [Privacy]

Geral

Após instalar o WordPress e realizar o login, você pode colocar sua marca pessoal no site, dando a ele um nome e descrição, configurando seu e-mail de contato e se identificando como autor do blog. Você pode fazer todas essas configurações e outras por meio da tela Configurações Gerais [General Settings].

Clique no botão Salvar Alterações ao final de cada página em que você escolheu novas opções. As mudanças realizadas não serão salvas caso você não clique em Salvar Alterações, fazendo o WordPress reverter as opções escolhidas para as opções anteriores. Sempre que você clica no botão Salvar Alterações, o WordPress recarrega a página atual, exibindo as novas opções que você acabou de configurar.

Para iniciar a personalização do seu site, siga estes passos:

1. **Clique no link Geral [General] no menu Configurações [Settings].**

   A tela de Configurações Gerais aparecerá (veja a Figura 4-11).

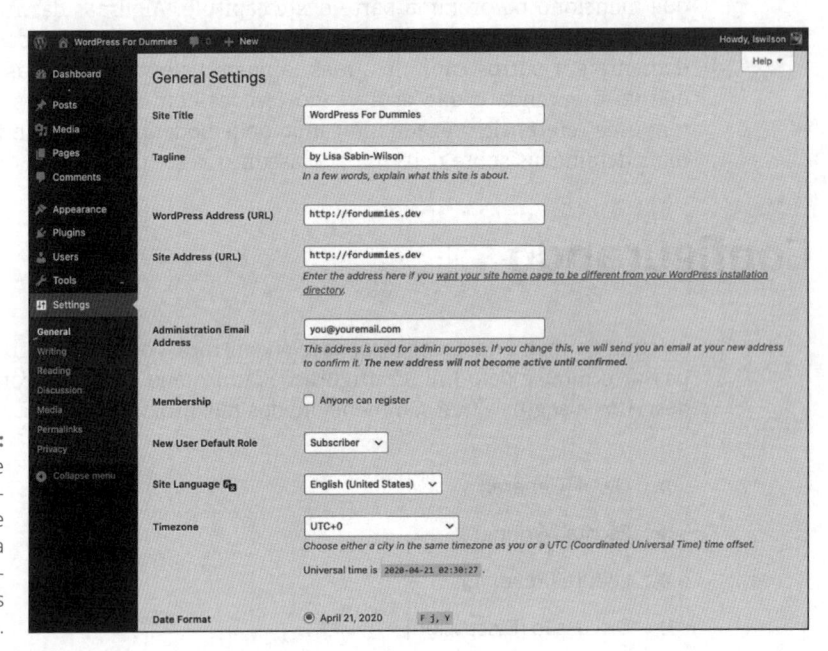

FIGURA 4-11: Personalize as configurações de seu site na tela Configurações Gerais.

2. **Insira o nome do seu site na caixa de texto Título do Site [Site Title].**

O título inserido aqui vai servir como a identificação de seu site. Dei ao meu novo blog o título *WordPress Para Leigos* (veja a Figura 4-11) e esse título aparece tanto no meu site quanto na barra de título do navegador do visitante.

Dê ao seu site um nome interessante e identificável. Você pode nomeá-lo, por exemplo, *Tomates Verdes Fritos,* caso seu site fale sobre o livro, filme ou qualquer coisa remotamente relacionada ao adorável prato do sul dos Estados Unidos.

3. **Na caixa de texto Descrição [Tagline], insira uma frase com algo entre cinco e dez palavras para descrever seu blog.**

A Figura 4-11 mostra que a descrição de meu site é *por Lisa Sabin-Wilson*. Assim, meu site exibe o título seguido da descrição: *WordPress Para Leigos, por Lisa Sabin-Wilson.*

O público geral da internet pode ver o título e a descrição de seu site, cujas informações são indexadas por diversos mecanismos de busca (como Google, Yahoo! e Bing), então, escolha suas palavras com cuidado.

4. **Na caixa de texto Endereço WordPress (URL) [WordPress Address], insira o local em que você instalou o software WordPress.**

Certifique-se de incluir a parte `http://` do URL, bem como o caminho completo da instalação — `http://seudominio.com`, por exemplo. Se você instalou o WordPress em uma pasta dentro de seu diretório — uma pasta nomeada `wordpress`, por exemplo — também é necessário incluí-la. Instalando o WordPress na pasta `wordpress`, o endereço WordPress seria `http://seudominio.com/WordPress`.

5. **Na caixa de texto Endereço do Site (URL) [Site Address], insira o endereço web onde as pessoas podem encontrar seu blog.**

Normalmente, o que você insere aqui é o seu nome de domínio (`http://seudominio.com`). Caso tenha instalado o WordPress em um subdiretório de seu site, o URL de instalação do WordPress será diferente do URL do blog. Ao instalar o WordPress em `http://seudominio.com/wordpress/` (o URL do WordPress), será preciso indicar ao software que o seu blog deve aparecer em `http://seudominio.com` (o URL do blog).

6. **Insira seu endereço de e-mail na caixa de texto Endereço de E-mail da Administração [Administration E-mail Address].**

O WordPress envia mensagens sobre os detalhes de seu site para o endereço de e-mail registrado nessa caixa. Quando um novo usuário se registra em seu site, por exemplo, o WordPress envia um e-mail de alerta.

7. **Escolha uma opção de Assinatura [Membership].**

Marque a caixa Qualquer Um Pode se Registrar [Anyone Can Register] se quiser deixar a assinatura aberta para qualquer um interessado em se registrar. Desmarque essa caixa caso não deseje utilizar um registro aberto em seu site.

8. **A partir do menu suspenso Função Padrão de Novo Usuário [New User Default Role], escolha o cargo que deseja que os novos usuários tenham ao se registrar em seu site.**

Você precisa entender as diferenças entre as funções de usuário, pois cada função recebe um nível diferente de acesso ao seu site. Veja as descrições de cada uma a seguir:

- *Assinante [Subscriber]:* Essa é a função padrão. Atribuí-la aos novos usuários é uma boa ideia, especialmente se você não souber quem está se registrando. Os assinantes recebem acesso ao Painel e podem visualizar e alterar as opções dos perfis deles nas telas Seu Perfil e Opções Pessoais (no entanto, eles não ganham acesso às configurações do seu perfil, apenas dos perfis deles). Cada usuário pode alterar o próprio nome de usuário que é exibido no site. As informações de perfil dos assinantes são armazenadas no banco de dados do WordPress e o seu site se lembrará delas sempre que visitarem seu site, fazendo com que não seja necessário inserir essas informações sempre que escreverem um comentário em seu site.

- *Contribuidor [Contributor]:* Além do acesso conferido aos Assinantes, os Contribuidores podem enviar arquivos e escrever, editar e gerenciar seus próprios posts. Os contribuidores podem escrever posts, mas não podem publicá-los. O administrador é responsável pela revisão dos posts dos contribuidores e por decidir publicá-los ou não. Essa configuração é uma boa forma de moderar conteúdo escrito por novos autores.

- *Autor [Author]:* Além do acesso conferido aos Contribuidores, os Autores podem publicar e editar os próprios posts.

- *Editor [Editor]:* Além do acesso conferido aos Autores, os Editores podem moderar comentários, gerenciar categorias e links, editar páginas e os posts de outros Autores.

- *Administrador [Admin]:* Os Administradores podem editar todas as opções e configurações do site WordPress. De forma simplificada, os Administradores têm acesso a tudo, então tenha cautela ao fornecer acesso de Administrador ao seu site.

9. **Escolha seu idioma preferido a partir do menu suspenso Idioma do Site.**

O menu suspenso de Idioma do Site fornece diversas opções de idioma. A configuração padrão é inglês, mas, no momento em que este livro foi escrito, o software WordPress estava disponível em 112 idiomas. Se o seu site precisa estar em espanhol, use o menu suspenso para alterar o idioma de inglês para espanhol.

10. **Na seção Fuso Horário [Timezone], escolha seu horário UTC a partir do menu suspenso.**

Essa configuração se refere ao número de horas que seu fuso horário difere do Tempo Universal Coordenado (UTC). Tal configuração garante que todos os posts e comentários feitos em seu blog recebam o horário correto. Se for sortudo o suficiente como eu, que moro na tundra congelada de Wisconsin, uma região que faz parte do Fuso Horário Central (CST), você escolheria -6 no menu suspenso, pois esse fuso horário difere em seis horas do UTC. O WordPress também menciona os nomes de grandes cidades ao redor do mundo para facilitar a escolha. Selecione o nome da principal cidade mais próxima de você. As chances são altas de você se encontrar no mesmo fuso horário da cidade escolhida.

DICA

Se não tiver certeza do seu fuso horário UTC, poderá encontrá-lo no site Greenwich Mean Time (`https://greenwichmeantime.com`). GMT e UTC são praticamente sinônimos.

11. **Na caixa de texto Formato de Data [Date Format], insira o formato de data que você deseja exibir no site.**

Essa configuração determina o estilo de exibição de data. O formato padrão já está selecionado e exibido: F j, Y (F = o nome completo do mês; j = o dia em dois dígitos; Y = o ano em quatro dígitos). O formato padrão de data é exibido como `Setembro 16, 2020`.

Escolha um formato diferente clicando no círculo à esquerda da opção. Também é possível personalizar a exibição da data selecionando a opção Personalizado e inserindo o formato preferido na caixa de texto.

PAPO DE
ESPECIALISTA

Se estiver sentindo-se um pouco aventureiro, poderá descobrir como personalizar o formato de data clicando no link Documentação sobre Formatação de Data e Hora, localizado entre as opções de data e hora. Esse link levará você até a seguinte página do WordPress Codex: `https://codex.WordPress.org/pt-br:Formatando_Data_e_Hora`.

12. **Na caixa de texto Formato de Hora (não exibida na Figura 4-11), insira o formato que deseja usar para a hora exibida em seu site.**

Essa configuração trata do estilo de exibição da hora. O formato padrão já está inserido para você: g:i a (g = a hora em dois dígitos; i = o minuto em dois dígitos; a = a.m. ou p.m. em caixa baixa), cujo resultado é 12:00 a.m.

Escolha um formato diferente clicando no círculo à esquerda da opção. Também é possível personalizar a exibição de data selecionando a opção Personalizado e inserindo seu formato preferido na caixa de texto correspondente. Descubra como fazer isso em https://codex.WordPress.org/pt-br:Formatando_Data_e_Hora

Você pode formatar a hora e data de diversas formas diferentes. Acesse https://www.php.net/manual/en/function.date.php [conteúdo em inglês] para descobrir formatos em potencial no site do PHP.

DICA

13. **A partir do menu suspenso Início da Semana (não exibido na Figura 4-11), escolha o dia que a semana inicia em seu calendário.**

A exibição de um calendário na barra lateral do seu site é opcional. Se decidir usar um calendário, também será possível escolher o dia da semana que iniciará a semana desse seu calendário.

Escrita

Escolha Configurações [Settings] ⬄ Escrita [Writing] para abrir a tela de Configurações de Escrita [Writing Settings] (veja a Figura 4-12).

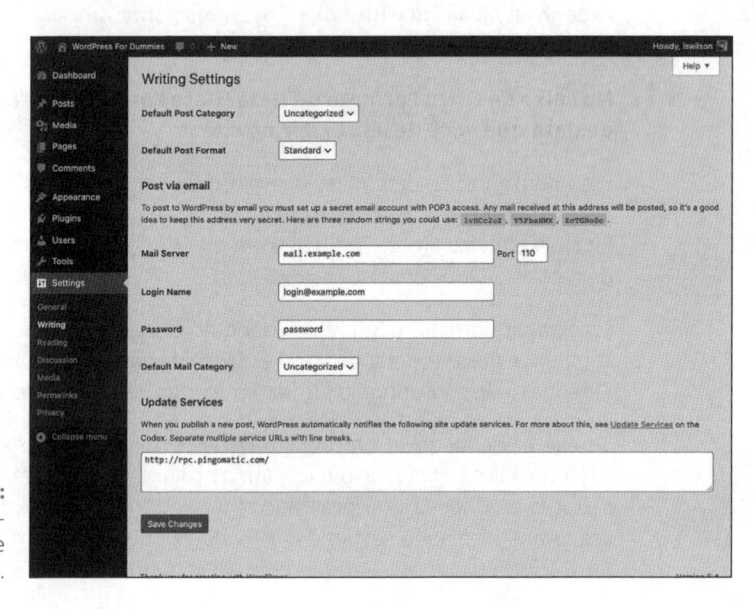

FIGURA 4-12:
A tela Configurações de Escrita.

Essa tela do Painel permite que você escolha algumas opções básicas para a redação de seu conteúdo. A Tabela 4-1 oferece algumas informações sobre a escolha da aparência de seu conteúdo e sobre como o WordPress lida com algumas condições específicas.

TABELA 4-1 **Opções das Configurações de Escrita**

Opção	Função	Padrão
Categoria Padrão de Post [Default Post Category]	Permite a você selecionar a categoria padrão no WordPress para aqueles momentos em que se esquecer de selecionar uma categoria ao enviar um post.	Sem categoria [Uncategorized]
Formato Padrão do Post [Default Post Format]	Escolhe o formato padrão que será utilizado sempre que você criar um post e não atribuir um formato específico (essa opção é dependente do tema, pois nem todos os temas aceitam formatos de post).	Padrão [Standard]
Post via E-mail	Publique conteúdo a partir de sua conta de e-mail ao inserir servidor de e-mail, porta, nome de login e senha para a conta que será usada na publicação dos posts de seu site.	N/A Você configura o servidor de e-mail, nome de login e senha de acordo com as configurações do seu e-mail, em seguida selecionando uma Categoria de E-mail padrão.
Serviços de Atualização [Update Services] **Observação:** Essa opção só está disponível caso você permita que seu site seja indexado por mecanismos de busca (falo mais sobre isso na seção Configurações de Leitura).	Permite indicar um serviço de ping para ser utilizado na notificação global sobre as atualizações ou novos posts publicados em seu site. O serviço padrão, XML-RPC (`http://rpc.pingomatic.com`), atualiza todos os serviços populares de forma simultânea.	`http://rpc.pingomatic.com`

Após alterar suas opções, clique no botão Salvar Alterações. Caso não o faça, as mudanças não surtirão efeito algum.

Acesse `https://codex.WordPress.org/pt-br:Serviços_de_Atua-lização` para obter informações detalhadas sobre os serviços de atualização.

Leitura

O terceiro item do menu suspenso Configurações é Leitura. Escolha Configurações [Settings] ⇨ Leitura [Reading] para abrir a tela de Configurações de Leitura [Reading Settings] (veja a Figura 4-13).

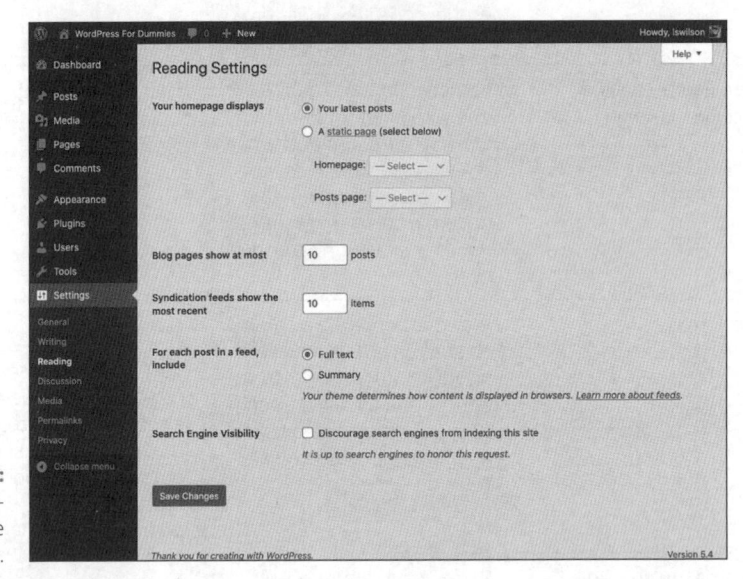

FIGURA 4-13:
A tela Configurações de Leitura.

Você pode escolher as seguintes opções em sua tela Configurações de Leitura:

» **Exibição da Página Inicial [Your Homepage Displays]:** Selecione o botão radial para exibir uma página no lugar de seus posts mais recentes na página inicial do seu site. Você encontrará informações detalhadas sobre o uso de uma página estática em sua página inicial no Capítulo 12, incluindo informações sobre como configurá-la a partir dos campos que aparecem após a seleção do botão radial.

» **Número Máximo de Posts Exibidos [Blog Pages Show at Most]:** Digite o número máximo de posts a serem exibidos em cada página. O valor padrão é dez.

- **»** **Exibições Mais Recentes nos Feeds [Syndication Feeds Show the Most Recent]:** Na caixa Posts, digite o número máximo que você deseja que apareça no feed RSS. O valor padrão é dez.

- **»** **Para Cada Post em um Feed, inclua [For Each Post in a Feed, Include]:** Selecione Texto Completo ou Resumo. Texto Completo publicará todo o post em seu feed RSS, enquanto Resumo publicará apenas um trecho. Por padrão, a opção Texto Completo está selecionada. (Veja o Capítulo 5 para obter mais informações sobre os feeds RSS do WordPress.)

- **»** **Visibilidade do Mecanismo de Busca [Search Engine Visibility]:** Por padrão, a opção Desencorajar a Indexação Deste Site por Mecanismos de Busca está desativada. Caso você seja um daqueles blogueiros raros que *não* deseja que os mecanismos de busca sejam capazes de visitar e indexar seus sites nos diretórios de pesquisa, marque essa caixa.

DICA

Geralmente, o ideal é que os mecanismos de busca encontrem seu site. Em circunstâncias especiais, porém, pode ser que você queira garantir a privacidade dele. Por exemplo, tenho uma amiga que gerencia um blog familiar e ela bloqueia o acesso dos mecanismos de busca porque não deseja ser encontrada por eles. Quando você ativa a privacidade, mecanismos de busca e outros robôs de conteúdo não podem encontrar seu site ou listá-lo em mecanismos de busca.

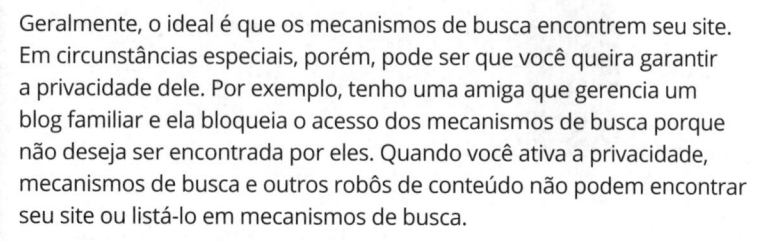

LEMBRE-SE

Certifique-se de clicar no botão Salvar Alterações após definir todas as opções na tela Configurações de Leitura para que as alterações surtam algum efeito.

Discussão

A opção Discussão é o quarto item do menu Configurações. Escolha Configurações [Settings] ↔ Discussão [Discussion] para abrir a tela Configurações de Discussão [Discussion Settings] (veja a Figura 4-14). As seções dessa tela permitem que você configure opções sobre o tratamento de comentários e publicação de posts em seu site.

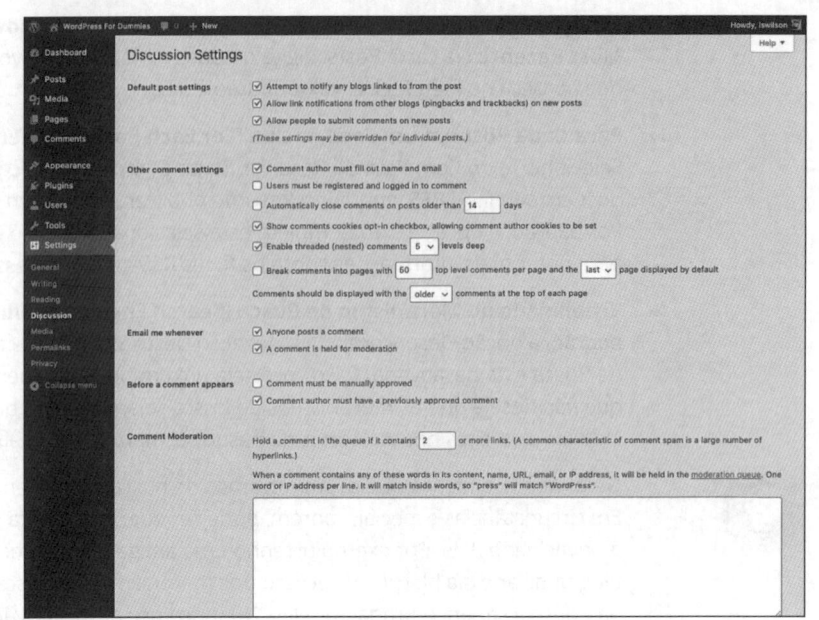

FIGURA 4-14:
A tela Confi-
gurações de
Discussão.

AVATARES E GRAVATARES: COMO SE RELACIONAM COM O WORDPRESS?

Um *avatar* é uma representação gráfica de uma pessoa. É um pequeno ícone que as pessoas usam para se representarem visualmente na internet nos locais em que participam de conversas, como fóruns e comentários. Os *gravatares* são avatares reconhecidos mundialmente. Um gravatar aparece junto dos comentários, posts e fóruns desde que o site com o qual você esteja interagindo tenha habilitado o uso do gravatar.

Em outubro de 2007, a Automattic, o principal grupo por trás da plataforma WordPress, comprou o serviço Gravatar e o integrou ao WordPress para que todos pudessem aproveitar e se beneficiar desse serviço.

Os gravatares não são automáticos. É necessário cadastrar uma conta no Gravatar antes de atribuir um gravatar a si mesmo. Esse registro é feito com seu endereço de e-mail e você pode saber mais acessando o seguinte link: `https://gravatar.com`.

As seções seguintes falam mais sobre as opções disponíveis para você na tela Configurações de Discussão, que é a tela responsável pelas configurações referentes à forma com que os comentários e trackbacks são tratados em seu site.

Configurações Padrão de Post

Na seção Configurações Padrão de Post [Default Post Settings], é possível dizer ao WordPress como lidar com as notificações de posts. Aqui estão as opções:

» **Tentar Notificar Todos os Blogs com Links a partir do Post [Attempt to notify any blogs linked to from the post]:** Selecione essa caixa para que seu blog envie uma notificação (ou *ping*) para qualquer site que você vinculou (por meio do uso de links) aos posts de seu blog. Essa notificação é comumente chamada de *trackback*. (Falo mais sobre trackbacks no Capítulo 2.) Desmarque essa caixa se não quiser enviar essas notificações.

» **Permitir Notificações de Link a partir de Outros Blogs (Pingbacks e Trackbacks) em Novos Posts [Allow link notifications from other blogs (pingbacks and trackbacks) on new posts]:** Por padrão, essa caixa fica selecionada e seu site aceita as notificações feitas por pings ou trackbacks de sites que tenham se vinculado ao seu. Quaisquer trackbacks ou pings enviados ao seu site aparecerão na seção de comentários do post. Ao desmarcar essa caixa, seu site não aceitará pingbacks ou trackbacks de outros sites.

» **Permitir que as Pessoas Publiquem Comentários sobre Novos Posts [Allow people to submit comments on new posts]:** Por padrão, essa caixa fica selecionada. Ao decidir desmarcá-la, ninguém poderá deixar comentários em seu conteúdo (é possível sobrepor essa configuração para artigos específicos; leia mais sobre isso no Capítulo 5).

Outras Configurações de Comentários

As Outras Configurações de Comentários [Other Comments Settings] dizem ao WordPress como lidar com comentários:

» **Autor do Comentário Tem que Preencher Nome e E-mail [Comment author must fill out name and e-mail]:** Ativada por padrão, essa opção requer que todos os comentadores do seu blog preencham os campos Nome e E-mail ao escrever um comentário. Essa opção é útil no combate ao spam de comentários (veja os Capítulos 2 e 7 para saber mais sobre o spam de comentários). Desmarque essa caixa para desativar a opção.

» Usuários Devem Estar Registrados e Ter Feito Login para Comentar [Users must be registered and log in to comment]: Desativada por padrão, essa opção permite que você aceite comentários apenas de pessoas que estejam registradas e que tenham feito login em seu site. Se alguém não tiver feito login para fazer um comentário, ele verá a mensagem: `Você precisa fazer login para publicar um comentário`.

» Encerrar Automaticamente Comentários sobre Posts Mais Velhos que *X* Dias [Automatically close comments on posts older than X days]: Marque a caixa próxima dessa opção para avisar ao WordPress que comentários de posts mais antigos devem ser encerrados automaticamente. Na caixa de texto, insira o número de dias que você deseja aguardar até que o WordPress encerre os comentários de posts antigos.

Essa funcionalidade é uma técnica muito eficaz contra spam, utilizada por muitas pessoas para reduzir o spam de comentários e trackback em seus sites.

DICA

» Exibir Caixa de Seleção de Cookies para Comentários [Show comments cookies opt-in checkbox, allowing comment author cookies to be set]: Essa opção é desativada por padrão. Se decidir ativá-la, o WordPress incluirá uma opção abaixo do formulário de comentários do site que diz `Salvar meu nome, e-mail e site neste navegador para a próxima vez que eu comentar`. Quando o usuário marca essa caixa, o WordPress configura um cookie no navegador para que este se lembre da informação da próxima vez que o usuário visitar o site.

» Ativar XX Níveis de Comentários Agrupados (Aninhados) por Conversação [Enable threaded (nested) comments X levels deep]: O menu suspenso permite que você escolha o nível de comentários agrupados que você deseja ter em seu blog. O valor padrão é cinco e é possível escolher até dez níveis. Em vez de exibir todos os comentários de seu site em ordem cronológica (como é feito por padrão), o agrupamento permite que você e seus leitores respondam a um comentário dentro do próprio comentário.

» **Dividir Comentários em Páginas com *XX* comentários de Nível mais Alto por Página e a Primeira/Última Página Exibida por Padrão [Break comments into pages with XX top level comments per page and the last/first page displayed by default]:** Preencha a caixa de texto com o número de comentário que aparece em uma página (padrão: 50). Essa configuração ajuda bastante os sites que recebem um grande número de comentários, pois permite quebrar uma grande sequência de comentários em diversas páginas, facilitando a leitura dos comentários e auxiliando na velocidade de carregamento do seu site, uma vez que a página não precisará carregar tantos comentários de uma só vez. Caso queira exibir a página mais recente (a última) de comentários, ou a primeira, escolha Última ou Primeira no menu suspenso.

» **Comentários Devem Ser Exibidos com Comentários Mais Antigos/Recentes no Topo de Cada Página [Comments should be displayed with the older/newer comments on top of each page]:** A partir do menu suspenso, escolha Mais Antigos ou Mais Recentes. A primeira opção exibirá os comentários de seu site, dos mais antigos para os mais recentes. A segunda opção fará o oposto, exibindo os comentários do mais recente até os mais antigos.

Envie-me um E-mail Quando

As duas opções na seção Envie-me um E-mail Quando [E-mail Me Whenever] ficam ativadas por padrão:

» **Alguém Publicar um Comentário [Anyone posts a comment]:** Essa opção permite que você receba uma notificação de e-mail sempre que alguém fizer um comentário em seu site. Desmarque a caixa de seleção se não quiser ser notificado por e-mail após cada comentário publicado.

» **Um Comentário Ficar Aguardando Moderação [A comment is held for moderation]:** Essa opção faz com que você receba uma notificação de e-mail sempre que um comentário estiver aguardando sua aprovação na fila de moderação de comentários (veja o Capítulo 5 para saber mais sobre a fila de moderação de comentários). Desmarque essa caixa se não desejar receber essa notificação.

Antes de um Comentário Aparecer

As duas opções na seção Antes de um Comentário Aparecer [Before a Comment Appears] dizem ao WordPress como você deseja que o software lide com comentários antes de eles aparecerem no site:

» **Um Administrador Sempre Tem que Aprovar o Comentário [Comment must be manually approved]:** Desativado por padrão, essa opção mantém cada comentário feito em seu blog na fila de moderação até que você, o administrador, faça login e aprove-os. Marque essa caixa de seleção para ativar a opção.

» **O Autor do Comentário Deve Ter um Comentário Aprovado Anteriormente [Comment author must have a previously approved comment]:** Ativado por padrão. Essa opção exige que os comentadores de primeira viagem em seu site fiquem na fila de moderação, aguardando a aprovação do administrador. Após serem aprovados pela primeira vez, eles permanecerão aprovados para os comentários subsequentes e essa configuração não pode ser alterada. O WordPress armazena o e-mail de todos os autores de comentários no banco de dados e quaisquer comentários futuros feitos pelos e-mails armazenados são aprovados automaticamente. Essa funcionalidade é outra medida criada para o WordPress e que visa combater o spam de comentários.

Moderação de Comentários

Na seção Moderação de Comentários [Comment Moderation] (exibida na Figura 4-14), você pode configurar opções que especificam quais tipos de comentários ficam na fila de moderação aguardando a aprovação.

Para impedir os spammers de atuar no seu blog enviando milhares de links, marque a caixa de seleção chamada Reter um Comentário na Fila se Este Contiver XX ou Mais Links [Hold a comment in the queue if it contains XX or more links]. O número padrão de links permitidos é dois. Faça um teste com a configuração padrão e, se perceber que está recebendo muitos comentários de spam com diversos links, pode voltar até essa página e aumentar o número. Qualquer comentário com um número maior de links vai para a moderação, onde aguardará a aprovação do administrador.

A grande caixa de texto na seção Moderação de Comentários permite que você insira palavras-chave, URLs, endereços de e-mail e endereços IP em comentários que quiser colocar na fila de moderação para a aprovação de conteúdo.

Lista de Bloqueio de Comentários

Nessa seção (não exibida na Figura 4-14), insira uma lista de palavras, URLs, endereços de e-mail e/ou endereços IP que você deseja banir de seu site. Os itens colocados nessa lista nem sequer passam pela fila de moderação; o sistema WordPress filtra esse conteúdo como spam. Digamos apenas que as palavras que coloquei na minha lista de bloqueio não são nada amigáveis e não têm espaço em um livro bacana como este.

Avatares

A última seção da tela de Configurações de Discussão é a seção Avatares [Avatars] (veja a Figura 4-15).

Nessa seção, é possível escolher as configurações para uso e exibição de avatares em seu site. Veja os passos a seguir:

1. **Na seção Exibição de Avatar [Avatar Display], escolha a opção Exibir Avatares [Show Avatars] caso queira que seu site exiba os avatares ao lado dos nomes dos autores.**

2. **Na seção Classificação Máxima [Maximum Rating], escolha a classificação para os avatares que serão exibidos em seu site.**

   Essa funcionalidade é parecida com o sistema de classificação de filmes com o qual você está acostumado. Você pode escolher L, 13, 16 e maiores de 18 para os avatares que aparecem em seu site. Se o seu site for um ambiente para toda a família, provavelmente não seria uma boa ideia exibir avatares com classificação para 16 e 18 anos.

3. **Escolha um avatar padrão na seção Avatar Padrão [Default Avatar] (veja a Figura 4-15):**

- Pessoa Misteriosa [Mystery Person]

- Vazio [Blank]

- Logo do Gravatar [Gravatar Logo]

- Identicon (Gerado) [Identicon (Generated)]

- Wavatar (Gerado) [Wavatar (Generated)]

- MonsterID (Gerado) [MonsterID (Generated)]

- Retrô (Gerado) [Retro (Generated)]

4. **Clique no botão Salvar Alterações.**

O avatar aparece em uma série de lugares:

» **Na tela de comentários do Painel:** Na Figura 4-16, o avatar do comentador é exibido próximo do comentário criado por ele.

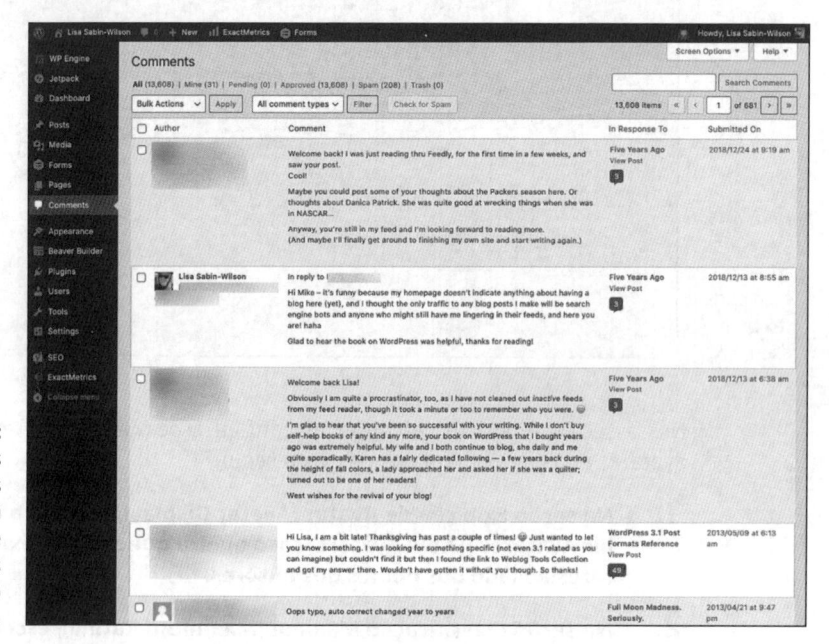

FIGURA 4-16: Os avatares dos autores aparecem na tela de comentários do Painel do WordPress.

» **Nos comentários de posts individuais em seu site:** A Figura 4-17 mostra um comentário em meu blog pessoal.

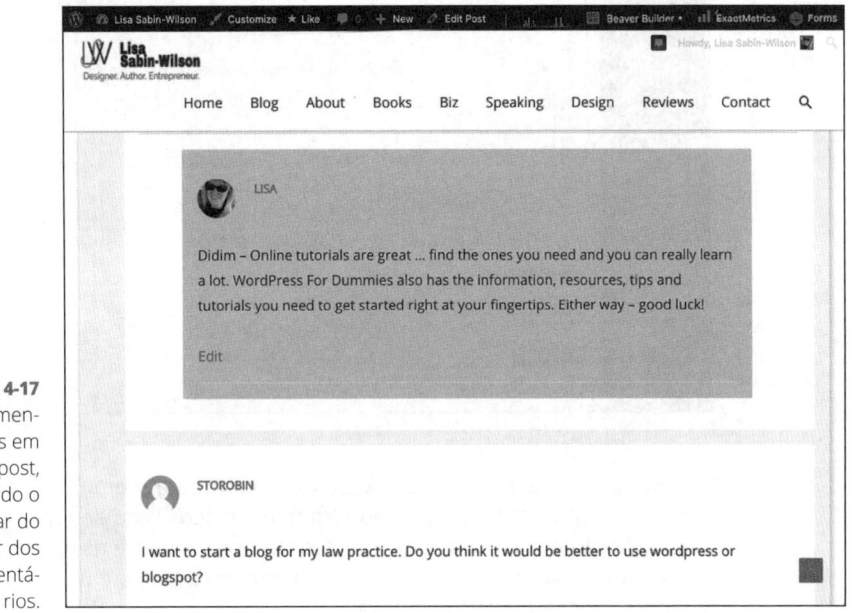

FIGURA 4-17
Comentários em um post, exibindo o avatar do autor dos comentários.

Para permitir a exibição de avatares em seu site, o Modelo de Comentários (comments.php) em seu tema ativo precisa conter o código necessário para exibi-los. Veja o Capítulo 9 para descobrir como fazer isso.

LEMBRE-SE

Clique no botão Salvar Alterações após decidir todas as opções na tela Configurações de Discussão para colocar as alterações em vigor.

Veja o box "Avatares e gravatares: Como se relacionam com o WordPress?" para obter mais informações sobre os avatares.

Mídia

O próximo item no menu Configurações tem o nome de Mídia. Escolha Configurações [Settings] ➪ Mídia [Media] para abrir a tela Configurações de Mídia [Media Settings] (veja a Figura 4-18).

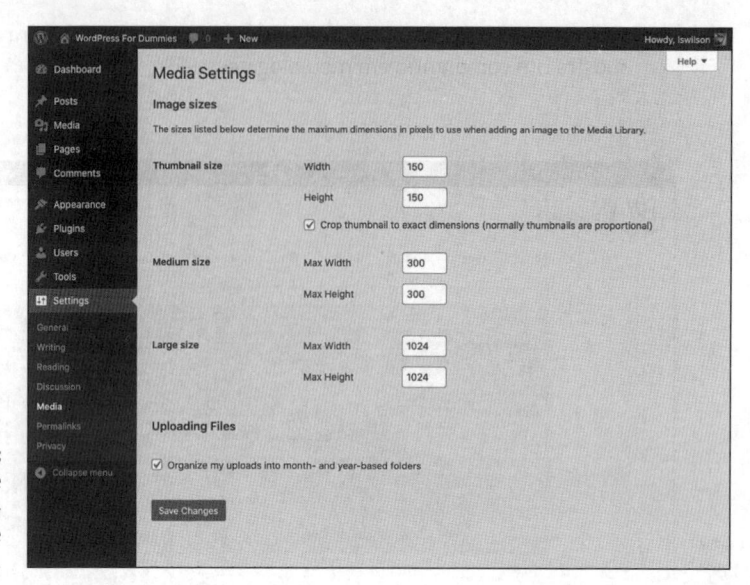

FIGURA 4-18: A tela de Configurações de Mídia.

Na tela Configurações de Mídia, é possível configurar como seus arquivos de imagens (gráficos e fotos) são redimensionados para serem utilizados no site. As dimensões são mencionadas em pixel, sempre na ordem de largura e altura. (A configuração 150 x 150, por exemplo, significa 150 pixels de largura por 150 pixels de altura.)

O primeiro conjunto de opções na página Configurações de Mídia se refere às imagens. O WordPress redimensiona suas imagens automaticamente para você em três tamanhos distintos:

» **Miniatura [Thumbnail]:** O tamanho padrão para esse formato é 150 x 150; digite a largura e altura que preferir. Escolha a caixa Cortar Miniatura de Acordo com as Dimensões Exatas para redimensioná-la para a largura e altura especificadas por você. Desmarque essa caixa para que o WordPress redimensione a imagem de forma proporcional.

» **Tamanho Médio [Medium size]:** O tamanho padrão é 300 x 300; insira a largura e altura de sua preferência.

» **Tamanho Grande [Large size]:** O padrão é 1024 x 1024; insira a largura e altura de sua preferência.

A última opção na página Configurações de Mídia está na seção Envios de Arquivos [Uploading Files]. Por padrão, a caixa Organizar meus Envios em Pastas de Mês e Ano [Organize my uploads into month- and year-based folders] está selecionada, fazendo o software organizar seus arquivos enviados em pastas de acordo com mês e ano do envio. Os arquivos enviados por você em janeiro de 2021, por exemplo, ficariam na seguinte pasta: `/wp-content/uploads/2021/01/`. Desmarque essa caixa de seleção caso não queira que o WordPress realize essa organização dos seus arquivos.

O Capítulo 9 fala mais detalhadamente sobre temas e modelos do WordPress, incluindo como adicionar tamanhos de imagem além desses três disponíveis. Você pode utilizar esses tamanhos adicionais em seu site e também usar uma função chamada Imagem em Destaque para criar miniaturas de imagens que são exibidas em seus posts, páginas de arquivo e páginas de resultados de buscas.

Certifique-se de clicar no botão Salvar Alterações para salvar as configurações!

Links Permanentes

O próximo item no menu configurações é o menu de Links Permanentes. Vá até Configurações [Settings] ⇨ Links Permanentes [Permalinks] para visualizar a tela Configurações de Links Permanentes [Permalinks Settings] (veja a Figura 4-19).

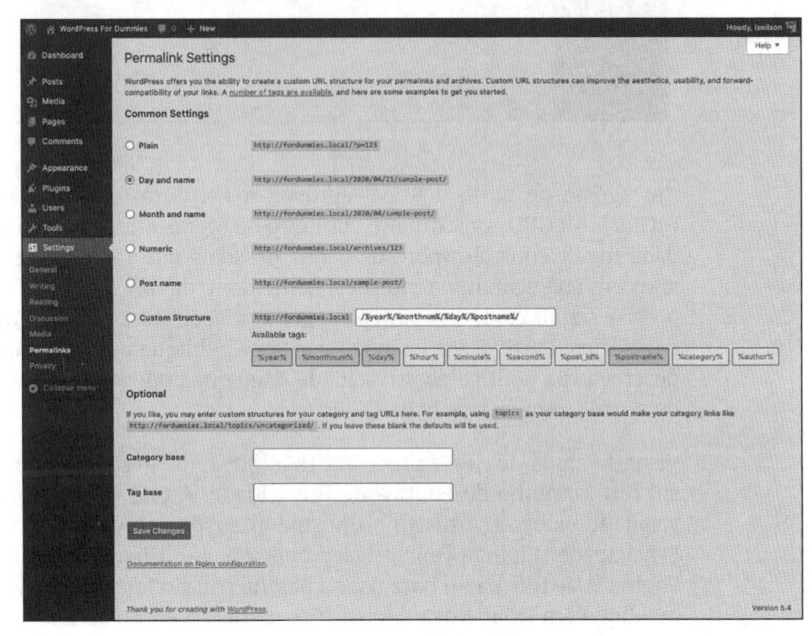

FIGURA 4-19: A tela Configurações de Links Permanentes.

Cada post criado em seu site terá um URL único, chamado *link permanente*, que é um URL permanente para todos os posts, páginas e arquivos de seu site. Falo bastante sobre links permanentes no Capítulo 5, explicando o que são, como usá-los e como configurar as opções exibidas nessa página.

Privacidade

O próximo link no menu Configurações recebe o nome de Privacidade. Vá até Configurações [Settings] ⇨ Privacidade [Privacy] para visualizar a tela de Configurações de Privacidade [Privacy Settings], exibida na Figura 4-20.

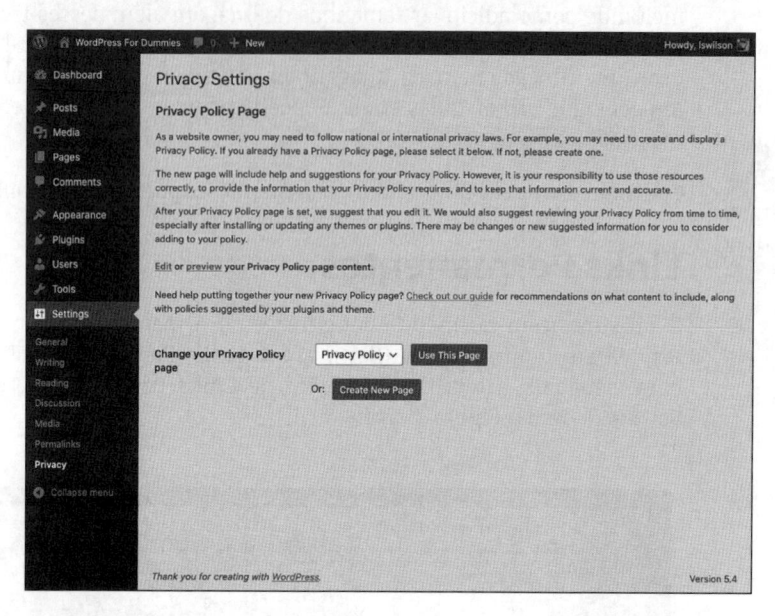

FIGURA 4-20: A tela Configurações de Privacidade.

Em agosto de 2018, o Brasil aprovou a Lei Geral de Proteção de Dados (LGPD). A LGPD constitui um conjunto de regras criadas para dar aos cidadãos maior controle sobre os dados pessoais que são armazenados pelos sites em que visitam na internet. Como dono de um site, pode ser que você precise seguir essas leis para proteger a privacidade dos dados de visitantes e usuários. Parte dessa lei exige que você publique uma página no site que descreva sua política de privacidade, algo que pode auxiliar seu site a ficar de acordo com as regras da LGPD.

Visando ajudá-lo nesse processo, toda nova instalação do WordPress possui um rascunho de Política de Privacidade. A tela Configurações de Privacidade exibe esse rascunho no menu suspenso Alterar Sua Política de Privacidade [Change your privacy policy page]. Clique no botão Usar Esta Página [Use this page] para usar a página padrão fornecida pelo WordPress ou clique em Criar Nova Página [Create new page] para elaborar sua própria política de privacidade.

Devo mencionar que não sou advogada e que, portanto, não sou capacitada para oferecer qualquer tipo de conselho jurídico sobre o conteúdo de sua política de privacidade para que ela esteja de acordo com a LGPD, mas o WordPress oferece um guia útil. Clique no link Confira Nosso Guia [Check Out Out Guide] na tela Configurações de Privacidade para visualizar a tela Guia de Política de Privacidade em seu Painel (veja a Figura 4-21). Além das dicas, a tela oferece um modelo de uma boa página de política de privacidade.

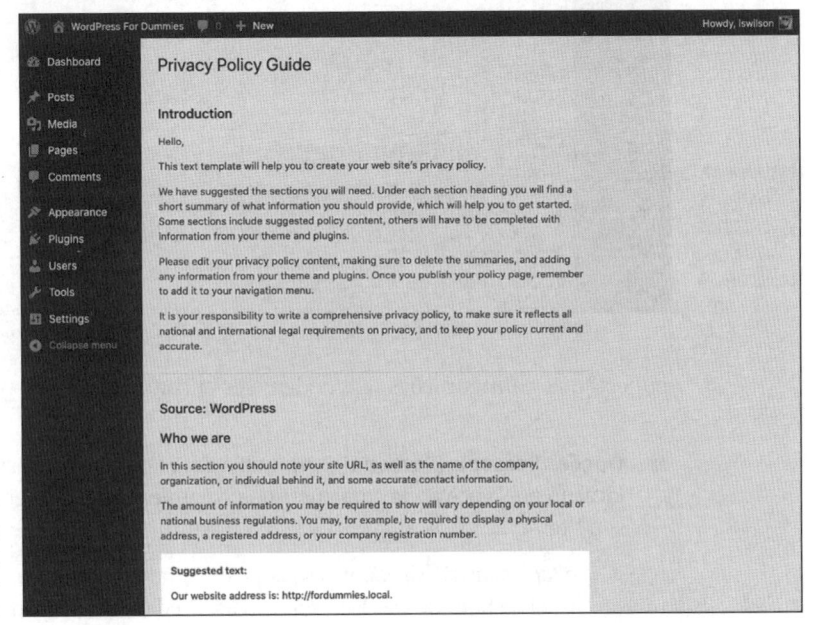

A LGPD tem implicações internacionais, especialmente caso alguns de seus visitantes estejam localizados dentro da União Europeia. Já que não dá para saber se um cidadão da União Europeia visitará ou não seu endereço, é uma boa regra geral sempre ter uma política de privacidade básica.

DICA

Criando Seu Perfil Pessoal

Para personalizar o seu blog, visite a tela Perfil no Painel do WordPress.

Para acessar a tela Perfil [Profile], passe o mouse sobre o link Usuários [Users] disponível no menu de navegação do Painel e clique no link Seu Perfil [Your Profile]. A tela Perfil aparecerá, como é possível ver na Figura 4-22.

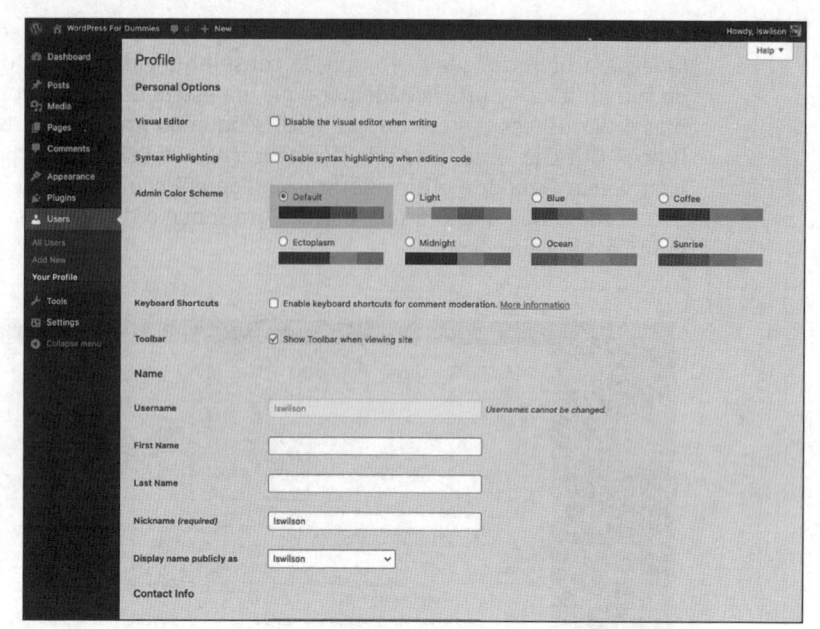

Aqui estão as configurações que podem ser encontradas nessa página:

» **Opções Pessoais [Personal Options]:** A seção de Opções Pessoais é o local no qual você pode configurar quatro preferências diferentes para seu site:

- *Editor Visual [Visual Editor]:* Essa opção permite que você use o Editor Visual na hora de escrever seus posts. O Editor Visual fornece as opções de formatação que você pode encontrar na tela Escrever Post (discutida em mais detalhes no Capítulo 5). Por padrão, o Editor Visual está ligado. Para desligá-lo, selecione a caixa Desativar o Editor Visual ao Escrever.

- *Destaque de Sintaxe [Syntax Highlighting]:* Selecione essa caixa para desativar o destaque de sintaxe. Essa opção desativa a funcionalidade nos editores de temas e plugins do seu Painel que exibe o código em diferentes cores e fontes de acordo com o código sendo utilizado (HTML, PHP, CSS e assim por diante).

- *Esquema de Cores do Administrador [Admin Color Scheme]:* Essas opções configuram as cores de seu Painel. O esquema padrão de cores é selecionado automaticamente para você em uma nova instalação, mas existem outras opções de cores, incluindo os esquemas Leve, Azul, Café, Ectoplasma, Meia-noite, Oceano e Nascer do Sol.

- *Atalhos do Teclado [Keyboard Shortcuts]:* Essa configuração permite que você use atalhos do teclado para a moderação de comentários. Para descobrir mais sobre os atalhos do teclado, clique no link Mais Informações; isso o levará até a página Atalhos do Teclado (`https://codex.WordPress.org/pt-br:Atalhos_do_Teclado`) do WordPress Codex.

- *Barra de Ferramentas [Toolbar]:* Essa configuração permite que você controle a localização da barra de ferramentas do administrador de seu site. Por padrão, a barra de ferramentas é exibida no topo de cada página visualizada pelo navegador do administrador. Também é importante entender que a barra de ferramentas só aparece para quem fez o login. Os visitantes comuns, que não estão logados em seu site, não podem ver a barra de ferramentas.

» **Nome [Name]:** Insira suas informações pessoais, como nome, sobrenome e apelido, além de especificar como deseja que seu nome seja exibido em público. Preencha as caixas de texto com as informações requisitadas.

As outras opções não aparecem na Figura 4-22 e você precisa rolar a página para vê-las.

» **Informações de Contato [Contact Info]:** Nessa seção, forneça um endereço de e-mail e outra informação de contato para dizer aos seus visitantes quem é você e como eles podem entrar em contato. O seu endereço de e-mail é o único campo obrigatório dessa seção. O e-mail contido nessa página é o mesmo que o WordPress utiliza para notificá-lo a respeito de novos comentários ou novos registros de usuários em seu blog. Certifique-se de usar um endereço de e-mail válido para receber essas notificações. Além disso, também é possível inserir o URL do seu site no campo de texto do site.

» **Sobre Você:** É aqui que você pode fornecer uma pequena bio e mudar a senha do seu site.

CUIDADO

Quando seu perfil é publicado em seu site, ele não apenas é visto por todos como também pode ser indexado por ferramentas de busca, como Bing e Google. Tome sempre muito cuidado com as informações fornecidas em seu perfil. Pense bastante sobre as informações que deseja compartilhar com o resto do mundo!

- *Informação Biográfica:* Digite uma bio curta na caixa de texto Informação Biográfica. Essa informação pode ser exibida publicamente caso você use um tema que exiba sua bio, então seja criativo!

- *Imagem de Perfil:* Exibe a foto que você está usando atualmente na sua conta Gravatar. Você pode escolher uma imagem ou alterar a imagem existente na sua conta Gravatar acessando o link `https://gravatar.com`.

- *Gerenciamento de Conta:* Gerencie sua senha e sessões de usuário.

- *Nova Senha:* Quando quiser alterar a senha do seu site, digite sua nova senha na primeira caixa de texto. Para confirmar sua nova senha, digite-a novamente na segunda caixa de texto.

DICA

Diretamente abaixo das duas caixas de texto existe um ajudante de criação de senha que o WordPress utiliza para auxiliá-lo na criação de uma senha segura. O WordPress alerta caso sua senha seja pequena demais ou pouco segura, chamando-a de Muito Fraca, Fraca ou Média. Ao criar uma nova senha, use combinações de letras, números e símbolos para dificultar que alguém a descubra (como, por exemplo, a senha `b@Fmn2quDtnSLQblhml%jexA`). Ao criar uma senha que o WordPress considere satisfatória, ele a chamará de Senha Forte.

CUIDADO

Altere sua senha com frequência. Não tenho palavras para descrever como isso é importante. Algumas pessoas na internet têm como profissão invadir blogs para seus propósitos maliciosos. Se alterar a senha mensalmente, reduzirá as chances de que a descubram.

- *Sessões:* Caso tenha feito login em seu site a partir de diferentes dispositivos, poderá encerrar a sessão nesses dispositivos ao clicar no botão Sair de Todos os Outros Dispositivos. Caso não tenha iniciado a sessão em outro local, o botão permanecerá inativo e você verá a seguinte mensagem: `Você só está logado nesse local.`

Ao finalizar todas as configurações na tela Perfil, clique no botão Atualizar Perfil para salvar suas alterações.

Configurando o Formato de Seu Site

Além de organizar suas configurações pessoais no Painel, é possível gerenciar a manutenção diária do seu site. Esta seção guia você ao longo dos links para as respectivas opções disponíveis no menu de navegação, logo abaixo do link do Painel.

Posts

Passe o mouse sobre o menu Posts e verá um submenu com quatro links: Todos os Posts, Adicionar Novo, Categorias e Tags. Cada link dá as ferramentas necessárias para publicar conteúdo em seu site:

» **Todos os Posts:** Esse link abre a tela Posts. É nessa página que você verá uma lista de todos os posts salvos que você escreveu em seu site. Nessa tela, é possível buscar os posts por data, categoria ou palavra-chave. É possível ver todos os posts, apenas posts publicados ou apenas os posts salvos, mas ainda não publicados (rascunhos). Além disso, também é possível editar e deletar posts nessa página. Veja o Capítulo 5 para saber mais sobre como editar posts em seu site.

» **Adicionar Novo:** Esse link abre a tela Novo Post, na qual você pode escrever seus posts, configurar as opções dos posts (como a atribuição de um post a determinada categoria ou torná-lo público/privado) e publicar o post em seu site. É possível encontrar mais informações sobre posts, opções de posts e publicação no Capítulo 5.

DICA

Você também pode ir até a tela Adicionar Novo Post clicando no botão Adicionar Novo na tela Posts ou clicando no link +Novo no Painel e selecionando Post.

» **Categorias:** Esse link abre a tela Categorias, na qual é possível visualizar, editar, adicionar e deletar as categorias do seu site. Encontre mais informações sobre categorias no Capítulo 5.

» **Tags:** Essa opção abre a tela Tags, na qual você pode visualizar, adicionar, editar e deletar as tags do seu site. O Capítulo 5 fornece mais informações sobre o que são as tags e por que você deveria usá-las em seu site.

Mídia

Passe seu mouse sobre o link Mídia no menu de navegação para visualizar um submenu com dois links:

» **Biblioteca:** Esse link abrirá a tela Biblioteca de Mídia. Nessa página, é possível ver, buscar e gerenciar todos os arquivos de mídia que você já enviou para seu site WordPress.

» **Adicionar Novo:** Esse link abre a tela Enviar Novo Arquivo de Mídia, na qual é possível usar a ferramenta embutida para transferir arquivos de mídia do seu computador para o diretório de mídia no WordPress. O Capítulo 6 fala mais detalhadamente sobre o envio de imagens, vídeos, áudio e outros arquivos de mídia (como documentos do Microsoft Word ou PowerPoint) por meio da funcionalidade de envio embutida no WordPress.

DICA

Também é possível chegar à tela Enviar Novo Arquivo de Mídia clicando no botão Adicionar Novo na tela Biblioteca de Mídia ou clicando no link +Novo na barra de ferramentas do administrador, selecionando Arquivo de Mídia logo em seguida.

Páginas

Essa funcionalidade é usada para criar páginas em seu site, como páginas de Contato ou Sobre Mim. Clique no menu Páginas para revelar os seguintes itens de submenu:

» **Todas as Páginas:** Esse link abre a tela Páginas, na qual você pode buscar, visualizar, editar e deletar páginas do seu site WordPress.

» **Adicionar Nova:** Esse link abre a tela Nova Página, na qual é possível criar, salvar e publicar uma nova página em seu site. A Tabela 4-2 descreve as diferenças entre uma página e um post. As diferenças são sutis, mas são duas coisas bem diferentes.

Você também pode ir até a tela Adicionar Nova Página clicando no botão Adicionar Nova na tela Páginas ou clicando no link +Novo na barra de ferramentas do administrador e selecionando Página.

TABELA 4-2   ## Diferenças entre Páginas e Posts

Opções do WordPress	Página	Post
Aparece em listagens de posts do blog	Não	Sim
Aparece como uma página estática	Sim	Não
Aparece em arquivos de categoria	Não	Sim
Aparece nos arquivos mensais	Não	Sim
Aparece nas listagens de Posts Recentes	Não	Sim
Aparece no feed RSS do site	Não	Sim
Aparece nos resultados de busca	Sim	Sim

Comentários

A opção Comentários do menu de navegação não tem uma lista de links como submenu. Você simplesmente clica em Comentários para abrir a tela Comentários, na qual o WordPress oferece as seguintes opções:

» **Todos:** Exibe todos os comentários que existem atualmente em seu site, incluindo os comentários aprovados, pendentes e de spam.

» **Meus**: Exibe todos os comentários criados por você em seu site.

» **Pendentes:** Exibe os comentários que você ainda não aprovou e constam como pendentes na fila de moderação.

» **Aprovados:** Exibe todos os comentários que você aprovou.

» **Spam:** Exibe todos os comentários marcados como spam.

» **Lixo:** Exibe comentários que você marcou como lixo, mas que ainda não deletou do seu blog.

Você pode encontrar mais informações sobre o propósito dos comentários no Capítulo 2. No Capítulo 5, ofereço alguns detalhes sobre como usar a seção de comentários do Painel do seu WordPress.

Aparência

Quando você passa o mouse sobre o link Aparência no menu de navegação do Painel, um submenu aparece exibindo as seguintes opções:

- » **Temas:** Esse link abre a tela Temas, na qual você pode gerenciar os temas disponíveis em seu site. Veja o Capítulo 9 para descobrir como usar e gerenciar temas em seu blog WordPress.

- » **Personalizar:** Alguns temas possuem uma página de personalização na qual é possível configurar diferentes aspectos do tema, como o tema padrão Twenty Twenty. O link Personalizar só aparece no menu Aparência caso você esteja usando um tema com essa configuração disponível. Se não for o caso, o link Personalizar não aparecerá.

- » **Widgets:** A página Widgets permite que você adicione, delete, edite e gerencie os widgets utilizados em seu site.

- » **Menus:** Esse link abre a tela Menus, na qual você pode criar menus de navegação que serão exibidos em seu site. O Capítulo 10 fornece informações sobre a criação de menus.

- » **Fundo:** Esse link abre a tela Imagem de Fundo no Editor. Nessa tela é possível enviar uma imagem para utilizar como fundo do design de seu site WordPress. Assim como a opção de Cabeçalho Personalizado, a opção de Fundo Personalizado só estará disponível se você utilizar o tema padrão Twenty Twenty (ou qualquer outro tema com suporte à função de fundo personalizado). Nem todos os temas do WordPress utilizam essa funcionalidade.

- » **Editor de Temas:** Esse link abre a tela Editor de Temas, na qual é possível editar os seus modelos de temas. Os Capítulos 9–11 têm muitas informações sobre temas e modelos.

Personalizar o fundo do seu site ajuda a individualizar seu design. Você pode encontrar mais informações sobre modificar e personalizar seu tema do WordPress no Capítulo 8. O Capítulo 9 oferece muitas informações sobre a utilização de temas do WordPress (incluindo onde encontrar, instalar e ativar esses temas no seu site), bem como informações detalhadas sobre usar widgets para exibir o conteúdo desejado.

A Parte 4 fornece informações sobre os temas e modelos do WordPress. Você pode navegar pelas tags dos modelos e brincar com um tema existente por meio do uso da Cascading Style Sheets (CSS) para personalizar seu tema da forma que achar melhor.

Plugins

O próximo item do menu de navegação se chama Plugins. Passe seu mouse sobre o link Plugins para visualizar os links do submenu:

» **Plugins Instalados:** Esse link abre a tela Plugins, na qual é possível visualizar todos os plugins instalados em seu site. Nessa página você também pode ativar, desativar e deletar plugins.

» **Adicionar Novo:** Esse link abre a tela Adicionar Plugins, na qual você pode buscar plugins na página oficial de plugins do WordPress (`https://wordpress.org/plugins`) fazendo uso de palavra-chave, de autor ou de tag. Também é possível instalar plugins diretamente em seu site a partir da página Plugins.

» **Editor:** Abre a tela Editar Plugins, na qual você pode editar os arquivos dos plugins em um editor de texto.

CUIDADO

Recomendo fortemente que você não edite arquivos de plugin a menos que saiba exatamente o que está fazendo — ou seja, a menos que esteja familiarizado com funções de PHP e WordPress.

Veja o Capítulo 7 para saber mais sobre plugins.

Usuários

O submenu Usuários tem três links:

» **Todos os Usuários:** Clique nesse link para ir até a tela Usuários, na qual você pode visualizar, editar e deletar usuários do seu site WordPress. Cada usuário possui um nome de login e senha únicos, bem como um endereço de e-mail atribuído à conta. Você pode visualizar e editar as informações de um usuário na página Usuários.

» **Adicionar Novo:** Esse link abre a tela Adicionar Novo Usuário, na qual você pode adicionar novos usuários ao seu site. Simplesmente digite o nome de usuário, nome, sobrenome, e-mail (obrigatório), site e uma senha nos campos adequados e clique no botão Adicionar Usuário. Você também pode especificar se deseja que o WordPress envie as informações de login do novo usuário por e-mail.
Caso queira, também poderá atribuir uma função para esse novo usuário. Veja a seção anterior, "Geral", para obter mais informações sobre as funções dos usuários.

» **Seu Perfil:** Consulte a seção anterior, "Criando Seu Perfil Pessoal", para obter mais informações sobre como criar um perfil.

Ferramentas

O último item disponível no menu de navegação (e neste capítulo!) é o item Ferramentas. Passe o mouse sobre o link para visualizar um submenu de links, no qual estão inclusos:

» **Ferramentas Disponíveis:** Esse link abre a tela Ferramentas do seu Painel. O WordPress vem com duas funcionalidades extras embutidas que você pode usar em seu site, se for necessário: Press This e o Conversor de Categorias e Tags.

» **Importar:** Clicar nesse link abre a tela Importar do seu Painel. O WordPress permite que você importe conteúdo de uma plataforma de publicação diferente. Falo de maneira mais aprofundada sobre essa funcionalidade no Capítulo 14.

» **Exportar:** Clicar nesse link abre a tela Exportar do seu Painel. O WordPress permite que você exporte conteúdo da plataforma para que possa importá-lo em uma plataforma diferente ou em outro site que faça uso do WordPress.

» **Exportar Dados Pessoais:** Clicar aqui o levará até a tela Exportar Dados Pessoais. Essa tela lhe dá a oportunidade de inserir o nome de usuário e endereço de e-mail de um usuário registrado em seu site e obter uma autorização desse usuário para verificar e aprovar o pedido de baixar dados pessoais. Quando a verificação for concluída, o usuário recebe um e-mail com um link para baixar seus dados pessoais no formato .zip.

» **Apagar Dados Pessoais:** Esse link abre a tela Apagar Dados Pessoais do seu Painel. Essa tela permite que você insira nome de usuário e e-mail de um usuário registrado para obter a verificação e aprovação do usuário para apagar os dados dele do site. Após a conclusão da verificação, o usuário recebe um e-mail confirmando que seus dados pessoais foram apagados do site.

NESTE CAPÍTULO

» **Configurando categorias**

» **Explorando links permanentes**

» **Descobrindo opções de RSS**

» **Criando e editando posts e páginas**

» **Usando o editor de blocos**

» **Gerenciando comentários**

Capítulo **5**

Estabelecendo Sua Rotina de Publicação

O WordPress é uma poderosa ferramenta de publicação, especialmente quando você faz uso de toda a variedade de opções disponíveis. Com as configurações básicas realizadas (ensino mais sobre essas configurações no Capítulo 4), é hora de seguir em frente e publicar! Você pode ir direto para a seção "Escrevendo Seu Primeiro Post" deste capítulo ou me acompanhar e descobrir algumas das opções que pode selecionar para deixar seu site um pouco mais organizado e lógico desde o começo.

DICA

O conteúdo de seu site pode acabar se tornando desorganizado, exigindo que você revisite essas características no futuro próximo para domar a fera. Por que não começar a planejar e trabalhar nisso desde agora? Prometo que não levará muito tempo e você me agradecerá depois.

Seguindo no Assunto com as Categorias

No WordPress, uma *categoria* é aquilo que você determina como assunto principal de um conteúdo individual dentro do site. Por meio do uso de categorias, você pode organizar seus posts de acordo com os assuntos abordados. Para melhorar as experiências de seus leitores ao navegar em seu site, o WordPress organiza os posts por assuntos de acordo com as categorias atribuídas por você. Os visitantes podem, então, clicar nas categorias em que estão interessados para visualizar os posts que você escreveu sobre esses temas em particular.

Saiba com antecedência que a lista de categorias configurada por você é exibida em alguns lugares do seu site, incluindo:

>> **Corpo do post:** Na maioria dos temas do WordPress, você verá o título seguido por uma declaração como `Arquivado em: Categoria 1, Categoria 2`. O leitor pode clicar no nome da categoria para ir até uma página em que são listados todos os posts escritos por você na categoria selecionada. Você pode atribuir um único post a diversas categorias.

>> **Menu de navegação:** Quase todos os sites possuem um menu de navegação que os usuários podem utilizar para navegar em seu site. Você pode inserir links para as categorias no menu de navegação, especialmente se quiser chamar atenção para categorias específicas.

>> **Barra lateral do seu tema:** Você pode inserir uma lista completa de categorias na barra lateral. O leitor pode clicar em qualquer categoria para ir até uma página de seu site em que todos os posts da categoria selecionada estarão listados.

Subcategorias (também conhecidas como *categorias filhas*) podem refinar ainda mais o assunto da categoria principal, listando assuntos específicos relacionados à categoria principal (ou categoria mãe). No seu Painel do WordPress, na página Gerenciar Categorias, as subcategorias são listadas logo abaixo da categoria principal. Aqui está um exemplo:

Livros que gosto (categoria principal)

Ficção (subcategoria)

Não ficção (subcategoria)

Romance trash (subcategoria)

Biografias (subcategoria)

Para Leigos (subcategoria)

Você pode criar quantos níveis de categoria achar melhor. Biografias e *Para Leigos* poderiam ser subcategorias da subcategoria Não ficção, por exemplo. Não há restrição quanto ao número de níveis de categoria que você pode criar.

Alterando o nome de uma categoria

Após a instalação, o WordPress oferece uma categoria padrão para que você comece: Sem categoria. (Veja a tela Categorias, exibida na Figura 5-1.) Esse nome de categoria é bastante genérico, então com certeza você deve mudá-lo para algo que lhe seja mais específico (no meu site, essa categoria passou a se chamar Vida em Geral. Embora esse nome também seja um tanto genérico, ele não soa tão... sem categoria).

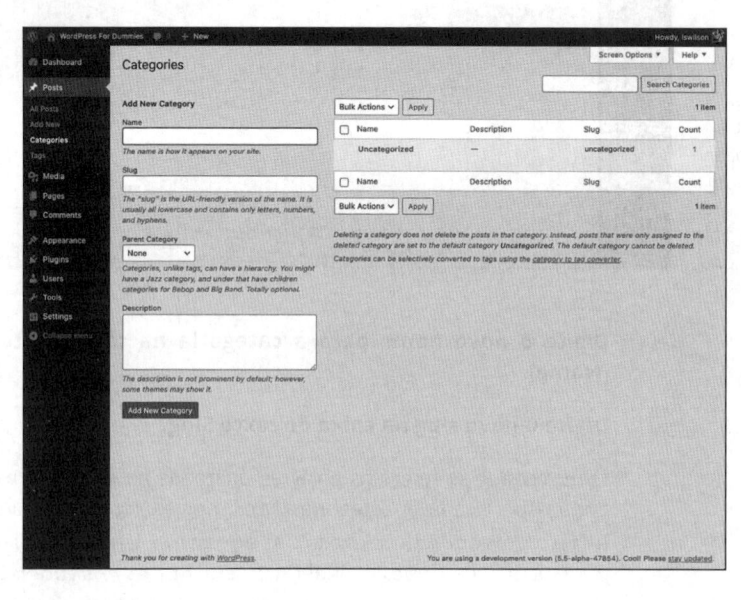

FIGURA 5-1:
A tela Categorias de um novo site exibindo a categoria padrão, Sem categoria.

LEMBRE-SE

A categoria padrão também serve como uma espécie de sistema de segurança. Caso você publique um post em seu site e se esqueça de atribuir uma categoria a ele, o post será automaticamente atribuído à categoria padrão, independentemente do nome dessa categoria.

Como mudar o nome da categoria padrão? Ao acessar o Painel do WordPress, siga estes passos:

1. **Clique no link Categorias no submenu da opção Posts, encontrada no menu de navegação do Painel.**

   A tela Categorias aparecerá, contendo todas as ferramentas necessárias para configurar e editar as categorias de seu site.

2. **Clique no título da categoria que você deseja alterar.**

   Caso queira alterar a categoria Sem Categoria, clique na palavra *Sem categoria* para abrir a tela Editar Categoria (veja a Figura 5-2).

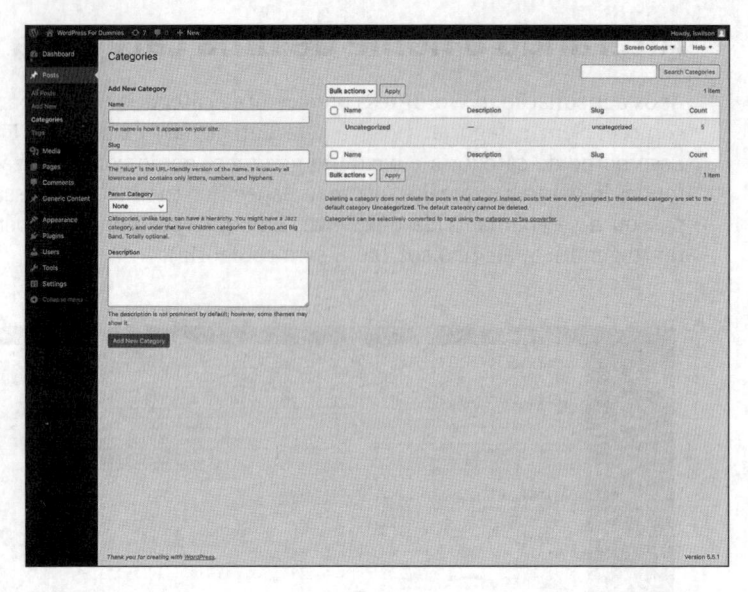

FIGURA 5-2:
Editando uma categoria na tela Editar Categoria.

3. **Digite o novo nome para a categoria na caixa de texto Nome [Name].**

4. **Digite o novo slug na caixa de texto Slug.**

   O termo *slug* se refere às palavras utilizadas no endereço web da categoria especificada. A categoria Livros, por exemplo, possui o endereço `http://seudominio.com/categoria/livros`. Se alterar o slug para *Livros que Gosto*, o endereço será `http://seudominio.com/categoria/livros-que-gosto`. (O WordPress insere automaticamente hifens entre as palavras do slug do endereço web.)

5. **Escolha uma categoria mãe a partir do menu suspenso Categoria Mãe [Parent Category].**

   Se você quiser que essa categoria seja principal e não uma subcategoria, escolha Nenhuma.

6. **(Opcional) Digite uma descrição da categoria na caixa de texto Descrição [Description].**

   Use essa descrição para lembrar a si mesmo do conteúdo da categoria. Alguns temas do WordPress também exibem a descrição de categoria em seu site, o que pode ser útil para os visitantes (veja o Capítulo 9 para saber mais sobre temas). Você saberá que seu tema foi criado dessa forma se o seu site exibir a descrição de categorias nas páginas das categorias.

7. **Clique no botão Atualizar.**

A informação que você acabou de editar será salva, a página Categorias será recarregada e exibirá o novo nome de categoria.

Se quiser editar apenas o nome de uma categoria, você pode clicar no link Edição Rápida abaixo do nome na tela Categorias, o qual será exibido ao passar o mouse sobre o nome da Categoria. Assim, você poderá editar rapidamente o nome sem carregar a tela Editar Categoria.

Criando e deletando categorias

Hoje, amanhã, mês que vem, ano que vem — conforme seu site cresce, tanto em tamanho quanto em idade, você continuará adicionando novas categorias para definir e arquivar melhor o histórico de seus posts. Não existem limites quanto à quantidade de categorias e subcategorias que você pode criar.

É muito simples criar uma nova categoria. Acompanhe os passos a seguir:

1. **Clique no link Categorias no submenu Posts do menu de navegação do Painel.**

A tela Categorias aparecerá, exibindo a seção Adicionar Nova Categoria no lado esquerdo (veja a Figura 5-3).

Add New Category

Name

The name is how it appears on your site.

Slug

The "slug" is the URL-friendly version of the name. It is usually all lowercase and contains only letters, numbers, and hyphens.

Parent Category

None

Categories, unlike tags, can have a hierarchy. You might have a Jazz category, and under that have children categories for Bebop and Big Band. Totally optional.

Description

The description is not prominent by default; however, some themes may show it.

Add New Category

FIGURA 5-3: Crie uma nova categoria para seu site.

2. **Digite o nome da nova categoria na caixa de texto Nome.**

Se quiser criar uma categoria sobre todos os livros que você leu, por exemplo, pode usar o título **Livros que Gosto**.

3. **Digite um nome na caixa de texto Slug.**

O slug cria o link para a página de categoria que lista todos os posts feitos nessa categoria. Se deixar o espaço em branco, o WordPress cria automaticamente um slug com base no nome da categoria. Se a categoria for Livros que Gosto, o WordPress criará automaticamente um slug como este: `http://seudominio.com/categoria/livros-que-gosto`. Você poderá reduzir esse slug, se desejar. Digite **livros** na caixa de texto Slug e o link da categoria se tornará `http://seudominio.com/categoria/livros`.

4. **Escolha a categoria mãe a partir do menu suspenso Categoria Mãe.**

Escolha Nenhuma se quiser que sua nova categoria seja uma categoria mãe (ou de nível superior). Se quiser que ela seja uma subcategoria de outra categoria preexistente, escolha a categoria mãe à qual deseja atribuir essa subcategoria.

5. **(Opcional) Digite uma descrição da categoria na caixa de texto Descrição.**

Alguns modelos do WordPress são configurados para exibir a descrição de categoria logo abaixo do nome desta (veja o Capítulo 9). Fornecer uma descrição ajuda a definir melhor a categoria para seus leitores. A descrição pode ter o tamanho que você achar melhor.

6. **Clique no botão Adicionar Nova Categoria [Add New Category].**

E é isso! Você acabou de adicionar uma nova categoria em seu blog. Munido dessa informação, você poderá adicionar um número ilimitado de categorias em seu novo site.

Você pode deletar uma categoria passando seu mouse sobre o título da categoria que deseja deletar e clicando no link Deletar que aparecerá logo abaixo do título.

CUIDADO

Deletar uma categoria não deletará os posts e links dentro dessa categoria. Em vez disso, posts da categoria deletada são atribuídos à sua categoria padrão.

PAPO DE
ESPECIALISTA

Caso você tenha um site WordPress estabelecido e com categorias já criadas, é possível converter algumas ou todas essas categorias em tags. Para isso, busque o link Conversor de Categorias em Tags, ao final da tela Categorias em seu Painel do WordPress (veja a Figura 5-1). Clicar nesse link converterá suas categorias para tags (veja o box "Que são tags e como/por que usá-las?" para mais informações).

QUE SÃO TAGS E COMO/POR QUE USÁ-LAS?

Tags não devem ser confundidas com categorias (visto que muita gente confunde as duas). *Tags* são palavras-chave clicáveis e separadas por vírgulas que ajudam você a microcategorizar um post definindo os assuntos contidos nele. Diferentemente das categorias do WordPress, as tags não têm hierarquia; não existem tags mãe ou tags filhas. Se escrever um post sobre seu cachorro, por exemplo, poderá colocar esse post na categoria Pets — mas poderá adicionar algumas tags específicas para definir melhor o assunto, como `poodle` ou `cachorros pequenos`. Se alguém clicar na tag `poodle`, encontrará todos os posts que você já fez e que contêm a tag `poodle`.

Aqui está outra razão para usar tags: os robôs (ou spiders) das ferramentas de busca procuram tags na hora de navegar em seu site, então, elas ajudam que outras pessoas encontrem seu site ao pesquisar palavras específicas.

Você pode gerenciar suas tags no Painel, clicando no link Tags dentro do menu Posts. Isso abrirá a tela Tags, permitindo que você as veja, edite, delete e crie.

Examinando o Endereço de um Post: Links Permanentes

Cada post e página do WordPress é atribuído ao seu próprio endereço (ou URL), conhecido como *link permanente*. Os posts que você vê nos sites WordPress geralmente colocam links permanentes em uma ou mais das seguintes áreas:

» O título do post do blog

» O link de comentários abaixo do post

» Um link permanente separado que aparece (na maioria dos temas) abaixo do post

» Os títulos dos posts aparecendo na barra lateral Posts Recentes

Eles funcionam como links permanentes para os posts de seu blog. O ideal é que o link permanente de um post nunca seja alterado. O WordPress os cria automaticamente quando você publica um novo post.

Por padrão, um link permanente no WordPress se parece com o seguinte:

```
http://seudominio.com/?p=100/
```

O p significa *post*, enquanto 100 é o número de identificação (ID) atribuído ao post. Você pode deixar os links permanentes com esse formato caso não se importe que o WordPress associe cada post a um ID.

No entanto, o WordPress permite que você embeleze os seus links permanentes. Aposto que você não sabia que esses links permanentes poderiam ser bonitos, não é? Eles podem, com toda a certeza. Permita-me explicar.

Embelezando os links de seu post

Links permanentes bonitos são aqueles mais agradáveis aos olhos que os links padrão e, portanto, mais agradáveis para os robôs dos mecanismos de busca (veja, no Capítulo 12, uma explicação sobre a razão de os mecanismos de busca gostarem de links permanentes bonitos). Links permanentes bonitos se parecem com o seguinte link:

```
http://seudominio.com/2020/07/01/links-permanentes-bonitos/
```

Separe o URL e você identificará a data em que o post foi criado, no formato ano/mês/dia. Além disso, também será possível encontrar o assunto do post.

Para escolher a aparência de seus links permanentes, clique em Links Permanentes no menu Configurações. A tela de Configurações de Links Permanentes se abrirá, como mostra a Figura 5-4.

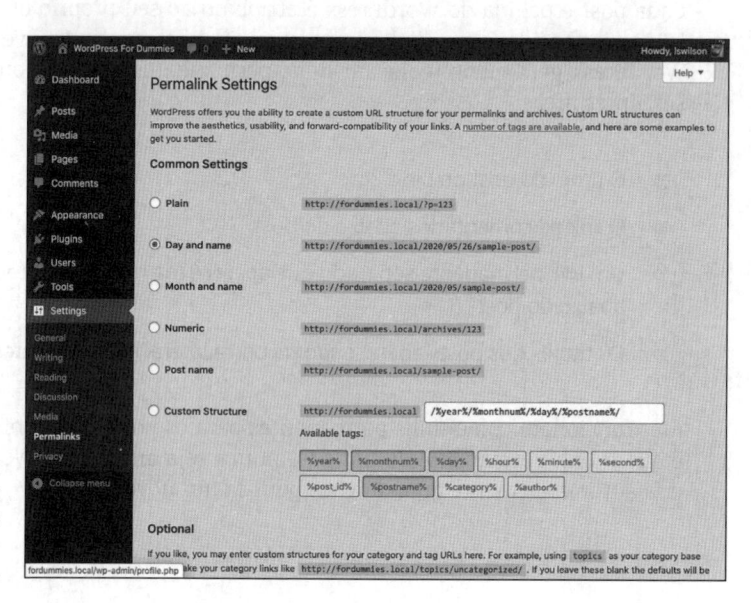

Nessa tela, você encontrará diversas opções para a criação de links permanentes:

- » **Simples [Plain]** (links permanentes feios): O WordPress atribui um número de ID para cada post e cria a URL com o seguinte formato: `http://seudominio.com/?p=123`.

- » **Dia e Nome [Day and name]** (links permanentes bonitos): Para cada post, o WordPress gera um URL de link permanente que inclui ano, mês, dia e slug/título: `http://seudominio.com/2020/07/01/sample-post/`.

- » **Mês e Nome [Month and name]** (outros links permanentes bonitos): Para cada post, o WordPress gera um URL de link permanente que inclui ano, mês e slug/título: `http://seudominio.com/2020/07/sample-post/`.

- » **Numérico [Numeric]** (não muito bonito): O WordPress atribui um valor numérico ao link permanente. O URL é criado com o seguinte formato: `http://seudominio.com/archives/123`.

- » **Nome do Post [Post name]** (minha opção favorita): O WordPress usa o título do seu post ou página e gera o link permanente a partir dessas palavras. O nome da página que contém minha bibliografia, por exemplo, é apenas "Livros". Com isso, o WordPress cria o seguinte link permanente: `http://lisasabin-wilson.com/books`. Da mesma forma, um post intitulado "WordPress é Incrível" receberia uma URL parecida com esta: `http://lisasabin-wilson.com/WordPress-e-incrivel`.

- » **Estrutura Personalizada [Custom structure]:** O WordPress cria links permanentes no formato que você desejar. É possível criar uma estrutura personalizada de links permanentes utilizando tags ou variáveis, conforme menciono na próxima seção.

Para criar uma estrutura bonita de link permanente, escolha a opção Nome do post e clique no botão Salvar Alterações ao final da página.

Personalizando Links Permanentes

Uma *estrutura personalizada de link permanente* é uma estrutura na qual você pode definir quais variáveis aparecerão no link permanente por meio das tags listadas na Tabela 5-1.

TABELA 5-1 **Links Permanentes**

Tag	Resultados
`%year%`	Ano com 4 dígitos (como em 2020)
`%monthnum%`	Mês com 2 dígitos (como em 07, no caso de julho)
`%day%`	Dia com 2 dígitos (como em 20)
`%hour%`	Hora do dia com 2 dígitos (como em 15, no caso das três horas da tarde)
`%minute%`	Minuto com 2 dígitos (como em 45, no caso de 45 minutos)
`%second%`	Segundo com 2 dígitos (como em 10, no caso de 10 segundos)
`%postname%`	Texto — geralmente o nome do post — separado por hifens (como em `criando-links-permanentes-bonitos`)
`%post_id%`	O ID numérico único do post (como em 123)
`%category%`	O texto do nome da categoria em que você incluiu o post (como em `leituras`)
`%author%`	O texto contido no nome do autor do post (como em `lisa-sabin-wilson`)

TRABALHANDO COM SERVIDORES QUE NÃO USAM O MOD_REWRITE DO APACHE

O uso de estruturas de links permanentes exige que seu provedor de hospedagem tenha uma opção de módulo específica do Apache, conhecida como `mod_rewrite`, ativa em seus servidores. Caso seu provedor não tenha essa opção ativa, ou caso esteja hospedando seu site em um servidor Windows, os links permanentes só funcionarão se você digitar **index.php** na frente de quaisquer tags de links permanentes personalizados.

Crie uma tag de link permanente personalizado assim:

```
/index.php/%year%/%monthnum%/%day%/%postname%/
```

Esse formato gera um link personalizado assim:

```
http://seudominio.com/index.php/2020/07/01/wordpress-para-leigos
```

Você não precisa de um arquivo `.htaccess` para usar essa estrutura.

DICA

Uma função bacana do WordPress é que ele se lembra de quando você altera sua estrutura de links permanentes e escreve automaticamente um redirecionamento da estrutura antiga para a estrutura nova.

Caso queira que seu link permanente exiba o ano, mês, dia, categoria e nome do post, escolha a opção Estrutura Personalizada e digite as seguintes tags na caixa de texto correspondente:

```
/%year%/%monthnum%/%day%/%category%/%postname%/
```

Ao usar o formato indicado, um link para um post feito no dia primeiro de julho de 2020 intitulado "WordPress Para Leigos" e incluído na categoria "Leituras" se pareceria com o seguinte formato:

```
http://seudominio.com/2020/07/01/leituras/wordpress-para-leigos/
```

LEMBRE-SE

Sempre inclua as barras (/) antes das tags, entre elas e ao final do conjunto de tags. Esse formato garante que o WordPress crie links corretos e funcionais usando as regras `rewrite` adequadas localizadas no arquivo `.htaccess` do seu site. (Veja "Certificando-se de que os Links Permanentes Funcionam em Seu Servidor" mais adiante neste capítulo para obter informações sobre as regras `rewrite` e os arquivos `.htaccess`.)

CUIDADO

Alterar a estrutura de seus links permanentes no futuro afetará os links permanentes de todos os posts em seu blog — tanto os antigos quanto os novos. Tenha isso em mente caso decida alterar a estrutura de links permanentes. Aqui está uma razão importante para levar isso em consideração: as ferramentas de busca (como Google e Bing) fazem a indexação dos posts de suas páginas de acordo com seus links permanentes, então alterar essa estrutura tornará todos os links indexados obsoletos.

Não se esqueça de clicar no botão Salvar Alterações ao final da página; caso contrário, as alterações feitas nos links permanentes não serão salvas!

Certificando-se de que os Links Permanentes Funcionam em Seu Servidor

Depois de configurar o formato dos links permanentes de seu site usando qualquer opção além da padrão, o WordPress grava regras específicas, ou diretivas, ao arquivo `.htaccess` em seu servidor web. O arquivo `.htaccess`, por sua vez, diz ao seu servidor web como criar os links permanentes de acordo com a estrutura que você escolheu usar. Para usar um arquivo `.htaccess`, você precisa saber a resposta para duas perguntas:

» A configuração de seu servidor web utiliza e lhe oferece acesso ao arquivo `.htaccess`?

» O seu servidor usa Apache com o módulo `mod_rewrite`?

Se não souber as respostas, entre em contato com seu provedor.

Se a resposta para as duas perguntas for sim, continue com os passos seguintes. Se ambas as respostas forem não, prossiga para o box "Trabalhando com Servidores que não Usam o mod_rewrite do Apache", nesta mesma página.

Você e o WordPress trabalham juntos em uma gloriosa harmonia para criar o arquivo .htaccess que lhe permitirá usar uma bela estrutura de links permanentes em seu site. O arquivo funciona da seguinte forma:

1. **Localize o arquivo .htaccess em seu servidor web (ou crie um e o adicione ao servidor).**

DICA

Se o arquivo .htaccess já existir, será possível encontrá-lo no diretório raiz de seu servidor web — ou seja, o mesmo diretório em que você pode encontrar o arquivo wp-config.php. Caso não veja o arquivo no diretório raiz, mude as configurações de seu cliente SFTP para exibir arquivos ocultos. Como o .htaccess possui um ponto final (.) no começo do nome, ele pode permanecer oculto até você configurar seu cliente SFTP para exibir esse tipo de arquivo.

Caso precise criar o arquivo e adicioná-lo em seu servidor web, siga os próximos passos:

   a. *Usando um editor de texto simples (como o Bloco de Notas do Windows ou Editor de Texto do Mac), crie um arquivo vazio com o nome* htaccess.txt*.*

   b. *Envie o* htaccess.txt *para seu servidor web por meio de SFTP. (Veja o Capítulo 3 para saber mais sobre SFTP.)*

   c. *Renomeie o arquivo como* .htaccess *(atenção ao ponto final no começo) e certifique-se de que ele permita gravações do servidor, alterando as permissões do arquivo para 755 ou 777. (Veja o Capítulo 3 para obter mais informações sobre a alteração de permissões em arquivos do servidor.)*

2. **Crie a estrutura de link permanente na tela Configurações de Links Permanentes de seu Painel WordPress.**

3. **Clique no botão Salvar Alterações ao final da página.**

O WordPress vai inserir as regras específicas necessárias para que a estrutura de links permanentes funcione em seu blog.

Caso tenha seguido os passos corretamente, você terá um arquivo .htaccess em seu servidor web com as permissões configuradas corretamente para que o WordPress realize a gravação das regras apropriadas. Sua estrutura bonita de links permanentes funcionará sem problemas. Parabéns!

Feito isso, se você abrir o arquivo `.htaccess`, poderá atestar que ele não se encontra mais vazio. Ele deve conter um código chamado *rewrite rules*, que se parece um pouco com o seguinte:

```
# BEGIN WordPress
<IfModule mod_rewrite.c>
RewriteEngine On
RewriteBase /
RewriteCond %{REQUEST_FILENAME} !-f
RewriteCond %{REQUEST_FILENAME} !-d
RewriteRule . /index.php [L]
</IfModule>
# END WordPress
```

PAPO DE ESPECIALISTA

Eu poderia me aprofundar a respeito do arquivo `.htaccess` e de tudo que você pode fazer com ele, mas restringirei essa seção a como ele se aplica às estruturas de links permanentes do WordPress. Caso queira desvendar mais mistérios do `.htaccess`, confira o "Comprehensive Guide to .htaccess" no endereço `www.javascriptkit.com/howto/htaccess.shtml`.

Descobrindo as Diversas Opções de RSS do WordPress

Para que seus leitores permaneçam atualizados sobre os melhores e mais novos conteúdos publicados em seu site, eles precisam assinar seu feed RSS, que funciona como a assinatura de um serviço online que permite aos seus leitores saber quando você publicou um novo conteúdo.

Os feeds RSS têm diferentes formas, incluindo o RSS 0.92, RDF/RSS 1.0, RSS 2.0 e o Atom. As diferenças dizem respeito ao código base que compõe as funcionalidades do sistema. O importante a saber é que o WordPress oferece suporte para todas as versões de RSS — o que significa que qualquer um poderá assinar seu feed RSS independentemente do leitor RSS utilizado.

No decorrer deste livro, menciono diversas vezes que o WordPress é uma plataforma bastante intuitiva, e esta seção de feeds RSS é um claro exemplo de uma característica automatizada pelo WordPress. A plataforma tem um gerador de feeds embutido que trabalha por trás das câmeras para criar seus feeds. Esse gerador cria feeds a partir de seus posts, comentários e categorias.

O feed RSS de seus posts é *autodiscoverable*, ou *autodetectável*, o que significa que quase todos os leitores de feed RSS e a maioria dos navegadores (Firefox, Chrome, Edge e Safari, por exemplo) detectarão o URL do feed RSS de um blog do WordPress. A Tabela 5-2 oferece algumas boas diretrizes sobre como encontrar os URLs do feed RSS para as diferentes seções de seu site.

TABELA 5-2 **URLs para Feeds Embutidos do WordPress**

Tipo de Feed	Exemplo de URL de Feed
RSS 0.92	`http://`*seudominio*`.com/wp-rss.php` ou `http://`*seudominio.*`com/?feed=rss`
RDF/RSS 1.0	`http://`*seudominio*`.com/wp-rdf.php` ou `http://`*seudominio.*`com/?feed=rdf`
RSS 2.0	`http://`*seudominio*`.com/wp-rss2.php` ou `http://`*seudominio.*`com/?feed=rss2`
Atom	`http://`*seudominio*`.com/wp-atom.php` ou `http://`*seudominio.*`com/?feed=atom`
RSS de Comentários	`http://`*seudominio*`.com/?feed=rss&p=50` p significa *post,* enquanto 50 é a ID do post. Você pode encontrar a ID do post em seu Painel, clicando no link Posts. Localize o post desejado e passe o ponteiro do mouse sobre o título para encontrar o ID no URL que será exibido na barra de status do seu navegador.
RSS de Categoria	`http://`*seudominio*`.com/wp-rss2.php?cat=50` cat significa *categoria,* enquanto 50 é o ID da categoria. Você pode encontrar o ID de categoria em seu Painel, clicando no link Categorias. Localize a categoria desejada e passe o ponteiro do mouse sobre o nome dela para encontrar o ID no URL que será exibido na barra de status do seu navegador.

DICA

Caso esteja usando links permanentes personalizados (veja a seção anterior "Embelezando os links de seu post", neste mesmo capítulo), você pode adicionar `/feed` ao final de qualquer URL de seu blog para encontrar o feed RSS. Alguns de seus links se assemelharão a estes:

» `http://`*seudominio*`.com/feed` — seu feed RSS principal

» `http://`*seudominio*`.com/comments/feed` — seu feed RSS de comentários

» `http://`*seudominio*`.com/category/cat-name/feed` — seu feed RSS de determinada categoria

Teste essa técnica em qualquer URL de seu site. Adicione `/feed` ao final do URL e encontrará o feed RSS da página.

Os feeds RSS são importantes para entregar o conteúdo de seu blog aos leitores. Isso é algo que os leitores esperam encontrar hoje em dia, então o fato de o WordPress cuidar de tudo — fornecendo os feeds de acordo com todos os formatos RSS e oferecendo muitos feeds internos — dá ao software uma grande vantagem ao compará-lo com outros sistemas de gestão de conteúdo.

Escrevendo Seu Primeiro Post

Finalmente chegou a hora de escrever seu primeiro post em seu recém-
-criado site WordPress! Os assuntos sobre os quais escreverá e as técnicas de escrita empregadas na transmissão da sua mensagem dependerão
apenas de você; eu já estou bastante ocupada escrevendo este livro! No
entanto, algo que eu *posso* fazer é lhe contar como escrever as belas mensagens que poderão tornar seu blog famoso. Está preparado?

Escrever um post é como compor um e-mail: você escolhe o título, a mensagem e clica em um botão para enviar suas palavras ao mundo. Ao empre-
gar diferentes opções fornecidas pelo WordPress — blocos de conteúdo,
opções de discussões, categorias e tags, por exemplo —, você poderá configurar cada post da forma que julgar melhor. Esta seção, no entanto, cobre
os passos básicos para escrever e publicar um post em seu site.

DICA

Quando você está escrevendo (ou editando) um post de algum blog, a janela
de edição ganha o visual do tema do WordPress que está sendo utilizado
naquele momento. Neste capítulo, estou usando o tema padrão Twenty
Twenty. O editor de posts se parece com o tema, então terei uma noção de
como meu post vai ficar quando publicá-lo.

Siga os próximos passos para escrever um post básico:

1. **Clique em Adicionar Novo no menu Posts do Painel.**

   A tela Editar Post aparecerá, como mostra a Figura 5-5.

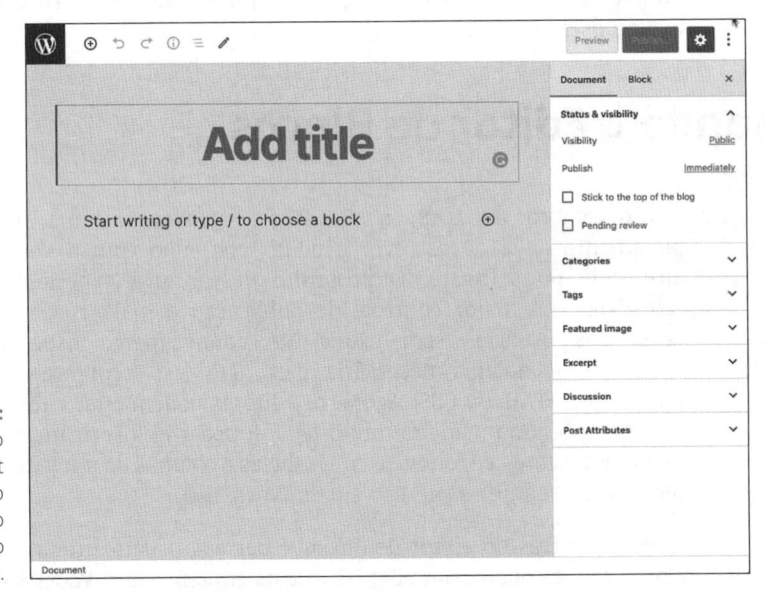

FIGURA 5-5:
Dê um título
ao seu post
e escreva o
conteúdo
no corpo
deste post.

2. **Insira o título do post no campo de texto Adicionar Título [Add Title], no topo da tela Editar Post.**

3. **Digite o conteúdo do post na área abaixo do campo Adicionar Título.**

   Quando visitar a tela Editar Post pela primeira vez, essa área exibirá uma mensagem dizendo `Comece a escrever ou digite / para escolher um novo bloco`. Falo sobre blocos na seção posterior deste mesmo capítulo, "Usando o Editor de Blocos". Para os propósitos desta seção, basta digitar o texto de seu post nessa área.

4. **Clique no link Salvar Rascunho [Save Draft], localizado no canto superior direito da tela Editar Post.**

   O link Salvar Rascunho mudará para uma mensagem dizendo `Salvo` (não é possível ver essa alteração na Figura 5-5).

   O WordPress possui uma funcionalidade de salvamento automático embutida para que seu conteúdo seja salvo, evitando perdas. Imagine gastar uma hora de seu dia escrevendo um post longo e ficar sem energia graças a uma tempestade onde você mora! Com esse salvamento automático do WordPress você não precisa se preocupar em perder todo aquele seu conteúdo. O intervalo padrão é de dez segundos, então, caso não clique em Salvar Rascunho, o WordPress salvará seu conteúdo automaticamente. Quando a tempestade passar, você encontrará um rascunho do post no qual estava trabalhando antes da queda de energia.

A essa altura, você pode pular para a seção "Publicando Seu Post" neste mesmo capítulo para saber mais sobre como publicar um post em seu site, ou pode continuar lendo as seções seguintes para descobrir como refinar as opções de seu post.

Usando o Editor de Blocos

Em dezembro de 2018, o WordPress apresentou uma forma completamente nova de escrever e editar conteúdo com a versão 5.0 (ou posterior) do software. O propósito dessa nova experiência de edição é dar um maior controle de publicação e mais opções de formatação aos usuários sem exigir um conhecimento especializado ou treino na tecnologia necessária para que isso aconteça, como PHP, JavaScript, HTML ou CSS. Agora, os editores podem criar e formatar posts e páginas de uma maneira muito fácil. É possível inserir imagens, mudar tamanhos e cores de fontes, e criar tabelas e colunas de um jeito que jamais seria possível antes da versão 5.0 do WordPress.

A ideia por trás do editor de blocos é dar aos usuários uma variedade de blocos com os quais criar páginas e posts em seus sites. Podemos comparar os blocos do WordPress com aqueles com os quais você costumava brincar quando criança; você podia pegar um bloco e empilhá-lo sobre outros de maneira sucessiva, formando uma torre de blocos. Cada bloco dentro do editor do WordPress pode ser preenchido por conteúdo (texto, imagens, vídeos, entre outros) e empilhado sobre outro bloco com outros conteúdos. Ao ter uma página inteira de conteúdos criados com blocos, é possível configurar as opções para controlar a formatação, exibição e movimentação dos blocos na página para criar a experiência que você deseja passar aos seus leitores.

Esta seção do capítulo falará sobre o novo editor de blocos do WordPress.

O WordPress nomeou esse novo editor de blocos de Gutenberg, uma homenagem a Johannes Gutenberg, o inventor da prensa móvel. De forma genérica, as pessoas se referem ao editor de blocos meramente como editor de blocos, mas, caso leia ou escute sobre o termo *Gutenberg* nos fóruns de suporte do WordPress, em alguma reunião ou WordCamp da plataforma, saiba que as pessoas estão falando sobre o editor de blocos do WordPress.

Descobrindo blocos disponíveis

Por padrão, ao carregar a tela Editar Post em seu Painel pela primeira vez (veja a Figura 5-5), a área em que você digita o texto de seu post consistirá em blocos padrões de parágrafo. Passe o mouse sobre essa área para ver o bloco ser destacado, como mostra a Figura 5-6.

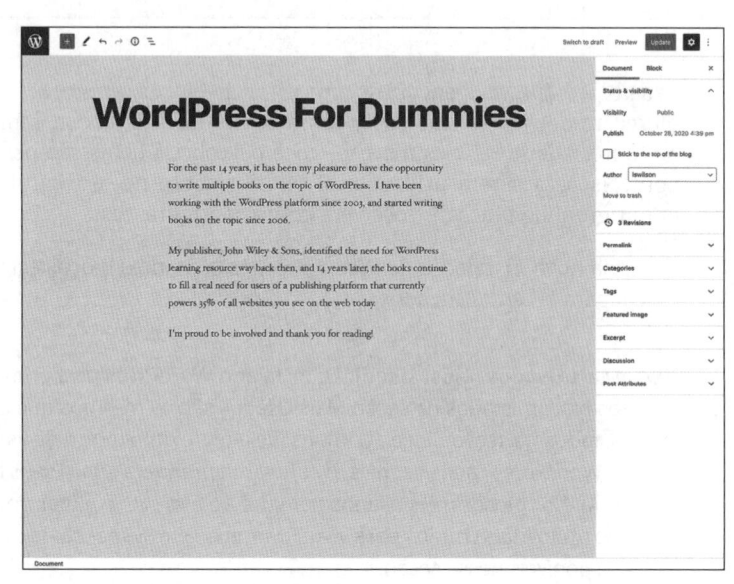

FIGURA 5-6:
Bloco padrão de parágrafo no editor de blocos do WordPress.

Você pode usar o bloco padrão de parágrafo para escrever seus posts e deixar assim mesmo. No entanto, o editor de blocos possui muitas funcionalidades capazes de oferecer uma diversidade de opções de formatação de conteúdo.

É possível descobrir os diferentes tipos de blocos disponíveis clicando no pequeno sinal "+" no canto superior esquerdo da tela Editar Post. Clicar nesse ícone exibirá um menu suspenso de blocos, como mostra a Figura 5-7.

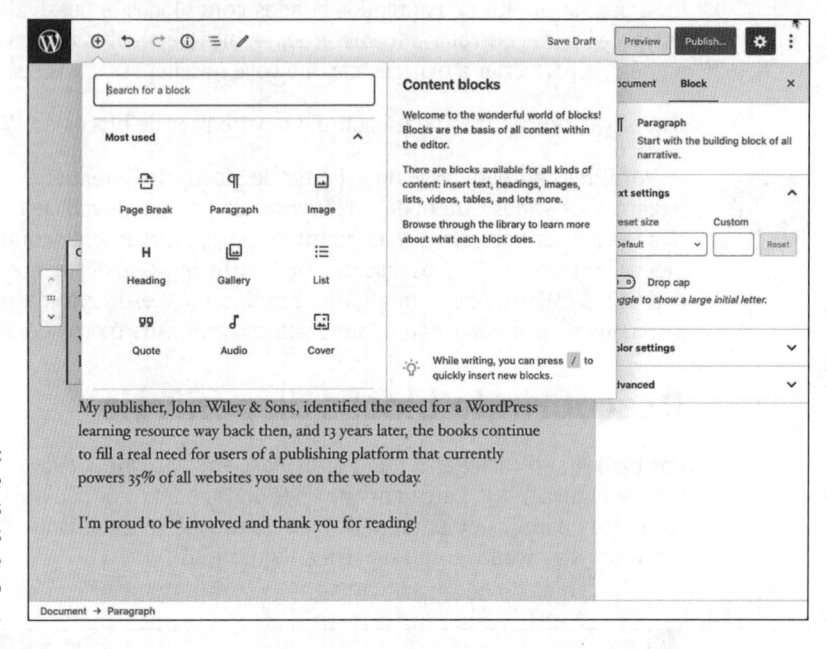

FIGURA 5-7:
Menu de blocos disponíveis no editor de blocos do WordPress.

Cada bloco que você encontrar no editor de blocos tem características que oferecem opções de exibições, como configurações de cor, tamanho e cor de fonte, e largura. Nesta seção, você descobrirá quais são os blocos disponíveis para serem utilizados. Posteriormente neste capítulo, na seção "Configurando blocos", você verá como configurá-los.

Em uma nova instalação do WordPress, os seguintes blocos estarão disponíveis para serem utilizados:

» **Mais Usados [Most Used]:** Ao instalar o WordPress pela primeira vez, os blocos listados na seção Mais Usados são os mesmos que estão listados na seção Blocos Comuns (veja o próximo tópico da lista). Ao usar o WordPress cada vez mais, o software aprenderá sobre seus hábitos e listará os blocos mais usados por você ao escrever e editar posts. Clique no título Mais Usados para visualizar uma lista suspensa de blocos disponíveis nessa seção.

» **Blocos Comuns [Common Blocks]:** Os blocos incluídos nessa seção são comuns, o que significa que são os blocos usados pela maioria dos usuários ao escrever e editar posts. Clicar no título Blocos Comuns exibirá uma lista suspensa com todos os blocos disponíveis nessa seção:

- *Parágrafo [Paragraph]:* Clique nessa opção para inserir um bloco de criação de parágrafo de texto padrão.

- *Imagem [Image]:* Clique nessa opção para inserir um bloco que pode exibir uma imagem em seu post ou página.

- *Título [Heading]:* Clique nessa opção para inserir um bloco que permite a inserção de título com as tags H1, H2, H3, H4, H5 e H6 para ajudar seus visitantes (e os mecanismos de busca) a entender a estrutura do conteúdo.

- *Galeria [Gallery]:* Clique nessa opção para inserir um bloco que lhe permite fazer o upload e exibir múltiplas imagens em seu post ou página.

- *Lista [List]:* Clique nessa opção para inserir um bloco que cria uma lista ordenada ou com marcadores.

- *Citação [Quote]:* Essa opção insere um bloco que permite usar uma citação com estilo próprio para adicionar ênfase visual.

- *Áudio [Audio]:* Escolher essa opção insere um bloco que possibilita fazer o upload e incorporar um áudio em um reprodutor de áudio em seu post ou página.

- *Cobertura [Cover]:* Clicar nessa opção vai inserir um bloco que permite o upload de uma imagem para adicioná-la a seu post ou página como fundo para algum texto.

- *Arquivo [File]:* Essa opção insere um bloco que permite o upload de um arquivo (como `.doc` ou `.pdf`) para adicioná-lo como download em seu post ou página.

- *Vídeo [Video]:* Clique nessa opção para inserir um bloco que permite o upload de um arquivo de vídeo para incorporá-lo a um reprodutor de vídeo em seu post ou página.

» **Formatação [Formatting]:** Os blocos dessa seção servem para necessidades especiais de formatação, como código, HTML e citações. Nem todo mundo usará esses blocos, mas eles são extremamente úteis na formatação de texto especializado para as pessoas que farão uso deles (como programadores). Clique no título Formatação para exibir uma lista suspensa dos blocos disponíveis nessa seção:

- *Código [Code]:* Essa opção insere um bloco que permite a inserção e exibição de trechos de código que respeitam as regras padrões de formatação de código, impedindo a aplicação de executar o código escrito por você.

- *Clássico [Classic]:* Clique nessa opção para inserir um bloco com o qual os usuários de versões antigas do WordPress estão mais acostumados e podem achar mais fácil de trabalhar.

- *HTML Personalizado [Custom HTML]:* Clicar nessa opção vai inserir um bloco com um editor de HTML que lhe permite escrever código HTML e fazer a pré-visualização do resultado enquanto edita o código.

- *Pré-formatado [Preformatted]:* Essa opção insere um bloco para que você adicione um texto a ser exibido exatamente como ele deve ser em seu formato de código ou HTML. O texto geralmente é exibido com uma fonte monospace (como a Courier) e o editor pré-formatado respeita o espaçamento e a indentação. O texto pré-formatado é útil para as pessoas que incluem amostras de código em seus posts ou páginas. Além disso, essa opção impede que a aplicação execute o código.

- *Citação destacada (Pullquote):* Clicar nessa opção insere um bloco que permite usar uma citação com uma ênfase visual especial. O exemplo `Code is Poetry. - WordPress`, na Figura 5-8, é uma citação destacada.

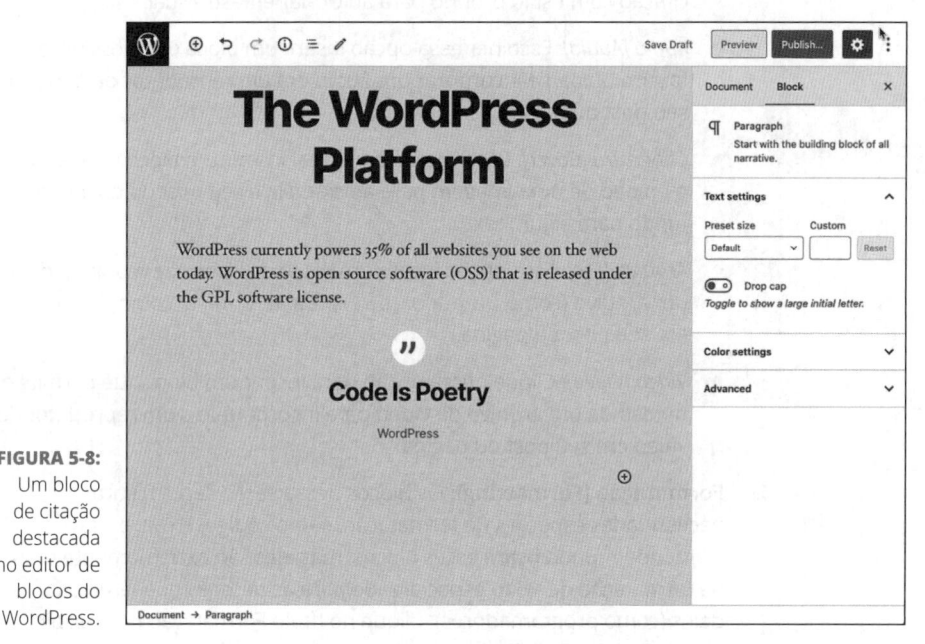

FIGURA 5-8: Um bloco de citação destacada no editor de blocos do WordPress.

- *Tabela [Table]:* Essa opção insere um editor de tabelas que permite a inclusão de linhas e colunas, assim como normalmente é feito em um programa de processamento de texto, como o Microsoft Word.

- *Verso [Verse]:* Clique nessa opção para inserir um editor de versos que permite a inserção de um verso de poema, de uma letra de música ou de linhas de algum poema. O texto recebe formatação e espaçamentos especiais, com ênfase visual. A Figura 5-9 mostra um exemplo de um verso de uma conhecida música esportiva norte-americana.

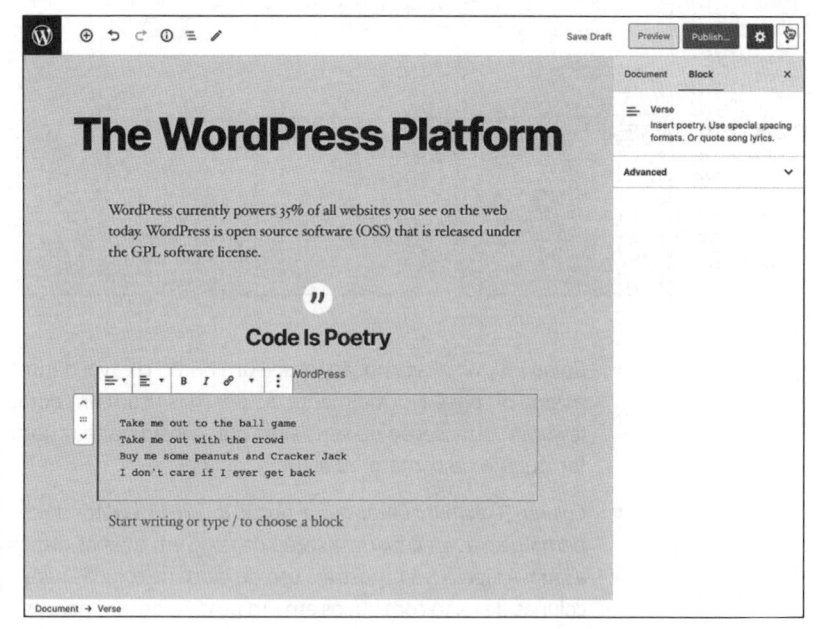

FIGURA 5-9: Um exemplo do bloco de verso no editor de blocos do WordPress.

» **Elementos de Layout [Layout Elements]:** Os blocos dessa seção permitem a criação de diferentes layouts para seu conteúdo. Essas opções de layout incluem tabelas, colunas e botões. Tais elementos possibilitam que você crie páginas e posts diferentes ou iguais, então a sua criatividade é o limite. Clicar na opção Elementos de Layout exibirá um menu suspenso com os blocos disponíveis nessa seção:

- *Quebra de Página [Page Break]:* Essa opção tem a função de inserir um marcador para a quebra de página, permitindo que você crie um post com uma experiência de múltiplas páginas. O conteúdo que aparece acima desse bloco é exibido na página com links de navegação, permitindo que o leitor vá até a página 2 para ler o restante do texto. A Figura 5-10 mostra um post que faz uso da Quebra de Página para criar um post com duas páginas.

FIGURA 5-10: Exemplo de um post usando o bloco de quebra de página.

- *Botão [Button]:* Essa opção insere um botão clicável dentro de sua página ou post. Normalmente, as pessoas usam um botão para levar até uma seção de seus sites que consideram importante, como formulário de contato ou alguma loja online.

- *Colunas [Columns]:* Clicar nessa opção insere um editor de colunas que permite ao autor criar uma seção de texto em colunas dispostas lado a lado. A Figura 5-11 mostra o uso do bloco de colunas para criar três colunas de texto com títulos em um post. As opções para esse bloco permitem definir o número de colunas e as cores das colunas e do texto.

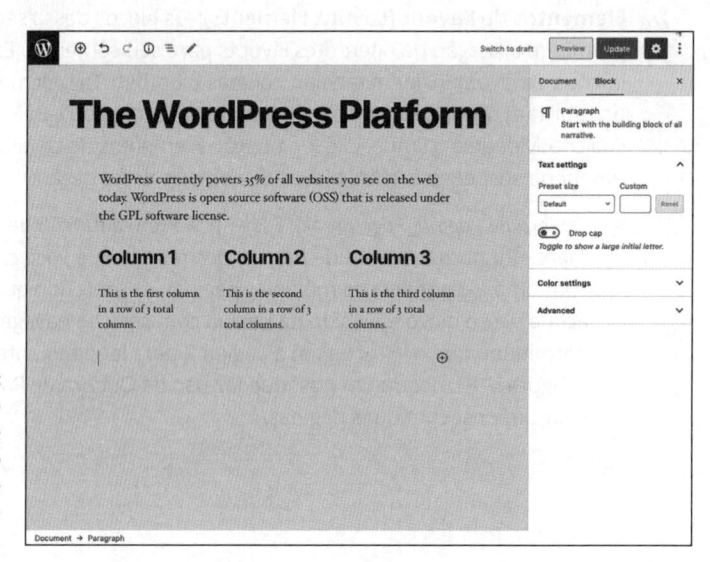

FIGURA 5-11: Exemplo do bloco de colunas no editor de blocos do WordPress.

- *Grupo [Group]*: Um bloco de grupo pode conter múltiplos blocos. Outra forma de pensar nesse bloco é vê-lo como um bloco pai com diversos blocos filhos dentro. As opções desse bloco permitem a configuração de cores para o texto e para o fundo.

- *Mídia & Texto [Media & Text]:* Essa opção insere um bloco de duas colunas que permite a exibição de mídia (imagem ou vídeo) e texto, lado a lado. As opções desse bloco permitem alinhar a mídia à direita ou à esquerda do bloco de texto. Além disso, também é possível definir a largura do bloco, para que fique no tamanho da tela do computador do leitor ou na largura do restante do conteúdo da página. A Figura 5-12 mostra um exemplo de bloco de Mídia & Texto no qual a mídia é exibida à esquerda do texto.

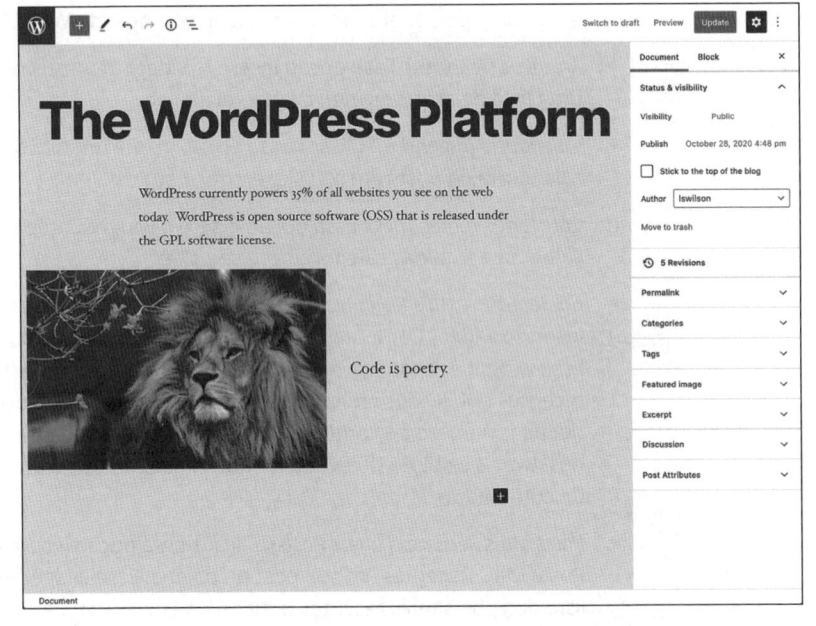

FIGURA 5-12: Exemplo do bloco Mídia & Texto no editor de blocos do WordPress.

- *Leia Mais [More]:* Clique nessa opção para inserir um bloco que atua como marcador para o resumo de seu post ou página. O conteúdo que aparece acima desse bloco é exibido no resumo de páginas como arquivos ou resultados de busca.

- *Separador [Separator]:* Essa opção insere um bloco que cria uma separação entre as seções do conteúdo por meio de um separador ou linha horizontal. As opções para esse bloco permitem que você determine o estilo da linha separadora: linha curta, linha longa ou linha pontilhada.

- *Espaçador [Spacer]:* Clicar nessa opção insere um bloco que cria um espaço vazio em seu post ou página. Esse bloco não é preenchido por nenhum conteúdo. Na verdade, esse bloco permite que você crie um espaço em branco entre blocos de conteúdo com uma altura que pode ser definida nas configurações.

» **Widgets:** Eu falo melhor sobre o uso dos widgets do WordPress em seu site no Capítulo 12, então, dê um pulinho lá para descobrir o que são widgets e o que fazem. Alguns widgets do WordPress estão disponíveis no editor de blocos para que você possa inserir blocos com conteúdos predefinidos. Clique na opção de Widgets para exibir uma lista suspensa de blocos disponíveis nessa seção.

- *Shortcode:* Essa opção insere um bloco com um campo de texto para a inserção de shortcode (ou código abreviado) para a adição de elementos personalizados à sua página ou post do WordPress.

- *Arquivos [Archives]:* Essa opção insere o widget de Arquivos, que exibe uma lista de arquivos mensais de seus posts.

- *Calendário [Calendar]:* Clicar nessa opção insere um bloco com um calendário de posts em seu site em formato exibido de mês a mês.

- *Categorias [Categories]:* Essa opção insere o widget Categoria, que exibe uma lista das categorias em seu site.

- *Comentários Mais Recentes [Latest Comments]:* Clique nessa opção para inserir o widget Comentários Mais Recentes em seu post ou página. Esse widget é responsável por exibir uma lista dos comentários mais recentes publicados em seu site. As opções para esse bloco permitem definir o número de comentários a serem exibidos e ativar ou desativar a exibição do avatar do autor, data da publicação e trecho do comentário.

- *Posts Mais Recentes [Latest Posts]:* Clicar nessa opção insere o widget Posts Mais Recentes em seu post ou página. Esse widget exibe uma lista dos posts mais recentes publicados em seu site. As opções para esse bloco permitem que você ordene a lista de posts do mais novo para o mais antigo, do mais antigo para o mais novo, e em ordem alfabética crescente ou decrescente.

- *RSS:* Essa opção é responsável por inserir o widget de RSS em seu post ou página. Esse widget oferece a opção de inserir um URL de RSS em um campo de texto que exibirá o conteúdo do feed RSS dentro de seu post ou página.

- *Busca [Search]:* Essa opção insere um formulário de busca no post ou página.

- *Ícones Sociais [Social Icons]*: Clique nessa opção para inserir um bloco com vários ícones de redes sociais, como Facebook, Twitter e Instagram. Após adicionar o bloco, você pode clicar em cada ícone e digitar o URL para o perfil de rede social correspondente. Os ícones sociais são exibidos na "entrada" de seu site e os leitores podem clicar neles para visitar seus perfis nas redes sociais.

- *Nuvem de Tag [Tag Cloud]*: Essa opção insere um bloco com uma nuvem de tag. Uma *nuvem de tag* é uma lista das tags utilizadas em seu site, com o tamanho da fonte de cada uma representando sua importância no site. Tags usadas com frequência terão um tamanho maior, enquanto as ocasionais terão um tamanho menor.

» **Incorporações [Embeds]:** Esse bloco permite a incorporação de conteúdo de diversos serviços online, como um vídeo no YouTube, um tweet específico ou uma foto do Instagram. Atualmente, o editor de blocos do WordPress permite a incorporação de conteúdo de 34 serviços. Os serviços dessa lista de incorporação provavelmente mudarão com o tempo, com novos serviços sendo adicionados e serviços antigos removidos a fim de acompanhar a evolução da própria internet. Clique na opção Incorporações para visualizar um menu suspenso com os blocos disponíveis nessa seção.

Inserindo novos blocos

O WordPress fornece uma grande variedade de formas para adicionar um novo bloco em seu post ou página. À medida que trabalha cada vez mais com o editor de blocos, você desenvolverá um método favorito de adição de novos blocos a partir de suas preferências e estilo de escrita.

Em um post recém-criado, a tela Editar Post oferece um campo título para digitar o nome de sua página e o bloco parágrafo para escrever o conteúdo. A partir disso, você pode adicionar novos blocos para adicionar diferentes tipos de conteúdo em sua página. É possível inserir um novo bloco em sua página por meio dos seguintes métodos:

» **Use a opção Adicionar Bloco no menu superior.** Esse método é mencionado na seção "Descobrindo blocos disponíveis", anteriormente neste capítulo e ilustrado na Figura 5-6.

» **Use a opção Adicionar Blocos do Editor de Blocos.** Depois que tiver adicionado um bloco, inserido conteúdo nele e estiver pronto para adicionar o próximo, passe o ponteiro de seu mouse sobre o bloco existente e verá um ícone semelhante a um sinal de adição. Clique nesse ícone para exibir uma lista dos blocos disponíveis que podem ser adicionados à sua página (veja a Figura 5-13). Escolher um bloco a partir dessa lista fará com que seja inserido diretamente abaixo do bloco existente.

» **Use Mais Opções.** Cada bloco possui uma ferramenta de opções de estilo (mencionado em detalhes na seção posterior deste capítulo, intitulada "Configurando blocos"). O item no lado direito do menu da barra de ferramentas é conhecido como "Mais Opções". Clique nesse item para visualizar uma lista suspensa de configurações adicionais (veja a Figura 5-14). Duas dessas opções são chamadas de "Inserir Antes" e "Inserir Depois". Clique em qualquer uma dessas opções para inserir um bloco padrão de parágrafo acima ou abaixo do bloco atual. Em seguida, você pode configurar o tipo de bloco usando a opção de adição de blocos do editor (veja a Figura 5-13).

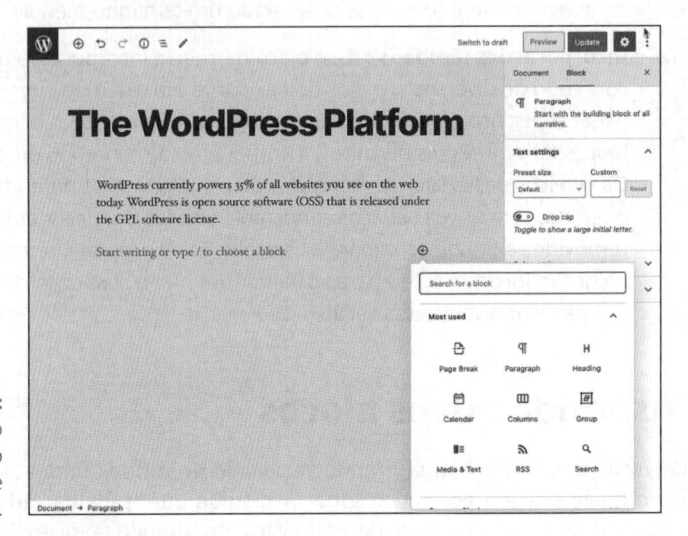

FIGURA 5-13: Adicionando blocos no editor de blocos.

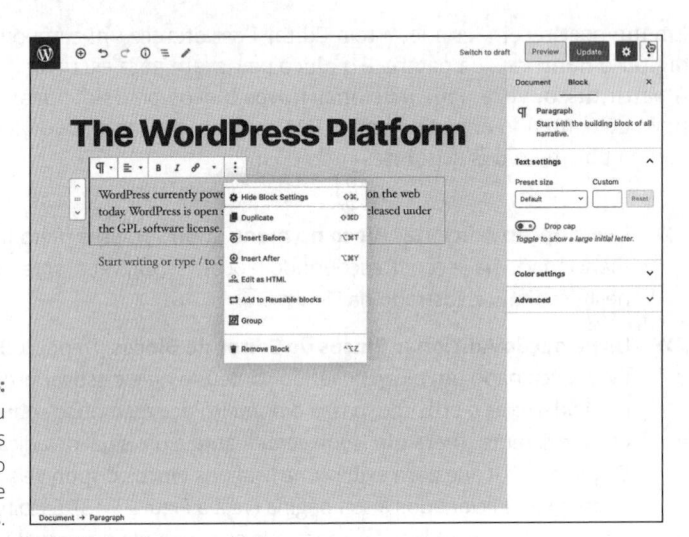

FIGURA 5-14: Menu de Mais Opções no editor de blocos.

>> **Use ícones de atalho.** Na tela Editar Post, três ícones permitem que você adicione três blocos normalmente usados: imagem, código e citação (veja a Figura 5-8 para ver o bloco de citação). Clique em um desses ícones para adicionar o bloco correspondente à página.

>> **Aperte Enter (ou Return, em um Mac).** Aperte a tecla Enter quando estiver em um bloco padrão de parágrafo para adicionar um novo bloco de parágrafo em sua página. Em seguida, você poderá continuar usando o bloco de parágrafo ou usar a ferramenta de adição do editor de blocos (veja a Figura 5-13) para alterar o tipo de bloco.

>> **Comandos com barra.** Ao clicar dentro de um bloco padrão de parágrafo e pressionar a tecla barra (/) do seu teclado, uma lista de blocos aparecerá. Essa lista permite que você adicione um bloco sem tirar suas mãos do teclado.

A Figura 5-15 mostra os blocos disponíveis ao apertar a tecla barra. Você pode navegar até o bloco que deseja apertando as setas para cima e para baixo e Enter ao selecionar o bloco, ou digitar o nome do bloco e pressionar Enter para inseri-lo à página. Esse método foi feito para ser uma experiência de edição sem mouse; você pode continuar digitando e adicionando blocos a partir do seu teclado.

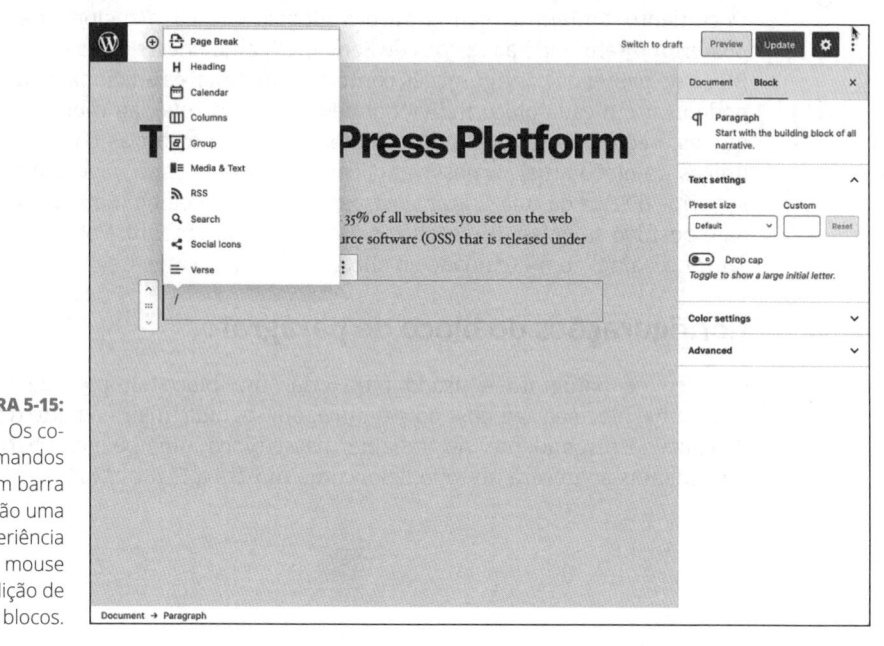

FIGURA 5-15: Os comandos com barra dão uma experiência sem mouse à adição de blocos.

Configurando blocos

Cada bloco dos menus do editor de blocos tem opções para configurar a exibição de seu conteúdo, como tamanho e cor da fonte, cor do fundo e a largura/altura do bloco. Cada bloco tem seu próprio conjunto de opções.

Nesta seção, você descobrirá como definir as configurações e as opções para quatro dos blocos mais comumente usados:

» Parágrafo

» Imagem

» Mídia & Texto

» Citação Destacada

Você configura o bloco atual em duas áreas da tela Editar Post: dentro do bloco em si e no painel de configurações, no lado direito da tela.

DICA

O painel de configurações não é um nome oficial, mas a equipe de desenvolvimento do WordPress usa esse termo para se referir ao painel à direita da página Adicionar Post, exibido na maioria das figuras deste capítulo. O painel de configurações tem duas seções: Documento e Bloco. A seção Documento contém as configurações globais que eu menciono na seção posterior "Refinando as Opções de Seu Post", ainda neste capítulo. A seção Bloco do painel de configurações contém configurações adicionais que você pode usar em cada bloco individualmente. Perceba que, ao mudar o bloco que está editando, a seção Bloco também passa a exibir as configurações únicas do bloco atual. É possível clicar no ícone de engrenagem no canto superior direito da tela Editar Post para remover o painel da tela, o que é algo positivo se quiser um espaço maior temporariamente. Você pode restaurar o painel com facilidade ao clicar no ícone novamente.

Configurações do bloco de parágrafo

O bloco de parágrafo é usado para criar um bloco simples de texto. Adicione o bloco ao seu post ou página e, em seguida, insira o texto dentro da caixa correspondente. Ao trabalhar nesse bloco, uma pequena barra de ferramentas aparecerá no topo dele, como mostra a Figura 5-16.

Barra de ferramentas do bloco de parágrafo

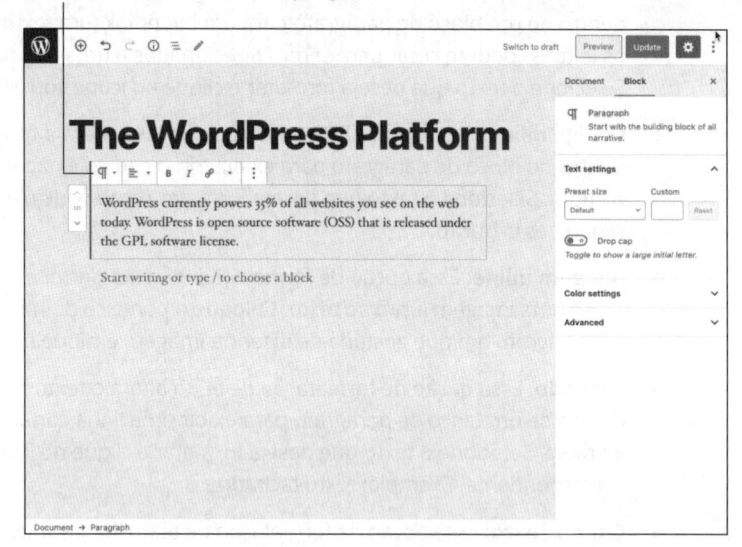

FIGURA 5-16:
Barra de
ferramen-
tas em um
bloco de
parágrafo.

Essa barra de ferramenta oferece uma série de opções, incluindo as seguintes (da esquerda para a direita):

» **Mudar Tipo de Bloco:** Essa opção permite que você altere o tipo de bloco utilizado atualmente. Caso queira mudar o bloco de parágrafo para um bloco de citação, por exemplo, clique nessa opção e escolha o bloco de citação para fazer a substituição. Os tipos de bloco para os quais você pode mudar a partir de um bloco de parágrafo são, entre outros, blocos de citação, verso, título, lista e pré-formatado.

» **Alinhar Texto à Esquerda:** Essa opção de formatação de bloco posiciona o texto dentro de um bloco de parágrafo à esquerda da página.

» **Alinhar Texto ao Centro:** Essa opção de formatação de bloco posiciona o texto dentro de um bloco no centro da página.

» **Alinhar Texto à Direita:** Essa opção de formatação de bloco posiciona o texto dentro de um bloco de parágrafo à direita da página.

» **Negrito:** Essa opção de formatação de texto altera o texto selecionado dentro de um bloco de parágrafo para uma fonte mais escura. Selecione o texto que deseja formatar e clique no ícone correspondente. Exemplo: **texto em negrito.**

» **Itálico:** Essa opção de formatação de texto altera o texto selecionado dentro de um bloco de parágrafo para uma fonte em itálico. Selecione o texto que deseja formatar e clique no ícone correspondente. Exemplo: *texto em itálico.*

- » **Link:** Essa opção de formatação de texto altera o texto selecionado dentro de um bloco de parágrafo para um hyperlink (um texto em que os leitores podem clicar para serem direcionados a uma página ou site). Selecione o texto que deseja formatar e clique no ícone correspondente.

- » **Código inline:** Essa opção de formatação de texto altera a formatação dentro do bloco de parágrafo para exibir como código e não como texto comum. Selecione o texto que deseja formatar como código e, então, clique nessa opção.

- » **Imagem inline:** Essa opção de formatação de texto permite que você insira uma imagem junto ao texto. Coloque o ponteiro do mouse na área do parágrafo em que gostaria de inserir a imagem e clique nessa opção.

- » **Tachado:** Essa opção de formatação de texto altera o texto selecionado dentro de um bloco de parágrafo para exibir uma linha cortando-o ao meio. Selecione o texto que deseja formatar e clique no ícone correspondente. Exemplo: texto tachado.

- » **Cor do Texto:** Essa opção de formatação de texto lhe permite alterar a cor do texto no parágrafo. Selecione o texto que deseja alterar e clique nessa opção.

- » **Mais Opções:** Clicar nesse ícone revela um menu suspenso com opções para todo o bloco e não apenas para o conteúdo dentro dele (essa opção existe na barra de ferramentas de todos os blocos, então, você pode recorrer a essa lista para os outros blocos presentes nesta seção). Clique no ícone de Mais Opções na barra de ferramenta do bloco para revelar uma lista suspensa com os seguintes itens:

  - *Esconder Configurações do Bloco:* Clique nessa opção para remover o painel de configurações do lado direito da tela Editar Post, dando um espaço maior para a criação de seu conteúdo.

  - *Duplicar:* Clique nessa opção para duplicar o bloco usado atualmente e inseri-lo abaixo do bloco atual.

  - *Inserir Antes:* Clique nessa opção para inserir um bloco padrão vazio diretamente acima do bloco usado atualmente.

  - *Inserir Depois:* Clique nessa opção para inserir um bloco padrão vazio diretamente abaixo do bloco usado atualmente.

  - *Editar como HTML:* Clique nessa opção para alterar o editor de blocos para um editor de HTML, onde você poderá visualizar e editar conteúdo como código HTML.

  - *Adicionar aos Blocos Reutilizáveis:* Clique nessa opção para salvar o bloco atual a uma biblioteca de blocos que você pode reutilizar em outras áreas de seu site. Essa funcionalidade é especialmente útil quando você cria blocos em uma página e deseja usar os mesmos blocos em outras. Salvar um bloco como um bloco reutilizável o deixa disponível para ser usado em outras páginas exatamente no estado em que ele estava ao ser salvo. Editar o bloco aplicará as alterações em todos os lugares em que aquele bloco for utilizado.

DICA

- Ao criar um bloco reutilizável, ele fica armazenado no menu Blocos (veja a Figura 5-7) em uma nova seção chamada Reutilizável.

- *Agrupar:* Clique nessa opção para criar um bloco de grupo.

- *Remover Bloco:* Clique nessa opção para remover o bloco da tela Editar Post. Use essa funcionalidade com cuidado porque, ao remover um bloco, ele será deletado permanentemente (a menos que o tenha salvo como um bloco reutilizável).

Opções adicionais para o bloco de parágrafo estão disponíveis no painel de configurações, à direita da tela Editar Post, como mostra a Figura 5-17.

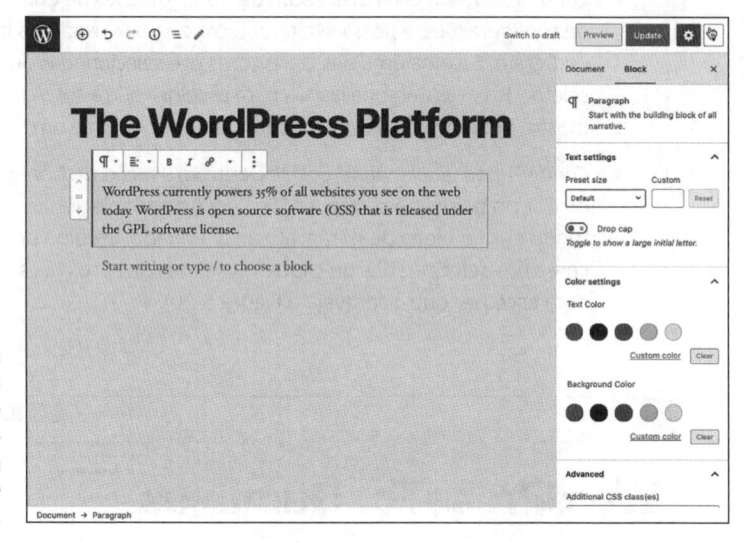

FIGURA 5-17: Opções no painel de configurações para o bloco de parágrafo.

Entre as opções, temos:

» **Configurações de Texto [Text Settings]:** Essa seção permite que você configure o tamanho da fonte e a letra capitular no bloco de parágrafo.

- *Tamanho da Fonte:* Há duas formas de definir o tamanho da fonte do bloco que está editando atualmente. Na seção de Configurações de Texto do painel de configurações, é possível, por meio da opção Tamanho Predefinido [Preset Size], escolher os tamanhos Pequeno, Normal, Grande e Muito Grande a partir do menu suspenso Tamanho da Fonte para ajustar os tamanhos de texto predefinidos pelo WordPress. Outra maneira de fazer essa alteração é inserindo um número específico na caixa de texto à direita do menu de Tamanho Predefinido, caso queira usar uma fonte com um tamanho específico. Ao ajustar as Configurações de Texto no painel de configurações, as alterações ocorrem de forma imediata no bloco a ser editado.

- *Letra Capitular [Drop cap]:* Uma letra capitular pode ser aplicada a um parágrafo de texto para deixar a primeira letra muito maior e destacada do que o restante do texto. Com frequência, esse método é usado em artigos de revistas e jornais. Essa é uma técnica que pode ter um efeito dramático nos artigos da internet. A Figura 5-18 mostra um exemplo de dois parágrafos que usam a letra capitular. Para ativá-la, clique no botão Letra Capitular.

» **Configurações de Cor [Color Settings]:** Essa seção permite configurar a cor do texto e do fundo do bloco de parágrafo.

- *Cor do Texto [Text Color]:* Na seção de Configurações de Cor do painel de configurações, é possível alterar a cor do texto usado no bloco de parágrafo. Escolha uma das cinco cores pré-selecionadas ou clique no seletor de cores personalizadas para escolher outra cor. A Figura 5-19 mostra um bloco de parágrafo com um fundo preto e um texto branco.

- *Cor de Fundo [Background Color]:* Dentro da seção de Configurações de Cor no painel de configurações, você pode selecionar uma cor de fundo para o bloco de parágrafo a ser editado. Escolha uma das cinco cores pré-selecionadas ou clique no seletor de cores personalizadas para escolher outra cor (veja a Figura 5-20).

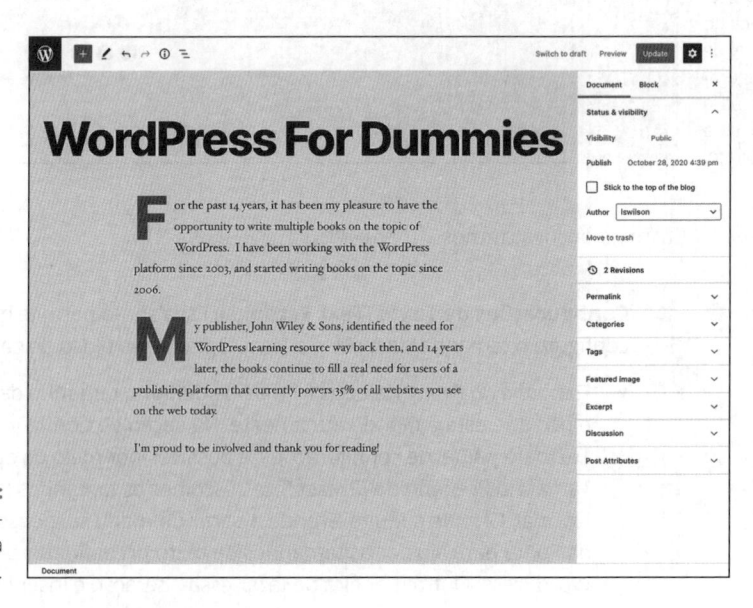

FIGURA 5-18: Uso da opção de letra capitular.

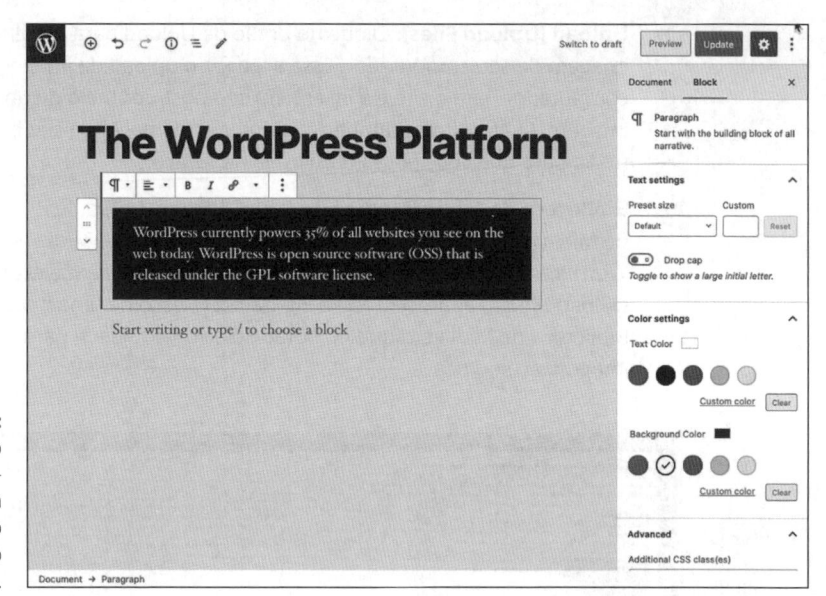

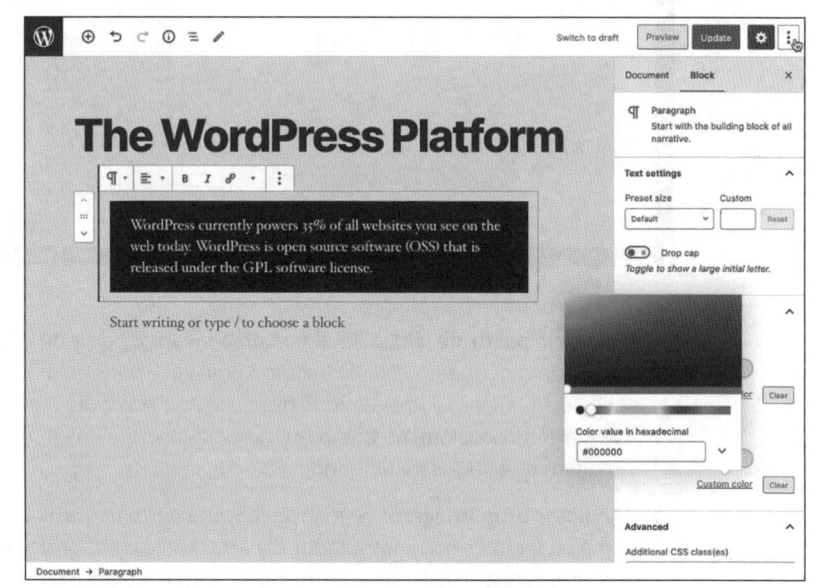

Configurações do bloco de imagem

O bloco de imagem é utilizado para adicionar uma única imagem ao seu post. Adicione o bloco em seu post ou página e, em seguida, escolha uma destas opções:

- **Upload [Upload Files]:** Clique no botão de Upload para escolher uma imagem de seu computador. Essa ação faz o upload da imagem de seu computador para o site e a insere em seu post por meio de um bloco de imagem. O WordPress também adiciona essa imagem à sua biblioteca de mídia para que você possa reutilizá-la no futuro.

- **Biblioteca de Mídia [Media Library]:** Clique no botão de Biblioteca de Mídia para escolher uma imagem da Biblioteca de Mídia do WordPress. Quando a tela de Escolher ou Enviar Mídia [Select or Upload Media] aparecer (veja a Figura 5-21), escolha uma imagem da Biblioteca de Mídia e clique no botão Selecionar [Select] para adicionar a imagem ao seu post.

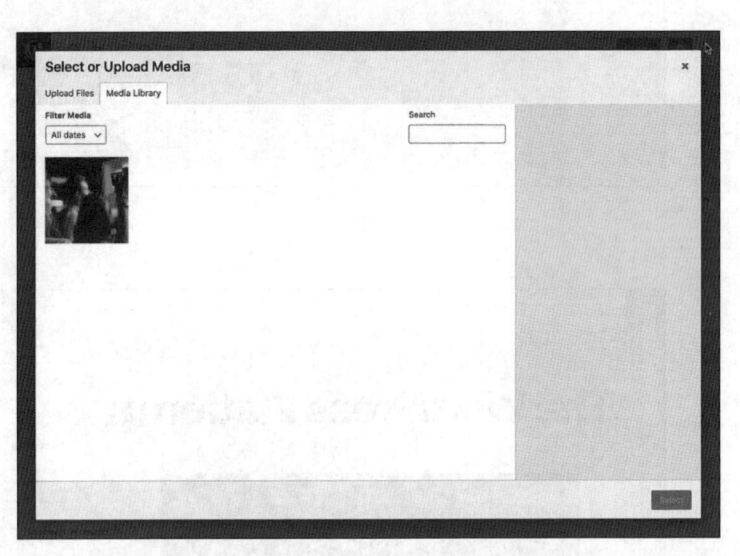

FIGURA 5-21: Clicar no botão Biblioteca de Mídia em um bloco de imagem abrirá a tela de escolha ou envio de mídia e exibirá as imagens na Biblioteca de Mídia do WordPress.

- **Inserir a partir de URL:** Clique no botão Inserir a partir de URL para exibir uma pequena caixa de texto na qual você pode colar ou digitar o URL (ou link) para a imagem que deseja usar. Pressione a tecla Enter em seu teclado ou clique no botão Aplicar para inserir a imagem ao bloco de imagem que você está utilizando.

- **Arrastar uma imagem:** Essa opção bacana permite que você escolha uma imagem de seu computador e a arraste até o editor de blocos do WordPress para adicioná-la a um bloco. A imagem arrastada também é adicionada à Biblioteca de Mídia para ser usada posteriormente.

- **Escrever Legenda:** Quando você adicionar uma imagem ao bloco de imagem, verá um campo opcional diretamente abaixo dela, intitulado Escrever Legenda. Esse campo é opcional: caso não digite nada, então nada será exibido em seu site. No entanto, ao escrever qualquer coisa nesse campo, ele virará uma legenda que será posicionada logo abaixo da imagem.

Quando estiver trabalhando dentro desse bloco, perceba a pequena barra de ferramentas que aparece no topo do bloco, como mostrado na Figura 5-22. Essa barra de ferramentas oferece uma série de opções para o bloco de imagem, incluindo as seguintes (da esquerda para a direita):

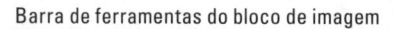
Barra de ferramentas do bloco de imagem

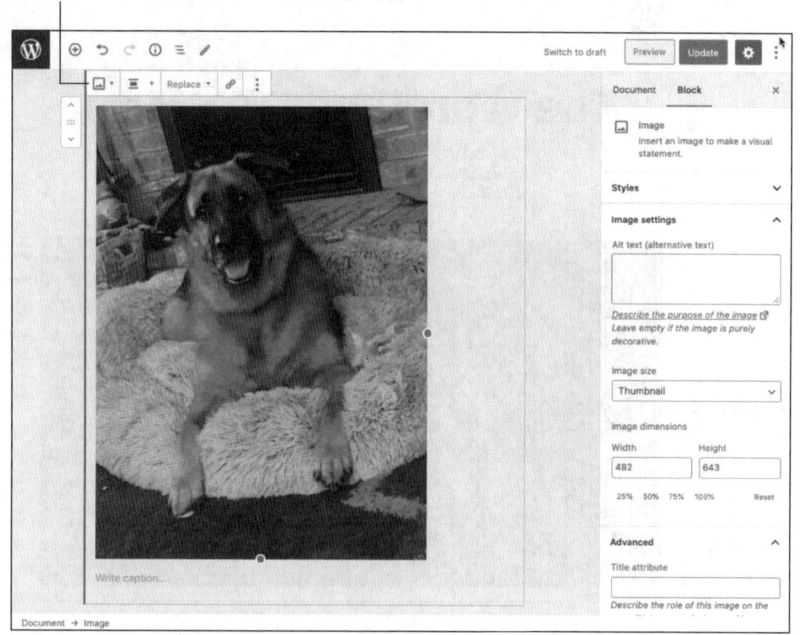

FIGURA 5-22: Barra de ferramentas de opções do bloco de imagem.

>> **Alterar Tipo de Bloco:** Clique nessa opção para alterar o tipo de bloco selecionado. Caso queira mudar o bloco de imagem para um bloco de cobertura, por exemplo, clique nesse ícone e selecione o bloco de cobertura para realizar a substituição. Os tipos de blocos para os quais o bloco de imagem pode ser alterado são, entre outros, Mídia & Texto, Galeria, Cobertura e Arquivo.

>> **Alinhar à Esquerda:** Essa opção de formatação de bloco posiciona a imagem do bloco de imagem junto à margem esquerda da página.

>> **Centralizar:** Essa opção de formatação de bloco posiciona a imagem dentro do bloco de imagem no centro da página.

>> **Alinhar à Direita:** Essa opção de formatação de bloco posiciona a imagem dentro do bloco de imagem junto à margem direita da página.

>> **Largura do Conteúdo:** Clique nessa opção para configurar a largura da imagem para a mesma largura do conteúdo da página.

» **Largura Total:** Clique nessa opção para aumentar a largura da imagem até a largura da tela na qual você está visualizando o conteúdo. Na Figura 5-23, é possível ver um post que eu criei com uma imagem em largura total. Perceba que as bordas direita e esquerda da imagem expandem até o final do lado direito e esquerdo da tela de visualização.

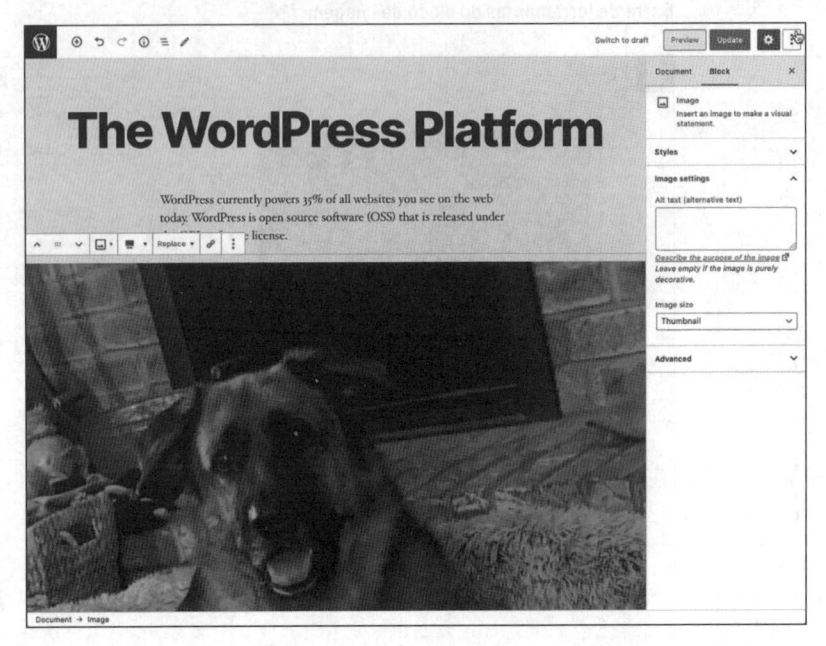

FIGURA 5-23: Exemplo de um bloco de imagem com a configuração de Largura Total.

DICA

Se não selecionar um dos tipos de largura na barra de ferramentas, poderá escolher a largura desejada de uma imagem no painel de configurações do bloco de imagem, como será mencionado na seção seguinte.

» **Substituir [Replace]:** Essa opção permite que você substitua a imagem, abrindo a Biblioteca de Mídia ao ser selecionada.

» **Link:** Essa opção permite configurar um URL para a imagem, tornando-a clicável. Quando um visitante de seu site clica na imagem, ele é levado ao URL especificado.

» **Mais Opções:** As configurações presentes aqui são as mesmas discutidas na seção anterior, "Configurações do bloco de parágrafo".

Opções adicionais estão disponíveis para o bloco de imagem no painel de configurações que pode ser encontrado à direita da tela Editar Post, como mostra a Figura 5-24.

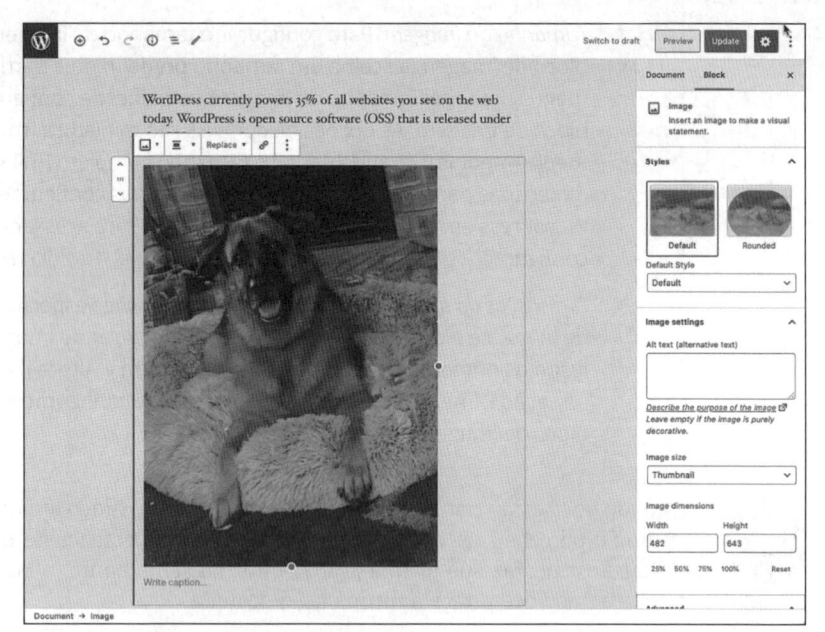

Entre essas opções, estão inclusas:

» **Estilos**: As opções dessa seção permitem que você configure o estilo da imagem usando o bloco de imagem.

- *Padrão*: O estilo Padrão é definido automaticamente e exibe a imagem em seu estado original.

- *Arredondado*: O estilo Arredondado pode ser configurado para exibir a imagem com cantos arredondados.

» **Configurações de Imagem:** As opções dessa seção permitem que você configure o texto alternativo, o tamanho e as dimensões da imagem no bloco de imagem.

- *Texto Alternativo [Alt Text]:* Insira um texto descritivo no campo Texto Alternativo para descrever a imagem atualmente no bloco de imagem. Essa descrição ajuda as pessoas que não podem ver a imagem em seu site; o texto alternativo é exibido quando a imagem não é carregada corretamente, oferecendo algum contexto para ela. Além disso, essa opção também é uma funcionalidade de acessibilidade que ajuda pessoas com leitores de tela a navegar na internet. (Leitores de tela auxiliam usuários com alguma deficiência visual a entender o texto exibido no site com um sintetizador de voz ou tela em braille.) Ademais, as descrições alternativas auxiliam na otimização para mecanismos de busca (search engine optimization ou SEO).

- *Tamanho da Imagem:* Para configurar o tamanho da imagem usada no bloco de imagem, escolha um tamanho predefinido a partir do menu suspenso Tamanho da Imagem no painel de configurações do bloco de imagem. As opções disponíveis são miniatura [thumbnail], média [medium], grande [large] e tamanho completo [full size]. As dimensões para essas opções são definidas nas configurações do WordPress em seu Painel (veja o Capítulo 3). Para acessar essas configurações, escolha Configurações [Settings] ⇨ Mídia [Media].

- *Dimensões da Imagem:* Para configurar dimensões específicas de largura e altura para a imagem usada no bloco de imagem, insira os números nos campos Largura [Width] e Altura [Height] na seção Dimensões de Imagem do painel de configurações do bloco de imagem.

DICA

Quando você está criando conteúdo dentro de algum bloco em determinada página e percebeu ter cometido um erro, o botão Desfazer no topo da tela Editar Post desfaz sua última ação. De forma semelhante, o botão Refazer permite que você refaça a última ação desfeita.

Configurações do bloco de Mídia & Texto

Você usa o bloco Mídia & Texto para inserir um bloco de duas colunas que exibe mídia (imagem ou vídeo) e texto dispostos lado a lado. Ao adicionar o bloco em seu post, haverá um bloco com configurações de mídia à esquerda e as configurações de texto à direita, como mostra a Figura 5-25.

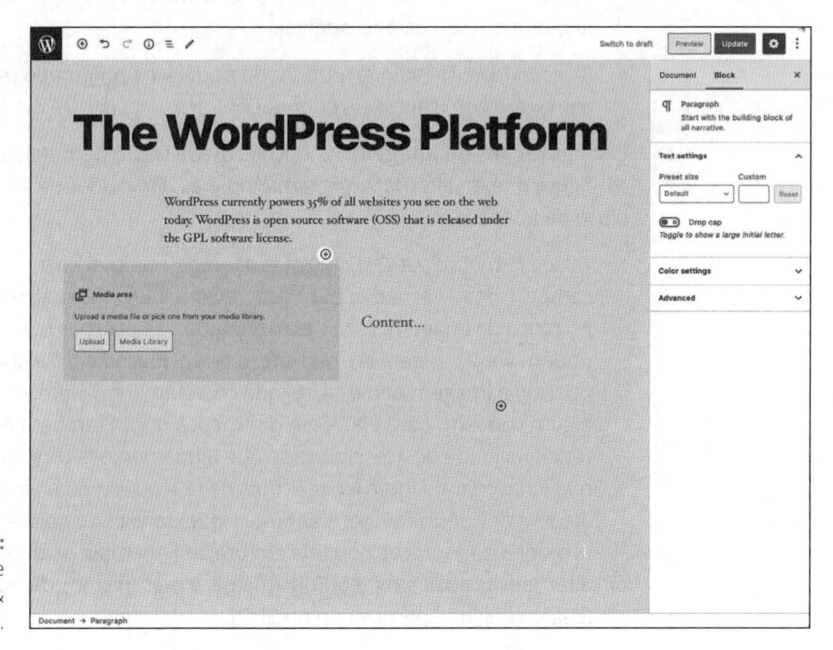

FIGURA 5-25: Bloco de Mídia & Texto.

Nesse bloco, você adiciona a mídia na seção Área de Mídia, à esquerda, usando o método mencionado na seção anterior "Configurações do bloco de imagem", e adiciona o texto na seção Conteúdo, à direita, como mostra a Figura 5-26.

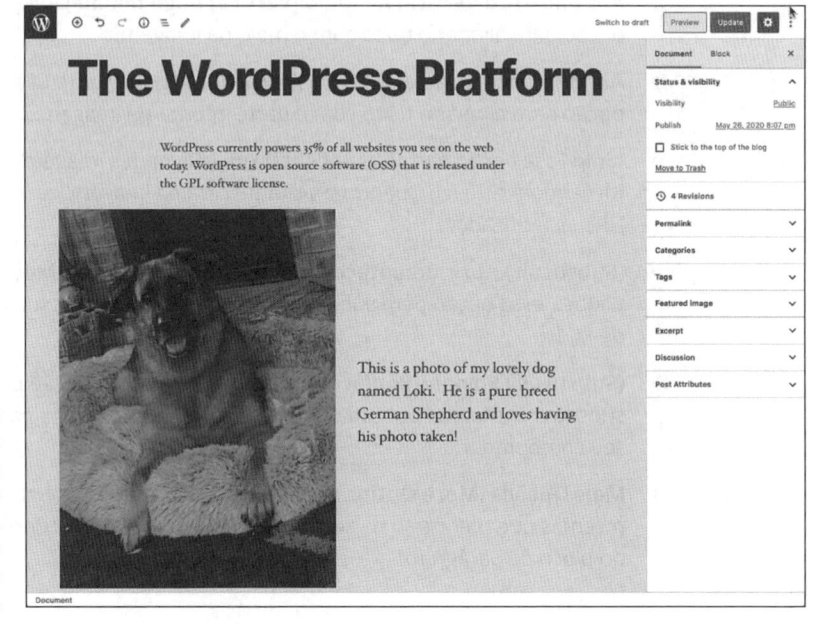

FIGURA 5-26: Mídia à esquerda com texto à direita, por meio do bloco Mídia & Texto.

DICA

Quando você insere texto na seção Conteúdo, à direita, uma barra de ferramentas aparece. Essa barra de ferramentas possui as mesmas opções que menciono na seção anterior deste capítulo, "Configurações do bloco de parágrafo".

Ao trabalhar dentro desse bloco, uma pequena barra de ferramentas aparece no topo, como mostra a Figura 5-27. Essa ferramenta fornece uma série de opções para o bloco de parágrafo, incluindo as seguintes:

» **Largura do Conteúdo [Wide Width]:** Clique nessa opção para configurar a largura do bloco Mídia & Texto para ser igual à largura do conteúdo da página.

» **Largura Total [Full Width]:** Clique nessa opção para aumentar a largura da imagem até a largura total da tela que você está usando para visualizar o conteúdo. As bordas esquerda e direita do bloco se estendem até as bordas esquerda e direita da tela.

» **Exibir Mídia à Esquerda [Show Media on Left]:** Clique nessa opção para configurar a mídia à esquerda e o texto à direita. Essa é a configuração padrão.

» **Exibir Mídia à Direita [Show Media on Right]:** Clique nessa opção para configurar o texto à esquerda e a mídia à direita.

» **Alinhamento Vertical Superior [Vertical Align Top]:** Clique nessa opção para alinhar o texto com a parte superior da imagem.

» **Alinhamento Vertical no Meio [Vertical Align Middle]:** Clique nessa opção para alinhar o texto com o meio da imagem.

» **Alinhamento Vertical Inferior [Vertical Align Bottom]:** Clique nessa opção para alinhar o texto com a parte inferior da imagem.

» **Link:** Essa opção permite configurar um URL para a imagem, tornando-a clicável. Quando o visitante clica na imagem, ele é levado ao URL especificado.

» **(Substituir) Abrir Biblioteca de Mídia [(Replace) Open Media Library]:** Clique nessa opção para substituir a imagem por uma de sua Biblioteca de Mídia.

» **(Substituir) Enviar [(Replace) Upload]:** Clique nessa opção para substituir a imagem por uma que você gostaria de enviar a partir de seu computador.

» **Mais Opções [More Options]:** As configurações exibidas aqui são as mesmas que menciono na seção anterior deste capítulo, "Configurações do bloco de parágrafo".

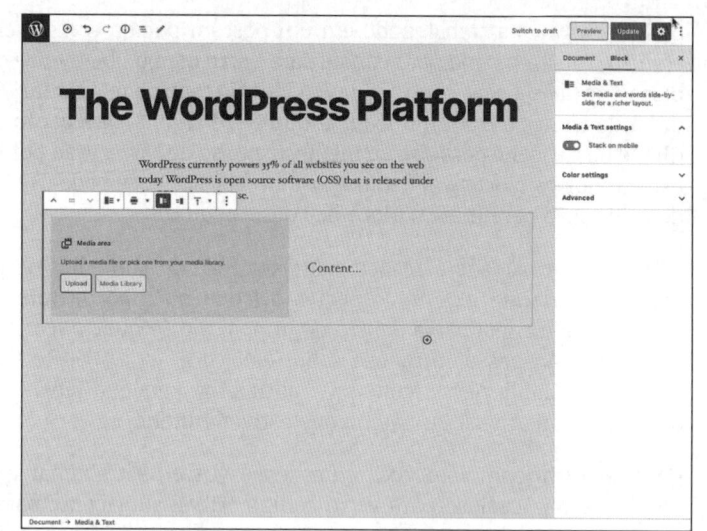

Entre as opções adicionais para o bloco Mídia & Texto disponíveis no painel configurações, à direita da tela Editar Post, estão:

» **Empilhar em Dispositivos Móveis [Stack on Mobile]:** Clique nessa opção para definir a exibição do bloco Mídia & Texto em dispositivos móveis. Ao deixar essa opção desmarcada, o bloco terá a largura da tela do dispositivo e, dependendo da imagem e texto inclusos, a leitura pode ficar comprometida. Selecione essa opção para exibir o conteúdo dentro desse bloco de maneira empilhada, um em cima do outro. Caso a mídia esteja sendo exibida à esquerda, por exemplo, ela ficará acima do texto em dispositivos móveis.

» **Texto Alternativo [Alt Text]:** Insira um texto descritivo no campo Texto Alternativo para descrever a imagem usada no bloco de imagem. Essa descrição ajuda as pessoas que não podem ver a imagem em seu site; o texto alternativo é exibido quando a imagem não é carregada corretamente, oferecendo algum contexto para a imagem. Além disso, essa opção também é uma funcionalidade de acessibilidade que ajuda pessoas com leitores de tela a navegar na internet. (Leitores de tela auxiliam usuários com alguma deficiência visual a entender o texto exibido no site com um sintetizador de voz ou tela em braille.) Todas as descrições do Texto Alternativo auxiliam a otimização para mecanismos de busca, ou SEO.

» **Cor de Fundo:** Dentro da seção Configurações de Cor do Painel de configurações, você pode selecionar uma cor de fundo para o bloco de Mídia & Texto que está editando atualmente. Escolha uma das cinco cores pré-selecionadas ou clique no seletor de cores personalizadas para escolher outra cor.

Quando você está trabalhando em um post ou página com diversos blocos em uso, rolar a página para cima e para baixo com o objetivo de encontrar o bloco que deseja usar pode ser incômodo. No topo da tela Editar Post há uma linha de ícones e o último ícone à direita se chama Navegação por Blocos. Clique nesse ícone para abrir o menu suspenso de Navegação por Blocos, que exibe todos os blocos em uso no post em edição. Você pode usar essa forma de navegação para ir até o bloco que deseja editar.

Se sentir curiosidade a respeito da estrutura do conteúdo na página que você está criando, confira o pequeno ícone no topo da tela Editar Post com um *i* em caixa baixa dentro de um círculo (o quarto ícone a partir da esquerda). Ao passar o mouse sobre ele, você verá o título Estrutura do Conteúdo. Clique nesse ícone para abrir uma pequena janela com alguns detalhes sobre o post ou página que estiver editando.

Caso seja um completo geek como eu e goste de trabalhar com código, ou caso esteja curioso para ver o código HTML subjacente para os blocos que está criando, o WordPress fornece uma forma de fazer isso. No canto superior direito da tela Editar Post, é possível encontrar um ícone com três pontos na vertical. Passe o ponteiro de seu mouse sobre o ícone para ver o título Mostrar Mais Ferramentas & Opções. Clique no ícone para abrir um menu de opções. Para visualizar a versão em código dos blocos que criou em seu site, escolha a opção Editor de Código na seção Editor do menu. Essa ação muda a exibição do conteúdo de seu post para código. A Figura 5-28 mostra um post em versão de código.

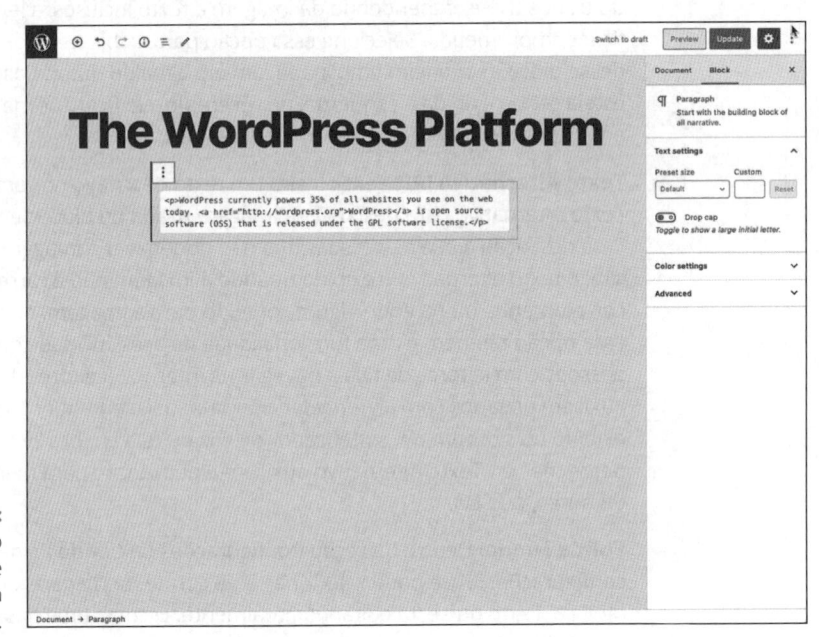

FIGURA 5-28: Usando o Editor de Código em um post.

Refinando as Opções de Seu Post

Após escrever o post, você pode escolher algumas opções extras antes de publicá-lo. À direita da tela Editar Post está o painel de configurações, com o qual você já deve ter se familiarizado ao longo das seções anteriores deste capítulo. Clique na opção Documento, no topo do painel, para visualizar as configurações que podem ser selecionadas de forma global. Essa opção é exibida na Figura 5-29. Diferentemente das configurações de blocos individuais, as configurações de documento se aplicam a todo o post.

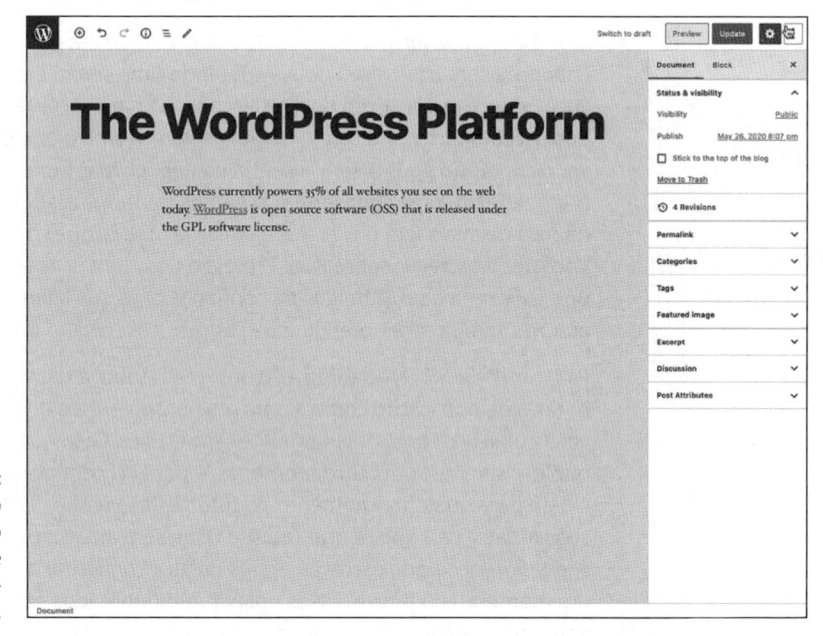

FIGURA 5-29:
Seção
Documento
do painel de
configu-
rações.

DICA

Você encontrará muitas opções e configurações nas telas em que adiciona novos posts e páginas ou edita os posts e páginas existentes. Se todas essas opções, links e menus o distraírem, o WordPress permite que você escreva em um modo livre de distrações. No canto superior direito da tela Editar Post há um ícone de três pontos na vertical. Passe seu mouse sobre o ícone para ver o nome Mostrar Mais Ferramentas & Opções. Clique nesse ícone para abrir um menu de opções. Escolha a opção Modo de Tela Cheia na seção Visualizar do painel de configurações para alterar a visualização da tela, removendo todas as distrações desses links, menus e configurações. Você pode restaurar a tela ao seu estado normal realizando a mesma ação e desmarcando a opção Modo de Tela Cheia.

Entre as configurações de documento, estão:

» **Status e Visibilidade [Status and Visibility]:** Por padrão, o status de visibilidade do seu post está marcado como público. Você pode selecionar essa opção clicando no link Público, dentro do painel de Status e Visibilidade.

- *Público [Public]:* Marque essa opção para tornar seu post visível para todos que visitarem seu site.

- *Privado [Private]:* Marque essa opção para tornar seu post visível apenas para administradores e editores. Salvar um post com esse status impede que qualquer outra pessoa veja esse post em seu site.

- *Protegido por Senha [Password Protected]:* Marque essa opção para criar uma senha para seu post. Atribuindo uma senha a esse post, você poderá publicar um post visível apenas para você. Também poderá compartilhar a senha do post com um amigo que poderá ver o conteúdo após inserir a senha na página. Mas por que alguém protegeria um post com senha? Digamos que você acabou de jantar na casa de sua sogra e ela fez a *pior* carne assada que você já comeu. Você pode escrever sobre isso! Proteja o post com uma senha e dê essa senha a seus amigos de confiança para que leiam sobre o assunto sem precisar ofender sua sogra.

- *Publicar [Publish]:* Por padrão, o WordPress atribui a data e o horário de publicação como a data e o horário exatos de quando você publicou o post originalmente em seu site. Caso queira publicar um post em outro momento, é possível configurar a hora e data para qualquer momento no futuro. Caso tenha planejado suas férias e não queira que seu site fique sem atualizações, por exemplo, você pode escrever alguns posts e configurar a data para um momento no futuro. Esses posts serão publicados em seu site enquanto você estará em algum lugar tropical, mergulhando com os peixes. Clique na data e hora exibidas para visualizar o seletor de data e hora. Use esse seletor para escolher a data e hora em que seu post será publicado.

- *Manter na Página Frontal [Stick to the Front Page]:* Marque essa caixa para que o WordPress publique seu post e o mantenha acima de todos os posts até que você mude essa configuração: esse tipo de post é conhecido como *post fixado* (ou *sticky post*). Normalmente, os posts são exibidos em ordem cronológica, com o post mais recente no topo de seu site. Ao fixar um post, ele permanecerá no topo independentemente de quantos posts forem publicados depois. Para desafixar o post, desmarque essa caixa.

- *Revisão Pendente [Pending Review]:* Marque essa caixa para salvar o post como um rascunho com o status de revisão pendente. Essa opção alerta o administrador do site sobre um contribuidor que criou um post que aguarda a revisão e aprovação do administrador (essa funcionalidade é especialmente útil para sites com múltiplos autores). Geralmente, apenas os contribuidores usam a opção de revisão pendente. Perceba, também, que essa opção só está disponível para novos posts e não pode ser encontrada em posts já publicados.

- *Autor [Author]:* Caso esteja administrando um blog com diversos autores, você pode escolher o nome do autor ao qual deseja atribuir o post que está sendo editado. Por padrão, o seu nome é selecionado como o nome do autor na lista suspensa correspondente (não é possível ver essa opção na Figura 5-29 porque meu site tem apenas um autor).

- *Mover para Lixeira [Move to Trash]:* Clique nesse botão para deletar o post atual. Essa ação não deletará o post imediatamente e será possível restaurá-lo ao visitar a tela Posts no Painel (selecione Posts ⇨ Todos os Posts) e clicar no link Lixeira [Trash].

» **Revisões [Revisions]:** Na seção anterior deste capítulo, "Escrevendo Seu Primeiro Post", falei sobre a funcionalidade de salvamento automático. Essa funcionalidade serve para salvar seu trabalho de forma automática para que não corra o risco de perder algum conteúdo. Sempre que editar um post, o WordPress salvará automaticamente a versão anterior dele e a armazenará como uma revisão, possibilitando que seja acessada posteriormente. Essa seção informa a quantidade de revisões em um post. Ao clicar nessa opção, verá a tela Comparar Revisões, na qual é possível revisar e restaurar as revisões de seu post.

» **Link Permanente [Permalink]:** Um *link permanente* é um link direto, ou URL, para o post que você está prestes a publicar (veja a seção anterior, "Embelezando os links de seu post", para saber mais). Embora não seja possível alterar o domínio desse URL (`https://dominio.com`), você pode ajustar a parte do URL que aparece no link após a última barra ao final do seu domínio. Para um post intitulado Dicas do WordPress, a plataforma cria de maneira automática um URL com esse título, como `http://dominio.com/dicas-do-wordpress`. Use o campo URL na seção link permanente do painel de configurações para escolher um conjunto diferente de palavras para seu post (ou página). Você poderia reduzir o slug do título Dicas do WordPress para apenas WordPress, de forma que o URL fosse `http://dominio.com/wordpress`.

» **Categorias [Categories]:** Você pode arquivar seus posts em diferentes categorias para organizá-los de acordo com seus assuntos (saiba mais sobre como organizar seus posts por categoria na seção anterior deste capítulo intitulada "Seguindo no Assunto com as Categorias"). Selecione a caixa à esquerda da categoria que deseja usar.

DICA

Não está vendo a categoria que deseja usar dentro da seção Categoria? Clique no link Adicionar Nova Categoria e adicione uma nova categoria diretamente da página que está usando para criar ou editar seu post.

» **Tags:** Digite as tags desejadas na caixa de texto Adicionar Nova Tag [Add New Tag]. Certifique-se de separá-las com vírgulas para que o WordPress saiba o começo e o fim de cada uma. Gatos, gatinhos e felinos representam três tags diferentes, mas, se inseri-las sem vírgulas, o WordPress considerará que essas três palavras formam uma tag.

» **Imagem em Destaque [Featured Image]:** Alguns temas do WordPress são configurados para usar uma imagem (foto) para representar cada um dos posts de seu site. A imagem pode aparecer na página inicial/frontal, na página do blog, na página de arquivos, na página de resultados de busca ou em qualquer outro lugar dentro do conteúdo exibido em seu site. Caso esteja usando um tema com essa opção, poderá configurá-lo facilmente clicando na seção Configurar Imagem em Destaque [Set Featured Image] do painel de configurações. Essa ação abrirá uma janela que lhe permitirá enviar uma nova imagem ou escolher uma imagem existente a partir da Biblioteca de Mídia.

» **Resumo [Excerpt]:** *Resumos* são pequenos trechos de seus posts. Muitos autores usam esses resumos para mostrar um pouco dos textos em seu site, encorajando os leitores a clicarem nos links de "Leia Mais" para ler o conteúdo na íntegra. Por padrão, o WordPress cria de forma automática um resumo com base no texto contido no primeiro parágrafo do post. Mas, se desejar controlar o que será exibido como resumo, digite o texto desejado na caixa Escreva um Resumo, exibida ao clicar na seção Resumo do painel de configurações. Os resumos podem ter qualquer tamanho em termos de palavras, mas a ideia é que sejam curtos e instigantes para que seus leitores queiram saber mais.

» **Discussão [Discussion]:** Decida se os leitores podem enviar comentários, selecionando (ou não!) a opção Permitir Comentários na seção Discussão do painel de configurações. Além disso, você pode habilitar pingbacks e trackbacks clicando na caixa de seleção na parte de Discussão, intitulada Permitir Pingbacks & Trackbacks. Por padrão, ambas as opções estarão selecionadas para os posts criados em seu site. Para saber mais sobre trackbacks, veja o Capítulo 2.

Publicando Seu Post

Você deu ao seu post um título e escreveu o conteúdo, reunindo todos os blocos necessários para criar o post desejado. Talvez você tenha até mesmo adicionado uma imagem ou outro arquivo de mídia a ele (veja o Capítulo 6) e tenha configurado as tags, categorias e outras opções no painel de configurações. Agora surge a seguinte questão: publicar ou não publicar (ainda)?

O WordPress oferece três opções para salvar ou publicar seu post quando terminar de escrevê-lo. Essas opções estão no canto superior direito da tela Adicionar Novo (ou Editar) Post. A Figura 5-30 mostra as opções disponíveis: Salvar Rascunho, Pré-visualizar e Publicar.

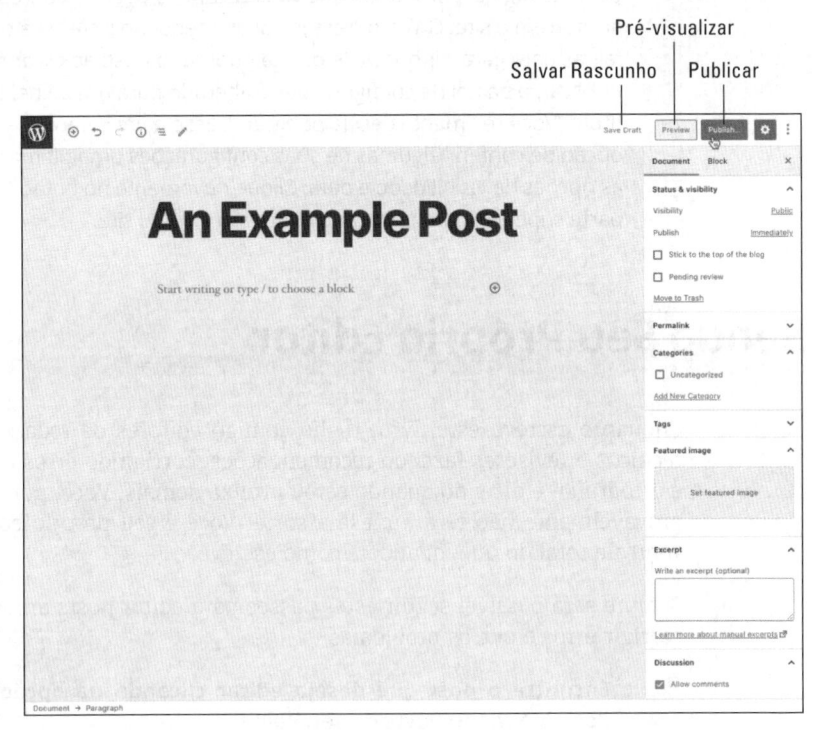

Pré-visualizar

Salvar Rascunho   Publicar

FIGURA 5-30:
As opções
de publi-
cação para
seus posts e
páginas.

Entre as opções de salvamento ou publicação de seu post estão:

» **Salvar Rascunho:** Clique nesse link para salvar seu post como rascunho. A opção de Salvar Rascunho é atualizada com uma mensagem de "Salvo", indicando que seu post foi salvo como rascunho. Essa ação também salva todas as opções de post que você configurou, incluindo blocos, categorias, tags e imagens em destaque. Você pode continuar a editar o post agora, amanhã, depois de amanhã ou ano que vem. O que importa é que ele foi salvo como rascunho e continuará assim até decidir publicá-lo ou deletá-lo. Posts salvos como rascunho não são vistos por seus visitantes em seu site. Para acessar seus rascunhos no Painel, visite a tela Posts (selecione Posts ➪ Todos os Posts) e clique na opção Rascunhos do menu superior.

» **Pré-visualizar:** Clique nesse botão para ver seu post em uma nova janela. Essa opção permite que veja seu post da maneira em que ele apareceria em um site ao ser publicado imediatamente. A pré-visualização não publica o post em seu site, mas oferece uma oportunidade de vê-lo como se estivesse publicado e conferir se há necessidade de alguma alteração de formatação ou conteúdo antes da publicação oficial.

» **Publicar:** Clique nesse botão quando estiver pronto para publicar seu post ou página, permitindo que seus visitantes vejam o conteúdo ao acessarem o site. O WordPress inclui um pequeno sistema à prova de falhas para garantir que você deseja publicar o post: ao clicar no botão Publicar, o painel de configurações é alterado para um painel com o título "Você realmente deseja publicar?". Esse painel oferece até mesmo a opção de conferir algumas de suas configurações uma última vez, como as opções de visibilidade e data. Clique novamente no botão Publicar, na parte superior, para publicar o conteúdo em seu site.

Sendo Seu Próprio Editor

Enquanto escrevo este livro, tenho comigo editores de redação, editores técnicos e revisores fazendo recomendações, corrigindo erros de digitação e ortografia, e dizendo quando estou prolixa demais. Você, por outro lado, provavelmente não terá a mesma sorte! Você é seu próprio editor e terá controle total do que, quando e como escreve.

Sempre será possível seguir estes passos para editar posts anteriores para corrigir erros e outros problemas:

1. **Encontre o post que deseja editar clicando na opção Todos os Posts no menu Posts de seu Painel.**

A tela de Posts abrirá, listando os vinte posts mais recentes criados por você.

DICA

Para filtrar essa listagem de posts por data, escolha uma data a partir do menu suspenso Todas as Datas, na parte superior da Tela Posts (selecione Painel ⇨ Posts). Se escolher janeiro de 2021, por exemplo, a página será recarregada, exibindo apenas posts publicados em janeiro de 2021.

Também é possível filtrar seu post por categoria. Escolha a categoria desejada a partir da lista suspensa Todas as Categorias.

2. **Ao encontrar o post desejado, clique no título dele.**

Outra forma de fazer é clicar na opção Editar que aparece abaixo do título do post ao passar o ponteiro do mouse sobre ele.

A tela Editar Post abrirá. Nela, você pode editar o post e/ou qualquer uma de suas opções.

DICA

Se só precisar editar as opções de post, clique na opção Edição Rápida, que aparece logo abaixo do título do post ao passar o ponteiro do mouse sobre ele. Um menu de edição rápida aparecerá, exibindo as opções que você pode configurar, como título, status, senha, categorias, tags, comentários e horário. Clique no botão atualizar para salvar suas alterações.

3. **Edite seu post e, em seguida, clique no botão Atualizar Post.**

   A tela Editar Post exibirá uma mensagem indicando que o post foi atualizado.

Veja quem Está Falando em Seu Site

Essa foi a funcionalidade que realmente lançou os blogs até os holofotes: a funcionalidade de comentários, algo que permite aos visitantes interagir com os autores dos sites. Comentários e trackbacks são formas incríveis pelas quais os leitores podem interagir com os donos dos sites e vice-versa. Menciono mais detalhadamente as duas funcionalidades no Capítulo 2.

Gerenciando comentários e trackbacks

Para encontrar seus comentários, clique na opção Comentários no menu de navegação do seu Painel. A página de comentários abrirá (veja a Figura 5-31).

FIGURA 5-31: Clicar no menu Comentários mostrará a página Comentários, com todos os comentários e trackbacks de seu site.

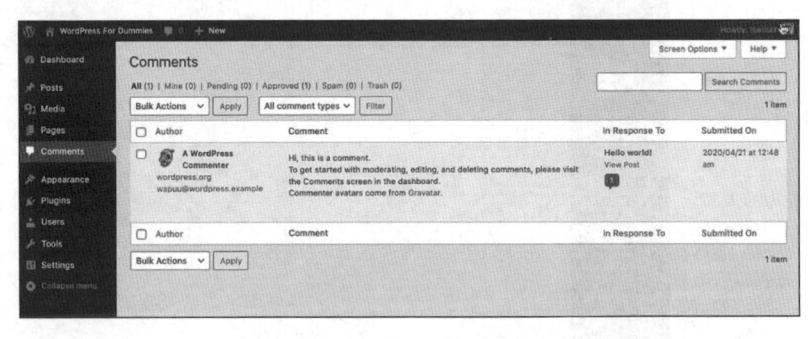

Quando você passar o ponteiro do mouse sobre seus comentários, diversos links aparecerão, oferecendo a oportunidade de gerenciar esses comentários.

» **Reprovar [Unapprove]:** Essa opção só aparece quando a fila de moderação estiver ativa, e só fica disponível para comentários aprovados. O comentário é colocado na fila de moderação, a qual você pode visitar clicando na opção Aguardando Moderação abaixo do título Gerenciar

Comentários. A fila de moderação é como uma área de espera para comentários que ainda não foram publicados em seu blog (veja a seção posterior deste capítulo, intitulada "Moderando comentários e trackbacks", para saber mais sobre a fila de moderação).

» **Responder:** Clique nesse link para visualizar uma caixa de texto. Nela é possível escrever e enviar sua resposta para a pessoa que fez o comentário. Essa funcionalidade elimina a necessidade de carregar seu site para responder algum comentário.

» **Edição Rápida:** Clique nesse link para abrir as opções de comentários sem sair da página Comentários. Aqui é possível configurar opções como nome, e-mail, URL e conteúdo do comentário. Clique no botão Salvar para salvar suas alterações.

» **Editar:** Clique nesse link para abrir a página Editar Comentário, na qual você pode editar campos como nome, e-mail, URL e conteúdo do comentário (veja a Figura 5-32).

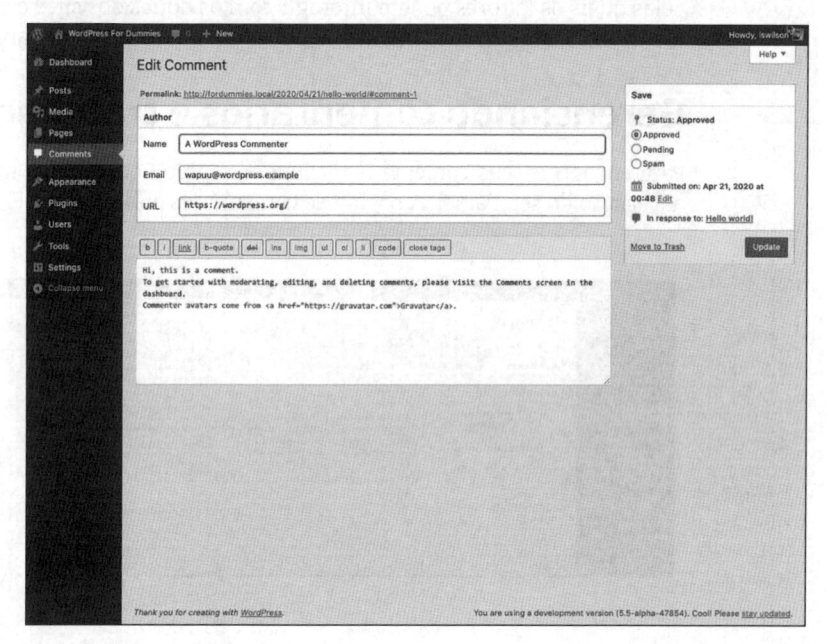

FIGURA 5-32: Edite um comentário de usuário na página Editar Comentário.

» **Spam:** Clique nesse link para marcar o comentário como spam e lançá-lo na pasta de spam, onde ele nunca mais será lido por ninguém!

» **Lixeira:** Essa opção é autodescritiva e envia o comentário à Lixeira, deletando-o do seu blog.

DICA

Se muitos comentários estiverem listados na página Comentários e caso deseje gerenciar múltiplos comentários de uma vez, marque as caixas à esquerda de todos os comentários que deseja gerenciar e escolha uma das seguintes Ações em Massa a partir do menu suspenso no canto superior esquerdo: Aprovar, Marcar como Spam, Reprovar ou Deletar.

Moderando comentários e trackbacks

Se você configurou para que os comentários não sejam publicados em seu site até serem aprovados, também é possível aprová-los a partir da tela Comentários. Clique no link Pendente para ir até a página Editar Comentários. Caso tenha comentários e/ou trackbacks aguardando moderação, poderá vê-los nessa página e poderá aprová-los, marcá-los como spam ou deletá-los.

Uma funcionalidade muito legal do WordPress é que ele notifica imediatamente sobre quaisquer comentários aguardando na fila de moderação. Essa notificação aparecerá como um pequeno círculo à direita do menu Comentários, no menu de navegação esquerdo de cada página. A Figura 5-33 mostra a página Painel com um indicator no menu Comentários mostrando um comentário aguardando moderação (também há um indicador na barra de ferramentas superior).

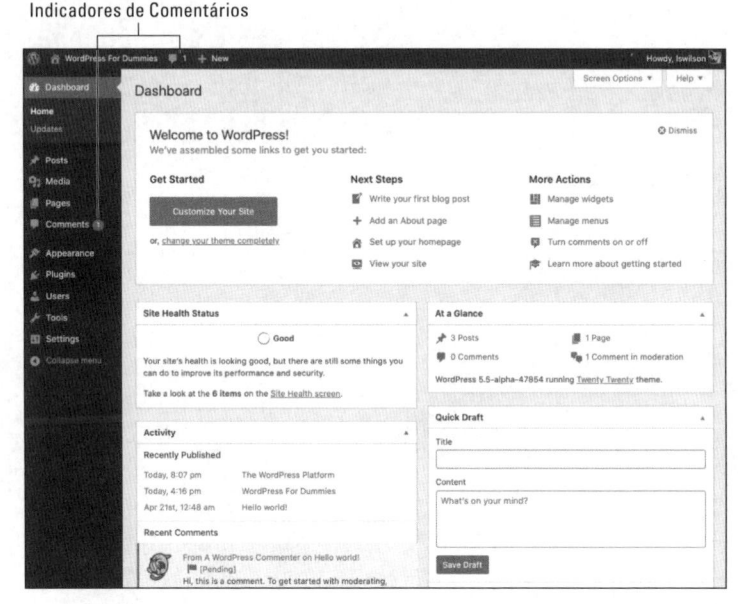

FIGURA 5-33: Esses indicadores me dizem que tenho um comentário aguardando moderação.

Usando o Akismet para lidar com spam

Falo sobre o Akismet algumas vezes ao longo deste livro porque, na minha humilde opinião, ele é o pai de todos os plugins e nenhum site está completo sem uma versão totalmente ativa dele.

E, aparentemente, o WordPress concorda comigo, já que esse plugin tem sido incluído em todas as versões lançadas a partir da versão 2.0. O Akismet foi criado pela turma da Automattic.

Trabalho com blogs desde 2002, quando comecei a usar a plataforma Movable Type. Migrei para o WordPress em 2003. Com essa coisa de blog se tornando cada vez mais popular, o spam de comentários e trackbacks se tornou um problema. Certa manhã, em 2004, me deparei com 2.300 spams de comentários terríveis publicados em meu blog. Algo tinha que ser feito! A turma da Automattic fez um bom trabalho com o Akismet. Desde a emergência da ferramenta, dificilmente precisei pensar sobre o spam de comentários e trackbacks. Só penso nisso algumas vezes ao mês, quando confiro a fila de spam do Akismet.

Falo mais detalhadamente sobre o uso de plugins no WordPress no Capítulo 7, no qual você descobrirá como ativar o Akismet e se certificar de que ele esteja protegendo seu blog contra spam de comentários e trackbacks.

Treinando no WordPress

Capítulo **6**

Gerenciamento de Mídia: Imagens, Áudio e Vídeo

A dicionar imagens e fotos a seus posts e páginas pode realmente deixar seu conteúdo mais bonito. Ao usar essas mídias, é possível dar uma dimensão a seu conteúdo que o texto puro não consegue expressar. Por meio das imagens, você pode chamar atenção para seu conteúdo e melhorar a entrega da mensagem, adicionando profundidade a ela.

O mesmo acontece ao adicionarmos arquivos de áudio e vídeo a seus posts e páginas. Os vídeos oferecem um entretenimento por meio do movimento, das conversas (ou canto) e pelo streaming. Os arquivos de áudio permitem que você fale com seus visitantes, adicionando um toque pessoal ao seu conteúdo. Muitos donos de sites usam vídeo e áudio para transmitir notícias ou programas de televisão e internet. As possibilidades são infinitas!

Neste capítulo, você descobrirá como aprimorar seu site por meio da adição de imagens, vídeos e áudios ao seu conteúdo. Descobrirá até mesmo como gerenciar uma galeria de fotos completa em seu site, tudo por meio do software contido no WordPress.org e sua Biblioteca de Mídia integrada.

LEMBRE-SE

Você adiciona esses conteúdos extras ao seu site na área "Enviar/Inserir [Upload/Insert]" da página Adicionar Novo Post. Você pode adicioná-los ao escrever seu post ou pode fazer a adição mais tarde. Você que manda!

Inserindo Imagens em Seu Conteúdo

Adicionar uma imagem a seu post é simples graças ao sistema de envio de imagens do WordPress. Teste você mesmo. No Painel, clique em Adicionar Novo, no menu Posts, fazendo a tela Editar Post carregar em seu navegador. Na tela Editar Post, clique no ícone Adicionar Bloco para abrir o seletor de blocos e clique no ícone de Imagem para adicionar um bloco de imagem a seu post, como mostra a Figura 6-1.

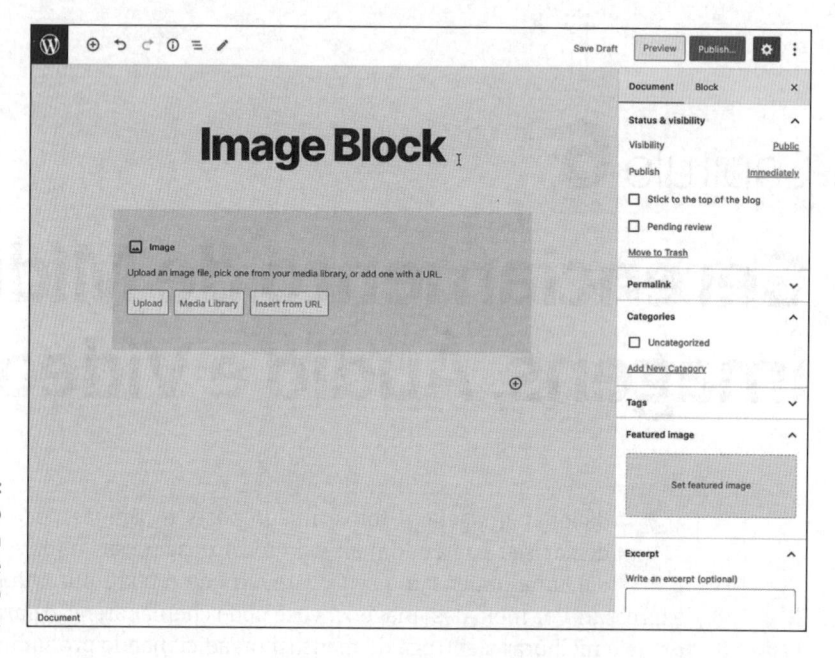

FIGURA 6-1: Um bloco de imagem no editor de blocos do WordPress.

O bloco de imagem oferece quatro formas de adicionar uma imagem a seus posts, que serão descritas mais detalhadamente no decorrer das próximas seções deste capítulo.

> » **Enviar [Upload]:** Escolha uma imagem de seu computador e envie-a para seu site.

> » **Biblioteca de Mídia [Media Library]:** Escolha uma imagem a partir da Biblioteca de Mídia do WordPress.

> » **Inserir a partir do URL [Insert from URL]:** Use uma imagem de outra fonte adicionando um URL de imagem.

> » **Arrastar uma imagem [Drag an image]:** Arraste uma imagem do seu computador para o site WordPress.

Enviando uma imagem de seu computador

Após adicionar o bloco de imagem ao seu post, é possível adicionar uma imagem do disco rígido de seu computador por meio dos passos a seguir:

1. **Clique no botão Enviar [Upload] no bloco de imagem.**

Uma caixa de diálogo será aberta, permitindo que você selecione uma imagem (ou múltiplas imagens) do disco rígido de seu computador (veja a Figura 6-2).

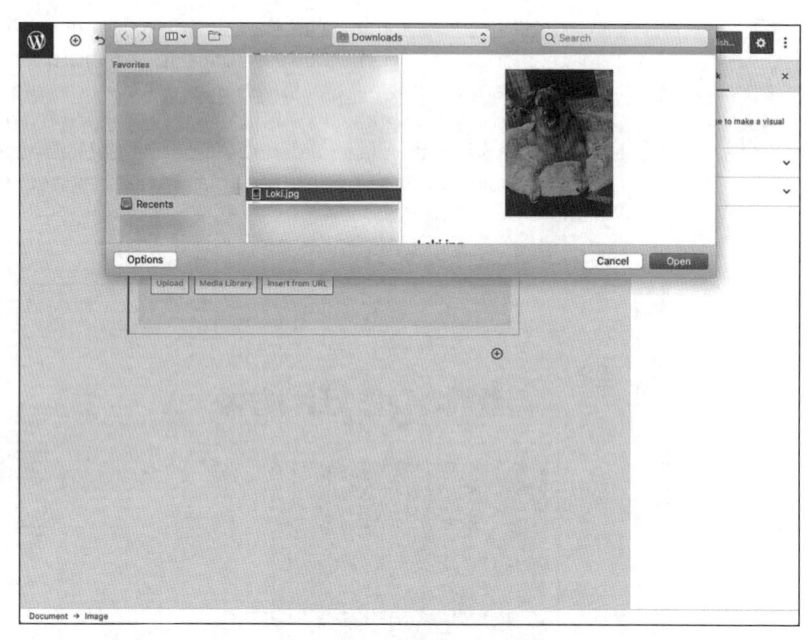

FIGURA 6-2: Enviando uma imagem a partir do seu computador.

2. **Escolha sua(s) imagem(ns) em seu disco rígido e clique no botão Abrir [Open].**

A imagem é então enviada do seu computador ao site, enquanto a tela Editar Post exibe a imagem enviada pronta para ser editada, se for necessário.

3. **Edite os detalhes da imagem na seção Configurações de Imagem do painel de configurações, à direita da tela Editar Post (veja a Figura 6-3).**

A seção Configurações de Imagem fornece muitas opções para as imagens, as quais são mencionadas mais detalhadamente no Capítulo 5.

- Texto Alternativo [Alt Text]
- Tamanho da Imagem [Image Size]
- Dimensões da Imagem [Image Dimensions]
- Link [Link To]

DICA

O WordPress cria automaticamente as versões pequena e média das imagens originais enviadas por esse método. A miniatura é uma versão menor do arquivo original. É possível editar o tamanho exato da miniatura clicando no link Configurações e, em seguida, clicando no menu Mídia. Na seção Tamanhos de Imagem, dentro da página Configurações de Mídia, escolha a altura e largura desejadas das miniaturas pequena e média geradas pelo WordPress.

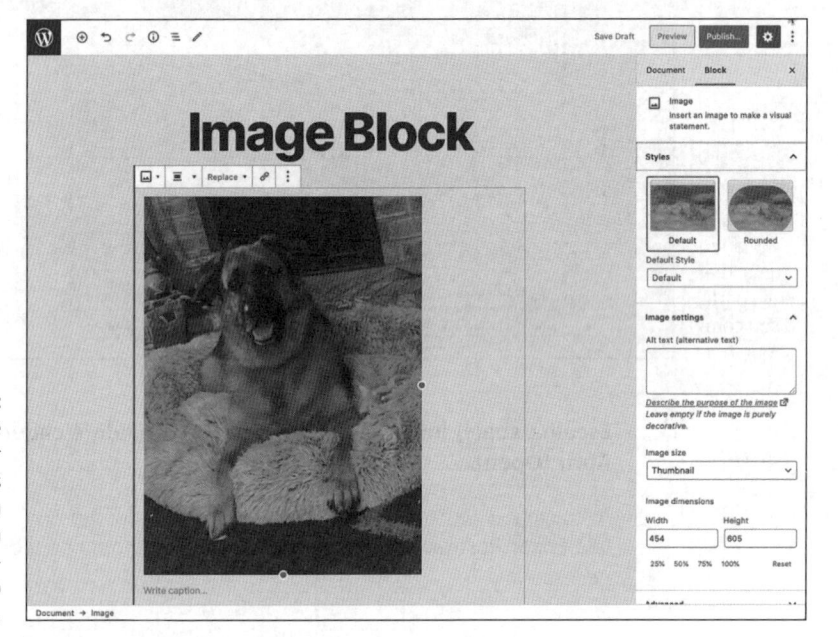

FIGURA 6-3: Você pode configurar diversas opções para sua imagem após adicioná-la ao post.

4. **Use a barra de ferramentas do bloco de imagem para configurar as opções de exibição da imagem.**

A Figura 6-4 mostra a barra de ferramentas para o bloco de imagem. No Capítulo 5, falo melhor sobre como trabalhar com essas opções.

Barra de ferramentas do bloco de imagem

5. **Continue adicionando conteúdo ao seu post ou publique-o.**

Inserindo uma imagem a partir da Biblioteca de Mídia

A Biblioteca de Mídia do WordPress (veja o Capítulo 5) contém todas as imagens que você já enviou ao seu site, tornando-as disponíveis para uso em qualquer post ou página criado nele. Após adicionar um bloco de imagem ao seu post, você pode adicionar uma imagem a partir da Biblioteca de Mídia seguindo estes passos:

1. Clique no botão Biblioteca de Mídia [Media Library] no bloco de imagem (veja a Figura 6-1).

A tela Selecionar ou Enviar Mídia [Select or Upload Media] aparecerá, com a seção da Biblioteca de Mídia em exibição (veja a Figura 6-5).

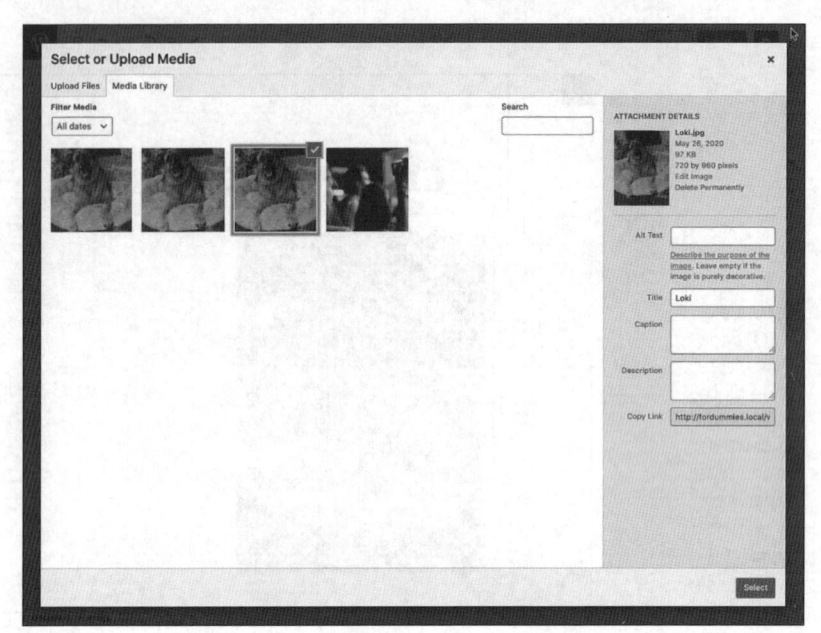

FIGURA 6-5:
A tela Selecionar ou Enviar Mídia.

2. Escolha a imagem que deseja usar e clique nela.

3. Clique no botão Selecionar [Select].

A tela Selecionar ou Enviar Mídia é fechada e a tela Editar Post é reaberta. O WordPress insere a imagem escolhida no post que está sendo criado.

4. Configure as opções da imagem.

Siga os passos 3 e 4 da seção anterior deste capítulo, intitulada "Enviando uma imagem de seu computador".

5. Continue adicionando conteúdo ao seu post ou publique-o.

DICA

Você também pode inserir uma imagem em seu post com o uso de um URL ou arrastando a imagem do seu computador até o site. Essas técnicas são discutidas mais detalhadamente no Capítulo 5.

Usando o Bloco de Colunas para Inserir Múltiplas Imagens em uma Fileira

A seção de Elementos de Layout do editor de blocos do WordPress tem um bloco chamado Colunas. Você pode usar esse bloco para adicionar uma fileira de múltiplas imagens para que sejam exibidas em seu post. A Figura 6-6 mostra um post com uma grade de imagens criada a partir de uma diversidade de colunas e imagens. Usei o bloco de imagem padrão para a primeira imagem; em seguida, usei um bloco de colunas para criar as duas imagens dispostas lado a lado na página.

FIGURA 6-6: Uma grade de imagens feita com blocos de imagem e blocos de colunas.

Para adicionar e configurar um bloco de colunas com imagens em seu post, siga os próximos passos:

1. **Adicione o bloco de colunas com duas colunas em seu post, na tela Editar Post.**

Você pode encontrar o método para adicionar blocos em seus posts no Capítulo 5. A Figura 6-7 mostra o bloco de colunas inserido em um post com diferentes variações. Escolha a variação de duas colunas.

2. **Clique no ícone Adicionar Bloco para adicionar um bloco de imagem na coluna esquerda.**

Ao passar seu mouse na primeira coluna (esquerda), um pequeno ícone de adição aparecerá. Clicar nesse ícone fará com que a janela de seleção de blocos do WordPress apareça, permitindo que você selecione o bloco de imagem e o insira na primeira coluna, como é possível ver na Figura 6-8.

3. **Adicione sua imagem à coluna da esquerda, usando as opções do bloco de imagem.**

Siga os passos da seção anterior, "Inserindo Imagens em Seu Conteúdo", neste mesmo capítulo.

4. **Repita os passos 2 e 3 para a coluna do lado direito no bloco de colunas, inserindo uma imagem sobre ela.**

5. **Continue adicionando conteúdo ao seu post ou publique-o.**

Ao finalizar, sua tela Editar Post ficará parecida com aquela exibida na Figura 6-9, com suas duas imagens selecionadas exibidas uma ao lado da outra (caso deseje criar uma grade como a da Figura 6-6, adicione um bloco de imagem acima do bloco de colunas na tela Editar Post para adicionar uma imagem única e formar uma grade de três imagens).

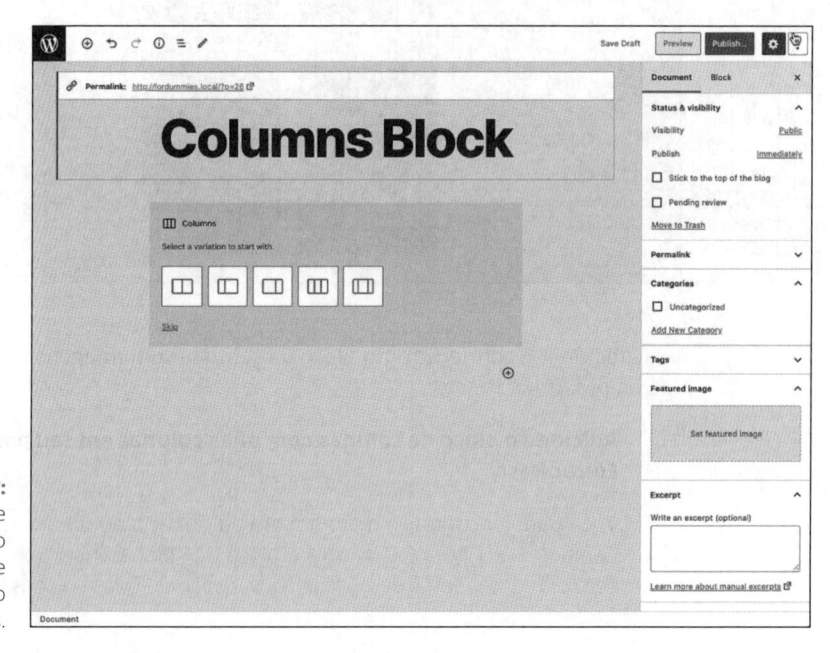

FIGURA 6-7: O bloco de colunas no Editor de Blocos do WordPress.

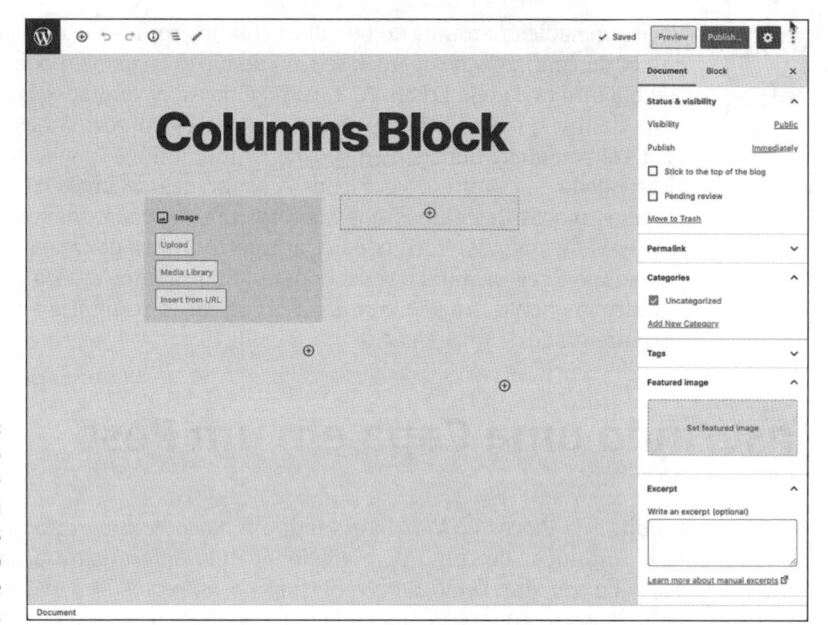

FIGURA 6-8:
Adicionando
o bloco de
imagem a
uma das
colunas do
bloco de
colunas.

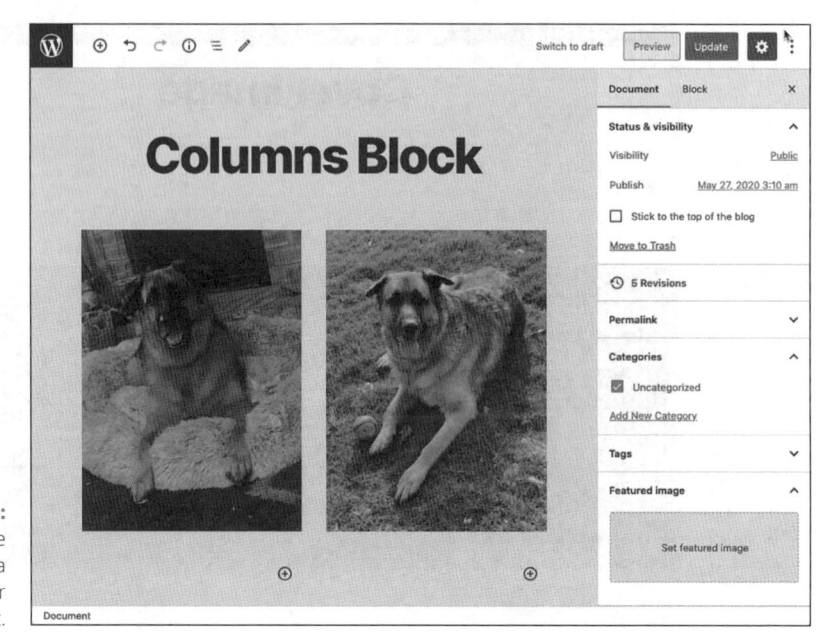

FIGURA 6-9:
O bloco de
colunas na
tela Editar
Post.

DICA

Você pode adicionar mais do que duas colunas com o bloco de colunas. No painel de configurações para esse tipo de bloco (o painel pode ser encontrado à direita da tela Editar Post, como é possível ver na Figura 5-7), você pode definir quantas colunas deseja em seu bloco de colunas. É possível usar três ou quatro imagens dispostas em uma linha, por exemplo. A sua criatividade é o limite e você pode criar grades de imagens empilhando diversos blocos de colunas uns sobre os outros, cada um com diferentes números de colunas. Você pode criar quatro linhas de imagens na qual a primeira e a segunda linha terão duas colunas, a terceira terá duas colunas e a última apenas uma coluna. Essa organização resultaria em uma interessante grade de imagens.

Inserindo uma Capa em um Post

O Editor de Blocos do WordPress tem um bloco de cobertura que pode ser usado no lugar do título para adicionar uma ênfase extra a determinada seção de seu site. O bloco de cobertura permite que você exiba uma linha curta de texto no topo de uma imagem escolhida. A Figura 6-10 mostra um post que criei falando sobre meus cachorros.

FIGURA 6-10: Um exemplo do bloco de cobertura em uso no meu site.

Usar o bloco de cobertura é uma forma bacana de separar diferentes seções do conteúdo de seu post. Você pode usá-lo no lugar de um título comum para adicionar uma ênfase visual e um certo apelo ao seu conteúdo, por exemplo.

Para adicionar e configurar um bloco de cobertura em seu post, siga estes passos:

1. **Adicione o bloco de cobertura em seu post na tela Editar Post.**

Você encontrará os métodos para adicionar os blocos ao seu post no Capítulo 5. A Figura 6-11 mostra o bloco de cobertura inserido em um post.

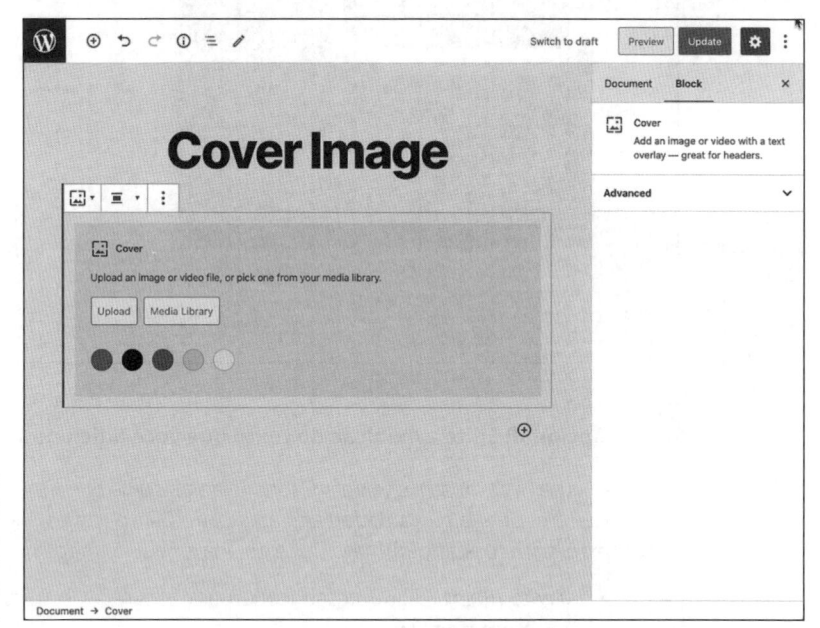

FIGURA 6-11:
O bloco de cobertura no Editor de Blocos do WordPress.

2. **Clique no botão Enviar para selecionar uma imagem do seu computador ou o botão Biblioteca de Mídia para escolher uma imagem da Biblioteca de Mídia do WordPress.**

Os passos para os dois métodos são listados em duas seções anteriores deste capítulo, "Enviando uma imagem de seu computador" e "Inserindo uma imagem a partir da Biblioteca de Mídia". Ao terminar, a imagem aparecerá no conteúdo da tela Editar Post.

3. **Adicione o texto desejado no bloco de cobertura.**

Clique no texto Escreva o Título dentro do bloco de cobertura e digite o seu próprio texto. Na Figura 6-12, adicionei um texto que é exibido por cima da imagem adicionada ao bloco de cobertura.

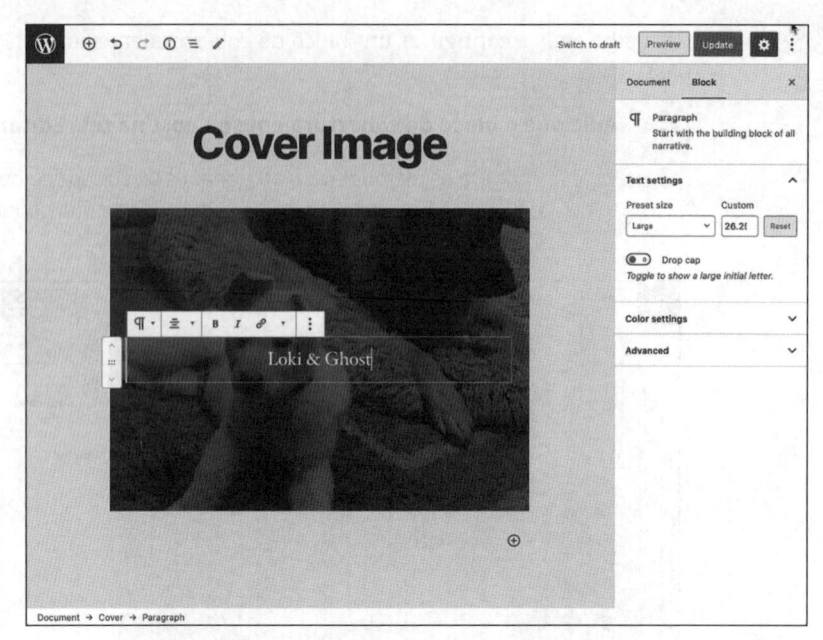

FIGURA 6-12:
Adicionando
texto no
bloco de
cobertura.

4. **(Opcional) Edite a exibição do texto que você adicionou no passo 3.**

A Figura 6-12 mostra o texto adicionado ao bloco de cobertura. Você pode usar a pequena barra de ferramentas com quatro ícones, logo acima do texto, para ajustar o formato do texto adicionado à imagem:

- *Negrito [Bold]:* Clique nesse ícone para escurecer o texto. Exemplo: **texto em negrito.**

- *Itálico [Italic]:* Clique nesse ícone para deixar o texto em itálico. Exemplo: *texto em itálico.*

- *Link:* Clique nesse ícone para criar um link ao adicionar um URL ao texto.

- *Tachado [Strikethrough]:* Clique nesse ícone para aplicar uma linha no meio do texto. Exemplo: ~~texto tachado~~.

5. **(Opcional) Ajuste o alinhamento do texto usando a barra de ferramentas do bloco de cobertura.**

Clique em um dos três ícones para alinhar o texto no bloco de cobertura: Alinhar Texto à Esquerda, Centralizar Texto, ou Alinhar Texto à Direita. Por padrão, o texto será centralizado.

6. **Use a barra de ferramentas do bloco de cobertura para configurar as opções de exibição da imagem.**

A Figura 6-13 mostra a barra de ferramentas do bloco de cobertura. Entre suas opções, podemos encontrar (da esquerda para a direita):

Barra de ferramentas do bloco de cobertura

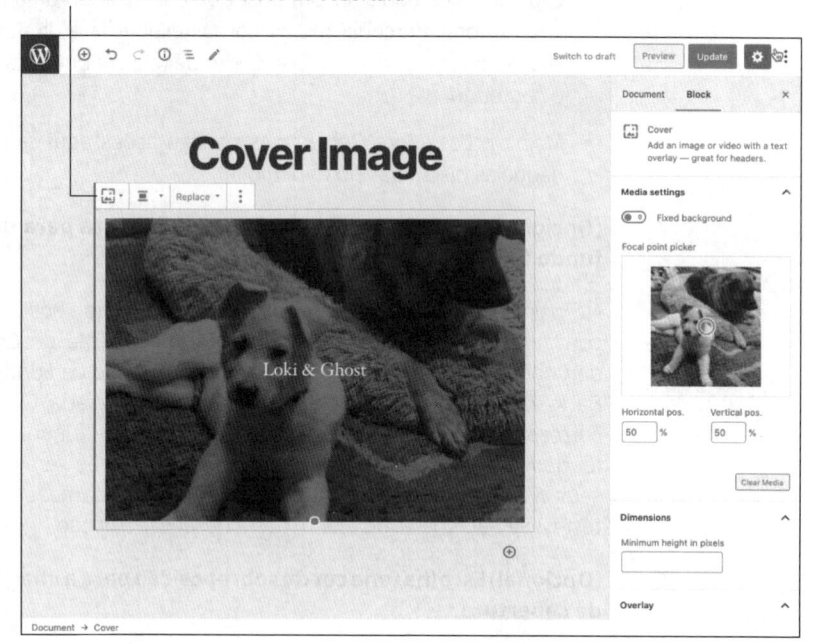

FIGURA 6-13:
A barra de ferramentas do bloco de cobertura.

- *Alterar Tipo de Bloco [Change Block Type]:* Clique nessa opção para alterar o tipo de bloco que você estiver editando. Se desejar mudar seu bloco de cobertura para um bloco de título, por exemplo, clique no ícone dessa opção e escolha bloco de título para fazer a substituição. Os únicos tipos de blocos disponíveis nessa opção são os blocos de imagem e título.

- Alinhar à Esquerda *[Align Left]:* Essa opção de formatação de bloco posiciona a imagem no lado esquerdo da página.

- *Centralizar [Align Center]*: Essa opção de formatação de bloco posiciona a imagem dentro do bloco de cobertura no centro da página.

- *Alinhar à Direita [Align Right]*: Essa opção de formatação de bloco posiciona a imagem dentro do bloco de cobertura no lado direito da página.

- *Largura do Conteúdo [Wide Width]:* Clique nessa opção para configurar a largura da imagem para que seja a mesma largura do conteúdo da página.

- *Largura Total [Full Width]:* Clique nessa opção para aumentar a largura da imagem para que tenha a mesma largura da tela em que está visualizando o conteúdo. Na Figura 6-10, anteriormente neste capítulo, você pode ver um post que criei usando uma imagem com largura total. Perceba que as bordas esquerda e direita da imagem vão até os limites esquerdo e direito da tela em que está visualizando o conteúdo.

- *Mais Opções [More Options]:* As configurações aqui são as mesmas daquelas discutidas no Capítulo 5.

7. **(Opcional) Mude as configurações de cobertura para um plano de fundo fixo.**

No painel de configurações, à direita da tela Editar Post, você verá as configurações para o bloco de cobertura. Na seção de Configurações de Cobertura há uma configuração chamada Plano de Fundo Fixo [Fixed Background]. Por padrão, essa opção está desmarcada. Clique no botão correspondente para fixar a imagem do plano de fundo. Um plano de fundo fixo significa que a imagem ficará presa e não se moverá quando seus visitantes rolarem a tela. É um efeito interessante, então faça seus testes! Se não gostar do efeito, basta desativar a opção.

8. **(Opcional) Escolha uma cor de sobreposição para a imagem no bloco de cobertura.**

No painel de configurações, você verá uma seção chamada Sobreposição [Overlay], com as seguintes opções:

- *Cor de Sobreposição [Overlay Color]:* Escolha, entre as cinco cores predefinidas ou por meio do seletor de cores personalizadas, uma cor para o plano de fundo da imagem. A cor será sobreposta à imagem.

- *Opacidade do Plano de Fundo [Background Opacity]:* Quando você configurar a cor de sobreposição, poderá escolher a opacidade dessa cor. A *Opacidade* nada mais é do que a transparência da cor. Digamos que a imagem que você está usando está pendurada em uma das paredes de sua casa e você deseja pendurar uma cortina na frente dela. Se a cortina for completamente preta, podemos dizer que a opacidade dela é de 100% (ou seja, sem transparência), já que você não conseguiria ver a imagem na parede através da cortina.

O mesmo conceito pode ser aplicado à opacidade do plano de fundo da imagem do bloco de cobertura. Mude a opacidade para 0 a fim de obter uma transparência total, 50 para média transparência e 100 para nenhuma transparência. É possível usar a barra deslizante no painel de configurações para escolher a opacidade em qualquer ponto entre 0 e 100. A Figura 6-14 mostra um bloco de cobertura do meu site com a cor de sobreposição cinza e a opacidade em 80%.

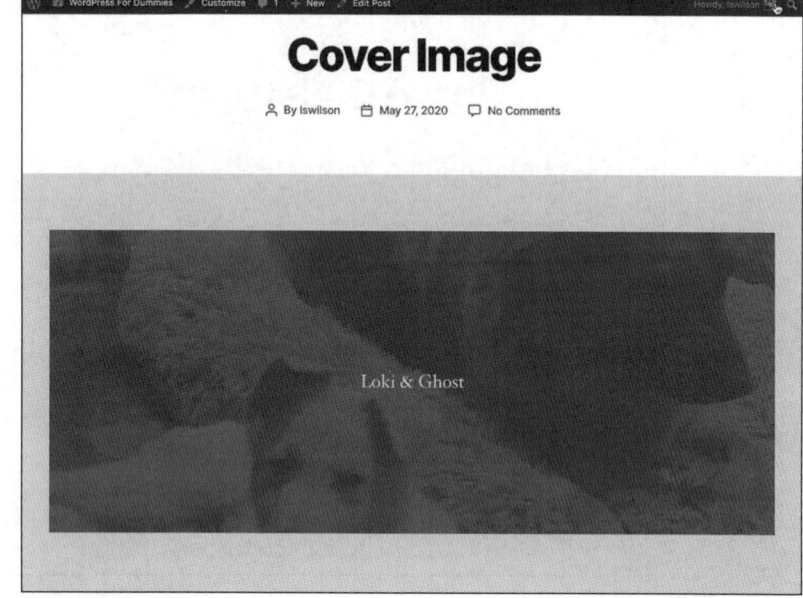

FIGURA 6-14:
O bloco de cobertura usado em um site com uma imagem com sobre-posição em cinza-claro e opacidade de 80%.

Inserindo uma Galeria de Fotos

Você também pode usar o Editor de Blocos do WordPress para inserir uma galeria de fotos completa em seus posts. Envie todas as suas imagens e, em seguida, em vez de adicioná-las como um bloco de imagem, use o bloco de galeria.

Siga estes passos para inserir uma galeria de fotos em um post do seu blog:

1. **Adicione o bloco de galeria ao seu post na tela Editar Post.**

Você poderá encontrar os métodos para a adição de blocos em um post no Capítulo 5. A Figura 6-15 mostra o bloco de galeria inserido em um post.

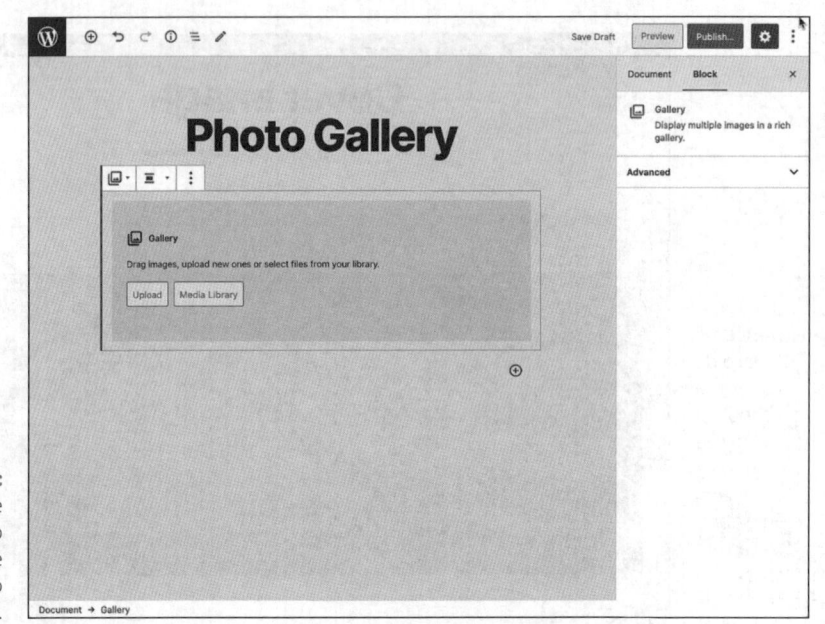

FIGURA 6-15: O bloco de galeria no Editor de Blocos do WordPress.

2. **Clique no botão Enviar [Upload] para escolher uma imagem do seu computador ou o botão Biblioteca de Mídia [Media Library] para escolher uma imagem a partir da Biblioteca de Mídia.**

A tela Criar Galeria [Create Gallery] abrirá em seguida. Os passos para esses dois métodos são descritos em detalhes nas seções anteriores deste capítulo, "Enviando uma imagem de seu computador" e "Inserindo uma imagem a partir da Biblioteca de Mídia". A única diferença aqui é que você pode selecionar múltiplas imagens para serem inseridas na galeria de fotos. Quando selecionadas, as imagens apareceram na parte inferior da tela Criar Galeria.

3. **Clique no botão Criar uma Nova Galeria [Create a New Gallery].**

Isso abrirá a tela Editar Galeria, que exibirá todas as imagens selecionadas no passo 2.

4. (Opcional) Adicione uma legenda para cada imagem clicando na área Adicione uma Legenda a Esta Imagem [Caption This Image] e digitando a legenda ou descrição curta da imagem correspondente.

5. (Opcional) Escolha a ordem em que as imagens aparecerão na galeria com a opção de arrastar e soltar na página Editar Galeria.

Arraste e solte as imagens para alterar sua ordem de exibição.

6. **Clique no botão Inserir Galeria [Insert Gallery].**

O WordPress vai inserir as imagens selecionadas em seu post, dentro do bloco de galeria (veja a Figura 6-16).

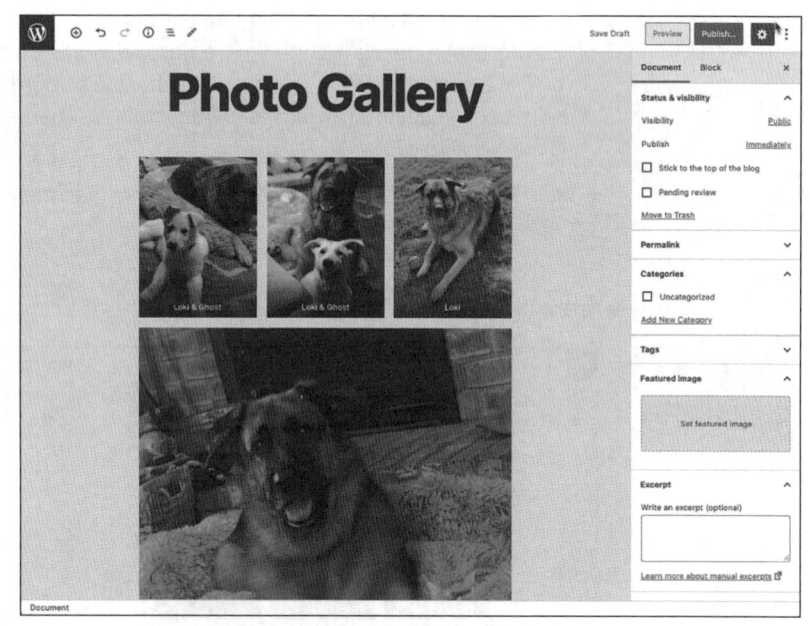

FIGURA 6-16: O bloco de galeria com as imagens selecionadas e inseridas.

7. **Use a barra de ferramentas do bloco de galeria para configurar as opções de exibição da galeria.**

A Figura 6-17 mostra a barra de ferramentas do bloco de galerias. As opções, da esquerda para a direita, são:

- *Alterar Tipo de Bloco [Change Block Type]:* Clique nessa opção para alterar o tipo de bloco que você estiver editando. Se desejar mudar seu bloco de galeria para um bloco de imagem, por exemplo, clique no ícone dessa opção e escolha bloco de imagem para fazer a substituição. O único tipo de bloco disponível nessa opção é o bloco de imagem.

- *Alinhar à Esquerda [Align Left]:* Essa opção de formatação de bloco posiciona a imagem dentro do bloco de galeria na margem esquerda da página.

- *Centralizar [Align Center]:* Essa opção de formatação de bloco posiciona a imagem dentro do bloco de galeria no centro da página.

- *Alinhar à Direita [Align Right]:* Essa opção de formatação de bloco posiciona a imagem dentro do bloco de galeria na margem direita da página.

- *Largura do Conteúdo [Wide Width]:* Clique nessa opção para que a imagem tenha a mesma largura dos outros conteúdos da página.

- *Largura Total [Full Width]:* Clique nessa opção para aumentar a largura da galeria até a largura total da tela em que seus visitantes visualizarão o conteúdo. Na Figura 6-18, é possível ver um post que criei com uma galeria com largura total. Perceba que as bordas esquerda e direita da imagem alcançam as extremidades esquerda e direita da tela de visualização.

- *Mais Opções:* Essas configurações são as mesmas mencionadas no Capítulo 5.

Barra de ferramentas do bloco de galeria

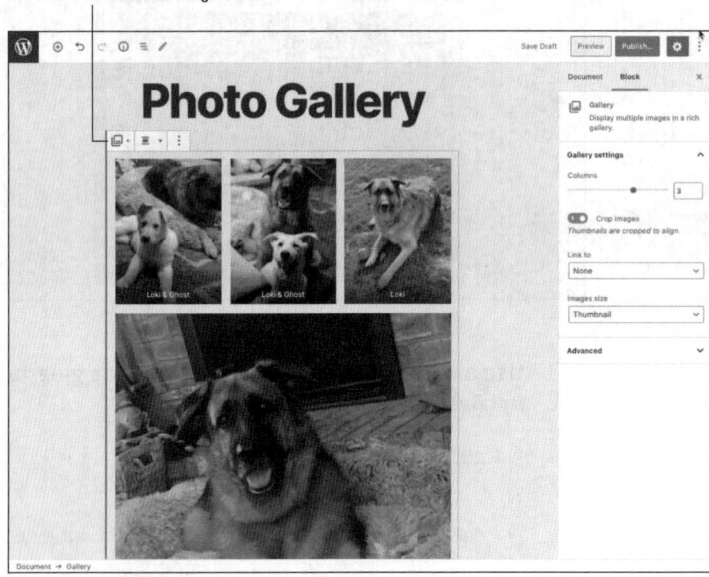

FIGURA 6-17: A barra de ferramentas do bloco de galeria.

8. **Use as opções do bloco de galeria no painel de configurações do lado direito da página Editar Post para configurar as opções para sua galeria.**

- *Colunas [Columns]:* Escolha quantas colunas de imagem deseja exibir na galeria.

- *Cortar Imagens [Crop Images]:* Por padrão, essa opção cria miniaturas de imagens cortadas com o mesmo tamanho para que sejam alinhadas igualmente. Você pode desativar essa configuração se desejar miniaturas de tamanhos diferentes em sua galeria.

- *Link Para [Link To]:* Escolha Página de Anexo, Arquivo de Mídia ou Nenhum para dizer ao WordPress para onde gostaria que sua galeria de imagens levasse seus visitantes.

- *Tamanhos das Imagens [Image Sizes]:* Escolha Miniatura, Médio ou Tamanho Original para dizer ao WordPress o tamanho das imagens que deseja usar em sua galeria.

Veja o box "Plugins de imagem e galeria do WordPress" para saber mais sobre alguns plugins interessantes e úteis que podem ajudá-lo a criar belas galerias de imagens e álbuns de fotos em seu site.

PLUGINS DE IMAGEM E GALERIA DO WORDPRESS

Você poderá encontrar plugins do WordPress que são incríveis no gerenciamento de imagens e galerias. Veja o Capítulo 7 para obter mais informações sobre como instalar e usar plugins do WordPress.

Listo a seguir alguns bons plugins para imagens e galerias:

- **NextGen Gallery Plugin** (`https://WorPress.org/plugins/nextgen-gallery`): Esse plugin oferece um sistema completo para gerenciamento de galerias no WordPress com opções para envio em massa de fotos, importação de metadados de fotos e organização de fotos, grupos de galerias e álbuns de fotos.

- **Smart Slider 3** (`https://br.WordPress.org/plugins/smart-slider-3/`): Esse plugin oferece opções para a criação de belos controles deslizantes de imagens que são responsivos em dispositivos móveis e otimizados para os mecanismos de busca, e ainda conta com uma biblioteca com vários controles pré-criados para que você possa começar.

- **FooGallery** (`https://WordPress.org/plugins/foogallery`): Criador de galeria de fácil uso, com diversas opções de galerias e álbuns de fotos.

Alguns plugins do WordPress trabalham em conjunto com a funcionalidade de galeria da plataforma. Veja o Capítulo 7 para saber mais sobre como instalar e usar os plugins do WordPress em seu site.

DICA

Matt Mullenweg, cofundador do WordPress, criou um blog que usa apenas fotos e imagens em formato de grade. Confira seu fotoblog em `https://matt.blog`.

Inserindo Arquivos de Vídeo aos Posts

Muitos donos de sites desejam ir além de oferecer apenas conteúdo escrito para seus visitantes, trazendo consigo outros tipos de mídias. Entre essas mídias, estão os arquivos de áudio e vídeo. O WordPress facilita a inclusão de diferentes tipos de mídia em seus posts e páginas por meio da funcionalidade embutida de envio de arquivos.

Os arquivos de áudio que você adicionar ao seu site podem ser músicas ou gravações de voz em formatos como `.mp3`, `.midi` ou `.wav` (apenas para citar alguns). Alguns donos de sites produzem seus próprios arquivos de áudio em episódios regulares, chamados de *podcasts,* para criar uma espécie de programa de rádio pela internet. Com frequência, é possível encontrar esses arquivos disponíveis para reprodução em uma série de serviços de streaming, como iTunes ou Spotify.

Você pode incluir vídeos em posts ou páginas por meio do código de incorporação oferecido por provedores populares de vídeo, como YouTube (`https://www.youtube.com`) e Vimeo (`https://vimeo.com`). Os donos dos sites também podem produzir e enviar seus próprios shows em vídeo, atividade conhecida como *vlog* (blog em vídeo).

DICA

Confira um bom exemplo de um vlog em `https://www.tmz.com/videos`. O TMZ é um site popular de notícias de celebridades que produz e publica vídeos para a internet e dispositivos móveis.

CUIDADO

Ao lidar com arquivos de vídeo e áudio em seu site, lembre-se de enviar e usar apenas mídia que você detenha os direitos ou permissão de uso. A violação de direitos autorais é um crime grave, especialmente na internet, e usar mídia da qual você não dispõe de direito ou permissão pode trazer sérias consequências. Entre elas, você pode perder o seu site, pagar multas caríssimas e até mesmo ser preso. Odiaria que isso acontecesse com você, então tome cuidado e só use arquivos de mídia de sua autoria ou que tenha a devida permissão de uso.

Esteja você produzindo seus próprios vídeos ou incorporando os vídeos de terceiros, inserir um arquivo de vídeo em um post ou página com o WordPress nunca foi tão fácil.

Adicionando um link para um vídeo da internet

Usar os passos a seguir para adicionar um vídeo da internet adicionará um hyperlink ao vídeo. Siga estes passos se quiser fornecer um link para uma página que contenha o vídeo em vez de incorporá-lo ao seu post ou página (algo mencionado com mais detalhes na seção posterior deste capítulo intitulada "Adicionando vídeos com o bloco de mídia incorporada").

Para adicionar um link para um vídeo da internet, siga estes passos:

1. **Adicione um bloco de parágrafo ao seu post e digite o conteúdo desejado.**

2. **Escolha o texto em que gostaria de usar o link.**

   A página de inserção a partir do URL [Insert from URL] aparecerá, como mostra a Figura 6-19.

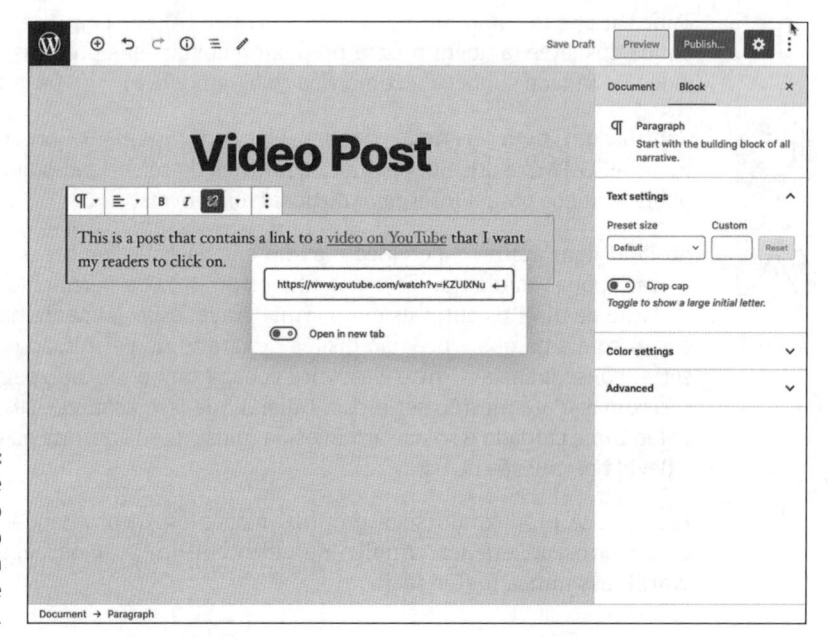

FIGURA 6-19: Adicione um vídeo inserindo um link para a página de reprodução.

3. **Clique no ícone de Link na barra de ferramentas do bloco de parágrafo.**

   Isso abrirá uma pequena caixa de texto.

4. **Insira o URL (endereço de internet) do vídeo na caixa de texto.**

Digite o URL completo, incluindo as partes `http://` e `www`, como mostra a Figura 6-19. Provedores de vídeo, como o YouTube, geralmente listam os links diretos para os arquivos de vídeo em seus sites; você pode copiar e colar um desses links à caixa de texto.

5. **Pressione Enter.**

Um link para o vídeo será inserido em seu post, como mostra a Figura 6-20. O WordPress não incorpora o vídeo de fato ao post; em vez disso, só um link para a página do vídeo é inserido. Os visitantes do seu site clicam no link para carregar outra página, em que o vídeo é reproduzido.

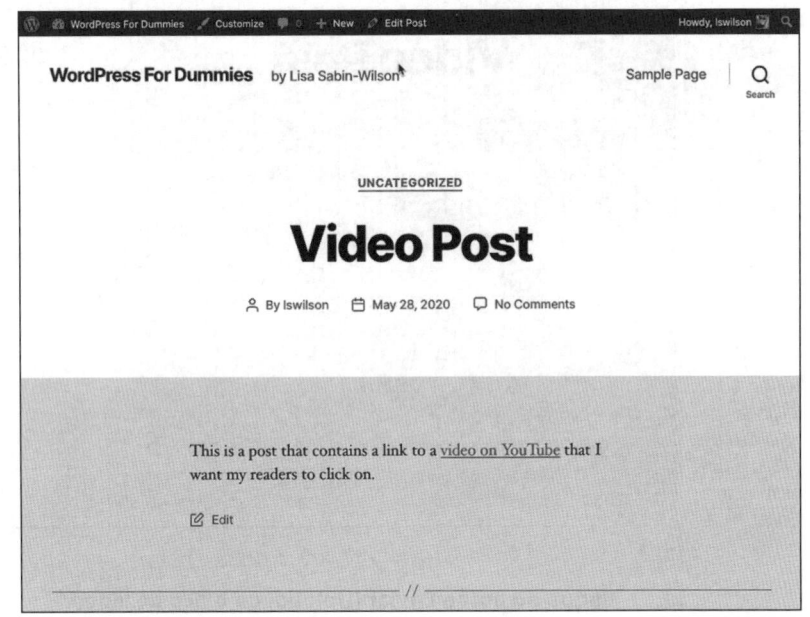

FIGURA 6-20:
Um link
[video on
YouTube]
para um
vídeo em
um post do
meu blog.

DICA

Estou usando o ícone de Link no bloco de parágrafo para ilustrar como adicionar o link de uma página ou serviço que contém um vídeo, mas você pode usar essa ferramenta para qualquer URL da internet e não apenas para vídeos. Tenha esse método em mente quando quiser inserir um hyperlink no conteúdo de seu post.

Adicionando vídeos de seu computador

Para enviar e publicar um vídeo de seu computador, siga os próximos passos:

1. Clique no ícone Adicionar Bloco, na parte superior esquerda da tela Editar Post, e selecione o bloco de vídeo na seção Blocos Comuns.

O WordPress adicionará um bloco de vídeo para seu post, como mostra a Figura 6-21.

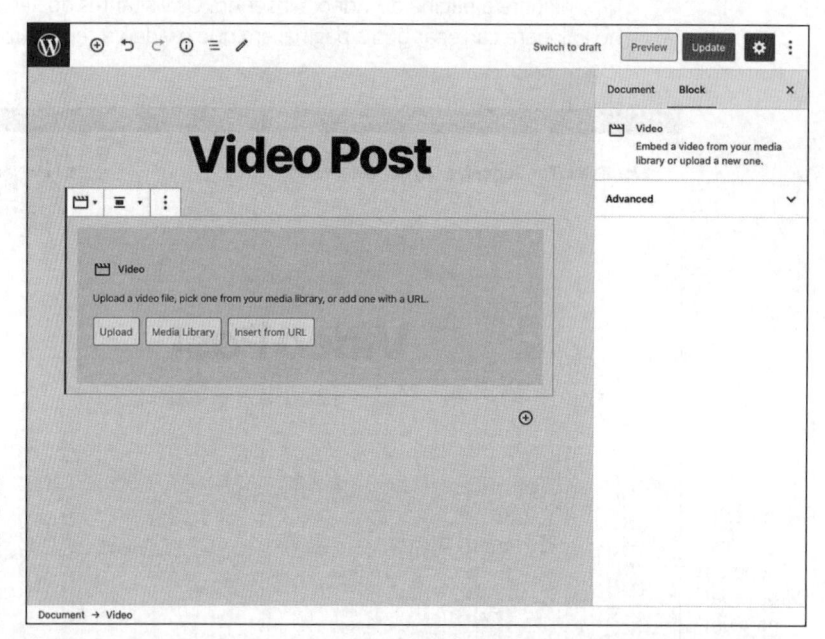

2. Clique no botão Enviar [Upload] do bloco de vídeo.

Uma janela se abrirá, exibindo os arquivos existentes em seu computador.

3. Escolha o arquivo de vídeo que deseja enviar e clique em Abrir.

O vídeo é enviado do seu computador ao servidor web e, em seguida, é inserido no bloco de vídeo presente na tela Editar Post.

4. (Opcional) Insira uma legenda no campo de texto abaixo do reprodutor de vídeo, se desejar.

5. **Use a barra de ferramentas do bloco de vídeo para configurar opções de exibição para o vídeo.**

A barra de ferramentas oferece as seguintes opções:

- *Alterar Tipo de Bloco [Change Block Type]:* Clique nessa opção para alterar o tipo de bloco que você estiver editando. Se desejar mudar seu bloco de vídeo para um bloco de cobertura, por exemplo, clique no ícone dessa opção e escolha bloco de cobertura para fazer a substituição. Você pode alterar o bloco de vídeo para um bloco de cobertura, Mídia & Texto e arquivo.

- *Alinhar à Esquerda [Align Left]:* Essa opção de formatação de bloco posiciona o vídeo dentro do bloco de vídeo no lado esquerdo da página.

- *Centralizar [Align Center]:* Essa opção de formatação de bloco posiciona o vídeo dentro do bloco de vídeo no centro da página.

- *Alinhar à Direita [Align Right]:* Essa opção de formatação de bloco posiciona o vídeo dentro do bloco de vídeo no lado direito da página.

- *Largura de Conteúdo [Wide Width]:* Clique nessa opção para que a largura do vídeo tenha a mesma largura do conteúdo da página.

- *Largura Total [Full Width]:* Clique nessa opção para aumentar a largura do vídeo para que seja a mesma largura da tela em que está visualizando o conteúdo. As bordas esquerda e direita do vídeo se estendem até os lados esquerdo e direito da tela que visualiza o conteúdo.

- *Substituir [Replace]:* Escolha Abrir Biblioteca de Mídia [Open Media Library], Enviar [Upload] ou Inserir a partir de URL [Insert from URL] para substituir o vídeo por outro.

- *Mais Opções*: As configurações presentes aqui são as mesmas mencionadas no Capítulo 5.

6. **No painel de configurações, localizado do lado direito da tela Editar Post, configure as opções para o vídeo enviado durante o passo 3.**

- *Reprodução automática [Autoplay]:* Por padrão, essa opção está desabilitada. Ative-a para que o vídeo seja reproduzido automaticamente quando um visitante carregar o post no navegador dele.

- *Loop:* Por padrão, essa configuração fica desabilitada. Ative-a para que o vídeo seja reproduzido repetidamente quando seus visitantes carregarem o post nos navegadores deles.

- *Mudo [Muted]:* Por padrão, essa opção fica desabilitada. Ative-a para que o vídeo seja reproduzido automaticamente sem áudio. Assim, seus visitantes precisarão ativar o áudio ao reproduzir seu vídeo.

- *Controles de Playback [Playback Controls]:* Essa opção fica habilitada por padrão. Desative-a para remover os controles de playback (como o botão de tocar/pausar) do seu vídeo.

  Desativar essa opção pode parecer estranho. Afinal, por que colocar um vídeo em sua página se ninguém poderá clicar no botão para visualizá-lo? Bem, se você desativar essa opção e ativar a opção de reprodução automática, fará com que seu vídeo seja reproduzido sem oferecer uma opção para pausar ou silenciar o vídeo. No entanto, por favor, não faça isso — essa é uma experiência terrível para seus visitantes, porque sua página reproduzirá o vídeo automaticamente e seus visitantes podem não estar esperando por isso. Sempre dê a eles a opção de reproduzir e silenciar vídeos. Os internautas o agradecerão por isso.

- *Reproduzir em Linha [Play Inline]:* Por padrão, essa opção fica desativada. Ative-a para garantir que o vídeo não entrará de forma automática no modo tela cheia ao ser exibido em um smartphone.

- *Pré-carregamento [Preload]:* O pré-carregamento é um atributo de HTML5 que diz ao navegador web a quantidade de dados de vídeo que deve ser buscada e armazenada quando uma página com vídeo é visitada. O pré-carregamento pode reduzir o tempo de carregamento do vídeo, especialmente se o arquivo de vídeo for muito grande. O atributo é usado quando um vídeo está no mesmo servidor em que o site é hospedado — e, portanto, não pode ser usado para mídias incorporadas de serviços de terceiros. As opções são Automático [Auto] (Armazena todo o vídeo), Metadados [Metadata] (armazena apenas os metadados, como as dimensões do vídeo) e Nenhum [None] (não armazena nenhum dado do vídeo). O atributo padrão para o bloco de vídeo é o atributo metadados. Para alterá-lo, escolha uma opção diferente no menu suspenso da opção de pré-carregamento.

- *Imagem de Capa [Poster Image]:* Quando você incorpora um vídeo em um post, a primeira coisa que seu visitante vê, por padrão, é o primeiro quadro do vídeo. Clique no botão Selecionar Imagem de Capa [Select Poster Image] para enviar uma imagem, ou selecione uma imagem da Biblioteca de Mídia para usar como imagem de capa de vídeo em seu site.

  A Figura 6-22 mostra o vídeo de um leão que inseri em um post. É possível ver que o post exibe uma tela preta do vídeo antes de os visitantes clicarem no botão de reprodução. Usei a imagem de capa de um leão para substituir esse primeiro quadro e dei ao vídeo uma aparência mais agradável com uma imagem de pessoas em um concerto. A Figura 6-23 mostra o vídeo em meu site após aplicar a imagem de capa ao vídeo.

FIGURA 6-22:
Um vídeo
sem uma
imagem
de capa
definida.

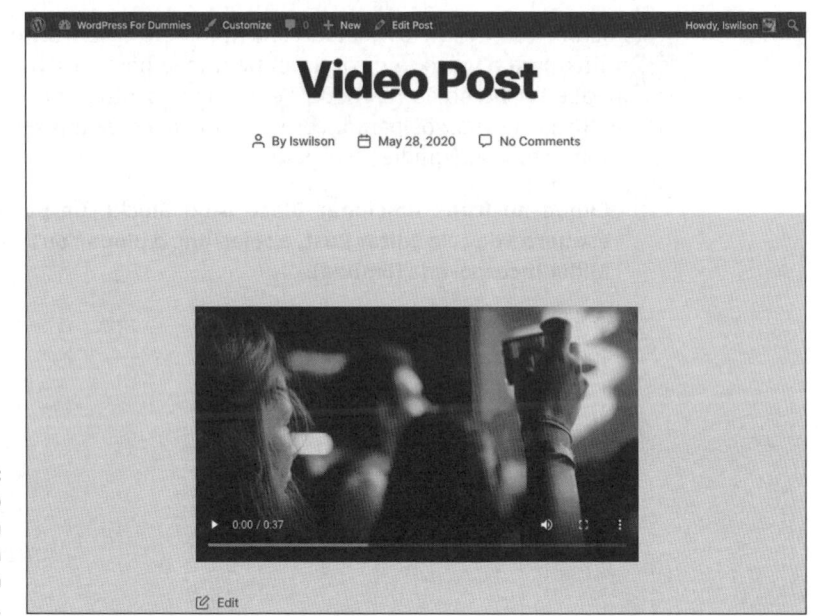

FIGURA 6-23:
Um vídeo
com uma
imagem
de capa
definida.

7. **Salve e publique seu post, ou adicione mais conteúdo e publique-o depois.**

DICA

Não recomendo enviar seus vídeos diretamente ao WordPress, se puder evitar. Muitos provedores de serviços de vídeo, como YouTube e Vimeo, oferecem armazenamento gratuito para seus vídeos. Incorporar vídeos em uma página do WordPress a partir de um desses serviços é fácil e, fazendo dessa forma, não usará seu próprio armazenamento ou largura de banda. Além disso, se muitas pessoas visitarem seu site e visualizarem o vídeo ao mesmo tempo, carregá-lo a partir de um site de terceiros, como o You-Tube, tornará a experiência desses visitantes muito mais rápida.

Adicionando vídeos com o bloco de mídia incorporada

Os passos anteriores permitem que você insira um vídeo de seu computador hospedado em sua própria conta de hospedagem. Usando o bloco de mídia incorporada presente no Editor de Blocos do WordPress, a plataforma automaticamente incorpora o(s) vídeo(s) em um reprodutor de vídeos no seu post ou página.

Com essa funcionalidade, o WordPress automaticamente detecta se um URL incluído no bloco de mídia incorporada é um vídeo, implementando o código HTML de incorporação adequado nesse URL para que o reprodutor de vídeo apareça no post em questão.

Nesta seção, vou inserir o vídeo de um filhote de cachorro, mas, em vez de um link para o vídeo, o incorporarei em meu post para que os leitores possam apertar no botão reproduzir e ver o vídeo diretamente em minha página. Siga estes passos para incorporar um vídeo de um serviço de terceiros com o bloco de mídia incorporada.

1. **Clique no ícone Adicionar Bloco [Add Block], na parte superior esquerda da tela Editar Post, e selecione o bloco YouTube na seção Mídia Incorporada [Embed].**

   O WordPress adicionará o bloco YouTube ao post na tela Editar Post, como mostra a Figura 6-24.

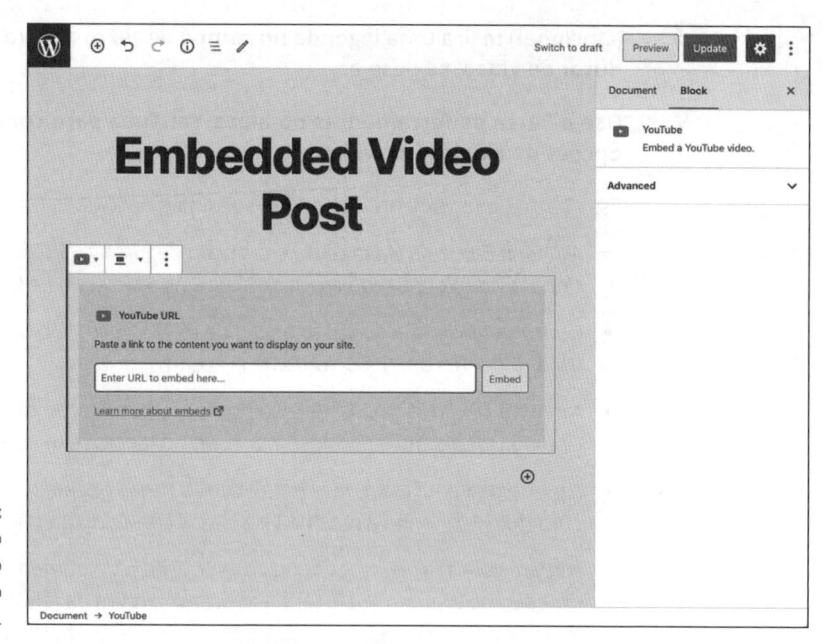

FIGURA 6-24:
Adicionando
um bloco
YouTube ao
post.

2. **Insira o URL desejado do YouTube no campo de texto e pressione a tecla Enter.**

   O WordPress incorporará o vídeo ao post, como é possível ver na Figura 6-25.

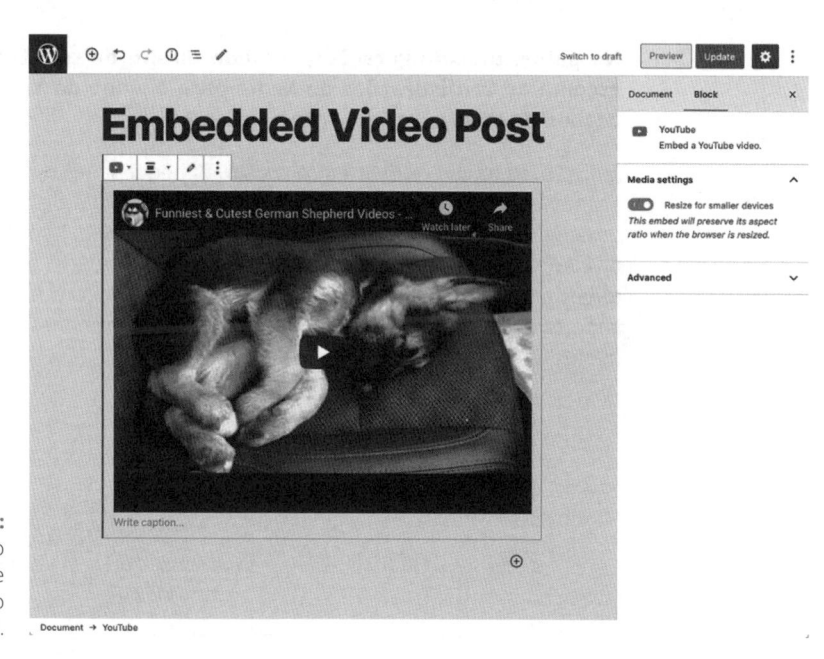

FIGURA 6-25:
Um vídeo
do YouTube
incorporado
a um post.

3. (Opcional) Insira uma legenda no campo de texto abaixo do reprodutor de vídeo, se desejar.

4. Use a barra de ferramentas do bloco YouTube para configurar as opções de exibição do vídeo.

Essa barra de ferramenta oferece as seguintes opções:

- *Alinhar à Esquerda [Align Left]*: Essa opção de formatação de bloco posiciona o vídeo dentro do bloco YouTube no lado esquerdo da página.

- *Centralizar [Align Center]*: Essa opção de formatação de bloco posiciona o vídeo dentro do bloco YouTube no centro da página.

- *Alinhar à Direita [Align Right]*: Essa opção de formatação de bloco posiciona o vídeo dentro do bloco YouTube no lado direito da página.

- *Largura do Conteúdo [Wide Width]*: Clique nessa opção para que a largura do vídeo tenha a mesma largura do conteúdo da página.

- *Largura Total [Full Width]*: Clique nessa opção para aumentar a largura do vídeo de modo que ele tenha a mesma largura da tela em que está visualizando o conteúdo. As bordas esquerda e direita alcançam as extremidades esquerda e direita da tela de visualização.

- *Editar Vídeo [Edit Video]*: Clique nessa opção para alterar o URL do YouTube.

- *Mais Opções*: Essas configurações são as mesmas mencionadas no Capítulo 5.

5. No painel de configurações, no lado direito da tela Editar Post, escolha as Configurações de Mídia para o vídeo do YouTube que acabou de incorporar durante o passo 2.

A opção de redimensionar em dispositivos pequenos é ativada automaticamente. Isso fará com que o vídeo fique menor em dispositivos com telas menores, mas preservando a proporção do vídeo. Isso significa que o vídeo manterá a proporção de sua largura e altura, sem esticar ou distorcer a imagem de outra forma. Essa funcionalidade é especialmente importante em dispositivos pequenos, como smartphones, então recomendo ativá-la.

6. **Publique seu post ou continue editando o conteúdo para publicá--lo mais tarde.**

A Figura 6-26 mostra como ficará o post com o vídeo incorporado do YouTube.

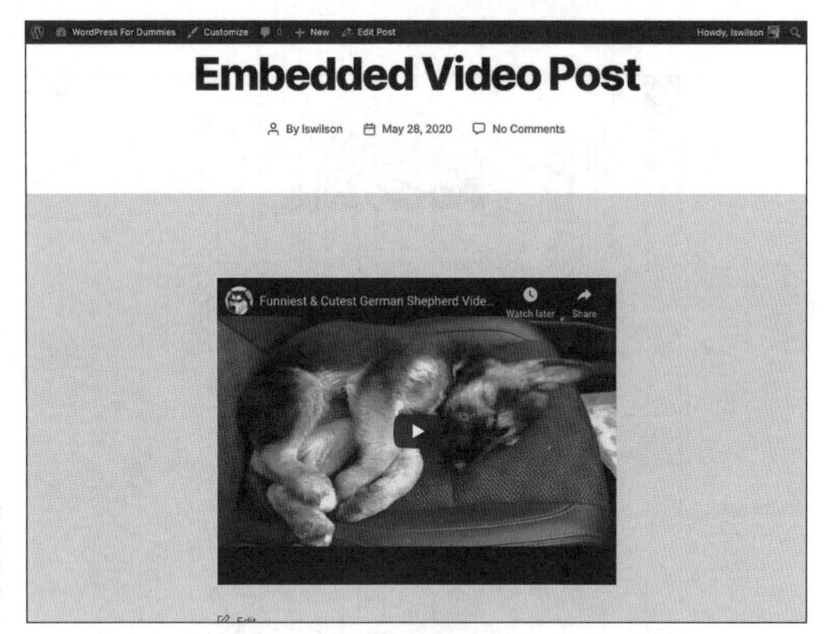

FIGURA 6-26:
Um vídeo do YouTube incorporado a um post.

PAPO DE ESPECIALISTA

Estou usando o bloco de mídia incorporada nesse exemplo para ilustrar como incorporar um vídeo do YouTube, mas diversos blocos de mídia incorporada permitem que você incorpore diferentes serviços da internet. O Capítulo 5 fala mais detalhadamente sobre o bloco de mídia incorporada.

Inserindo Arquivos de Áudio aos Posts

Os arquivos de áudio podem ser arquivos de música ou gravações de voz, como um áudio em que você fala diretamente com seus leitores. Esses arquivos adicionam um toque pessoal bacana ao seu site. É possível compartilhar arquivos de áudio de maneira muito fácil por meio do bloco de áudio presente no Editor de Blocos do WordPress. Após inserir um arquivo de áudio em um post, seus leitores poderão escutá-lo em seus respectivos computadores ou baixá-lo como um arquivo MP3 para escutar no caminho para o trabalho, se assim desejarem.

Para inserir um arquivo de áudio ao seu site, siga estes passos:

1. **Clique no ícone Adicionar Bloco, no canto superior esquerdo da tela Editar Post, e escolha Bloco de Áudio na seção Blocos Comuns.**

   O WordPress adicionará o bloco de áudio ao seu post presente na tela Editar Post, como mostra a Figura 6-27.

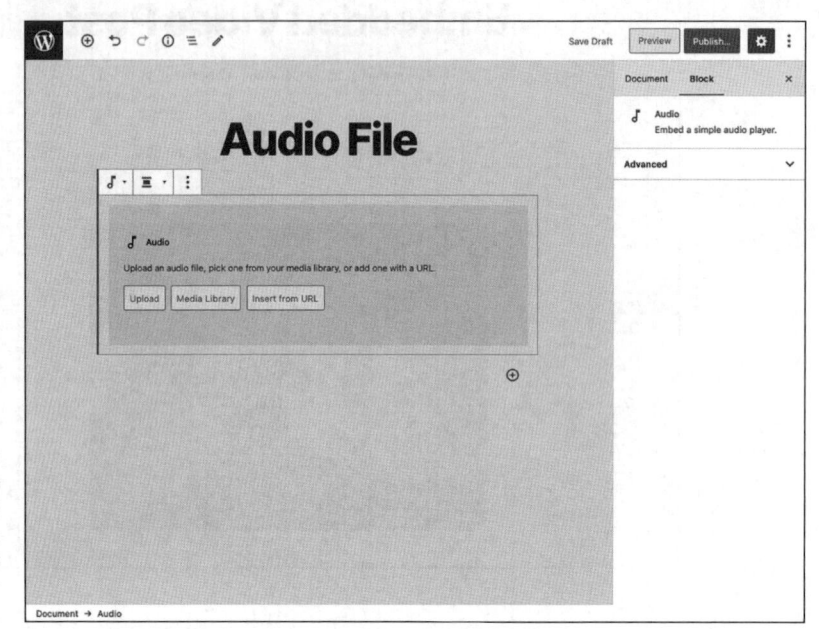

FIGURA 6-27: Adicionando o bloco de áudio em um post na tela Editar Post.

2. **Clique no botão Enviar do bloco de áudio.**

   Uma janela se abrirá, exibindo os arquivos que existem em seu computador.

3. **Escolha o arquivo de áudio que deseja enviar do seu computador e clique em Abrir.**

   O áudio será enviado do computador ao seu servidor web e, em seguida, inserido no bloco de áudio presente na tela Editar Post.

4. **(Opcional) Adicione uma legenda no campo de texto abaixo do reprodutor de áudio, se desejar.**

5. **Use a barra de ferramentas do bloco de áudio para configurar opções de exibição do arquivo de áudio.**

A barra de ferramentas oferece as seguintes opções:

- *Alterar Tipo de Bloco [Change Block Type]:* Clique nessa opção para alterar o tipo de bloco que você estiver editando. Se desejar mudar seu bloco de áudio para um bloco de arquivo, clique no ícone dessa opção e escolha bloco de arquivo para fazer a substituição. O único tipo de bloco disponível nessa opção é o bloco de arquivo.

- *Alinhar à Esquerda [Align Left]:* Essa opção de formatação de bloco posiciona o reprodutor de áudio no lado esquerdo da página.

- *Centralizar [Align Center]:* Essa opção de formatação de bloco posiciona o reprodutor de áudio dentro do bloco de áudio no centro da página.

- *Alinhar à Direita [Align Right]:* Essa opção de formatação de bloco posiciona o reprodutor de áudio dentro do bloco de áudio no lado direito da página.

- *Largura do Conteúdo [Wide Width]:* Clique nessa opção para configurar a largura do reprodutor de áudio para que seja a mesma largura do conteúdo de sua página.

- *Largura Total [Ful Width]:* Clique nessa opção para aumentar a largura do reprodutor de áudio para que ocupe toda a largura da tela em que está visualizando o conteúdo. As bordas esquerda e direita do reprodutor de áudio ocupam todos os lados esquerdo e direito da tela em que ele está sendo visualizado.

- *Substituir [Replace]:* Selecione Abrir Biblioteca de Mídia, Enviar ou Inserir a partir de URL para substituir o arquivo de áudio por outro.

- *Mais Opções [More Options]:* As configurações aqui são as mesmas daquelas discutidas no Capítulo 5.

6. **No painel de configurações, à direita da tela Editar Post, configure as opções do arquivo de áudio que você enviou durante o passo 3:**

- Reprodução Automática [*Autoplay*]: Por padrão, essa opção estará desativada. Ative-a para fazer com que o áudio seja reproduzido automaticamente quando os visitantes carregarem esse post em seus navegadores.

- *Loop:* Por padrão, essa opção estará desativada. Ative-a para fazer com que o áudio seja reproduzido repetidamente quando seus visitantes carregarem seu post em seus navegadores.

- *Pré-carregamento [Preload]:* O atributo padrão para essa opção no bloco de áudio é Nenhum. Para alterar essa opção, escolha outro atributo no menu suspenso correspondente. A seção anterior "Adicionando vídeos de seu computador", neste mesmo capítulo, menciona com mais detalhes o atributo de pré-carregamento.

7. **Salve e publique seu post, ou adicione mais conteúdo e publique-o mais tarde.**

A Figura 6-28 mostra um post com um reprodutor de áudio incorporado para um arquivo de áudio.

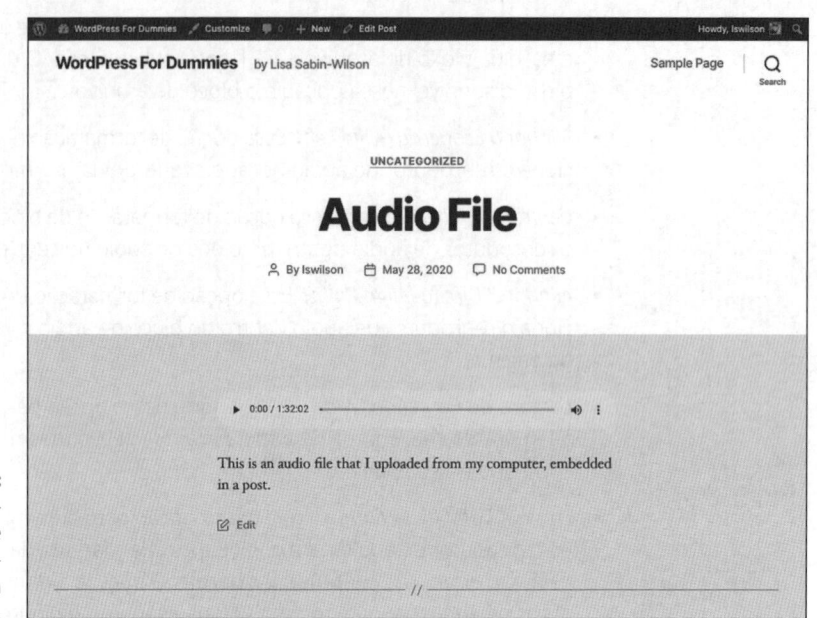

FIGURA 6-28:
Um reprodutor de áudio incorporado em um post.

Inserindo Áudio com o Bloco de Mídia Incorporada

Neste capítulo, assim como no Capítulo 5, menciono os serviços que você pode incorporar por meio do bloco de mídia incorporada no editor de blocos do WordPress. Alguns desses serviços permitem que você incorpore arquivos de áudio de fontes como Spotify, Soundcloud, Mixcloud e ReverbNation, para mencionar alguns. Para incorporar o áudio de qualquer uma dessas fontes, siga os mesmos passos da seção "Inserindo Arquivos de Áudio aos Posts". Você só precisa do URL direto do áudio que deseja incorporar. A Figura 6-29 mostra um post com um arquivo de áudio incorporado do Spotify.

LEMBRE-SE

Músicas e outros arquivos de áudio incorporados a partir de serviços ter-
ceirizados obedecem às regras desses serviços. Ao incorporar um áudio do
Spotify, por exemplo, estará incorporando uma prévia aleatória de 25 a 30
segundos da música, com uma mensagem pedindo para que seus leitores façam login em suas respectivas contas do Spotify para ouvir a versão
completa.

Podcasts com o WordPress

Quando oferecemos episódios regulares de um programa de áudio o qual
seus visitantes podem baixar e ouvir em um reprodutor de áudio, estamos
fazendo um *podcast*. Pense em um podcast como um programa semanal de
rádio. A principal diferença é que o programa fica hospedado na internet e
não em uma estação de rádio.

Diversos plugins para podcasts estão disponíveis no WordPress para que você
possa inserir, com facilidade, arquivos de áudio em seus posts e páginas. Os
plugins dedicados para o podcast fornecem funcionalidades que vão além
da incorporação de arquivos de áudio. Algumas das funcionalidades mais
importantes desses plugins são:

- » **Arquivos:** Você pode criar um arquivo de seus áudios para que os ouvintes possam acompanhar seu programa, ouvindo episódios passados.

- » **Feed RSS:** Um feed RSS do seu podcast dá aos visitantes a oportunidade de assinar seu RSS para que sejam notificados quando você publicar episódios futuros.

- » **Promoção:** Um podcast não faz sucesso sem ouvintes para escutá-lo, certo? Você pode enviar seu podcast para serviços como Apple Podcasts (`https://apps.apple.com/br/app/apple-podcasts/ id525463029`) para que as pessoas o encontrem ao pesquisar pelo assunto de seu podcast.

Esses plugins vão além do mero gerenciamento de arquivos de áudio e também oferecem todas as funcionalidades de que você precisa para esse tipo de conteúdo:

- » **Simple Podcasting (**`https://WordPress.org/plugins/simple -podcasting`**):** Inclui um suporte completo ao Apple Podcasts para que você envie seus arquivos usando os métodos comuns do WordPress (blocos de áudio), mas o plugin também inclui um bloco de podcast no novo editor de blocos do WordPress, oferecendo uma forma fácil de publicar seus podcasts em um site.

- » **Seriously Simple Podcasts (**`https://WordPress.org/plugins/ seriously-simple-podcasting`**):** Esse plugin faz uso da interface nativa do WordPress, com configurações mínimas, para facilitar o máximo possível a publicação de podcasts pelo WordPress. Você pode administrar múltiplos podcasts simultaneamente; obter métricas sobre quem está escutando; criar podcasts e videocasts; e publicar seu conteúdo em serviços populares como o iTunes, Google Play e Stitcher.

DICA

Discuto os requisitos de armazenamento web no Capítulo 2. Caso você seja um podcaster que pretende armazenar seus arquivos de áudio em sua conta de armazenamento web, pode ser necessário aumentar o armazenamento e a largura de banda de sua conta, para que não fique sem espaço ou pague maiores taxas para seu provedor. Discuta essas questões com o provedor para descobrir o que você precisará pagar por mais espaço em disco e largura de banda.

NESTE CAPÍTULO

» Usando plugins

» Encontrando, baixando e extraindo arquivos de plugins

» Usando plugins inclusos no WordPress

» Enviando e instalando plugins

» Ativando e gerenciando plugins

» Desinstalando plugins

» Explorando plugins open source

Capítulo **7**

Aproveitando ao Máximo os Plugins do WordPress

Metade da graça de administrar um site com WordPress é brincar com os milhares de plugins que você pode instalar para expandir as funcionalidades e opções de seu site. Os plugins do WordPress são como as rodas personalizadas superlegais que você instala em seu carro: embora não venham com o carro, são acessórios incríveis que deixam seu carro melhor que todos os outros.

Por si só, o WordPress é um programa incrível para a publicação online, mas, ao usar o WordPress em conjunto com os *plugins* — programas adicionais que dão ao WordPress formas quase ilimitadas de lidar com conteúdo online — você pode torná-lo ainda mais incrível. Você pode escolher quaisquer plugins que precisar para expandir suas possibilidades na internet. Os plugins podem transformar sua instalação do WordPress em uma galeria completa para a publicação de imagens na internet, uma loja online para a venda de seus produtos, um fórum ou uma rede social. Os plugins do WordPress podem ser simples, adicionando poucas funcionalidades, ou complexos o suficiente para mudar toda a funcionalidade do seu site.

Neste capítulo, você descobrirá o que são plugins, como encontrá-los e instalá-los e como melhorar seu site para torná-lo único. O uso de plugins também pode melhorar muito a experiência de seus leitores, fornecendo diversas ferramentas que eles podem usar para interagir e participar exatamente da forma que você desejar que eles o façam.

Presumo que você já tem o WordPress instalado em seu servidor web. Se estiver folheando o livro e ainda não instalou o WordPress, poderá encontrar instruções sobre como fazê-lo no Capítulo 3.

Os usuários do WordPress.com não podem instalar ou configurar plugins em seus blogs. Eu não faço as regras, então, por favor, não atire no mensageiro.

Descobrindo o que São os Plugins

Um *plugin* é um pequeno programa que, ao ser adicionado ao WordPress, interage com o software para fornecer alguma expansão a ele. Os plugins não fazem parte do software principal e nem são softwares por si só. Normalmente, eles não funcionam como um software stand alone e exigem um programa host (como o WordPress, nesse caso) para funcionar.

Os desenvolvedores de plugins são as pessoas que escrevem essas joias e as compartilham conosco — geralmente de graça. Assim como o WordPress, muitos plugins são gratuitos para qualquer um que desejar refinar e personalizar seu site para atender necessidades específicas.

Milhares de plugins estão disponíveis para o WordPress — certamente muitos plugins para que seja viável listá-los todos neste capítulo. Eu até poderia fazer isso, mas então você precisaria de um maquinário pesado para tirar este livro da prateleira! Veja apenas alguns exemplos de coisas que os plugins permitem adicionar ao seu site WordPress:

» **Notificação por e-mail:** Seus maiores fãs podem se inscrever para receber uma notificação por e-mail sempre que você atualizar o site.

» **Integração por redes sociais:** Permita que seus leitores enviem seu conteúdo para algumas das redes sociais mais populares da internet, como Twitter, Facebook e Reddit.

» **Programa de estatísticas:** Registre a origem de seu tráfego, quais posts de seu site são os mais populares e quanto tráfego chega ao seu site diariamente, mensalmente e anualmente.

O Capítulo 15 permite que você dê uma rápida olhada nos plugins mais populares atualmente. Enquanto isso, este capítulo fala sobre o processo de encontrar plugins, instalá-los em seu site, gerenciá-lo e resolver problemas relacionados a eles.

Expandindo o WordPress com plugins

O WordPress é uma ferramenta incrível por si só. As funcionalidades embutidas na plataforma são feitas para serem aquelas com as quais você terá o maior proveito. Todas as funcionalidades *fora* do que é construído dentro do WordPress são consideradas como território dos plugins.

Há um ditado popular entre os usuários do WordPress: "Existe um plugin para isso." A ideia é que, se você quiser que o WordPress faça algo novo, terá grandes chances de encontrar um plugin existente capaz de fazer o que você deseja. Quando este livro foi escrito, mais de 57 mil plugins estavam disponíveis na página Plugins do site WordPress.org, e esse número cresce diariamente. Além disso, milhares de plugins adicionais estão disponíveis fora do WordPress.org, seja gratuitamente ou mediante o pagamento de alguma taxa. Então, se tiver uma ideia de uma nova funcionalidade para seu site, poderá encontrar um plugin capaz de concretizá-la.

Vamos supor que você queira adicionar receitas ao seu site. Uma pesquisa na internet pelas palavras *WordPress plugin receitas* resulta em links para o plugin WP Recipe Maker plugin (`https://WordPress.org/plugins/wp-recipe-maker`). É possível encontrar ainda mais plugins sobre receitas com uma pesquisa mais aprofundada.

Diferenciando plugins e temas

Uma vez que os temas podem conter grandes quantidades de código e adicionar novas funcionalidades ou outras modificações ao WordPress, você pode se perguntar como, exatamente, os plugins se diferenciam dos temas. Na verdade, as diferenças são poucas e técnicas, mas as ideias por trás do que os plugins e temas devem fazer são bem diferentes (para saber mais sobre temas, veja o Capítulo 8).

No nível mais básico, as diferenças entre plugins e temas é que eles residem em diretórios diferentes. Os plugins ficam na pasta `wp-content/plugins` do seu site. Os temas, por outro lado, ficam no diretório `wp-content/themes`.

PAPO DE ESPECIALISTA

Os diretórios `wp-content/plugins` e `wp-content/themes` são configurados dessa forma por padrão. Você pode alterar essas localizações, mas essas alterações raramente são feitas. A possibilidade de alteração da localização dos temas e plugins é algo que devemos ter em mente se estivermos trabalhando em um site WordPress e nos depararmos com alguma dificuldade em encontrar um diretório específico de plugin ou tema.

DIFERENÇAS ENTRE PLUGINS E TEMAS

Outras diferenças técnicas separam os plugins e os temas. Essas diferenças são importantes principalmente para os desenvolvedores, mas também podem ser importante que você, um usuário não desenvolvedor, as conheça:

- **Plugins carregam antes dos temas, o que dá aos plugins privilégios especiais e pode fazer com que um ou mais plugins impeçam o carregamento do tema. As funções embutidas do WordPress em** `wp-includes/pluggable.php` **podem ser sobrescritas por funções personalizadas, e apenas os plugins carregam cedo o suficiente para sobrescrever essas funções.**

- **Os temas oferecem suporte a uma série de arquivos de modelos estruturados e exigem um conjunto mínimo de arquivos para serem válidos. Em contrapartida, os plugins não têm um conjunto estruturado de arquivos e exigem apenas um único arquivo** `.php` **com um bloco de comentários no topo para dizer ao WordPress que o arquivo se trata de um plugin.**

Os temas suportam temas filhos, situação na qual um tema pode exigir a presença de outro tema para funcionar. Esse tipo de funcionalidade não está disponível para os plugins.

A diferença mais importante entre plugins e temas é que um site WordPress sempre tem um, e apenas um, tema ativo, mas pode ter quantos plugins ativos você desejar — inclusive nenhum. Essa diferença é importante porque significa que mudar de um tema para o outro previne que você use as funcionalidades do tema antigo. Por outro lado, a ativação de um novo plugin não interfere no uso dos outros plugins ativos.

LEMBRE-SE

Os plugins são capazes de mudar quase todos os aspectos do WordPress. O plugin Multiple Themes, por exemplo (disponível em `https://WordPress.org/plugins/jonradio-multiple-themes`), permite que você use diferentes temas para partes específicas do seu site. Portanto, é possível até mesmo superar a limitação de um único tema ativo por site ao usar um plugin.

Dado que o WordPress só pode ter um tema ativo, mas muitos plugins ativos ao mesmo tempo, é importante que as funcionalidades capazes de modificar o WordPress estejam limitadas aos plugins, enquanto os temas têm como foco a aparência do seu site. Para você, a separação da funcionalidade e aparência é a diferença mais importante entre plugins e temas.

DICA

Essa separação de plugins para funcionalidade e temas para aparência não é algo forçado pelo WordPress, mas é considerada uma boa prática. Você pode criar um tema que inclui muitas funcionalidades e, assim, depender dessas funcionalidades para que seu site opere corretamente. Em última análise, isso dificultaria uma alteração posterior do tema de seu site.

O papel dos plugins como ferramentas de funcionalidade não significa que o controle da aparência de um site do WordPress está limitado aos temas. Os plugins são tão capazes de modificar a aparência de um site quanto um tema. O plugin WP Mobile X, por exemplo (disponível em `https://WordPress.org/plugins/wp-mobile-x`), pode fornecer uma versão completamente diferente do seu site para dispositivos móveis, como smartphones, ao substituir a funcionalidade do tema quando o site é acessado por um dispositivo móvel.

Explorando a Página de Plugins

Antes de começar a instalar plugins em seu site, é importante explorar a página de plugins do seu Painel do WordPress e entender como gerenciar os plugins após instalá-los. Clique no link Plugins Instalados, no menu Plugins do Painel, para visualizar a tela Plugins, exibida na Figura 7-1.

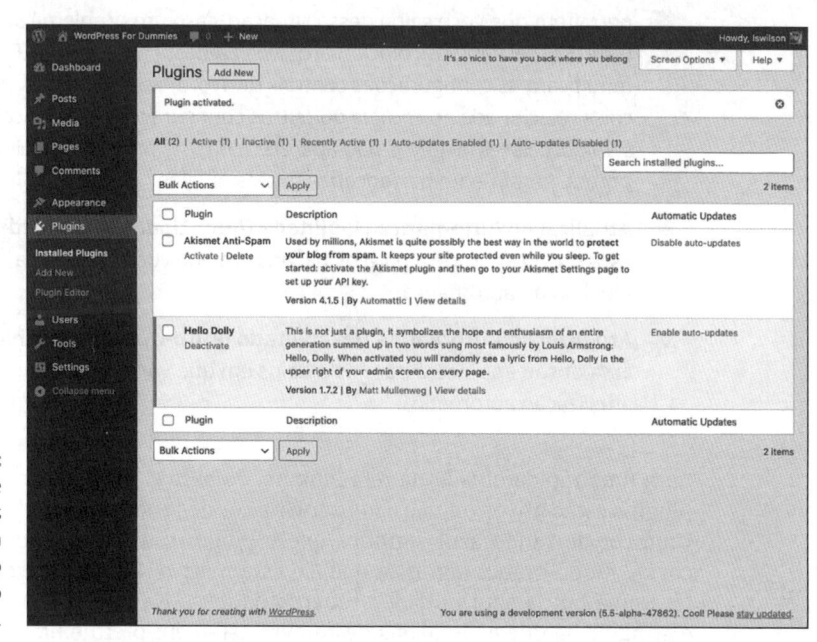

FIGURA 7-1:
Gerencie seus plugins com a tela Plugins do Painel do WordPress.

A tela Plugins é onde você pode gerenciar todos os plugins instalados em seu site. Por padrão, essa tela exibe uma lista com todos os plugins instalados atualmente. Você pode filtrar a lista de plugins usando os atalhos exibidos diretamente abaixo do título da página:

» **Tudo [All]:** Essa é a visualização padrão, exibindo todos os plugins instalados atualmente em seu site, estejam eles ativos ou não.

» **Ativos [Active]:** Clicar nessa opção exibirá uma lista com os plugins ativos atualmente no seu site.

» **Inativos [Inactive]:** Clicar nessa opção altera a exibição, mostrando uma lista de plugins instalados, mas não ativos. (***Observação:*** Essa opção só estará disponível se você possuir plugins inativos.)

» **Recentemente Ativos [Recently Active]:** Essa opção só aparece caso você tenha desativado um plugin recentemente. Opção útil caso saiba que desativou um plugin, mas não saiba qual.

» **Indispensável [Must Use]:** Essa opção aparece caso tenha plugins instalados na pasta `/wp-content/mu-plugins`. Plugins indispensáveis são plugins padrão do WordPress que devem ser instalados manualmente (geralmente por um desenvolvedor). Os administradores do site não podem removê-los ou desativá-los a partir do Painel.

» **Drop-Ins:** Essa opção só aparecerá se você tiver plugins drop-in instalados. Alguns poucos plugins possuem arquivos que mudam o comportamento do WordPress de forma tão substancial que eles permitem que você saiba dessa situação, caso um problema surja no futuro. Esses plugins colocam arquivos na pasta `wp-content` que modificam as configurações centrais do WordPress (em geral, alguma coisa relacionada ao *caching* ou outras configurações específicas do servidor). Esses arquivos não aparecem na lista principal de plugins porque geralmente pertencem a outros plugins.

» **Atualização Automática Habilitada [Auto-Updates Enabled]:** Essa opção aparecerá para os plugins em que você habilitou a atualização automática.

» **Atualização Automática Desabilitada [Auto-Updates Disabled]:** Essa opção aparecerá para os plugins em que você desabilitou a atualização automática.

Com uma rápida olhada na tela Plugins, é possível dizer facilmente quais plugins estão ativos ou não ao observar a cor de fundo dos plugins listados. Uma cor de fundo azul significa que o plugin está ativo, enquanto uma cor de fundo branca significa que ele está inativo. Plugins ativos também têm uma borda azul no lado esquerdo da lista. Na Figura 7-1 é difícil de distinguir, já que as imagens deste livro estão em preto e branco, mas no seu navegador você perceberá que o fundo do plugin Hello Dolly é azul, enquanto o fundo do Akismet está branco (as figuras deste livro estão todas em preto e branco, impedindo que você veja a cor azul, mas poderá ver os tons de cinza mais claros e escuros da Figura 7-1).

Você pode, também, gerenciar diversos plugins de uma só vez. É possível desativar ou ativar todos os plugins simultaneamente, clicando na caixa à esquerda de cada um, escolhendo Desativar no menu suspenso de Ações em Massa, localizado na parte superior ou inferior da página (como é possível ver na Figura 7-1) e clicando no botão Aplicar [Apply]. Da mesma forma, é possível ativar, atualizar, aprimorar ou deletar os plugins listados ao escolher as opções Ativar [Activate], Atualizar [Update] ou Deletar [Delete] no menu de ações em massa. Para selecionar todos os plugins com um só clique, basta clicar na caixa à esquerda do cabeçalho Plugins.

A tela Plugins exibe os plugins em três colunas, oferecendo detalhes para cada um exibido.

» **Plugin:** Essa coluna lista o nome dos plugins para que você possa encontrá-lo facilmente. Diretamente abaixo do nome do plugin, você encontrará alguns links para um gerenciamento fácil:

- *Ativar [Activate]:* Esse link aparecerá abaixo dos plugins inativos. Clique nele para ativar um plugin.

- *Desativar [Deactivate]:* Esse link aparecerá abaixo dos plugins ativos. Clique nele para desativar um plugin.

- *Deletar [Delete]:* Esse link aparecerá abaixo dos plugins inativos. Clique nele para deletar o plugin do seu site (leia mais sobre esse assunto na seção "Desinstalando Plugins", neste capítulo).

Às vezes, um plugin pode ter uma página separada de configuração. Nesses casos, um link adicional intitulado Configurações [Settings] será exibido abaixo do seu nome. Clicar nesse link o levará até a página de configurações para aquele plugin.

» **Descrição [Description]:** Essa coluna lista uma descrição para o plugin. Dependendo do plugin, você também poderá ver breves instruções sobre como utilizá-lo. Logo abaixo da descrição, é possível encontrar o número da versão do plugin, o nome do autor do plugin e um link para um site em que você poderá obter mais informações a respeito do plugin.

» **Atualizações Automáticas [Automatic Updates]:** Essa coluna, por padrão, exibe o link Habilitar Atualizações Automáticas [Enable Auto-Updates]. Ao clicar nesse link, ele muda para Desabilitar Atualizações Automáticas [Disable Auto-Updates], opção autoexplicativa para desabilitar a atualização automática de plugins. Para saber mais sobre a atualização de plugins, veja a seção posterior "Descobrindo a atualização de plugin em um clique" deste capítulo.

Identificando os Plugins Principais

Alguns plugins ganham um lugar tão especial no WordPress que acabam sendo embutidos no software e incluídos por padrão em todas as instalações do serviço.

Ao longo dos últimos anos, dois plugins alcançaram essa posição especial:

» **Akismet:** O plugin Akismet tem como único propósito proteger seu blog do spam de comentários. Embora outros plugins lidem com essa questão, o fato de o Akismet ser embutido ao WordPress e funcionar muito bem significa que a maioria dos usuários do WordPress usa o Akismet para o serviço.

» **Hello Dolly:** O plugin Hello Dolly ajuda você a embarcar no desenvolvimento de plugins, se estiver interessado. O plugin foi lançado pela primeira vez com a versão 1.2 do WordPress e é considerado o plugin mais antigo para o WordPress. Quando o plugin está ativo, o topo das páginas do seu Painel exibe um trecho aleatório de letra da música "Hello, Dolly!"

A Figura 7-1 mostra os plugins principais em uma nova instalação do WordPress.

LEMBRE-SE

A ideia dos plugins principais é oferecer um conjunto base de plugins para apresentá-lo ao conceito de plugins ao mesmo tempo que você se beneficia desse uso. O plugin Akismet é útil porque o spam de comentários é um grande problema entre os sites com WordPress. O plugin Hello Dolly é útil como um bom ponto de partida para entender o que são plugins e como são programados.

Embora o WordPress inclua esses plugins de maneira automática, seu site não precisa usá-los. Os plugins são desabilitados por padrão; é preciso ativá-los manualmente para que tenham efeito. Você pode deletar os plugins principais, assim como deletaria qualquer outro, e eles não serão reinstalados ao atualizar o WordPress.

Versões futuras do WordPress podem oferecer diferentes conjuntos de plugins principais. É possível que um (ou ambos) dos plugins incluídos deixe de ser incluído no futuro. Embora esse assunto já tenha sido muito discutido nos círculos de desenvolvimento do WordPress ao longo dos anos, nada havia sido definido até o momento em que este livro foi escrito, então o conjunto atual de plugins provavelmente permanecerá o mesmo por algum tempo.

Incorporando o Akismet

O Akismet foi criado pela equipe da Automattic — o mesmo grupo de pessoas que disponibilizou o plugin Jetpack (veja o Capítulo 15). O Akismet é a resposta contra o spam de comentários e trackbacks.

O Akismet já está incluso na instalação de cada WordPress e, portanto, não é preciso se preocupar em baixá-lo e instalá-lo. Siga os próximos passos para ativar e começar a usar o Akismet:

1. Clique no link Plugins, no menu de navegação à esquerda do Painel, para carregar a tela Plugins.

2. Clique no link Ativar abaixo do nome e descrição do plugin Akismet.

A tela do Akismet será aberta (veja a Figura 7-2).

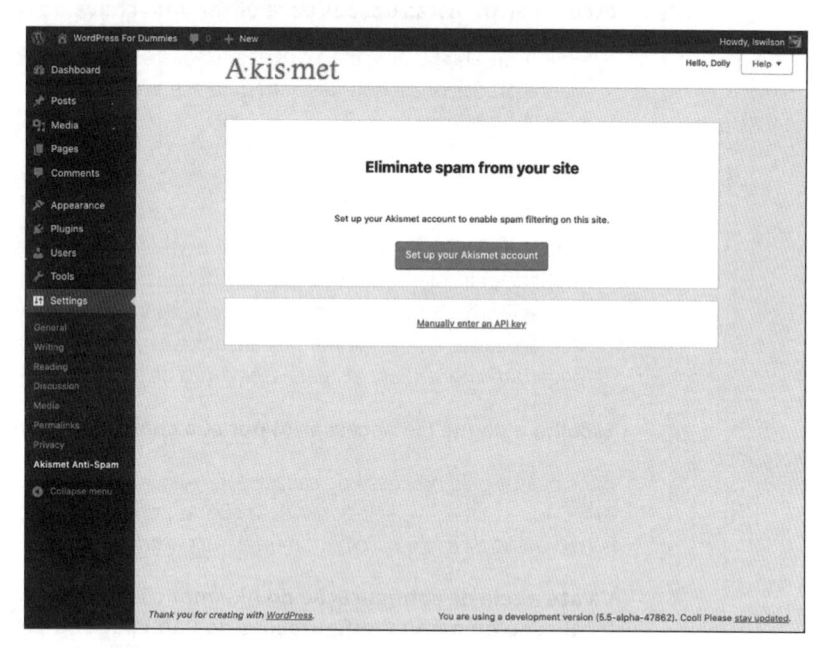

FIGURA 7-2:
A tela do
Akismet.

3. Caso ainda não tenha uma conta Akismet, clique no botão Cadastrar Sua Conta Akismet [Set Up Your Akismet Account] para ir até o site do Akismet. Pule para o passo 5.

4. **Caso já tenha uma conta Akismet e uma chave de API, insira-a no campo de texto Inserir Manualmente uma Chave de API. Em seguida, clique no botão Usar Esta Chave para salvar suas alterações.**

Se já tiver a chave, pode parar por aqui. Siga com os passos desta seção caso ainda precise obtê-la.

Uma *Chave de API* é uma linha de número e letras que funciona como uma senha única dada a você pelo Akismet. Essa é a chave que permite ao WordPress.org se comunicar com sua conta Akismet.

5. **Clique no botão Cadastrar Sua Conta Akismet [Set Up Your Akismet Account].**

A página de cadastro do site Akismet será aberta.

6. **Escolha entre estas opções para obter uma chave do Akismet:**

- *Enterprise:* US$50 por mês para as pessoas com sites ou blogs comerciais e profissionais que desejam uma segurança adicional e proteção contra malware.

- *Plus:* US$5 por mês para as pessoas com pequenos sites ou blogs comerciais ou profissionais.

- *Personal:* Pague o que quiser. Digite o valor que você está disposto a pagar pelo plano básico. Essa opção existe para pessoas com um site pequeno e pessoal. Você pode escolher não pagar nada (US$0), mas se quiser contribuir para a causa de combater o spam, você pode pagar até US$120 anuais pela assinatura de sua chave.

7. **Escolha e pague (se necessário) por sua chave do Akismet.**

Após passar pelo processo de cadastro, o Akismet fornecerá uma chave de API. Copie essa chave selecionando-a com o ponteiro do mouse, clicando com o botão direito e escolhendo Copiar a partir do menu de atalhos.

8. **Vá até a tela de configuração do Akismet clicando no link Akismet, localizado no menu Configurações do Painel de seu WordPress.**

9. Insira a chave de API na caixa de texto Chave de API [API Key] (veja a Figura 7-3) e clique em Salvar Alterações para ativar completamente o plugin Akismet.

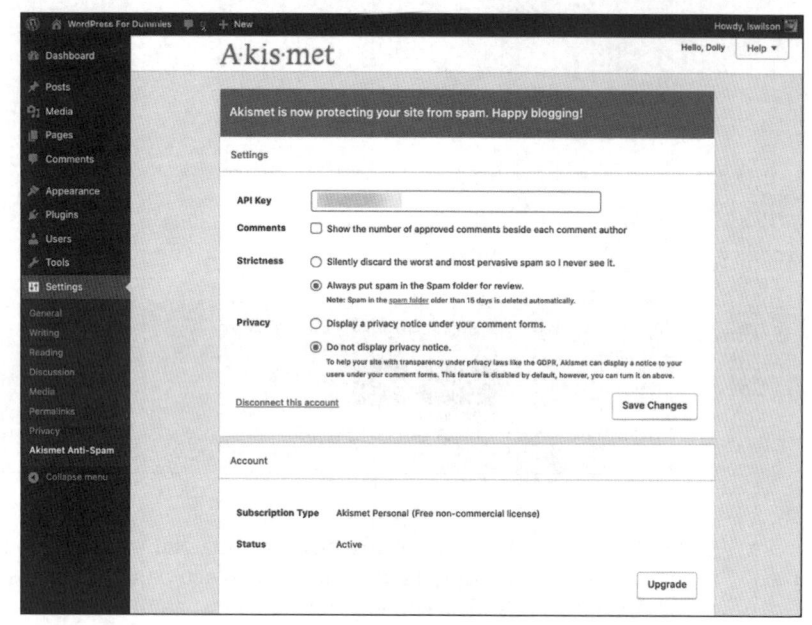

Após inserir e salvar sua chave, você pode selecionar três opções na configuração do Akismet para configurar ainda mais sua proteção contra spam:

» **Comentários [Comments]:** Selecione essa opção para exibir o número de comentários aprovados ao lado do autor de cada comentário.

» **Rigorosidade [Strictness]:** Por padrão, o Akismet envia o spam para a pasta de comentários de Spam para que você revise os comentários conforme achar melhor. Se achar que essa configuração não é suficientemente rigorosa, você pode fazer com que o Akismet delete, de forma silenciosa, os spams mais perigosos e predominantes para que você não precise abri-los.

» **Privacidade [Privacy]:** Por padrão, o Akismet não está configurado para exibir um aviso de privacidade abaixo do formulário de comentários do seu site. Selecione Exibir um Aviso de Privacidade Abaixo dos Formulários de Comentários [Display a Privacy Notice Under Your Comment Forms] para dizer ao WordPress que você deseja que um aviso seja exibido, assim como mostra a Figura 7-4.

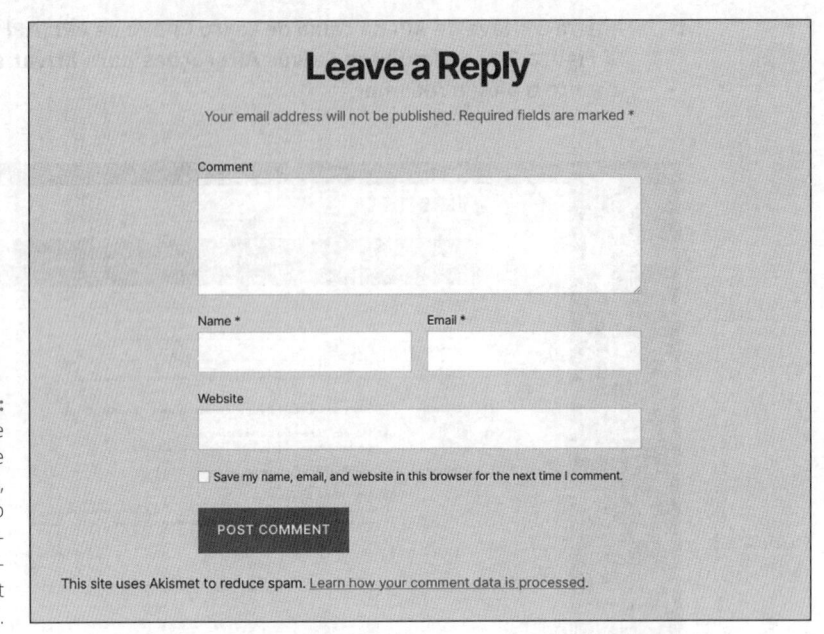

FIGURA 7-4: O aviso de privacidade do Akismet, abaixo do botão Postar Comentário [Post Comment].

O Akismet pega o spam e o lança em uma fila, mantendo-o preso por quinze dias e, em seguida, deletando-o do seu banco de dados. Provavelmente é uma boa ideia conferir a página de spam do Akismet uma vez por semana para se certificar de que o plugin não capturou nenhum comentário ou trackback legítimo por engano.

LEMBRE-SE

Veja seu filtro de spam com frequência. Enquanto escrevia este livro, acabei encontrando quatro comentários legítimos dentro do meu filtro de spam e, assim, pude removê-los de lá, liberando-os do Akismet e publicando-os para o resto do mundo. Veja o Capítulo 5 para saber mais sobre o gerenciamento de comentários no WordPress.

O pessoal da Automattic fez um bom trabalho com o Akismet. Desde o surgimento desse plugin, praticamente não precisei pensar sobre o spam de comentários ou trackback além das poucas vezes no mês em que verifico minha fila de spam.

Dizendo Hello Dolly

Matt Mullenweg, cofundador do WordPress, desenvolveu o plugin Hello Dolly. Qualquer um que acompanha o desenvolvimento do WordPress sabe que Mullenweg é um grande fã de jazz. Como sabemos disso? Cada lançamento do WordPress recebe o nome de um dos grandes músicos do jazz. Uma das atualizações mais recentes do software quando este livro foi escrito, por exemplo, se chama Parker, inspirada no grande músico de jazz, Charlie Parker. Outra versão recebeu o nome Coltrane, inspirado no saxofonista e compositor de jazz norte-americano, John Coltrane.

Sabendo disso, não é nada surpreendente que Mullenweg tenha desenvolvido um plugin nomeado Hello Dolly. Esta é a descrição do plugin que pode ser vista na página Plugins do seu Painel:

> Este não é apenas um plugin. Ele simboliza a esperança e o entusiasmo de toda uma geração, resumido em duas palavras que ganharam a maior notoriedade na voz de Louis Armstrong: "Hello, Dolly." Quando ativado, você verá, de forma aleatória, trechos da música "Hello, Dolly", na região superior direita da sua tela de administrador em todas as páginas acessadas.

É algo necessário? Não. É divertido? Com certeza!

Ative o plugin Hello Dolly na página Plugins do seu Painel do WordPress. Ao ativá-lo, o blog do WordPress o cumprimentará com um trecho diferente da canção todas as vezes.

Se quiser alterar as letras da música nesse plugin, poderá editá-las clicando no link Editar à direita do plugin Hello Dolly, na página Plugins. O Editor de Plugin abrirá e permitirá editar o arquivo em um editor de texto. Certifique-se de cada linha da letra tenha sua própria linha no arquivo de plugin. Esse plugin pode não parecer muito útil para você (na verdade, pode não ser muito útil para a maioria dos usuários do WordPress), mas o verdadeiro propósito dele é dar aos desenvolvedores de plugin do WordPress um exemplo simples de como escrever um plugin.

DICA

Este livro não fala sobre como criar seus próprios plugins, mas, se estiver interessado, pode conferir meu outro livro, *WordPress All-in-One For Dummies*, Quarta Edição [ainda sem tradução no Brasil], que fala detalhadamente sobre esse assunto.

Descobrindo a atualização de plugin em um clique

Por muitas razões, especialmente razões de segurança e atualização de funcionalidades, sempre use as versões mais atualizadas dos plugins em seu blog. Com tudo que precisa fazer todos os dias, como vai conseguir acompanhar a atualização dos seus plugins?

Você não precisa acompanhar, pois o WordPress faz isso para você.

O WordPress pode notificá-lo de quatro formas diferentes quando uma nova atualização estiver disponível para um plugin:

> » **Link Atualizações:** Esse link presente no menu do Painel exibe um círculo vermelho e um número branco que indica quantos plugins têm atualizações disponíveis (na Figura 7-5, um dos plugins do meu site está com uma atualização disponível). Clique no link Atualizações para visualizar as atualizações disponíveis.

> » **Barra de ferramentas:** Quando uma nova atualização estiver disponível, um pequeno ícone aparecerá à direita do título de seu site, na barra de ferramentas, como mostra a Figura 7-5.

> » **Título do menu Plugins:** O título do menu Plugins exibe um círculo vermelho com um número branco (veja a Figura 7-5). Assim como no link Atualizações, o número indica quantos plugins têm atualizações disponíveis.

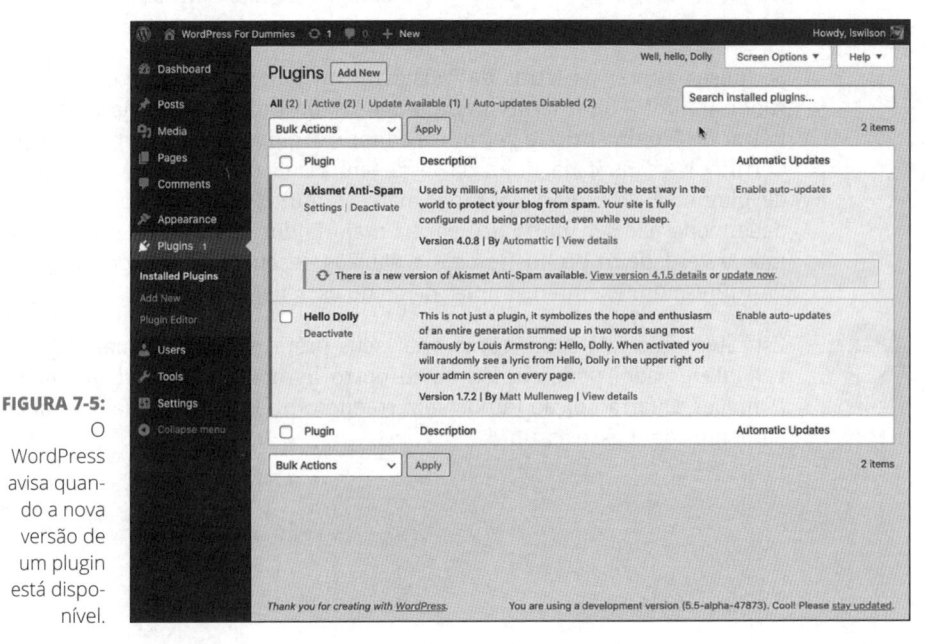

FIGURA 7-5: O WordPress avisa quando a nova versão de um plugin está disponível.

» **Página Plugins:** A Figura 7-6 mostra a página Plugins. Abaixo do plugin Akismet você encontra a mensagem: `Existe uma nova versão do Akismet disponível. Veja os detalhes da versão 4.15 ou atualize agora.`

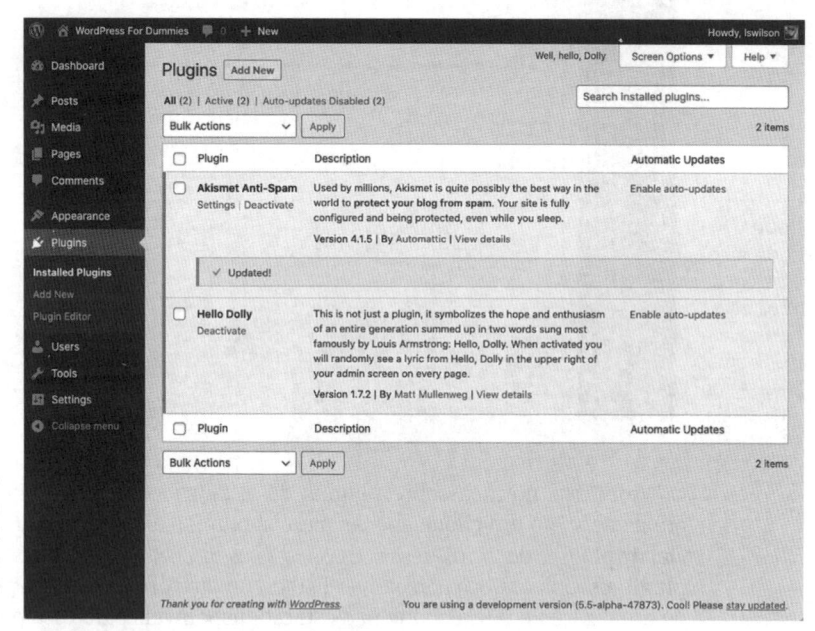

FIGURA 7-6:
O plugin
Akismet
com uma
atualização
disponível.

O WordPress não oferece apenas a mensagem de que um plugin está disponível, mas também um link para a página em que você pode baixar a nova versão ou um link no qual você pode clicar para atualizar o plugin imediatamente — a atualização de plugin em um clique do WordPress.

Clique no link Atualizar Agora para que o WordPress busque os novos arquivos no servidor do WordPress.org, envie-os diretamente ao diretório de seus plugins, delete os plugins antigos e ative os novos (se o plugin estiver inativo quando for atualizado, o WordPress oferecerá a opção de ativá-lo após concluir o processo de atualização). A Figura 7-7 mostra a mensagem `Atualizado` que vemos na página Plugins depois que o plugin foi atualizado.

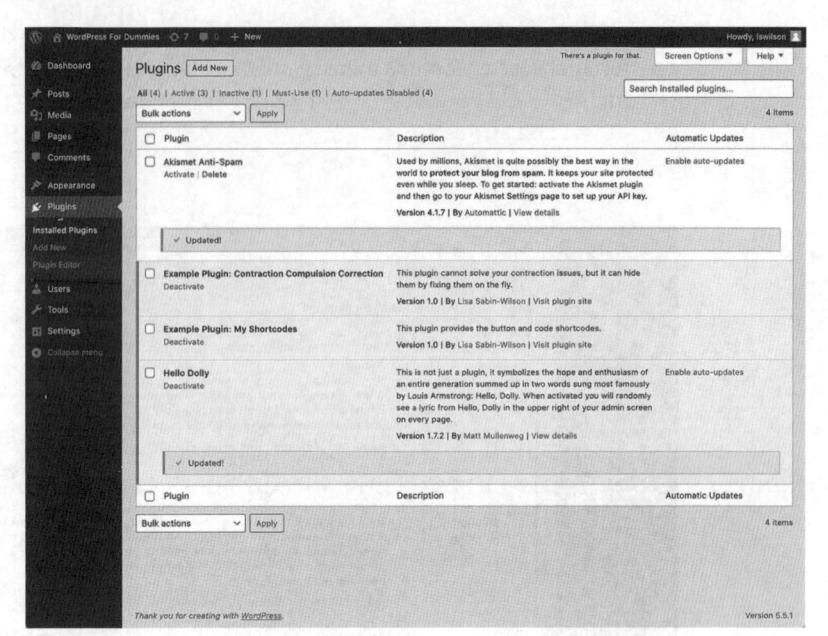

FIGURA 7-7:
Uma mensagem de "Atualizado" aparecerá após a atualização de um plugin.

O WordPress notifica sobre plugins desatualizados e fornece a função de atualização em um clique apenas para os plugins disponíveis na página oficial de plugins do WordPress (`https://WordPress.org/plugins`). Se um plugin usado por você não estiver listado no diretório, a notificação e função de atualização em um clique não estarão disponíveis para esse plugin.

CUIDADO

Seja lá o que você fizer, *não* ignore as mensagens de atualização oferecidas pelo WordPress. Os desenvolvedores de plugin normalmente lançam novas versões devido a problemas ou vulnerabilidades de segurança que exigem uma atualização. Se perceber que uma atualização está disponível para um plugin, pare o que estiver fazendo e atualize. Uma atualização só leva alguns segundos.

PAPO DE ESPECIALISTA

Para que a atualização automática de plugins funcione, o seu diretório de plugin (`/wp-content/plugins`) deve ter permissão de gravação em seu servidor web, o que significa que você deve configurar o diretório com as permissões 755 ou 777 (dependendo da configuração de seu servidor web). Veja o Capítulo 3 para saber mais sobre como alterar as permissões de arquivos em seu servidor web ou entre em contato com seu provedor de hospedagem para obter assistência.

Usando Plugins: O Básico

Nesta seção, mostro como instalar um plugin em seu site WordPress com a funcionalidade embutida de plugins. A instalação automática de plugins a partir do Painel do WordPress só funciona para plugins inclusos na página oficial de plugins do WordPress (`https://WordPress.org/plugins`). Você também pode instalar os plugins manualmente no seu site WordPress — um processo que mostrarei na próxima seção, "Instalando Plugins Manualmente".

O WordPress facilita muito a busca, a instalação e a ativação de plugins em seu blog. Para aprender como fazer isso, siga os próximos passos:

1. **Clique no link Adicionar Novo no menu Plugins.**

A página de instalação de plugins será aberta, permitindo que você faça a pesquisa na página oficial de plugins do WordPress a partir do seu Painel.

2. **Busque um plugin para ser instalado em seu site.**

Insira uma palavra-chave para o plugin que gostaria de encontrar. Para este exemplo, você deseja instalar um plugin que melhora o SEO (search engine optimization) do seu site. Para encontrar esse plugin, digite **SEO** na caixa de texto de pesquisa dentro da página de instalação de plugins. Em seguida, clique no botão Pesquisar.

A Figura 7-8 mostra a página de resultados para a palavra-chave SEO. O primeiro plugin listado, Yoast SEO, é o plugin que você deseja instalar.

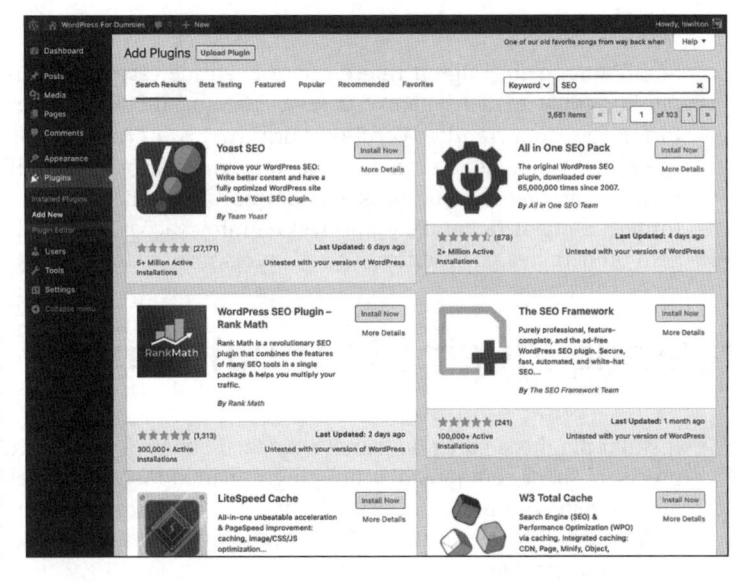

FIGURA 7-8: Os resultados de pesquisa da tela Adicionar Plugins para os plugins relacionados a SEO.

Você também pode descobrir novos plugins clicando em cada uma das categorias no topo da tela Adicionar Plugins, como Em Destaque [Featured], Populares [Popular] e Recomendados [Recommended].

3. Clique no link Mais Detalhes [More Details].

Uma janela de descrição será aberta, exibindo informações sobre o plugin Yoast SEO (incluindo descrição, número de versão e nome do autor) e o botão Instalar Agora.

4. Clique no botão Instalar Agora.

Você será levado à página Instalando Plugins do Painel do WordPress, na qual encontrará uma mensagem de confirmação de que o plugin foi baixado, extraído e instalado com sucesso.

5. Especifique se deseja ativar o plugin ou seguir para a página Plugins.

Dois links aparecem abaixo da mensagem de confirmação:

- *Ativar Plugin:* Clique nesse link para ativar o plugin que acabou de instalar.

- *Voltar ao Instalador de Plugin:* Clique nesse link para ir à página Instalar Plugins sem ativar o plugin instalado.

A instalação automática de plugins a partir do seu Painel funciona na maioria das configurações de hospedagem web. No entanto, alguns serviços de hospedagem web não permitem o tipo de acesso necessário para que o WordPress conclua a instalação automática. Se receber algum tipo de mensagem de erro ou descobrir que não consegue usar a funcionalidade de instalação automática, entre em contato com seu provedor de hospedagem para descobrir como ele pode ajudá-lo.

Se o Painel exibir algum tipo de mensagem de erro após a instalação do plugin, copie a mensagem e cole-a em uma mensagem de suporte no fórum de suporte do WordPress.org (`https://br.WordPress.org/support/`) para solicitar a ajuda de outros usuários do WordPress a respeito do problema e sua possível solução. Ao publicar sobre o problema, forneça a maior quantidade possível de informações, incluindo uma imagem ou detalhes por escrito.

Instalando Plugins Manualmente

Instalar plugins a partir do Painel é tão fácil que você provavelmente nunca precisará saber como instalar um plugin manualmente por meio do Secure File Transfer Protocol (SFTP). (O Capítulo 3 explica como usar o SFTP.) Entretanto, a técnica ainda é útil caso a página de plugins do WordPress esteja indisponível.

LEMBRE-SE

A instalação do plugin para SEO o ensinará o processo geral, mas tenha em mente que cada plugin é diferente. Ler a descrição e instrução de instalação para cada plugin que deseja instalar é muito importante.

Encontrando e baixando os arquivos

O primeiro passo no uso dos plugins é localizar o plugin que você deseja instalar. O melhor lugar para encontrar plugins do WordPress, sem dúvida alguma, é a página oficial de plugins do WordPress.org (`https://WordPress.org/plugins`), que tinha, no momento que este livro foi escrito, mais de 57 mil plugins disponíveis para download.

Para encontrar o plugin Yoast SEO, siga estes passos:

1. **Vá para a página oficial de plugins do WordPress em** `https://WordPress.org/plugins`.

2. **Na caixa de pesquisa localizada no topo da página, digite a palavra-chave SEO e, em seguida, clique no botão Buscar Plugins.**

3. **Localize o plugin Yoast SEO na página de resultados de pesquisa (veja a Figura 7-9) e clique no nome do plugin.**

A página do plugin Yoast SEO abrirá (veja a Figura 7-10), oferecendo uma descrição e outras informações sobre o plugin.

Na Figura 7-10, preste atenção às informações importantes que aparecem no lado direito da página.

- *Versão [Version]:* O número exibido nessa área é a versão mais recente do plugin.

- *Última Atualização [Last Updated]:* Essa data é quando o autor atualizou o plugin pela última vez.

- *Instalações Ativas [Active Installations]:* Esse número diz quantas vezes o plugin foi baixado e instalado por outros usuários.

- *Compatível até [Tested Up To]:* Essa seção diz até qual versão do WordPress esse plugin oferece compatibilidade. Se essa informação citar que o plugin é compatível até a versão 5.0, por exemplo, normalmente não é possível usar com versões posteriores. E eu digo *normalmente* porque o desenvolvedor pode não atualizar a informação contida nessa seção — especialmente se o plugin em si não sofrer nenhuma alteração. A melhor forma de conferir a compatibilidade é baixar o plugin, instalá-lo e checar se funciona! (A Figura 7-10 mostra que o plugin Yoast SEO é compatível até a versão 5.4.1. do WordPress.)

- *Avaliações [Ratings]:* Com um sistema de avaliação de 1 a 5 estrelas (em que 1 estrela é a pior nota e 5 estrelas a melhor), é possível ver como outros usuários do WordPress avaliaram o plugin.

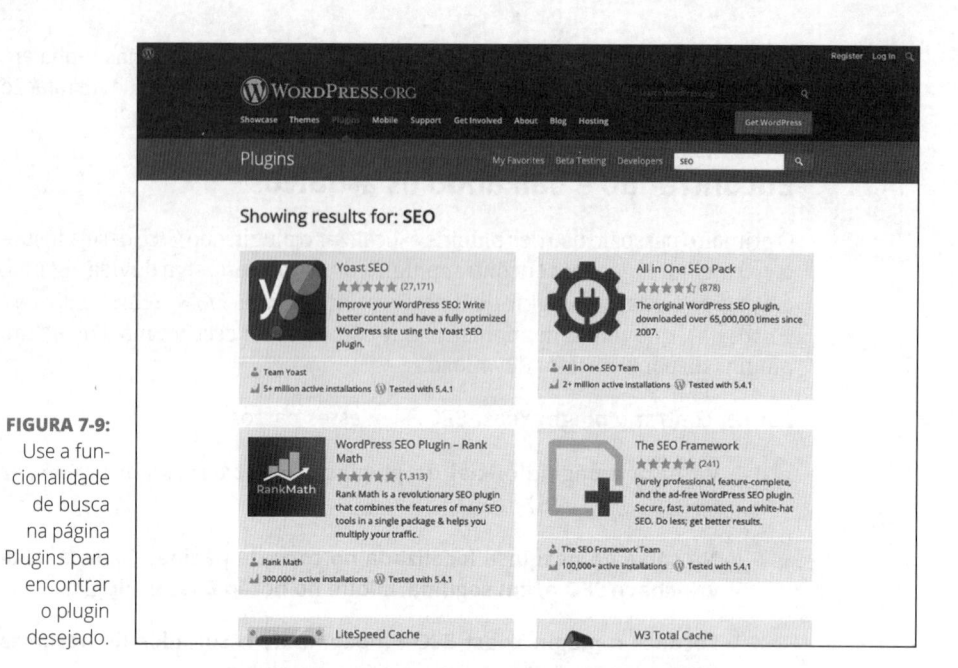

FIGURA 7-9: Use a funcionalidade de busca na página Plugins para encontrar o plugin desejado.

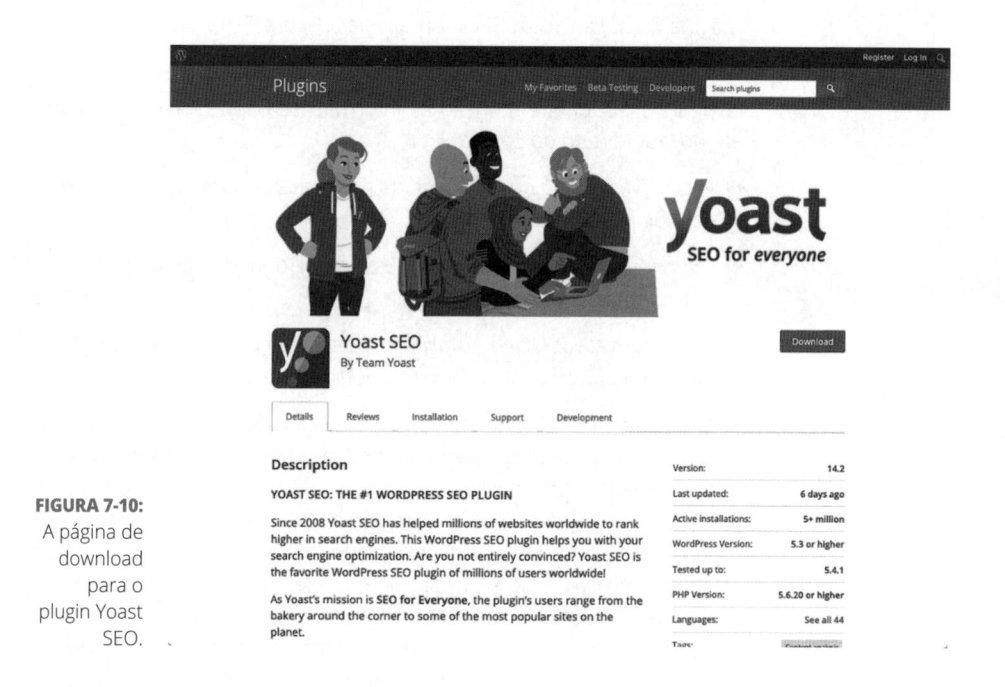

FIGURA 7-10: A página de download para o plugin Yoast SEO.

4. **Clique no botão Download para a versão do plugin que deseja baixar.**

Clique no botão Download. Uma caixa de diálogo aparecerá, perguntando se você deseja abrir ou salvar o arquivo. Clique em Salvar para salvar o arquivo `.zip` em seu disco rígido, e *lembre-se do local em que foi salvo*.

Se estiver usando o Mozilla Firefox, clique no botão Download. Uma caixa de diálogo aparecerá, perguntando o que o Firefox deveria fazer com o arquivo. Escolha o botão Salvar Arquivo e clique em OK para salvá-lo em seu disco rígido. Mais uma vez, *lembre-se do local em que foi salvo*.

Para outros navegadores, siga as instruções de download na caixa de diálogo correspondente.

5. **Localize o arquivo em seu disco rígido e abra-o com seu programa favorito de descompressão.**

Caso não tenha certeza de como usar seu programa de descompressão, confira a documentação disponível com o programa.

6. **Extraia (descomprima) os arquivos do plugin que você baixou.**

Lendo as instruções

Com frequência, o desenvolvedor do plugin inclui um arquivo `readme.txt` dentro do arquivo `.zip`. Faça exatamente o que o título do arquivo pede: leia. Geralmente, esse arquivo tem a mesma documentação e instruções que você encontrará no site do desenvolvedor do plugin.

Certifique-se de ler as instruções com cuidado e segui-las corretamente. Noventa e nove por cento dos plugins do WordPress possuem boa documentação e boas instruções do desenvolvedor. Ao não seguir as instruções corretamente, na melhor das hipóteses, o plugin simplesmente não funcionará em seu site. Por outro lado, na pior hipótese possível, o plugin criará muitos erros, exigindo que a instalação seja refeita.

DICA

Você pode abrir os arquivos `readme.txt` em qualquer editor de texto, como o Bloco de Notas ou WordPad no PC ou Editor de Texto em um Mac.

No caso do plugin Yoast SEO, o arquivo `readme.txt` contém muitas informações sobre o plugin, bem como informações úteis sobre SEO em geral.

LEMBRE-SE

Cada plugin é diferente em termos de onde os arquivos são armazenados e quais configurações são necessárias para fazer o plugin funcionar. Leia as instruções de instalação com cuidado e siga essas instruções para instalar o plugin corretamente.

Enviando e Ativando Plugins

Nesta seção, mostro como enviar os arquivos do plugin para seu servidor web. Nas versões anteriores do WordPress, era necessário enviar os arquivos descomprimidos para o seu servidor web por meio do SFTP (veja o Capítulo 3). Hoje em dia, tudo o que você precisa fazer é enviar o arquivo `.zip` que você baixou na página de plugins do WordPress. Certifique-se de ter feito login em seu Painel.

Descomprimir o arquivo `.zip` que você baixou é útil, porque ele contém arquivos que podem ajudá-lo a entender melhor o plugin. Localize os arquivos do plugin que você extraiu em seu disco rígido. Caso o desenvolvedor não tenha incluído um arquivo `readme.txt` com as instruções, confira o site do desenvolvedor do plugin para obter instruções sobre como instalar o plugin em seu site. Mais especificamente, o arquivo `readme.txt` e/ou o site do plugin devem mencionar os seguintes pontos:

» Para qual diretório de seu servidor web você deve enviar os arquivos do plugin.

» O que fazer se precisar alterar as permissões para qualquer um dos arquivos do plugin após enviá-los ao servidor web (veja o Capítulo 3 se precisar de informações sobre alteração de permissão de arquivo).

» O que fazer se precisar de configurações específicas no arquivo do plugin para fazê-lo funcionar.

» O que fazer se precisar modificar o modelo do seu tema para incluir as funções do plugin em seu site.

Enviando um novo plugin

Para instalar o plugin Yoast SEO por meio do Painel do WordPress, siga estes passos:

1. **Clique em Adicionar Novo no menu Plugins.**

A página de instalação de plugins do seu Painel será aberta.

2. **Clique no link Atualizar Plugin no topo da página de instalação de plugins.**

A página resultante oferece uma interface para enviar um plugin no formato `.zip`.

3. **Clique no botão Escolher Arquivo.**

Na caixa de diálogo de Envio de Arquivo [File Upload], você pode localizar o arquivo `.zip` para o plugin que gostaria de instalar. Neste caso, o arquivo é o `WordPress-seo.14.2.zip` (veja a Figura 7-11). Clique no arquivo para selecioná-lo e, em seguida, clique no botão Abrir [Open] para retornar à página de instalação dos plugins.

FIGURA 7-11: Enviando um plugin por meio do Painel.

4. **Clique no botão Ativar Plugin.**

O WordPress enviará o arquivo zip para a pasta `/wp-content/plu-gins/` do seu servidor web e, em seguida, extrairá o arquivo e o instalará. A Figura 7-12 mostra a página de instalação de plugins com mensagens durante e após a instalação (bem-sucedida, de preferência).

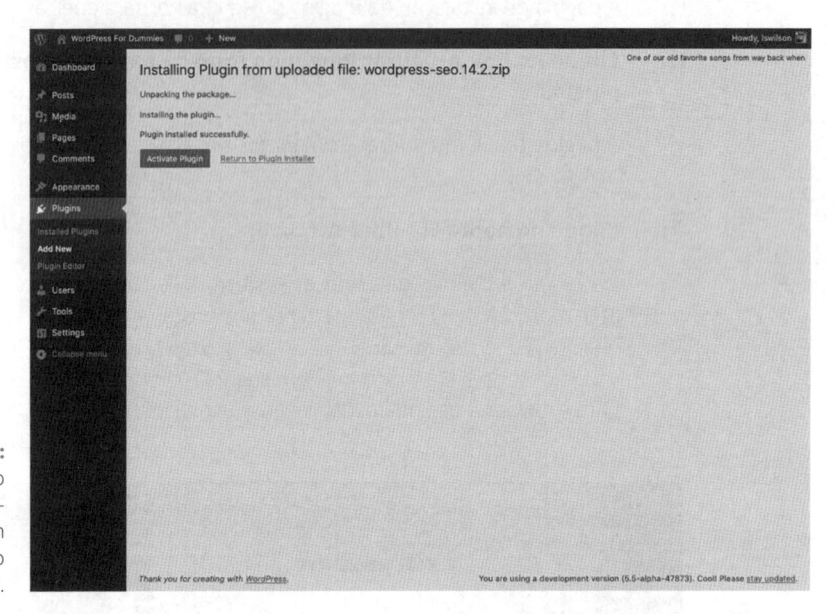

FIGURA 7-12:
Envio
bem-suce-
dido de um
plugin pelo
Painel.

Ativando um plugin

Todos os plugins listados na tela Plugins são ativos ou inativos, com exceção dos plugins drop-in, que ficam ativos por padrão. Quando desejar ativar um plugin inativo, siga os passos a seguir:

1. **Clique no link Plugins Instalados no menu Plugins.**

A tela Plugins será aberta, listando todos os plugins instalados em seu site.

2. **Encontre o plugin que deseja ativar.**

Se tiver muitos plugins instalados em seu site, poderá refinar a pesquisa clicando no link Inativos, que listará todos os plugins inativos atualmente.

3. **Clique no botão Ativar Plugin abaixo do nome do plugin.**

A tela Plugins será atualizada e o plugin ativado agora aparecerá como um plugin ativo na página.

Opções de Configuração de Plugin

Alguns plugins do WordPress, porém não todos, têm uma página de administração na qual você pode mexer em configurações específicas desses plugins. Você encontrará a página de administração do plugin em algum destes lugares:

>> A página Configurações (clique no menu Configurações)

>> O menu Ferramentas (localizado no menu de navegação)

>> O menu Plugins (localizado no menu de navegação)

>> Um menu no Painel (localizado no menu de navegação)

>> Na barra de ferramentas do administrador (no topo de qualquer página do Painel)

Você pode abrir a página de configurações do Yoast SEO (veja a Figura 7-13), por exemplo, clicando no link SEO no menu de navegação principal do Painel.

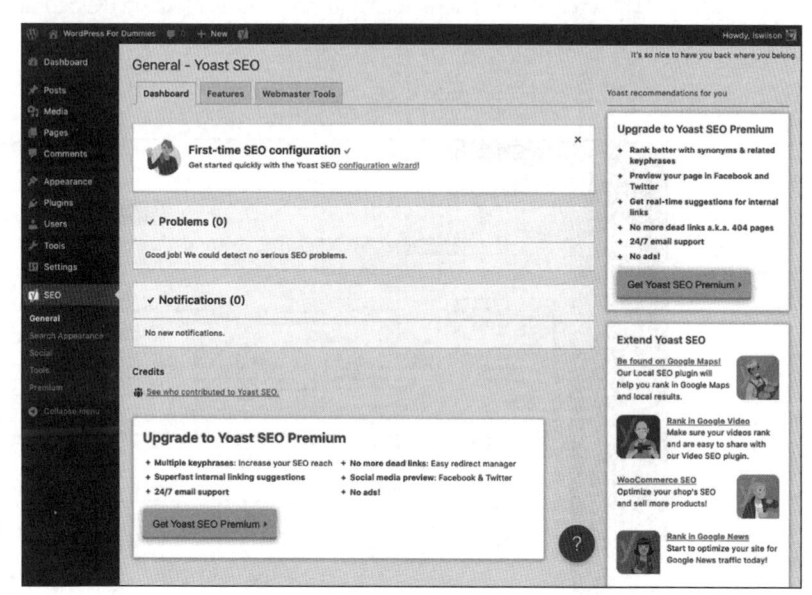

FIGURA 7-13: A página de administração de configurações do Yoast SEO.

Desinstalando Plugins

Depois de toda essa conversa sobre instalar e ativar plugins, o que acontece se você instalar e ativar um plugin apenas para decidir que ele não é exatamente o que deseja? Não se preocupe — você não vai ficar atrelado para sempre a um plugin indesejado. O WordPress permite que você seja indeciso sobre suas escolhas de plugins!

Para desinstalar um plugin, siga estes passos:

1. **Clique no link Plugins Instalados, no menu Plugins.**

A tela Plugins será aberta.

2. **Localize o plugin que deseja desinstalar.**

3. **Clique no link Desativar abaixo do título do plugin.**

A tela Plugins será atualizada e o plugin aparecerá como desativado (ou inativo).

4. **Clique no link Deletar abaixo do nome do plugin.**

A tela Plugins será aberta junto de uma caixa de diálogo de confirmação perguntando se você tem certeza de que deseja deletar o plugin (veja a Figura 7-14).

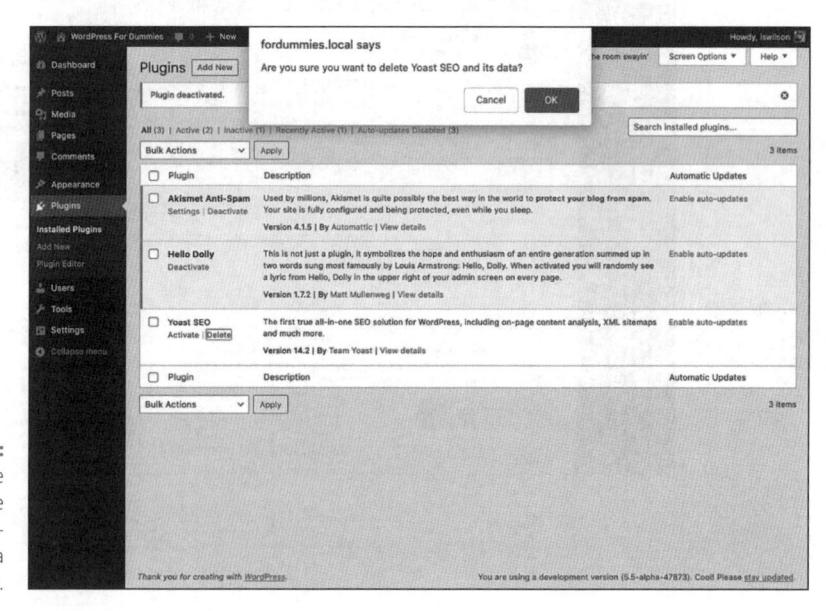

FIGURA 7-14: Caixa de diálogo de confirmação na tela Plugins.

5. **Clique no botão OK.**

A tela Plugins será atualizada e o plugin que acabou de deletar não estará na lista de plugins. Além disso, você verá uma mensagem na parte superior confirmando que o plugin foi deletado.

Bang! Está feito. Isso é tudo que você precisa fazer.

Não se esqueça de remover quaisquer trechos de código que você possa ter adicionado aos seus temas para esse plugin em particular. Caso contrário, mensagens de erro podem acabar aparecendo no seu site.

Entendendo o Ambiente Open Source

O software WordPress foi construído em uma plataforma preexistente chamada b2. Matt Mullenweg, cofundador do WordPress, estava usando a b2 como uma plataforma de blog quando o desenvolvedor da plataforma acabou abandonando-a. O que essa mudança significava para os usuários? Que não haveria mais nenhum tipo de desenvolvimento a menos que alguém assumisse a responsabilidade e continuasse com a plataforma. É aí que entra Mullenweg e o WordPress.

Aplique esse mesmo conceito ao desenvolvimento de plugins e você entenderá que, às vezes, os plugins simplesmente somem. A menos que alguém assuma a responsabilidade quando o desenvolvedor original perde o interesse, o desenvolvimento do plugin chega ao fim. Portanto, é importante entender que a maioria dos plugins são desenvolvidos em um ambiente open source (ou de código aberto), o que traz algumas implicações para você, usuário final.

» Os desenvolvedores que criaram seus plugins favoritos não são obrigados a manter o desenvolvimento deles. Se encontrarem um novo hobby ou simplesmente se cansarem do trabalho, eles podem simplesmente desistir. Se ninguém assumir o trabalho do ponto em que os desenvolvedores deixaram, você pode dar adeus aos seus plugins caso deixem de funcionar na versão mais recente do WordPress.

» Os desenvolvedores de plugins populares não seguem um calendário específico. Geralmente, os desenvolvedores são muito bons em atualizar seus plugins quando novas versões do WordPress são lançadas ou quando um bug ou uma falha de segurança são encontrados. Tenha em mente, no entanto, que não há nenhum cronograma específico que esses desenvolvedores devem seguir. Muitas dessas pessoas têm empregos formais, aulas ou famílias que podem acabar impedindo-as de dedicar tanto tempo quanto você gostaria ao projeto.

>> No mundo do desenvolvimento de plugins, tudo o que vem fácil, vai fácil. Cuidado com as armadilhas de se apaixonar por um plugin específico do WordPress. Não deixe seu site se tornar dependente de um único plugin e não se surpreenda caso um plugin que você ama deixe de existir amanhã. Você pode usar o plugin desde que ele continue a funcionar para você, mas, quando parar de funcionar (durante o lançamento de uma nova versão do WordPress ou quando algum problema de segurança o inviabiliza), você terá uma decisão difícil a ser tomada. Você pode

- Parar de usar o plugin e encontrar uma alternativa adequada

- Esperar que outro desenvolvedor assuma o projeto quando o desenvolvedor original o abandonar

- Encontrar alguém que resolva o problema para você (neste caso, você provavelmente precisará pagar a alguém pelo tempo gasto)

Não quero fazer com que o mundo dos plugins do WordPress pareça sombrio, mas acredito ser importante que você entenda as dinâmicas em jogo. Reflita sobre o conteúdo desta seção.

Achando Plugins Fora do WordPress.org

O número exato de plugins disponíveis além daqueles oferecidos no WordPress.org é desconhecido, mas certamente é maior do que alguns milhares, o que significa que existe uma grande diversidade de plugins por aí. Esses plugins podem ser mais difíceis de serem encontrados, mas posso indicar alguns locais para iniciar sua busca.

Muitos dos plugins não listados na página de plugins são pagos, e a página oficial de plugins do WordPress só aceita plugins gratuitos. Se um plugin estiver em promoção, ele também não pode ser listado na página, então o autor precisa encontrar outros métodos para listar e promover seus produtos.

Ao longo dos últimos anos, o mercado para plugins comerciais cresceu bastante. Não dá para listar neste capítulo todas as empresas que atualmente oferecem plugins para WordPress, então a lista a seguir é apenas uma pequena amostra. Esta lista é uma forma de apresentá-lo para o mundo dos plugins além daqueles oferecidos no WordPress.org.

Cada um desses sites oferece plugins para o WordPress:

» **iThemes** (`https://ithemes.com`)**:** Embora tenha começado como um desenvolvedor de temas, o iThemes passou a desenvolver plugins. A oferta mais popular é o plugin BackupBuddy, usado para fazer o backup e restaurar seus sites.

» **Gravity Forms** (`https://www.gravityforms.com`)**:** Para muitos usuários do WordPress, o Gravity Forms é o plugin que você deve comprar. Normalmente, essa é a primeira e a última recomendação que as pessoas dão para quem deseja criar formulários no WordPress.

» **CodeCanyon** (`https://codecanyon.net/category/WordPress`)**:** Com milhares de plugins, essa loja online é a versão dos plugins pagos para a página de plugins do WordPress.org. O CodeCanyon é uma coleção de plugins de vários desenvolvedores, ao contrário de uma listagem de plugins de uma única empresa.

» **WooCommerce** (`https://woocommerce.com`)**:** É um plugin conhecido com uma solução completa de e-commerce para integrar ao seu site WordPress. Esse plugin transforma seu site em uma loja online.

Embora esses sites ofereçam um gostinho do que os sites de plugins comerciais podem oferecer, outras fontes de informações sobre plugins novos e empolgantes podem ser úteis. Muitos sites de notícias do WordPress falam sobre diversos assuntos relacionados, incluindo avaliações e discussões de plugins específicos. Confira os seguintes sites se desejar saber quais plugins estão dando o que falar:

» **WPBeginner** (`www.wpbeginner.com`)**:** Esse site é dedicado a ajudar os usuários novatos a começar a administrar seu site mais rapidamente. Ele tem um blog ativo que trata de uma grande variedade de assuntos. Com frequência, o site oferece posts sobre como usar plugins para criar soluções específicas para seu site.

» **Post Status** (`https://poststatus.com`)**:** É um site de notícia sobre tudo relacionado ao WordPress. Se existir alguma inquietação a respeito de um assunto no mundo do WordPress, você provavelmente encontrará discussões sobre o assunto aqui.

DICA

Uma coisa incrível sobre usar o site de uma comunidade ou de notícias para descobrir novos plugins é saber que você não está só na decisão de confiar em um plugin. Você pode ver a opinião das outras pessoas antes de testar.

Caso não esteja encontrando o que deseja na página Plugins, não conheça ninguém que oferece a solução que você está procurando e não esteja vendo nada nos sites da comunidade, é hora de ir até um mecanismo de busca confiável (como o Google) e ver o que consegue encontrar.

Uma boa forma de começar é fazer uma busca com as palavras *WordPress* e *plugin* ao lado de algumas palavras-chave descrevendo a funcionalidade desejada. Caso queira um plugin com funcionalidades avançadas de galeria de imagens, por exemplo, digite *wordpress plugin galeria de imagem.* Desde que sua busca não seja demasiadamente específica, você encontrará muitos resultados. Os resultados normalmente contêm posts de blogs que avaliam plugins específicos ou listam plugins recomendados.

CUIDADO

Alguns desenvolvedores incluem malware, vírus e outros códigos executáveis indesejados no código de seus plugins. Sua melhor aposta é usar plugins do site oficial ou comprar plugins de um vendedor confiável. Faça sua pesquisa.

Comparando Plugins Gratuitos e Comerciais

Milhares de plugins estão disponíveis gratuitamente, enquanto outros milhares são pagos. Quais são os benefícios dos plugins grátis em comparação aos plugins pagos? Essa é uma pergunta difícil.

É tentador pensar que alguns plugins são melhores que outros e é por isso que não são gratuitos. Infelizmente, as coisas não são assim tão simples. Alguns plugins incríveis pelos quais eu pagaria são grátis, enquanto outros plugins terríveis pelos quais eu não pagaria têm um custo.

Com frequência, um plugin pago tem suporte incluso, o que significa que a empresa ou pessoa vendendo o plugin oferece algum tipo de garantia caso você tenha problemas, fornecendo suporte e atualizações para lidar com bugs e outros problemas.

Os plugins gratuitos geralmente listam lugares onde você pode pedir ajuda ou fazer perguntas, mas nada garante que o desenvolvedor vai respondê--las. Embora os desenvolvedores não tenham a obrigação de ajudar com solicitações de suporte dos usuários de seus plugins, muitos deles trabalham duro para ajudar os usuários com problemas. Felizmente, uma vez que muitos plugins gratuitos são oferecidos na página de plugins, e considerando que a página de plugins inclui um fórum de suporte e sistema de avaliação embutidos, você pode ver facilmente se um autor de plugin responde às solicitações de ajuda e com que rapidez ele faz isso.

Acredito que o modelo de plugins comerciais funciona em um ambiente com dezenas de milhares de plugins gratuitos porque muitos usuários do WordPress desejam a garantia de que receberão assistência caso tenham problema. Elas têm um lugar para fazer perguntas e conseguir ajuda.

Então, se as pessoas conseguem ser pagas para produzir plugins, por que existem tantos plugins gratuitos? Essa questão também é muito boa.

Uma razão do porquê tantos plugins estão disponíveis gratuitamente é que muitos desenvolvedores do WordPress são pessoas generosas que acreditam no compartilhamento de plugins com a comunidade. Outros desenvolvedores sentem que disponibilizar seus plugins para milhões de usuários do WordPress por meio da página Plugins é uma ótima forma de mostrar seu talento ao mundo, o que pode levar até algum tipo de contratação. Em um currículo, chavões são muito menos valiosos do que um plugin que você criou e foi baixado milhares ou milhões de vezes.

Outra razão para lançar um plugin gratuito é para instigar as pessoas a pagarem por upgrades (ou melhorias) — um modelo geralmente conhecido como *freemium*. Plugins no modelo freemium normalmente têm plugins pagos que adicionam funcionalidades ao plugin gratuito. Portanto, o modelo freemium é uma mistura dos modelos grátis (free) e pagos (premium), conseguindo o melhor dos dois mundos. O plugin gratuito pode ser listado na página Plugins, dando ao plugin uma boa quantidade de exposição. O usuário pode ter uma ideia de como o plugin funciona e, caso queira as funcionalidades adicionais, é possível pagar pela versão com melhorias.

Um exemplo de modelo freemium é o plugin WooCommerce (`https://woocommerce.com`). O plugin principal é disponibilizado gratuitamente na página Plugins (`https://wordpress.org/plugins/woocommerce`), mas também oferece suporte a um grande número de plugins pagos para a adição de outras funcionalidades. Por si só, o plugin WooCommerce transforma o site em um carrinho de compras. Para expandir essa funcionalidade, os plugins pagos estão disponíveis, oferecendo processamento de pagamentos para processadores específicos de cartão de crédito, frete, gerenciadores de downloads e muitas outras características.

A maior diferença entre plugins gratuitos e pagos é que, às vezes, você não encontrará uma funcionalidade desejada em um plugin gratuito e precisará obter um plugin pago. No fim das contas, o que você vai baixar dependerá apenas de você. Existem muitos plugins gratuitos disponíveis, assim como muitos plugins pagos. Se quiser as funcionalidades oferecidas por um plugin pago e estiver disposto a pagar o preço, então os plugins pagos podem ser bons investimentos para seu site.

DICA

Muitos plugins gratuitos têm links para sites de doações. Caso ache que um plugin gratuito é valioso, considere a possibilidade de fazer uma doação para o desenvolvedor. Muitos desenvolvedores de plugins gratuitos afirmam que raramente recebem doações (quando recebem). Até mesmo alguns trocados podem encorajar bastante o desenvolvedor a manter a atualização de seus plugins mais antigos e continuar lançando novos plugins gratuitos.

DESENVOLVENDO PLUGINS — UMA ATIVIDADE COMUNITÁRIA

Embora os plugins sejam escritos e desenvolvidos pelas pessoas que têm as habilidades necessárias para tal, a comunidade de usuários do WordPress também é bastante responsável pelo desenvolvimento continuado dos plugins. Em última análise, são os usuários que na verdade testam os plugins em seus sites. Esses mesmos usuários também são os primeiros a falar e deixar os desenvolvedores cientes de que algo não está funcionando, ajudando no desenvolvimento e refinamento dos plugins.

Os plugins mais populares são criados por desenvolvedores que encorajam uma comunicação aberta com sua base de usuários. No geral, o WordPress é um desses grandes projetos open source nos quais o relacionamento entre desenvolvedores e usuários alimenta um ambiente criativo capaz de manter o projeto sempre novo e animador.

NESTE CAPÍTULO

» **Encontrando temas gratuitos**

» **Baixando, instalando e ativando temas**

» **Pesquisando e instalando temas a partir do Painel**

» **Usando temas comerciais**

» **Explorando o tema padrão**

» **Usando widgets em seu site**

Capítulo **8**

Encontrando e Instalando Temas do WordPress

Nos capítulos anteriores, falei sobre como usar a plataforma WordPress para publicar seus posts e páginas. Nesses capítulos, você poderá descobrir como categorizar seus posts, montar suas listas de links e configurar as opções de perfil e publicação em seu Painel. Neste capítulo, focarei o visual e o formato do seu site — em outras palavras, como as outras pessoas veem seu site após começar a publicar seu conteúdo.

No Capítulo 7, apresentei os plugins do WordPress e falei um pouco sobre os milhares de plugins gratuitos que você pode usar para adicionar novas funcionalidades ao seu site. Da mesma forma, milhares de temas gratuitos estão disponíveis para uso. Este capítulo mostrará onde encontrá-los e ensinará os processos para baixar, instalar e usar esses temas.

Começando a Usar os Temas Gratuitos

O WordPress vem com um tema padrão muito útil chamado Twenty Twenty (nomeado em homenagem ao ano 2020 e lançado na versão 5.3 do WordPress). A maioria dos blogueiros que usam o WordPress não costumam perder tempo encontrando um tema que os agrade mais que o tema padrão. O tema Twenty Twenty foi feito para ser um bom ponto de partida. Embora você não esteja limitado ao tema padrão, ele é muito funcional para um site básico. Sinta-se livre para usá-lo no começo da sua jornada.

Os temas gratuitos do WordPress, como aqueles que menciono no Capítulo 16, são populares porque têm um design atraente e são fáceis de serem instalados e usados. Eles são ótimas ferramentas para usar ao lançar seu novo site e, caso se atreva a trabalhar um pouco com design gráfico e CSS (Cascading Style Sheets), poderá personalizar um dos temas gratuitos do WordPress para atender suas necessidades. (Veja o Capítulo 9 para ler sobre alguns recursos e temas para modelos e tags de modelos, bem como algumas boas referências de CSS.)

Com milhares de temas gratuitos disponíveis e novos temas surgindo a todo momento, o seu desafio será escolher o tema ideal para seu site. Veja a seguir algumas coisas que você pode levar em consideração ao explorar em busca de novos temas (e também veja o box "Todos os temas do WordPress são gratuitos?" para saber mais sobre temas gratuitos e temas comerciais):

» **Temas gratuitos são excelentes pontos de partida.** Encontre alguns temas gratuitos e use-os como ponto de partida para compreender como funcionam e o que você pode fazer com eles. Testar novos temas, bem como seus layouts e suas opções de configuração, ajuda você a identificar o que está buscando em um tema.

» **Você mudará de tema com frequência.** Normalmente, você encontrará um tema que vai adorar e, uma ou duas semanas depois, encontrará um tema que se encaixará melhor na proposta do seu site. Não espere ficar para sempre com sua escolha inicial. Algum tema novo aparecerá no seu radar. Com o tempo, você escolherá ficar com um tema que melhor atenda suas necessidades e não irrite seus visitantes graças às constantes mudanças.

» **Você receberá aquilo pelo que você paga.** Embora exista uma imensidão de temas gratuitos para o WordPress, você terá um suporte limitado (ou nenhum suporte) para esses temas. Os temas gratuitos geralmente são um trabalho feito por amor e sem nenhum tipo de remuneração. Esses designers têm empregos em tempo integral e outras responsabilidades; eles lançam projetos gratuitos por diversão, paixão e um desejo de contribuir com a comunidade WordPress. Portanto, não espere (ou exija) suporte para esses temas. Alguns designers conseguem manter fóruns ativos e úteis para auxiliar seus usuários, mas esses fóruns são raros. Apenas esteja ciente de que, quando se trata de temas gratuitos, você normalmente estará por conta própria.

» **Baixe temas de fontes confiáveis.** Os temas são, em sua essência, softwares. Portanto, são capazes de ter conteúdo potencial perigoso para seu site ou computador. É muito importante que você faça seu trabalho de casa e leia análises na internet para baixar temas de fontes confiáveis. O melhor lugar para encontrar temas gratuitos para o WordPress é a página de temas em `https://br.WordPress.org/themes/`.

Ao usar temas gratuitos, você pode deixar seu site funcional e com um novo design bem rápido — e sem nenhuma ajuda profissional. E também é possível mudar de tema quantas vezes quiser, especialmente com a grande quantidade de temas gratuitos disponíveis.

Encontrando temas gratuitos

Encontrar o tema mais adequado para suas necessidades é algo que pode levar algum tempo, mas, dado que existem milhares de temas gratuitos disponíveis, você acabará encontrando algum que o agrade. Testar diversos temas gratuitos é como testar diferentes roupas para seu site. Você pode mudar as roupas quanto quiser até encontrar o tema certo.

Visite a página oficial dos temas do WordPress em `https://br.WordPress.org/themes/` (veja a Figura 8-1).

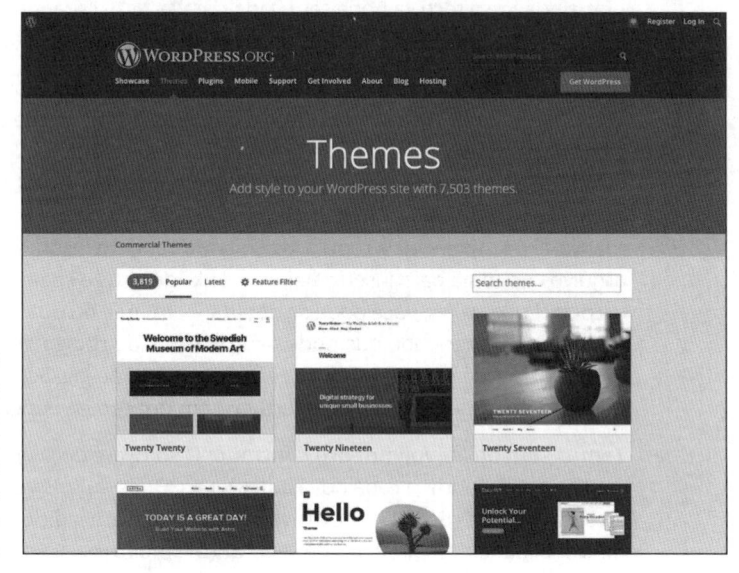

FIGURA 8-1: Encontre o tema certo para seu site na página de temas do WordPress.

Evitando temas prejudiciais

Embora temas gratuitos sejam incríveis, pode ser interessante evitar algumas coisas ao encontrá-los e usá-los. Assim como tudo na internet, os temas têm potencial para serem prejudiciais. Embora os temas tenham sido concebidos para permitir que as pessoas (mais especificamente, designers e desenvolvedores) contribuíssem para a comunidade WordPress com seu trabalho, eles também já foram usados para causar estragos entre os usuários. Como resultado disso, é preciso saber o que observar e o que evitar ao buscar um tema.

Algumas coisas devem ser evitadas ao procurar temas gratuitos, por exemplo:

» **Links de spam:** Muitos temas gratuitos fora da página do WordPress incluem links no rodapé ou nas barras laterais do tema, e esses links podem ser bons ou ruins. Os bons usos desses links são para dar os devidos créditos ao designer original e possivelmente levar até o site ou portfólio desse designer. Recomendo manter esses links como um agradecimento ao criador, porque o link ajuda a aumentar o tráfego e clientes do designer. Links de spam, no entanto, não são links para o site do designer; esses são links para lugares que normalmente você não se associaria ou endossaria em seu site. Os melhores exemplos são links de rodapé com palavras-chave estranhas e fora do assunto, como *suplemento para perda de peso* ou *melhores descontos em flores.* Na maior parte dos casos, essa técnica de spam é usada para aumentar a classificação em mecanismos de busca para o site mencionado — ou, pior ainda, essa técnica pode ser usada para levar o visitante que clicar no link a um site não relacionado às palavras-chave em questão.

» **Código secreto e malicioso:** Infelizmente, a comunidade WordPress já recebeu relatos de códigos secretos e maliciosos dentro de um tema. Esse código secreto pode produzir links de spams, explorar vulnerabilidades de segurança e fazer um mau uso do seu site. Os hackers instalam códigos em diversos locais que executam esse tipo de malware. Designers inescrupulosos de temas podem inserir códigos em arquivos do tema para inserir malware, links de vírus e spams de forma escondida. Às vezes, você pode se deparar com uma ou duas linhas de código criptografado que pode parecer parte do código do tema. A menos que você saiba bastante a respeito de PHP ou JavaScript, não poderá saber que o tema está infectado com um código perigoso.

» **Temas sem desenvolvimento contínuo:** O software do WordPress continua a melhorar a cada nova atualização. Duas ou três vezes ao ano, o WordPress lança novas versões do software, adicionando funcionalidades, atualizações de segurança e muito mais. Às vezes, a função de um código é substituída ou se tornou obsoleta, fazendo com que um tema pare de funcionar corretamente por não ter sido atualizado para a nova versão do WordPress. Além disso, considerando que as atualizações de software adicionam novas funcionalidades, os temas também precisam ser atualizados para adotar essas funcionalidades. Dado que temas gratuitos não têm nenhum tipo de garantia ou suporte, uma coisa a se levar em consideração — especialmente se o tema tiver muitas opções avançadas de backend — é se o desenvolvedor está atualizando o tema para as versões atuais do WordPress. Essa manutenção ativa é mais comum com plugins do que com temas, mas ainda é bom conferir.

» **Busca sem fim por temas gratuitos:** Evite pesquisar infinitamente pelo tema perfeito. Acredite em mim, você não vai encontrá-lo. Você pode encontrar um tema incrível aqui e, ali, ver outro com uma funcionalidade ou design interessante, mas com alguma funcionalidade ausente. Opções infinitas podem atrasar sua decisão final. Examine a página oficial de temas do WordPress, escolha cinco que atendem suas necessidades e siga em frente. Mais tarde, você terá a opção de trocar o tema, especialmente se ficar perdido em meio à abundância de escolhas.

Os resultados desses elementos inseguros de um tema podem variar de meramente irritantes até verdadeiramente perigosos, afetando a integridade e a segurança do seu computador ou de sua conta de hospedagem. Por essa razão, a página oficial de temas do WordPress é considerada um lugar seguro para baixar seus temas. Os designers do WordPress desenvolvem esses temas e os enviam ao diretório, enquanto a equipe de desenvolvimento da plataforma do WordPress examina cuidadosamente cada tema na página, vetando temas com elementos que não apresentem segurança.

DICA

A página oficial de temas do WordPress não é o único lugar em que você encontrará temas gratuitos para o software, mas é o lugar em que você encontrará os temas mais funcionais e *seguros* disponíveis. Temas seguros têm um código limpo e funções fundamentais do WordPress para garantir que seu site funcione dentro dos requisitos mínimos. O site WordPress.org lista os requisitos mínimos que os designers de temas devem atender antes que seus temas sejam aceitos no diretório. Essa lista pode ser encontrada em `https://br.WordPress.org/themes/getting-started/`. Recomendo que você use a página oficial de temas do WordPress para buscar temas para seu site. Assim, você terá a certeza de que esses temas não têm nenhum elemento perigoso ou código malicioso.

DICA

Caso suspeite de que tenha código malicioso em seu site ou esteja preocupado quanto a essa possibilidade — seja por um tema que está usando ou por um plugin que ativou —, o melhor local para que seu site seja examinado é no site Sucuri (`https://sitecheck.sucuri.net`), que oferece uma análise gratuita de malware para sites. O Sucuri oferece experiência no campo da segurança online, em especial para usuários do WordPress, e fornece até mesmo um plugin gratuito que você pode instalar para verificar se seu site WordPress tem algum malware ou código malicioso. É possível encontrar esse plugin em `https://wordpress.org/plugins/sucuri-scanner`.

TODOS OS TEMAS DO WORDPRESS SÃO GRATUITOS?

Nem todos os temas do WordPress são criados da mesma forma. É importante que você, como usuário, saiba a diferença entre temas gratuitos e comerciais.

- **Gratuitos:** Esses temas são gratuitos. Ponto final. Você pode baixá-los e usá-los em seu site sem pagar nada por isso. Incluir o link para o designer do tema no rodapé do seu site costuma ser uma cortesia, mas você pode até mesmo remover esse link, se desejar.

- **Comerciais:** Esses temas custam dinheiro. Normalmente você encontra temas comerciais disponíveis para download após pagar uma taxa entre US$10 e US$500 (e, às vezes, até mais). O designer acredita que esses temas estão um pouco acima dos temas comuns e, portanto, valem o dinheiro investido neles. Os temas comerciais também incluem um mecanismo para receber suporte na utilização do tema. Forneço mais informações sobre onde encontrar temas comerciais na seção "Explorando Opções de Temas Premium", neste capítulo.

Visualizando temas na página Temas

Enquanto visita a página oficial de temas do WordPress, você pode pesquisar facilmente diversos temas usando as seguintes funcionalidades:

- » **Pesquisa:** Digite uma palavra-chave na caixa de pesquisa, perto do topo da página (veja a Figura 8-1) e pressione a tecla Enter (ou Return, em um Mac). Uma nova página será aberta, exibindo temas relacionados à palavra-chave pesquisada.

- » **Em Destaque:** Clique no link Em Destaque para visualizar os temas que o WordPress escolheu para destacar no diretório. Os temas em destaque mudam regularmente.

- » **Populares:** Clique no link Populares para visualizar os temas que foram baixados com mais frequência.

- » **Mais Recentes:** Clique no link Mais Recentes para visualizar os temas adicionados recentemente ao diretório.

- » **Filtro de Recursos:** Clique no Filtro de Recursos para ver as escolher disponíveis para filtrar a pesquisa de seu tema, como layout, características e assuntos.

Quando você encontra um tema em um diretório que deseja examinar mais cuidadosamente, clique no botão Mais Informações que aparece ao passar o ponteiro do mouse sobre o tema, e escolha uma das seguintes ações:

» **Baixar [Download]:** Clique nesse botão para baixar o tema em seu computador.

» **Visualizar [Preview]:** Clique no botão Visualizar para abrir uma janela de pré-visualização (veja a Figura 8-2).

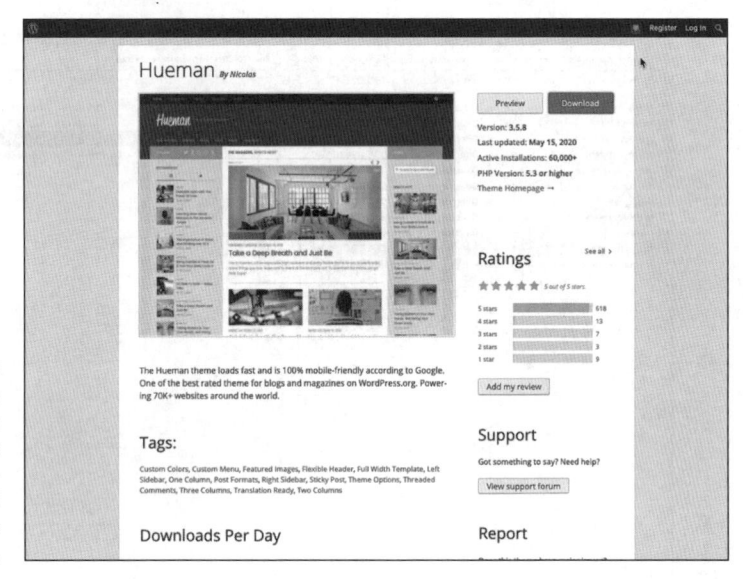

FIGURA 8-2: Visualize um tema específico a partir da página oficial de temas do WordPress.

Instalando um Tema

Após encontrar um tema do WordPress, poderá instalá-lo em seu site por meio do SFTP (Secure File Transfer Protocol) ou do Painel do WordPress.

Para instalar um tema por meio do SFTP, siga estes passos:

1. **Baixe o arquivo do tema na página Temas.**

Geralmente, esses arquivos são fornecidos em um formato comprimido (`.zip`).

(Discuto como examinar a página oficial de temas do WordPress a partir do seu painel na próxima seção, "Buscando temas gratuitos".)

2. Descomprima ou extraia o arquivo .zip do tema.

Você verá uma nova pasta em sua área de trabalho, geralmente com o mesmo nome do tema (veja o Capítulo 3 para saber mais sobre como usar o SFTP).

3. Envie a pasta do tema para seu servidor web.

Conecte-se ao seu servidor de hospedagem por meio do SFTP e envie a pasta extraída para a pasta /wp-content/themes em seu servidor (veja a Figura 8-3).

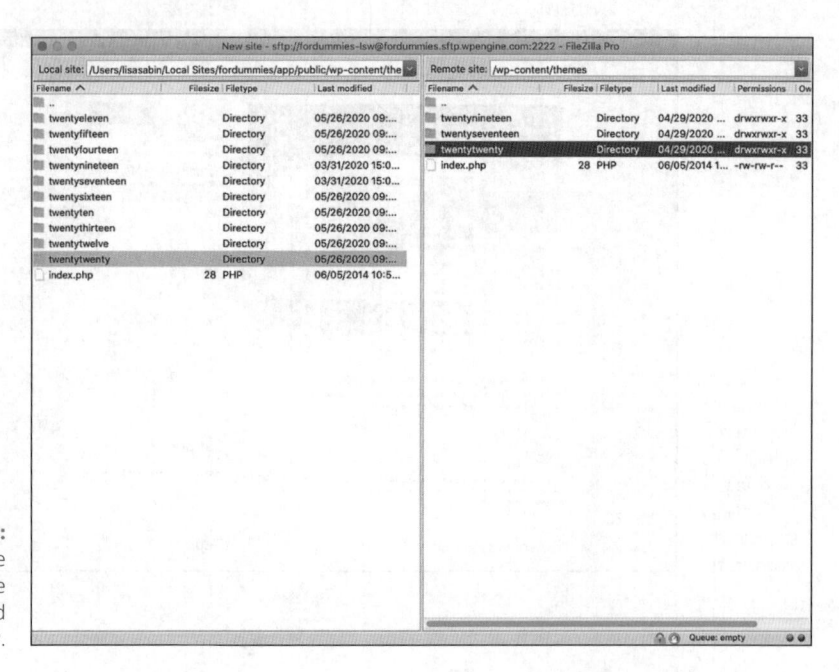

FIGURA 8-3:
Painéis de
upload e
download
no SFTP.

Para instalar um tema a partir do instalador de temas do Painel, siga estes passos:

1. Baixe o arquivo do tema disponível na página de temas.

Geralmente, esses arquivos são fornecidos em um formato comprimido (.zip). Ao usar esse método, não é preciso extrair o arquivo .zip porque o instalador de temas fará isso para você.

2. Faça login em seu Painel do WordPress.

3. Clique no link Temas no menu Aparência.

A tela Temas será aberta.

4. **Clique no botão Adicionar Novo.**

A tela Adicionar Temas será aberta, exibindo um submenu de links.

5. **Clique no botão Enviar Tema [Upload Theme].**

O painel exibe um utilitário para enviar um tema no formato `.zip`.

6. **Envie o arquivo `.zip` que você baixou no passo 1.**

Clique no botão Escolher Arquivo, localize e selecione o arquivo `.zip` armazenado em seu computador.

7. **Clique no botão Instalar Agora.**

O WordPress vai extrair e instalar o tema no diretório adequado. A Figura 8-4 mostra o resultado de instalar um tema com esse método.

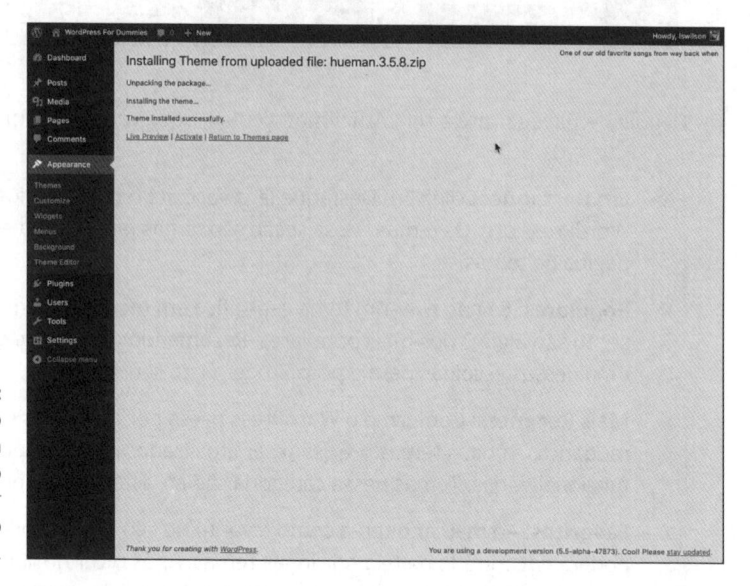

FIGURA 8-4: Instalando um tema por meio do instalador de temas do Painel.

Buscando temas gratuitos

Encontrar temas gratuitos por meio da tela Adicionar Temas é muito conveniente, porque você pode pesquisar na página Temas a partir do seu site WordPress. Comece clicando no link Temas do menu Aparência, dentro do seu Painel, e clique no botão Adicionar Novo para abrir a tela Adicionar Temas (veja a Figura 8-5).

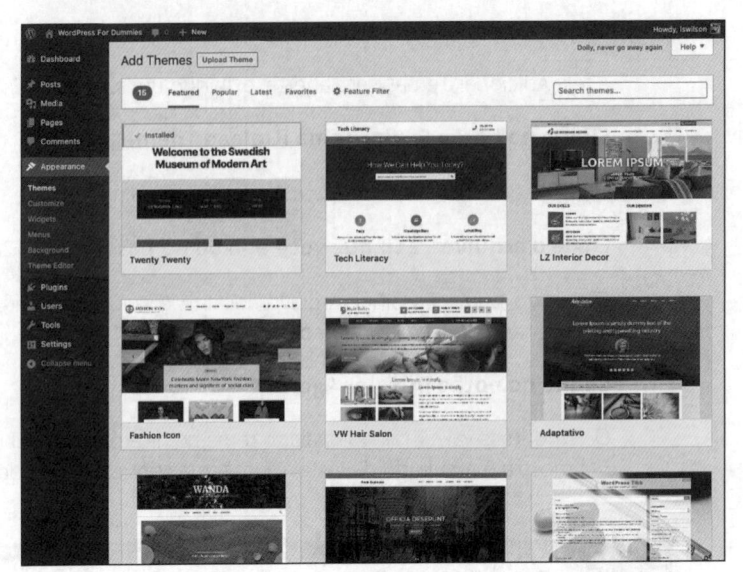

Depois de navegar até a tela Adicionar Temas, você verá os seguintes itens:

>> **Em Destaque:** O link Em Destaque leva você até temas selecionados pelo WordPress.org. Os temas dessa seção são temas favoritos da equipe na página de temas.

>> **Populares:** Se não tiver um tema específico em mente, os temas dessa seção são alguns dos mais populares. Recomendo que instale e teste uma dessas escolhas para o primeiro tema do seu site.

>> **Mais Recentes:** Conforme o WordPress passa por melhorias e mudanças, muitos temas precisam ser atualizados para comportar novas funcionalidades. Temas nessa categoria são atualizados recentemente.

>> **Favoritos:** Ao marcar o tema como favorito no seu site WordPress, poderá encontrá-lo na tela Adicionar Temas. Após clicar no link Favoritos, preencha o campo de texto com seu nome de usuário do WordPress.org e clique no botão Ver Favoritos. (***Observação:*** Esse recurso só funciona se você fizer login em sua conta de usuário do WordPress.org.)

>> **Filtro de Recursos:** Esse link oferece uma variedade de filtros para escolher o tema que está procurando. É possível filtrar de acordo com layout, características e assunto. Depois de selecionar os filtros desejados, clique no botão Aplicar Filtros para visualizar os temas que correspondem aos filtros selecionados.

>> **Pesquisa:** Se souber o nome de um tema gratuito específico, poderá pesquisá-lo usando palavra-chave, nome do autor ou tag. Também pode refinar sua busca com base em características específicas do tema, incluindo cor, layout e assunto (como Férias).

Após encontrar o tema que deseja, clique no botão Instalar que aparece ao passar o ponteiro do mouse sobre a miniatura do tema.

Visualizando e ativando um tema

Após enviar um tema via SFTP ou instalá-lo a partir do instalador de temas, você pode visualizar e ativar o tema desejado.

DICA

A opção de Visualização de Tema do WordPress permite que você veja a aparência do tema em seu site sem precisar ativá-lo. Se o seu site estiver recebendo tráfego, é melhor visualizar os novos temas antes de ativá-los para garantir que ficará satisfeito com o resultado. Caso esteja tentando decidir entre várias opções de temas, poderá visualizar todas elas antes de alterar o site.

Para visualizar seu novo tema, siga estes passos:

1. **Faça login no seu Painel do WordPress.**

2. **Clique no link Temas no menu Aparência.**

A tela Temas será aberta, exibindo seu tema atual (e ativo) e quaisquer temas instalados no diretório /wp-content/themes do seu servidor web.

3. **Visualize o tema que deseja usar.**

Clique no botão de Visualização [Live Preview] que aparece ao passar o ponteiro do mouse sobre a miniatura do tema. Uma pré-visualização do seu site aparecerá em uma janela pop-up, como mostra a Figura 8-6.

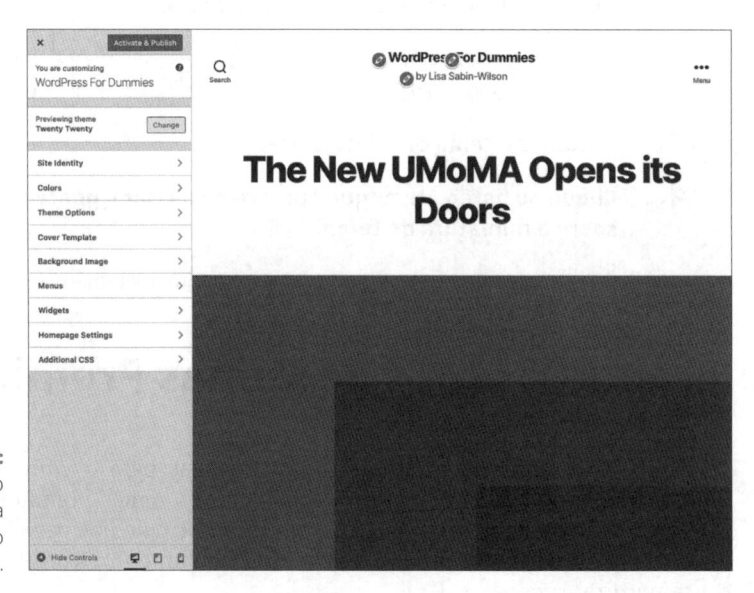

FIGURA 8-6:
Visualização de um tema do WordPress.

4. **(Opcional) Configure as funcionalidades do tema.**

Alguns temas fornecem a personalização de certas funcionalidades. A Figura 8-6 mostra as opções de personalização para o tema Twenty Twenty:

- Identidade do Site [Site Identity]
- Cores [Colors]
- Opções do Tema [Theme Options]
- Modelo de Capa [Cover Template]
- Imagem de Fundo [Background Image]
- Menus
- Widgets
- Configurações de Página Inicial [Homepage Settings]
- CSS Adicional [Additional CSS]

5. **Escolha se deve ativar o tema.**

Clique no botão Ativar & Publicar, encontrado no canto superior direito do painel de configuração, para ativar seu novo tema com as opções configuradas no passo 4 ou feche a visualização clicando no botão Cancelar (X), encontrado no canto superior esquerdo do painel.

Para ativar um novo tema sem visualizá-lo, siga estes passos:

1. **Faça login no seu Painel do WordPress.**

2. **Clique no link Temas no menu Aparência.**

A tela Temas será aberta, exibindo seu tema atual (ativo) e todos os outros temas instalados no diretório `/wp-content/themes` do seu servidor web.

3. **Encontre o tema que deseja usar.**

4. **Clique no botão Ativar que aparece ao passar o ponteiro do mouse sobre a miniatura do tema.**

O tema passará a ser utilizado em seu site imediatamente.

Explorando Opções de Temas Premium

Milhares de temas gratuitos estão disponíveis para o WordPress, mas também pode ser uma boa ideia considerar os temas premium (pagos). Lembre-se do que diz o provérbio "você recebe pelo que paga" ao pensar em usar serviços ou produtos gratuitos, incluindo o WordPress e seus temas gratuitos.

Normalmente, quando você baixa e usa algo gratuito, não recebe assistência para esse produto ou serviço. Pedidos de ajuda não costumam ser respondidos nesses casos. Por isso, suas expectativas devem estar bem estabelecidas, já que você não está pagando pelos produtos. Ao pagar por alguma coisa, porém, você costuma presumir que receberá suporte pelo serviço ou produto pago e que o produto é de alta qualidade (ou, pelo menos, de qualidade aceitável).

O WordPress, por exemplo, está disponível de graça. Mas você não tem nenhuma garantia de suporte ao usar o software senão o fórum ativo de suporte da plataforma. Além disso, você não tem direito algum de exigir qualquer tipo de serviço.

Aqui estão algumas coisas para se levar em consideração ao pensar na possibilidade de usar um tema pago (escolhi as empresas comerciais citadas posteriormente neste capítulo com base nestes critérios):

» **Seleção:** Muitos desenvolvedores de temas oferecem uma seleção rica e diversa de temas, incluindo temas criados para setores, assuntos ou usos específicos (como temas para vídeos, blogs, mercado imobiliário ou revistas). Geralmente, é possível encontrar um tema bom para usar em seu site a partir de uma só fonte.

» **Inovação:** Para se diferenciar dos temas gratuitos, os temas pagos oferecem recursos inovadores, como configurações de tema ou opções avançadas capazes de expandir ainda mais o que o WordPress pode fazer.

» **Design e código bons:** Embora muitos temas lindos estejam disponíveis gratuitamente, os temas pagos são feitos de forma profissional e com um belo design, custando milhares de dólares para serem desenvolvidos, além das dezenas de horas trabalhadas. Tudo isso são coisas inviáveis para muitos desenvolvedores de temas gratuitos.

» **Suporte:** A maioria das empresas comerciais oferece uma equipe de suporte 24 horas para responder perguntas, solucionar problemas e indicar outros recursos além do próprio suporte. É comum que os desenvolvedores de temas premium passem mais tempo ajudando os consumidores a resolverem problemas fora dos temas adquiridos. Assim sendo, a compra de um tema premium oferecesse acesso a uma comunidade dedicada na qual você pode fazer perguntas sobre problemas avançados e futuros recursos do WordPress. Se não desejar fazer parte desse grupo, então você estará por conta própria.

» **Estabilidade:** Não tenho dúvidas de que você já comprou um produto ou serviço de uma empresa e descobriu, mais tarde, que a empresa fechou as portas. Ao escolher usar um tema premium, compre um tema de uma empresa bem estabelecida, com um modelo de negócios sólido, um histórico de conquistas e uma equipe dedicada e devotada em desenvolver e dar suporte aos seus produtos de qualidade.

LEMBRE-SE

DICA

Embora alguns temas gratuitos tenham alguns ou todos os recursos descritos na lista anterior, em sua maioria, eles não têm. Tenha em mente que não é só porque um designer chamou seu tema de *premium* que ele passou em algum tipo de revisão técnica. A visão do que constitui um tema premium pode, e vai, mudar de um designer para o outro.

Investigue por completo qualquer tema antes de gastar seu dinheiro com ele. Tenha em mente algumas coisas antes de pagar:

» Envie um e-mail ao designer que vende o tema premium e pergunte sobre a política de suporte.

» Encontre pessoas que já compraram o tema, entre em contato e pergunte sobre suas experiências com o tema e o designer.

» Leia com cuidado quaisquer termos que o designer tenha publicado em seu site para encontrar algum tipo de restrição de licenciamento.

» Se o designer do tema premium tiver algum fórum de suporte, pergunte se pode conferir o fórum para ver a velocidade de resposta e suporte do designer. Os usuários estão esperando semanas por uma resposta, por exemplo, ou o designer parece dar conta dos problemas que surgem?

» Pesquise na internet sobre o tema e o designer. Com frequência, usuários de temas premium escrevem sobre suas experiências com os temas e os designers dos temas. Você poderá encontrar informações positivas e negativas sobre o tema e o designer antes da compra.

Os desenvolvedores na lista a seguir estão fazendo coisas muito inovadoras com os temas do WordPress, e recomendo muito que você confira as ofertas deles:

» **WP Astra** (`https://wpastra.com`): Enfatiza uma experiência pelo uso de plugins populares de desenvolvimento de sites como o Beaver Builder (`https://www.wpbeaverbuilder.com`) e o Elementor (`https://elementor.com`). (Veja a Figura 8-7.)

» **Organic Themes** (`https://organicthemes.com/themes`): Tem uma boa equipe, moderadores de suporte remunerados e temas tão funcionais (do ponto de vista do código) quanto bonitos. (Veja a Figura 8-8.)

» **Woocommerce Theme Store** (`https://woocommerce.com/product-category/themes`): Tem uma ampla seleção de temas de alta qualidade com opções e suporte excelentes para sites de e-commerce que usam o plugin WooCommerce. O tema mais popular é um Canvas, que oferece grande possibilidade de personalização, com mais de cem opções para personalizar seu site por meio de um painel de opções de tema. (Veja a Figura 8-9.)

» **Press75** (`https://press75.com`): Oferece temas de nicho para fotografias, portfólios e vídeos. Confira o tema On Demand para ver um ótimo exemplo (`https://press75.com/view/on-demand`). (Veja a Figura 8-10.)

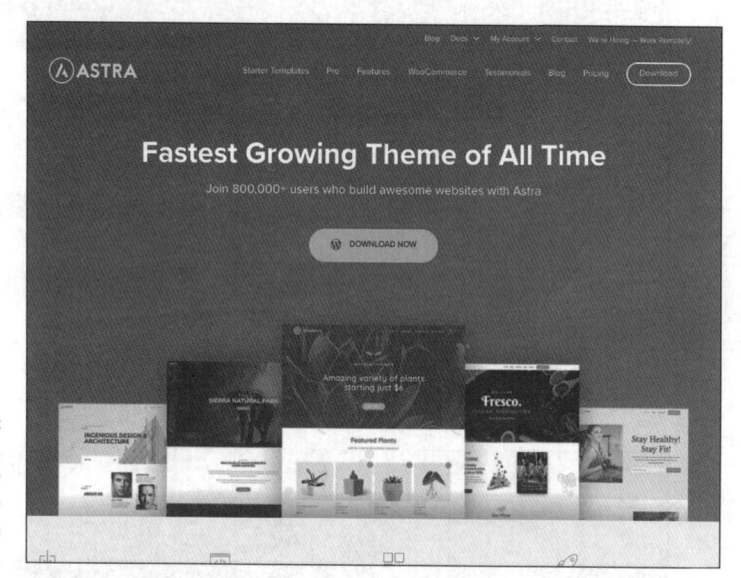

FIGURA 8-7: WP Astra, designer de temas comerciais do WordPress.

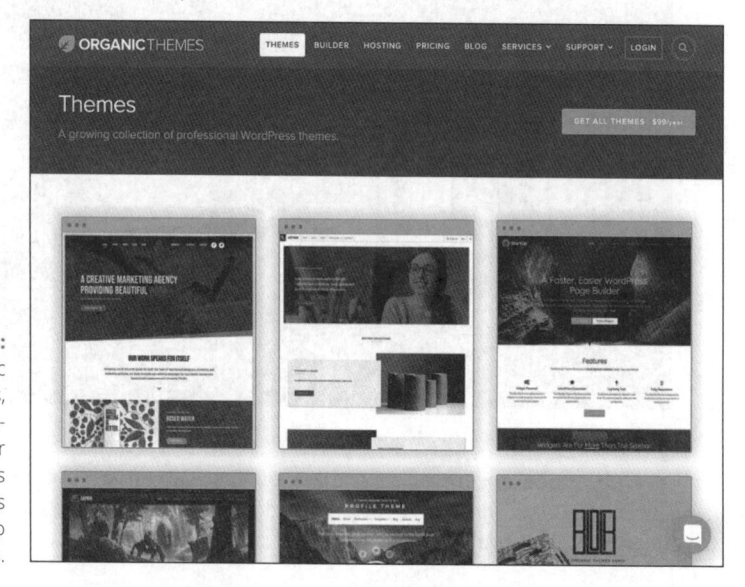

FIGURA 8-8: Organic Themes, outro desenvolvedor de temas comerciais do WordPress.

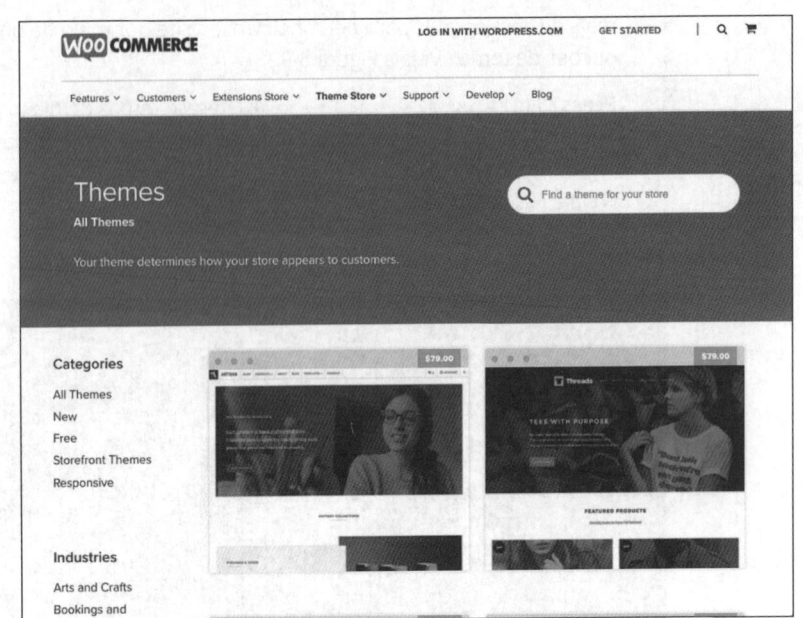

FIGURA 8-9: WooThemes possui temas, comunidade e suporte premium.

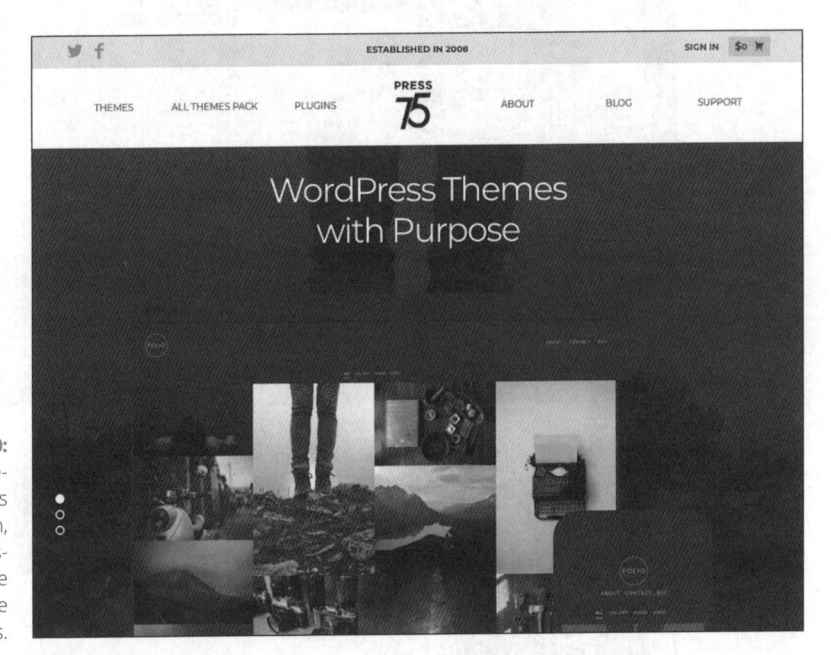

FIGURA 8-10: Press75 ofe-rece temas premium, demons-trações e pacotes de temas.

DICA

Você não pode encontrar, visualizar ou instalar temas premium usando a funcionalidade de adicionar temas do Painel WordPress. Só é possível encontrar, comprar e baixar temas premium em sites de terceiros. Após encontrar um tema premium que o agrade, é preciso instalá-lo por SFTP ou por meio da funcionalidade de envio do Painel (veja a seção anterior, "Instalando um Tema"). Você pode encontrar uma seleção muito bacana de temas premium no site WordPress, no seguinte endereço: `https:// br.WordPress.org/themes/commercial/`.

Analisando o Tema Padrão: Twenty Twenty

O Twenty Twenty é um tema poderoso que tira o maior proveito possível do editor de blocos, permitindo que você crie páginas com opções ilimitadas de layout e cores de fundo personalizadas. O tema também oferece modelos de múltiplas páginas, áreas prontas para uso de widgets e suporte embutido a dispositivos móveis e tablets.

Os membros da equipe WordPress que trabalharam no tema Twenty Twenty (`https://br.WordPress.org/themes/twentytwenty/`) o descrevem da seguinte forma:

> O nosso tema padrão para 2020 foi desenvolvido para tirar o máximo de proveito da flexibilidade do editor de blocos. Organizações e empresas conseguem criar páginas de conversão dinâmicas com layouts infinitos usando blocos de grupo e de coluna. A coluna de conteúdo centralizada e a tipografia refinada também o tornam perfeito para blogs tradicionais. Os estilos prontos do editor fornecem uma boa ideia de como será o seu conteúdo, mesmo antes de você publicar. Você pode dar um toque pessoal ao seu site alterando as cores do plano de fundo e a cor de destaque em Personalizar. As cores de todos os elementos são calculadas automaticamente com base nas cores escolhidas para o site, garantindo um alto contraste de cores acessível aos seus visitantes.

Essas funcionalidades fazem do tema Twenty Twenty uma base excelente para seus projetos de personalização de tema. Este capítulo mostra como gerenciar todas as funcionalidades do tema Twenty Twenty, como, por exemplo, lidar com layouts, editar cores de fundo, usar menus de navegação personalizados e usar widgets em seu site para adicionar alguns recursos incríveis.

Explorando o layout e a estrutura

Se quiser um visual simples para seu site, não precisa de outro tema além do Twenty Twenty. Esse tema oferece um estilo de design simples e altamente personalizável. Os tratamentos tipográficos são fáceis de serem lidos, e muitas das novas funcionalidades embutidas permitem que você faça alterações simples, porém elegantes, incluindo o envio de novas imagens em destaque, o uso do editor de blocos para criação de layouts e o ajuste de cores de fundo. A Figura 8-11 mostra o tema padrão Twenty Twenty sem nenhuma personalização.

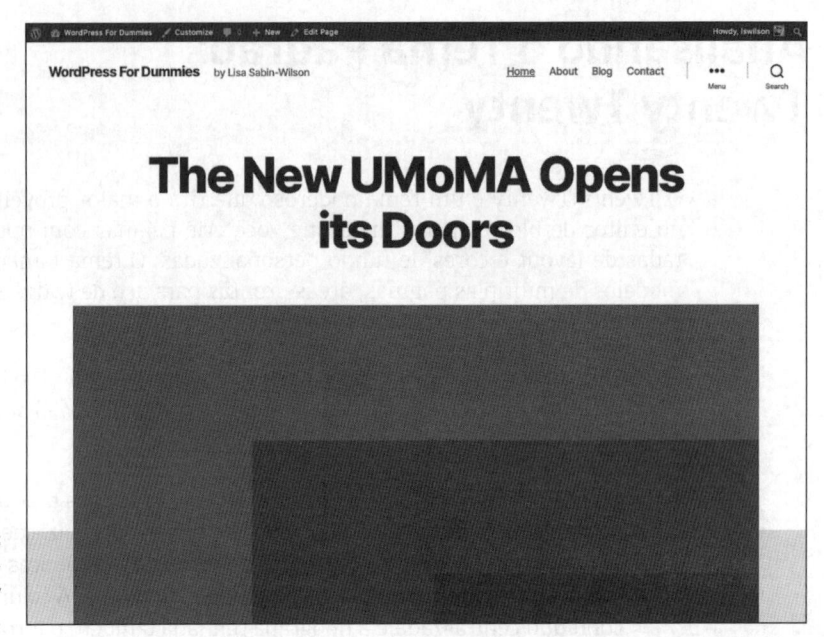

FIGURA 8-11: O tema padrão Twenty Twenty.

Algumas das características distintas de layout do tema Twenty Twenty são:

» **Identidade do Site [Site Identity]:** O tema Twenty Twenty oferece a possibilidade de enviar e exibir sua logo no cabeçalho do seu site.

» **Painel de personalização para cores [Customizer panel for colors]:** O tema Twenty Twenty permite que você configure cores para o fundo do seu site, bem como cores de fundo para o cabeçalho e rodapé do site. Por padrão, o esquema de cores do tema Twenty Twenty é um fundo escuro com uma cor vermelha para os detalhes e com o conteúdo e texto na cor preta. É possível mudar as cores do fundo do cabeçalho e do site por meio do seletor de cores do painel. A Figura 8-12 mostra o tema Twenty Twenty com o seletor de cores aberto.

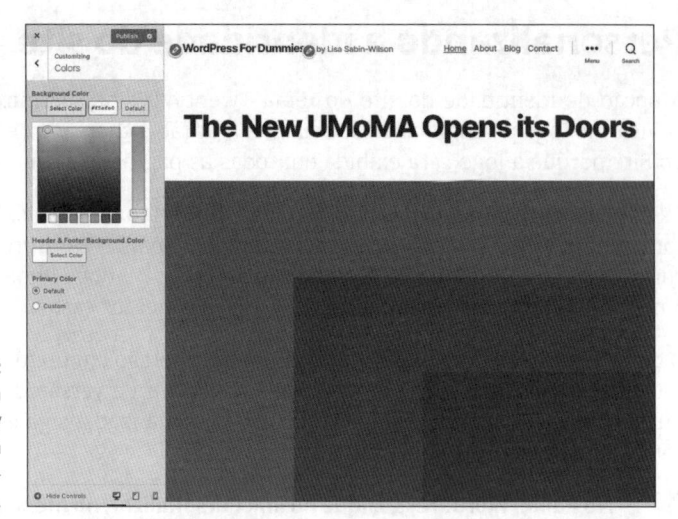

FIGURA 8-12:
O tema
Twenty
Twenty com
cores perso-
nalizadas.

» **Opções de Tema [Theme Options]:** As opções de tema permitem que você adicione um formulário de pesquisa no cabeçalho do site e exiba um breve texto biográfico do autor ao final dos posts. Além disso, também existem opções para mostrar o texto completo ou apenas trechos dos textos nas páginas de arquivo.

» **Página de Capa [Cover Page]:** O modelo de página de capa do tema Twenty Twenty, exibido na Figura 8-13, é útil para uma página inicial ou landing page específica para um produto ou serviço por fornecer um layout e experiência diferentes do resto dos modelos padrão no Twenty Twenty. Você pode personalizar a cor de sobreposição da imagem em destaque e a cor dos textos exibidos acima dessa imagem.

FIGURA 8-13:
O layout
da Página
de Capa
no tema
Twenty
Twenty.

Personalizando a identidade do site

A opção de identidade do site do tema Twenty Twenty permite que você envie uma logo personalizada ao seu site. A opção é chamada de Identidade do Site porque a logo será exibida em todas as páginas do seu site.

As dimensões recomendadas para sua logo são de 120×90 pixels. Se sua logo for maior que isso, poderá cortá-la após enviá-la para o WordPress, embora cortar com um programa de design gráfico (como o Adobe Photoshop) seja a melhor solução para resultados mais precisos nesses casos.

O tema Twenty Twenty exibe, por padrão, uma versão em texto do título de seu site. Enviar uma logo personalizada substituirá a versão de texto pela imagem escolhida. Para instalar uma logo personalizada, siga estes passos com o tema Twenty Twenty ativado:

1. **No Painel WordPress, clique no link Personalizar, no menu Aparência.**

   O painel de personalização aparecerá no lado esquerdo da tela.

2. **Clique no link Identidade do Site.**

   A seção Personalizar Identidade do Site abrirá no painel de personalização.

3. **Na seção Logo, clique no botão Escolher Logo.**

   A tela Escolher Logo [Select Logo] aparecerá (veja a Figura 8-14).

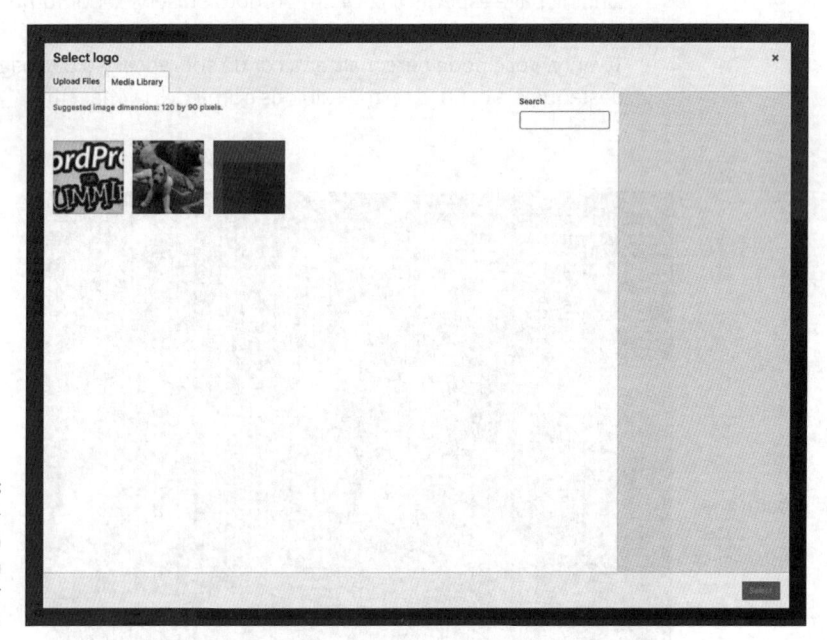

FIGURA 8-14: Selecionando uma imagem para usar como logo.

4. Escolha uma imagem da Biblioteca de Mídia ou envie uma imagem do seu computador.

5. Clique no botão Escolher e Cortar.

Esse passo abrirá a tela Cortar Imagem [Crop Image], exibida na Figura 8-15.

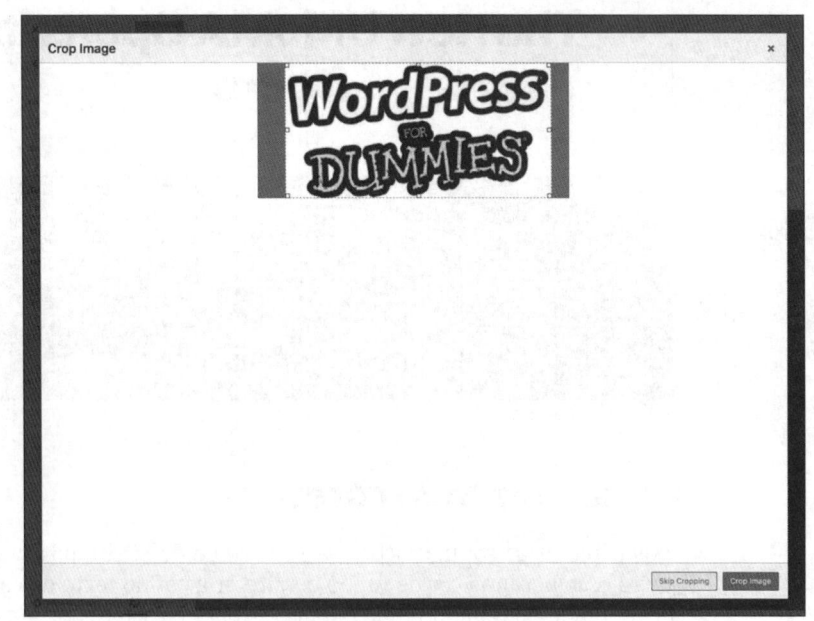

FIGURA 8-15: Usando a ferramenta de corte.

6. (Opcional) Corte a imagem do jeito que achar melhor.

Para redimensionar e cortar sua imagem, arraste um dos oito peque-nos pontos ao redor da imagem. Você também pode clicar em qualquer área da imagem e movê-la para conseguir o efeito de corte e posiciona-mento desejados.

7. Clique no botão Cortar Imagem [Crop Image] para cortar a sua imagem de cabeçalho.

8. Clique no botão Publicar, no canto superior direito do painel de personalização, para salvar suas alterações.

A Figura 8–16 mostra o tema Twenty Twenty no meu site com uma logo personalizada.

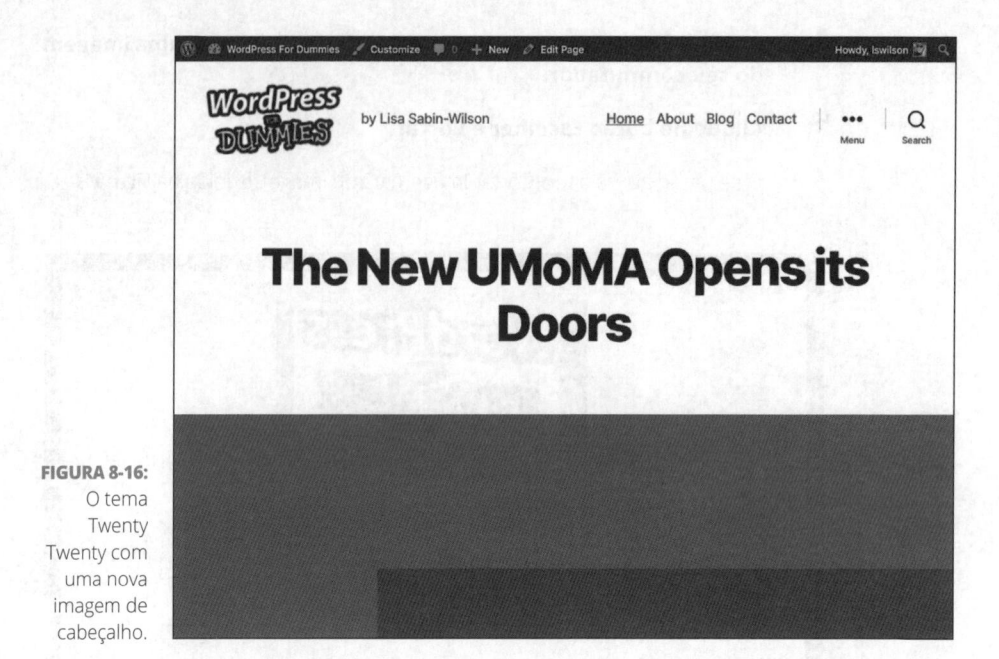

Personalizando cores

Após explorar as configurações de Identidade de Site, é possível que você queira escolher uma cor de fundo ou alterar a cor do texto do cabeçalho. A cor de fundo padrão do tema Twenty Twenty é castanho-claro, mas você pode alterar o esquema de cores. Para fazer isso, siga estes passos:

1. **No Painel WordPress, clique no link Personalizar no menu Aparência.**

O painel de personalização aparecerá no lado esquerdo da sua tela.

2. **Clique no link Cores.**

A tela Personalizar Cores será aberta.

3. **Clique em Escolher Cor abaixo do título Cor de Fundo.**

O botão Escolher Cor mudará para um seletor de cores.

4. **Escolha uma cor.**

Você pode clicar em qualquer local do seletor de cores (veja a Figura 8-17) ou digitar um código hexadecimal de seis dígitos (**código hex**, como é dito abreviadamente) se souber sua cor escolhida.

DICA

Valores de código são determinados em HTML e CSS por códigos hexadecimais de seis dígitos que começam com o símbolo #, como #000000 para o preto ou #FFFFFF para o branco (como menciono no Capítulo 10, ajustar cores hexadecimais é uma das formas mais fáceis de modificar as cores do seu tema e buscar um novo visual).

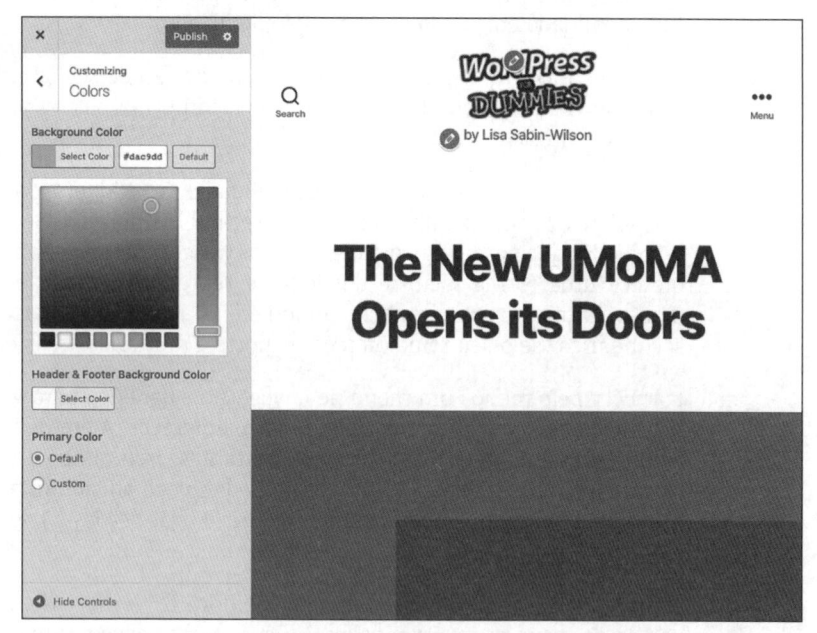

FIGURA 8-17: As opções de cores do tema Twenty Twenty.

5. Clique em Escolher Cor abaixo do título Cores de Fundo do Cabeçalho & Rodapé.

6. Repita as instruções do passo 4 para alterar as cores de fundo do cabeçalho e do rodapé de seu site.

7. Escolha a opção Personalizada abaixo do título Cor Primária.

Um seletor de cores aparecerá.

8. Escolha as cores para links, botões e imagens em destaque do seu site.

9. Ao finalizar suas escolhas, clique no botão Publicar.

O WordPress salva e publica as alterações de cores feitas por você.

DICA

O Personalizador do WordPress aparece do lado esquerdo na sua tela do computador, enquanto uma pré-visualização do seu site aparece no lado direito. Ao fazer alterações no personalizador, você terá a pré-visualização das alterações feitas.

Incluindo menus personalizados de navegação

Um *menu de navegação* é uma lista exibida em seu site. Esses links podem ser páginas, posts ou categorias dentro do site, ou podem ser links para outros sites. É possível definir menus de navegação no seu site por meio da funcionalidade embutida de Menu Personalizado.

Menus de navegação são uma parte vital do design de seu site. Eles dizem aos seus visitantes aonde ir e como acessar informações ou áreas importantes do site.

De maneira parecida com a funcionalidade de Widgets do WordPress (mencionada mais detalhadamente na seção "Melhorando Seu Tema com Widgets"), que permite arrastar e soltar os widgets, a funcionalidade Menus oferece uma forma fácil de adicionar e reorganizar uma série de links de navegação em seu site, bem como facilita a criação de barras de menu secundárias (se o seu tema oferecer suporte a múltiplas áreas de menu).

Fornecer pelo menos um menu de navegação é benéfico para você, pois os leitores podem ver tudo que seu site tem a oferecer. Além de fornecer um auxílio visual de navegação aos seus visitantes, isso também permite que os mecanismos de busca vejam os links que você adicionou a um menu. Assim, esses mecanismos podem descobrir outras seções e páginas do seu site para adicionar aos seus resultados de busca.

DICA

A funcionalidade de Menus também melhora o WordPress, facilitando o uso de sites que necessitam de múltiplos recursos navegacionais diferentes se comparados com os usos típicos de um site.

O tema Twenty Twenty vem com o código apropriado nos menus de navegação para essa funcionalidade robusta. Por padrão, esse é um tema com cinco locais de menu para incluir menus personalizados: Redes Sociais, Menu Horizontal de Área de Trabalho, Menu Expandido de Área de Trabalho, Menu para Dispositivos Móveis e Menu de Rodapé.

DICA

O Capítulo 12 oferece todas as informações necessárias para trabalhar com o recurso de menus personalizados no WordPress.

Melhorando Seu Tema com Widgets

Os *widgets* do WordPress são ferramentas úteis incluídas no software que permitem que você reorganize a exibição de conteúdo na barra lateral do seu blog, como posts recentes e listas de arquivos. Com os widgets, você pode organizar e exibir o conteúdo da barra lateral do seu site sem precisar saber coisa alguma de PHP ou HTML.

Áreas de widget são as regiões do seu tema em que é possível inserir e organizar conteúdo, como uma lista dos seus posts recentes ou links para seu site favorito. Também é possível adicionar menus personalizados ao arrastar e soltar (e editar) os widgets disponíveis (exibidos na página Widget do Painel) nas áreas correspondentes.

Muitos widgets oferecidos pelo WordPress (e aqueles adicionados por alguns temas e plugins do WordPress) oferecem uma instalação de arrastar e soltar para funções avançadas que normalmente só estão disponíveis ao inserir o código diretamente nos arquivos do tema.

Clique no link Widgets no menu Aparência do Painel para ver os widgets disponíveis na tela Widgets. Essa funcionalidade é muito interessante por permitir que você controle quais funcionalidades usar e onde posicioná-las sem precisar saber uma linha de código.

As seções prontas para widget do tema Twenty Twenty incluem o Footer (rodapé) #1 e #2, exibidos na Figura 8-18.

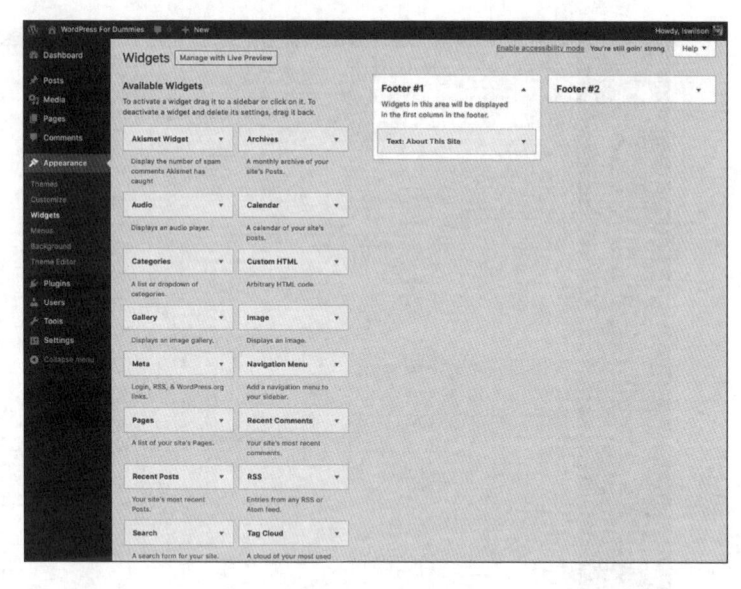

FIGURA 8-18: Esta página exibe os widgets disponíveis e as áreas prontas para usá-los.

Adicionando widgets ao seu site

A tela Widgets lista todos os widgets disponíveis para seu site WordPress. No lado direito da tela Widgets estão as áreas Footer #1 e #2 do tema Twenty Twenty (veja a Figura 8-18). Você arrasta o widget selecionado da seção Widgets Disponíveis para a área desejada do lado direito. Para adicionar uma caixa de pesquisa no lado direito da área de rodapé do layout padrão, por exemplo, arraste o widget de pesquisa [Search] da seção Widgets Disponíveis para a área de widget Footer #2.

Siga os próximos passos para adicionar um novo widget à sua barra lateral:

1. Encontre o widget que você deseja usar.

Os widgets são listados na seção Widgets Disponíveis. Para os objetivos destes passos, escolha o widget Posts Recentes.

2. Arraste e solte o widget Posts Recentes para a seção Footer #1 do lado direito da página.

O widget agora ficará localizado na seção Footer #1 e o conteúdo dele aparecerá na barra lateral do seu site.

3. Clique na seta à direita do título do widget.

Isso exibirá as opções para o widget. Cada widget tem diferentes opções que podem ser configuradas. O widget Posts Recentes, por exemplo, permite configurar o título, o número de posts recentes que deseja exibir (o padrão é cinco, e o valor máximo, quinze) e a data (veja a Figura 8-19).

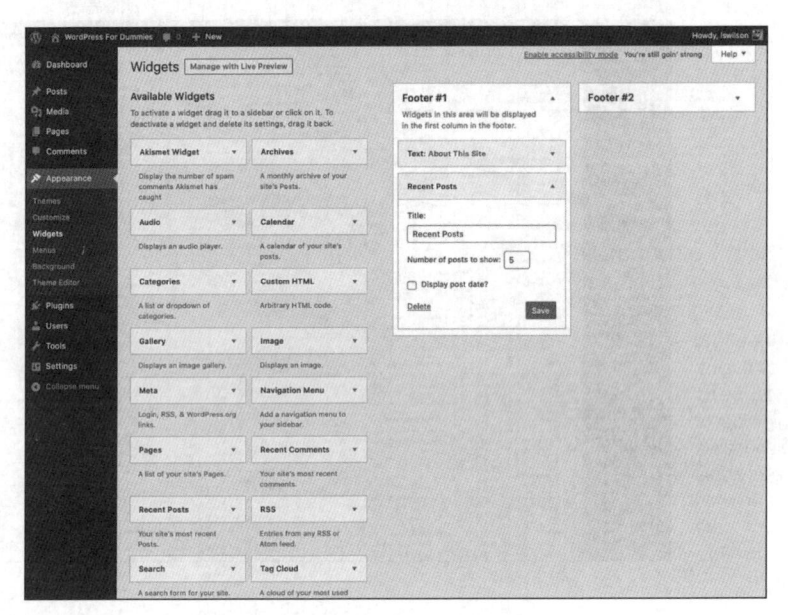

FIGURA 8-19: Editando o widget Posts Recentes.

4. Escolha suas opções e clique no botão Salvar.

As alterações feitas serão salvas.

5. Organize seus widgets na ordem em que deseja que apareçam no site arrastando-os e soltando-os na lista.

Repita esse último passo até seus widgets estarem organizados da forma desejada.

Para remover um widget da sua barra lateral, clique na seta à direita do nome do widget para abrir suas opções. Em seguida, clique no link Deletar [Delete]. O WordPress removerá o widget do lado direito da página e o colocará novamente na lista Widgets Disponíveis. Caso queira remover um widget, mas, ao mesmo tempo, deseja que o WordPress grave as configurações dele, simplesmente arraste o widget para a área Widgets Inativos [Inactive Widgets] (exibida na Figura 8-20) na parte inferior da tela Widgets. Tanto o widget como suas configurações serão armazenados para uso posterior.

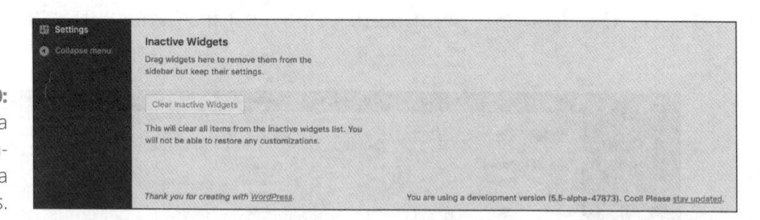

FIGURA 8-20:
A área Widgets Inativos da tela Widgets.

Após selecionar e configurar seus widgets, clique no botão Visitar Site no topo do seu Painel WordPress (à direita do nome de seu site). O seu site reflete o conteúdo e a ordem do conteúdo na tela Widgets. Bem legal, não é? Você pode voltar à tela Widgets e reorganizar os itens, bem como adicionar e remover novos itens, o quanto quiser.

A quantidade de opções disponíveis para a edição de um widget dependerá do widget. Alguns têm muitas opções personalizáveis, enquanto outros só permitem que você edite o título. O widget Posts Recentes (veja a Figura 8-19), por exemplo, tem três opções: edição do título do widget, quantidade de posts recentes para exibir e a possibilidade de exibir ou omitir a data dos posts.

Usando o widget Texto

O widget Texto é um dos widgets mais populares e úteis do WordPress, porque permite que você adicione texto aos seus temas sem editar os arquivos do tema. Portanto, é possível inserir uma série de informações em seu site.

Veja alguns exemplos de como usar o widget Texto.

» **Sobre Nós.** Adiciona um parágrafo sobre você ou sua empresa que aparecerá nas áreas de widget do tema.

» **Exibir horário de funcionamento da empresa.** Exibe os dias e horário de funcionamento da sua empresa para que todos possam visualizá-los.

» **Anúncio de eventos e avisos especiais.** Se sua organização realizar uma promoção especial, precisar fazer um anúncio sobre um membro da equipe ou sobre interrupções extraordinárias, por exemplo, você pode usar o widget Texto para publicar essa informação ao seu site em alguns segundos.

Para adicionar o widget Texto, siga estes passos:

1. **No Painel WordPress, clique no link Widgets no menu Aparência.**

2. **Encontre o widget Texto na seção Widgets Disponíveis.**

3. **Arraste o widget Texto para a área de widget desejada.**

O widget Texto será aberto, como mostra a Figura 8-21.

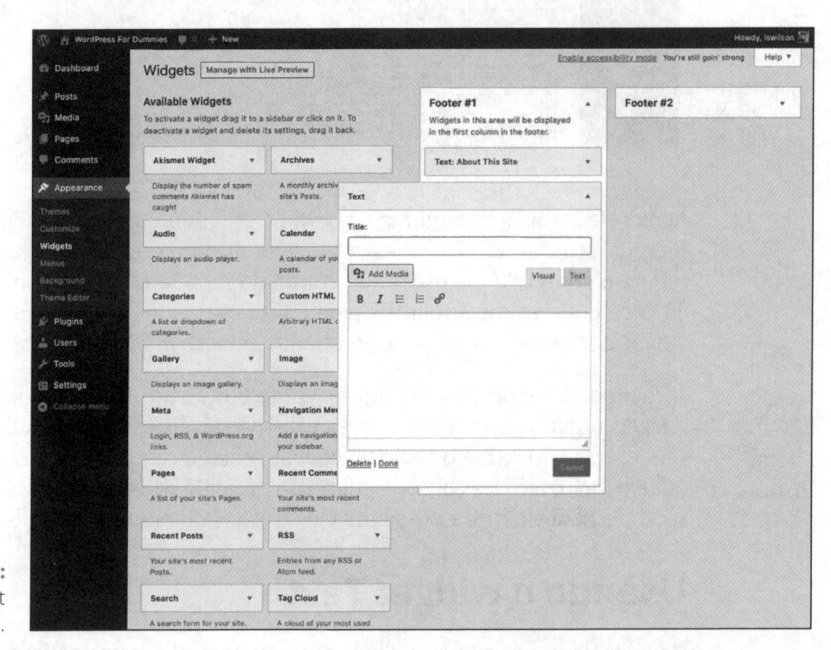

FIGURA 8-21: O widget Texto.

4. **Adicione um título do widget no campo Título [Title] e o texto desejado na caixa Conteúdo [Content].**

5. **Clique no botão Salvar.**

6. **Clique no link Fechar na parte inferior do widget Texto.**

Usando o widget RSS

O widget RSS permite que você receba as manchetes de praticamente qualquer feed RSS (Really Simple Syndication), incluindo manchetes recentes de seus outros sites WordPress. Você também pode usar essa funcionalidade para receber manchetes de sites de notícias ou de outras fontes que oferecem feeds RSS. Essa prática é mais comumente conhecida como *agregação [aggregation]*, o que significa que você está reunindo informações de uma fonte de feed RSS para exibir em seu site.

Após arrastar o widget RSS à área de widget adequada, o widget será aberto e você poderá inserir o URL do feed RSS que deseja exibir. Além disso, você pode alterar com facilidade outras configurações, como mostra a Figura 8-22, para adicionar informações para seus leitores na área de widget.

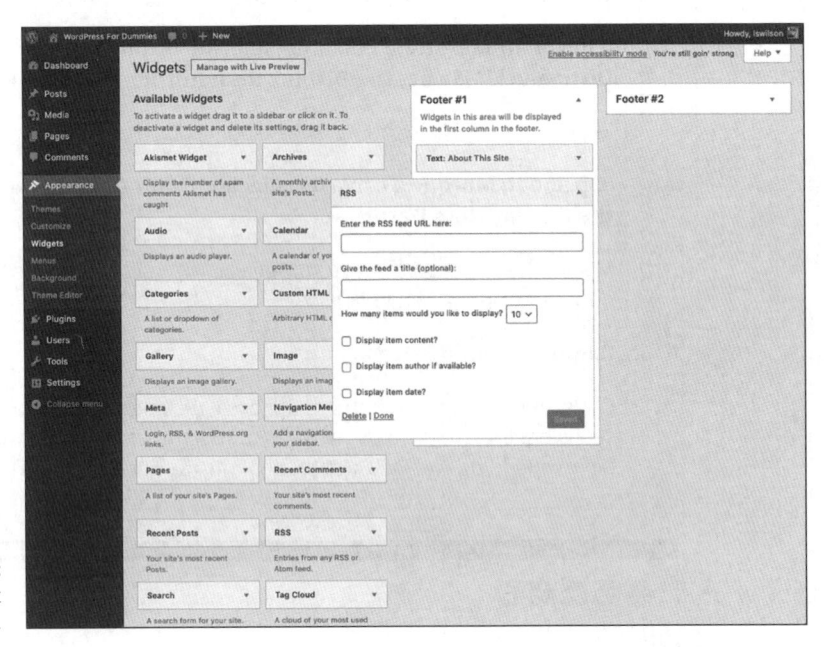

FIGURA 8-22: O widget RSS.

Siga os próximos passos para adicionar o widget RSS ao seu blog:

1. **Adicione o widget RSS à área Footer #1 da tela Widgets.**

   Siga os passos da seção anterior deste capítulo, intitulada "Adicionando widgets ao seu site".

2. **Clique na seta à direita do nome do widget RSS.**

   O widget será aberto, exibindo opções para configuração.

3. **Na caixa de texto Insira o URL do Feed RSS Aqui [Enter the RSS Feed URL Here], digite o URL do feed RSS que deseja adicionar.**

4. **Digite o título do widget RSS.**

   Esse título aparece em seu site, logo acima dos links. Se eu quisesse adicionar o feed RSS do site da minha empresa, por exemplo, eu usaria **Feed da WebDevStudios**.

5. Escolha o número de itens do feed RSS que deseja exibir em seu site.

O menu suspenso oferecerá opções de um a vinte.

6. (Opcional) Marque a caixa de seleção "Exibir o Conteúdo do Item?" [Display the Item Content?].

Marcar essa caixa avisará ao WordPress que você também quer exibir o conteúdo do feed (geralmente o conteúdo do post no feed). Se quiser exibir apenas o título, mantenha a caixa desmarcada.

7. (Opcional) Marque a caixa de seleção "Exibir o Autor do Item se Disponível?" [Select the Display Item Author If Available?].

Marque essa opção se quiser exibir o nome do autor junto ao título do item.

8. (Opcional) Marque a caixa de seleção "Exibir Data do Item?" [Select the Display Item Date?].

Marque essa opção se você quiser exibir a data de quando o item foi publicado junto ao título dele.

9. Clique no botão Salvar.

O WordPress vai salvar todas as opções e recarregar a página Widget com seu widget RSS intacto. A Figura 8-23 mostra o rodapé do meu site exibindo o feed da WebDevStudios, que mostra cinco posts do meu blog.

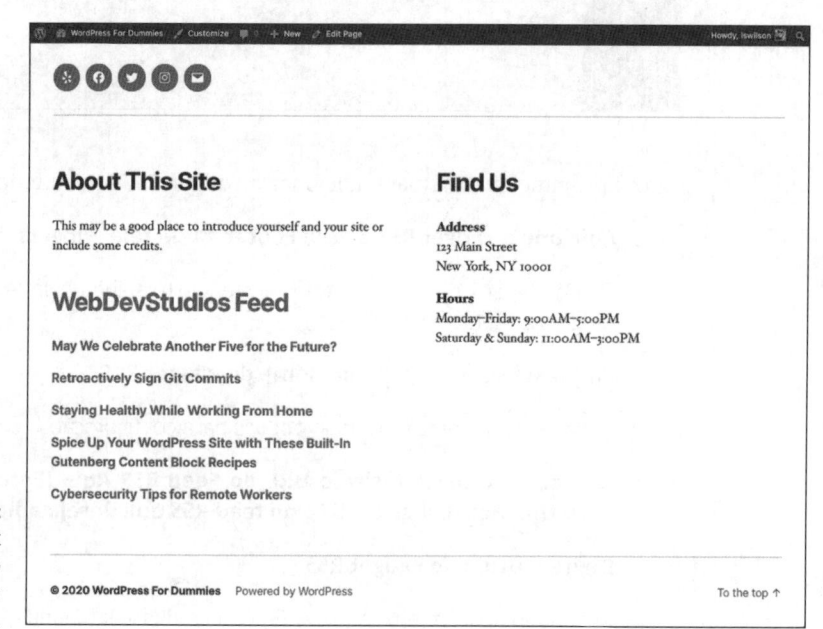

FIGURA 8-23:
O widget RSS sendo exibido em meu site.

4
Personalizando o WordPress

Aprenda sobre os modelos (ou templates) básicos usados para fazer um tema do WordPress, incluindo as tags básicas de modelos.

Use HTML e CSS básicos para configurar a aparência e a sensação do seu tema atual.

Entenda o conceito básico por trás dos temas Pai/Filho no WordPress e aprenda como criar seu próprio tema personalizado com base em um tema existente.

Descubra como usar o WordPress para gerenciar conteúdo e adicione suporte para funcionalidades como imagens em destaque e formatos de posts.

Descubra o que é preciso para migrar seu site para o WordPress (se estiver usando outra plataforma) ou para migrar para um novo provedor de hospedagem.

Capítulo **9**

Entendendo Temas e Templates

S e você, assim como eu, gosta de colocar as mãos na massa, então precisa ler este capítulo. Os usuários do WordPress que criam seus próprios temas o fazem por motivos de:

» **Individualidade:** Você pode ter um tema exclusivo (ao usar um dos temas gratuitos, pode contar com o fato de que *pelo menos* uma dezena de outros sites terá a mesma aparência que o seu).

» **Criatividade:** Você pode exibir seu estilo pessoal.

» **Controle:** Você pode ter controle total de como seu site exibe, usa e distribui seu conteúdo.

No entanto, muitos de vocês não têm o menor interesse em criar seus próprios temas. Às vezes, é simplesmente mais fácil deixar essas coisas nas mãos de profissionais e contratar um desenvolvedor de temas experiente para criar um visual personalizado para seu site ou usar um dos milhares de temas gratuitos fornecidos pelos desenvolvedores do WordPress (veja o Capítulo 8). O Capítulo 16 também fala onde é possível encontrar dez temas gratuitos para o WordPress.

Criar temas requer que você embarque nos códigos dos modelos, o que pode ser um tanto assustador — especialmente se você não entender o que está vendo. Um bom lugar para começar é compreender a estrutura de um site WordPress. De forma separada, as partes não lhe trarão benefício algum. Ao juntá-las todas, porém, é quando a magia começa! Este capítulo fala sobre o básico a respeito desse assunto e, perto do final do capítulo, você encontrará passos específicos para montar seu próprio tema.

DICA

Você não precisa saber HTML para usar o WordPress. Mas, se planeja criar temas para o WordPress, então precisará de conhecimentos básicos em HTML e CSS. Para mais ajuda com o HTML, confira o livro *HTML5 and CSS3 All-in-One For Dummies*, 3ª Edição, de Andy Harris (ainda sem tradução no Brasil).

Usando Temas do WordPress: O Básico

Um *tema* do WordPress é uma coleção de modelos (ou templates) feitos com tags de template do WordPress. Quando falo sobre um *tema* do WordPress, estou me referindo a um grupo de templates que compõem o tema. Quando falo sobre um *template* do WordPress, estou me referindo a um dos únicos arquivos do template que contém tags e funções. As tags de templates do WordPress fazem todos os templates funcionarem juntos, como um tema. Entre esses arquivos, estão:

» **Folha de estilo [stylesheet] do tema** (`style.css`): A folha de estilo fornece o nome do tema e as regras de CSS que serão aplicadas a ele.

» **O template de índice principal** (`index.php`): O arquivo de índice [index] é o primeiro arquivo a ser carregado quando um visitante entra no seu site. Esse arquivo contém toda a informação HTML, funções e tags de template necessárias para sua página inicial.

» **Arquivo functions opcional** (`functions.php`): Esse arquivo opcional é onde você pode adicionar outras funcionalidades ao seu site por meio de PHP e/ou funções específicas do WordPress.

Arquivos de template e functions usam a extensão `.php`. *PHP* é a linguagem de programação usada no WordPress, linguagem esta que é reconhecida e interpretada por seu servidor web. Esses arquivos contêm mais do que apenas código. Os arquivos PHP também têm marcação HTML, que é a linguagem básica de marcação das páginas na internet.

Dentro desse conjunto de arquivos PHP está toda a informação de que seu navegador e servidor web precisam para construir seu site. Tudo, desde as cores de fundo até o layout do conteúdo, está dentro desse conjunto de arquivos.

LEMBRE-SE

A diferença entre um template e um tema pode gerar alguma confusão. *Templates* são arquivos individuais. Cada arquivo de template fornece a estrutura de exibição do seu conteúdo. Um *tema* é um conjunto de templates. O tema usa os templates para criar todo o site.

Entendendo a estrutura do tema

Entender a localização dos arquivos do tema em seu servidor web pode ajudá-lo a identificar e editar esses arquivos conforme necessário. É possível usar dois métodos diferentes para visualizar e editar arquivos de tema do WordPress. Para isso, acompanhe os passos a seguir:

1. **Conecte-se ao seu servidor web por SFTP e dê uma olhada nos temas do WordPress existentes lá.**

A localização correta é `/wp-content/themes/`. Ao abrir essa pasta, encontrará a pasta `/twentytwenty` (lado esquerdo da Figura 9-1).

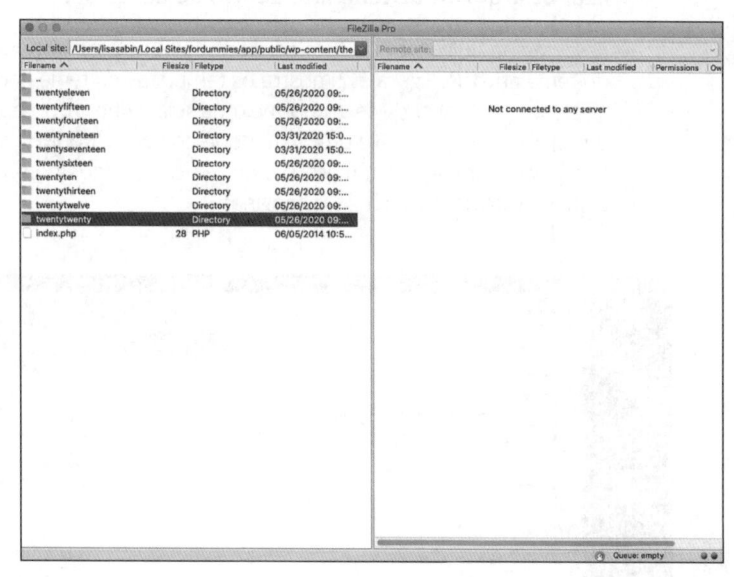

FIGURA 9-1:
Temas do WordPress na pasta `/wp -content/ themes` e visualizados pelo SFTP.

LEMBRE-SE

Se um tema estiver em qualquer outra pasta que não seja `/wp-content/ themes`, ele não funcionará.

2. **Abra a pasta do tema Twenty Twenty (`/wp-content/themes/ twentytwenty`) e observe os arquivos de template que estão lá dentro.**

Ao abrir a pasta do tema Twenty Twenty, você verá diversos arquivos. No mínimo, encontrará estes cinco templates no tema padrão:

- *Stylesheet* (`style.css`)

- *Arquivo Functions* (`functions.php`)

- *Template Header* (`header.php`)

- *Índice Principal [Main index]* (`index.php`)

- *Template Footer* (`footer.php`)

Esses arquivos são os principais arquivos de template do WordPress e falarei sobre eles mais detalhadamente neste capítulo. No entanto, existem diversos arquivos de template e, por isso, seria uma boa ideia explorar todos tanto quanto for possível. Dê uma olhada no conteúdo dos arquivos para ver as diferentes funções contidas neles. Todo tema do WordPress é único e tem sua própria quantidade e tipo de arquivos, mas os cinco arquivos mencionados aqui normalmente existem em todos os temas do WordPress.

3. **Clique no link Editor no menu Aparência [Appearance] para visualizar os arquivos de template dentro de um tema.**

Essa página Editar Temas lista os diversos templates disponíveis dentro do tema ativo. (A Figura 9-2 mostra os templates no tema padrão Twenty Twenty.) Uma caixa de texto no meio da tela exibe o conteúdo de cada template, e é nessa caixa que você pode editar os arquivos do template. Para visualizar e editar um arquivo de template, clique no nome do template na lista do lado direito da página.

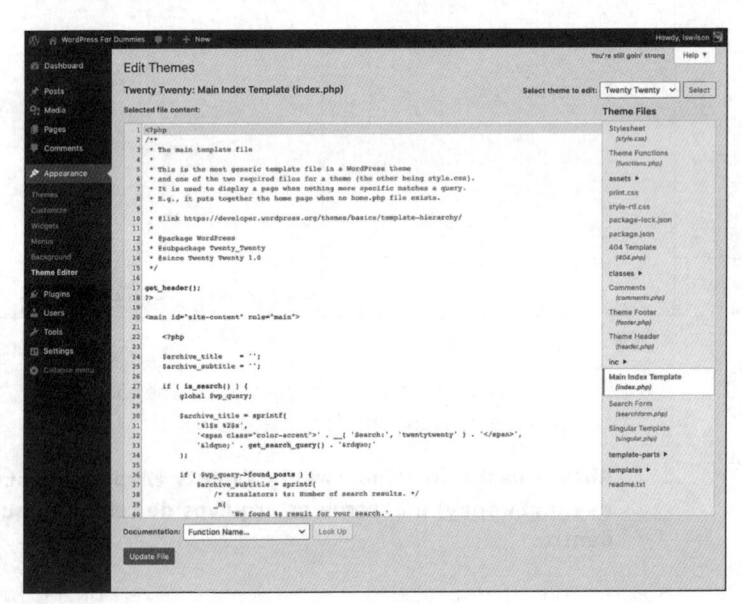

FIGURA 9-2: Uma lista dos arquivos de temas disponíveis no tema padrão do WordPress, Twenty Twenty.

A página Editar Temas também mostra a marcação HTML (veja o Capítulo 10) e tags de templates dentro do arquivo de template. Essas tags fazem toda a mágica em seu site, conectando todos os templates para construir um tema. A próxima seção deste capítulo, "Conectando templates", discute mais detalhadamente essas tags de templates, mostrando seus significados e funções. Posteriormente, neste capítulo, a seção "Montando um Tema" fornece as etapas para unir as tags e criar seu próprio tema (ou editar um tema existente).

Clique no menu suspenso Documentação [Documentation] da tela Temas (exibido no canto inferior esquerdo da Figura 9-2) para visualizar todas as tags de templates usadas no template visualizado. Essa lista é útil ao editar templates e fornece insights sobre as tags de templates usadas para criar os recursos no template que você está vendo atualmente. (***Observação:*** O menu Documentação na página Temas não aparece ao visualizar a folha de estilo porque nenhuma tag de template é usada no template `style.css` — esse arquivo contém apenas CSS.)

Conectando templates

Os arquivos de templates não funcionam sozinhos; para que o tema funcione, os arquivos precisam uns dos outros. Para unir esses arquivos como uma única entidade funcional, você usa as tags de template para retirar informações de cada um dos templates — Header, Sidebar e Footer — e colocar no Main Index. Denomino esse procedimento de *chamar* um template em outro. (Você pode encontrar mais informações na seção posterior deste capítulo, "Familiarizando-se com os Quatro Templates Principais".)

Contemplando a Estrutura de um Site do WordPress

Um blog do WordPress, em sua forma mais básica, tem quatro áreas principais. Os arquivos de template para essas quatro áreas aparecerem no tema padrão que vem em todas as versões do WordPress:

>> **Cabeçalhos [Header]:** Essa área normalmente contém o nome do site e uma descrição ou slogan. Às vezes, ela também contém algum tipo de imagem.

>> **Corpo [Body]:** Essa área é onde o conteúdo principal do seu site vai aparecer, como os posts do blog exibidos em ordem cronológica.

> » **Barra lateral [Sidebar]:** Essa área é onde você encontra listas de elementos relacionados ao blog, como um blogroll, os arquivos e uma lista de posts recentes.

> » **Rodapé [Footer]:** Essa área, ao final da página, geralmente contém links para mais informações sobre o site, como o designer do site, a empresa que fornece a hospedagem e informações de direitos autorais.

Essas quatro áreas são o *básico* de um template para blog do WordPress. É possível expandir essas áreas e criar novas seções capazes de carregar mais informações, é claro, mas, para os propósitos deste capítulo, focarei o básico.

O tema padrão do WordPress se chama Twenty Twenty e, na minha opinião, é um ótimo ponto de partida para você, especialmente se estiver começando nesse mundo de publicação na internet. Não falarei sobre todas as tags e templates inclusos no tema Twenty Twenty; em vez disso, mencionarei o básico para encaminhar sua compreensão a respeito dos templates e tags de templates para o WordPress.

DICA

Muitos temas desenvolvidos para o WordPress são gratuitos para uso público, e recomendo fortemente que encontre um do seu agrado e faça o download. Use os temas gratuitos como uma forma de começar no desenvolvimento de temas. Por que reinventar a roda? Com os temas gratuitos disponíveis hoje em dia, a maior parte do trabalho já foi feita para você, e será mais fácil usar um desses temas do que criar um tema do zero.

Cada tema gratuito disponível para download é diferente, dependendo do que foi incluído nele pelo seu desenvolvedor (como estilo CSS, opções de exibições, formato e layout). A experimentação com alguns temas é uma forma divertida e útil de saber mais sobre o desenvolvimento dos temas WordPress. Um bom local para encontrar temas gratuitos para o WordPress é a página oficial de temas do WordPress, que pode ser acessada pelo seguinte endereço: `https://br.WordPress.org/themes`.

Para montar um tema do WordPress que cubra as áreas básicas de um site, você precisa de quatro templates e um quinto arquivo chamado de folha de estilo (ou stylesheet):

> » `header.php`

> » `index.php`

> » `sidebar.php`

> » `footer.php`

> » `style.css`

Cada tema do WordPress possui uma folha de estilo (`style.css`) que decide a formatação e layout do template do seu blog em termos de posicionamento de elementos, fonte, cores, entre outros. Como você já pode ter imaginado, o CSS não é usado para incluir conteúdos em seu site, mas para estilizar o conteúdo que já se encontra nele.

O Capítulo 10 fornece mais informações sobre mexer no design do seu tema ao combinar as tags de template apresentadas neste capítulo com alguns ajustes de CSS.

Neste momento, tratarei apenas do básico. No entanto, ao final deste capítulo, fornecerei algumas ideias de como usar diversos templates para expandir ainda mais a funcionalidade do seu site, usando templates para categorias, arquivos, páginas estáticas e barras laterais diversas, entre outros recursos. Após construir o básico, você poderá abrir suas asas e sobrevoar temas mais avançados.

Examinando a Anatomia de uma Tag de Template

Algumas pessoas se sentem intimidadas ao olhar as tags de template. Na verdade, essas tags são apenas pedaços simples de código PHP que você pode usar dentro de um template para exibir informação de forma dinâmica. Antes de começar a brincar com as tags de template nos seus templates para WordPress, porém, é importante entender o que compõe uma tag de template, bem como o porquê de as tags serem como são.

O WordPress é feito com base em PHP (linguagem de programação para criação de páginas da web) e usa comandos PHP para receber informações do banco de dados MySQL. Toda tag começa com uma função para iniciar o PHP e termina com uma função para parar o código PHP. No meio desses dois comandos, encontramos o pedido que é feito para o banco de dados e que diz ao WordPress qual dado receber e exibir.

Uma tag de template típica será mais ou menos assim:

```
<?php bloginfo(); ?>
```

Esse exemplo diz ao WordPress para fazer três coisas:

» Inicie o código PHP (`<?php`).

» Use o PHP para obter mais informações no banco de dados MySQL e entregá-lo ao seu blog (`bloginfo();`).

» Pare o código PHP (`?>`).

Nesse caso, `bloginfo();` representa a função dessa tag de template, que recebe informações de um banco de dados e as entrega para seu site. Qual informação será entregue dependerá da tag de função que aparecerá entre os dois comandos PHP. Como você deve ter percebido, ao longo desses templates o código PHP começa e para muitas vezes. Esse processo faz parecer que a atividade consumiria muitos recursos computacionais, mas isso não é verdade.

LEMBRE-SE

Você precisa de um comando de parada sempre que iniciar um comando PHP. Sempre que um comando iniciar com `<?php`, seja onde for no código, deverá ser encerrado com o comando apropriado `?>`. Comandos PHP que não são estruturados corretamente causam erros graves em seu site e já fizeram muitos programadores, desenvolvedores e provedores de hospedagem gritarem de raiva.

Familiarizando-se com os Quatro Templates Principais

Nas seções seguintes, menciono algumas das tags de template que puxam as informações que você quer exibir em seu site. Para que este capítulo tenha menos de mil páginas, focarei os quatro templates principais que o levará adiante na criação de seu próprio tema ou na edição de um tema existente. Estes são os quatro templates principais:

» Cabeçalho [Header]

» Índice Principal [Main Index]

» Barra lateral [Sidebar]

» Rodapé [Footer]

LEMBRE-SE

Templates são arquivos individuais. Um *tema* se trata de um conjunto de templates.

O template Header

O template Header é o ponto de partida para todo tema WordPress, porque é responsável por dar ao navegador as seguintes informações:

» O título do seu site

» Localização do CSS

» O URL do feed RSS

- » O URL do site
- » A descrição (ou slogan) do site

Em muitos temas, os primeiros elementos no header são a imagem principal e a navegação. Esses dois elementos costumam estar no arquivo `header.php`, porque carregam em todas as páginas e dificilmente mudam. A seguinte declaração é a função embutida no WordPress para chamar o template header.

```
<?php get_header(); ?>
```

Todas as páginas da internet precisam começar com um pouco de código. Em todo arquivo `header.php`, presente em qualquer tema do WordPress, você encontrará estes pedaços de código no topo:

- » `DOCTYPE` (que significa *declaração de tipo de documento, ou document type declaration*) diz ao navegador qual tipo de padrão XHTML você está utilizando. O tema Twenty Twenty usa o código `<!DOCTYPE html>`, que é uma declaração para o modo de conformidade aos padrões W3C (World Wide Web Consortium `https://www.w3.org/`) e abarca todos os principais navegadores atualmente.

- » A tag `<html>` (*HTML* significa *Linguagem de Marcação de Hipertexto, ou Hypertext Markup Language*) diz ao navegador qual linguagem você está utilizando para escrever suas páginas da internet.

- » A tag `<head>` diz ao navegador que a informação contida dentro da tag não deve ser exibida no site. Em vez disso, essa é uma informação *sobre* o documento.

No template Header do tema Twenty Twenty, esses pedaços de código se parecem com o exemplo a seguir, e você deve mantê-los intactos:

```
<!DOCTYPE html>
<html class="no-js" <?php language_attributes(); ?>
<head>
```

Na página Editar Temas, clique no link do template Header para exibir o código do template na caixa de texto. Olhe atentamente e verá a declaração `<!DOCTYPE html>`, a tag `<html>` e a tag `<head>`.

A tag `<head>` precisa ser fechada ao final do template Header, com a seguinte tag: `</head>`. Você também precisa incluir uma quarta tag, `<body>`, que diz ao navegador onde começa a informação que você deseja exibir. Tanto a tag `<body>` quanto a tag `<html>` precisam ser fechadas ao final dos arquivos de template (no arquivo `footer.php`) desta forma: `</body></html>`.

Usando parâmetros bloginfo

O template Header faz muito uso de uma tag de template específica: `bloginfo();`. Essa tag é usada com frequência nos temas do WordPress.

O que diferencia o tipo de informação a ser recebida por uma tag é o parâmetro. Os parâmetros são inseridos dentro do parêntese da tag, envoltos por aspas simples. Na grande maioria das vezes, esses parâmetros obtêm informações a partir das configurações do seu Painel. A tag de template para obter o título do seu site, por exemplo, é mais ou menos assim:

```
<?php bloginfo( 'name' ); ?>
```

A Tabela 9-1 lista os parâmetros disponíveis para a tag `bloginfo();` e mostra a aparência da tag em questão.

TABELA 9-1 Valores de Tag para bloginfo()

Parâmetro	Informação	Tag
charset	Configurações de caracteres selecionadas na tela Configurações Gerais	`<?php bloginfo( 'charset' ); ?>`
name	Título do site, configurado no menu Configurações [Settings] ⇨ Geral [General]	`<?php bloginfo( 'name' ); ?>`
description	Descrição ou slogan no seu site, configurado no menu Configurações [Settings] ⇨ Geral [General]	`<?php bloginfo( 'description' ); ?>`
url	O endereço do seu site, configurado no menu Configurações [Settings] ⇨ Geral [General]	`<?php bloginfo( 'url' ); ?>`
stylesheet_url	URL do arquivo primário de CSS	`<?php bloginfo( 'stylesheet url' ); ?>`
pingback_url	Exibe o URL de trackback para o seu site em páginas de um único post	`<?php bloginfo( 'pingback_url' ); ?>`

Criando tags \<title>

Aí vai uma dica útil sobre a tag `<title>` do seu blog: os mecanismos de busca usam as palavras na tag `<title>` como palavras-chave para categorizar seu site nos diretórios deles.

As tags HTML `<title></title>` são usadas para dizer ao navegador o que exibir na barra de título do visitante. A Figura 9-3 mostra como o título do site da minha empresa aparece na barra de título da janela do navegador.

Barra de título

FIGURA 9-3:
A barra de título de um navegador.

LEMBRE-SE

Mecanismos de busca amam a barra de título. Quanto mais você puder modificar o título para fornecer descrições detalhadas a respeito do seu site (também conhecido como *search engine optimization* ou SEO), mais os mecanismos de busca irão amar seu site. Os navegadores mostram esse amor subindo a classificação do seu site nos resultados de pesquisa.

A tag `<title>` é o código que fica no template Header entre esses dois marcadores: `<title></title>`. No tema Twenty Twenty, esse código (localizado no arquivo de template `functions.php`, na linha 92), fica mais ou menos assim:

```
add_theme_support( 'title-tag' );
```

A tag `add_theme_support( 'title-tag' );` no template `functions.php` diz ao WordPress para posicionar a tag title na seção `<head>` do site. Ao adicionar o suporte ao tema [theme support] para a tag de título, você está dizendo à plataforma que o tema em questão não usa uma tag `<title>` fixa no documento e espera que o WordPress forneça essa parte do código.

Talvez ajude se eu explicar esse exemplo em um português claro. O título que a função `add_theme_support( 'title-tag' );` exibe se baseia no tipo de página exibida, usando SEO de forma muito inteligente para ajudar seu site a ficar popular entre os navegadores.

A barra de título da janela do navegador sempre exibe o nome do site, a menos que você esteja em uma página de post único. Nesse caso, ela sempre exibe o título do site e o título do post na página em questão.

Exibindo título e slogan do seu site

A maioria dos temas do WordPress exibem o nome do site e um slogan no cabeçalho, o que significa que são itens exibidos em um texto de leitura fácil para os visitantes (e não apenas para os mecanismos de busca). O nome e slogan do meu site, por exemplo, são:

>> **Nome do site:** Lisa Sabin-Wilson

>> **Slogan do site:** Designer. Autora. Empreendedora.

Veja a Figura 9-3 para observar esses dois elementos no cabeçalho do site.

Você pode usar a tag `bloginfo();` e um pouco de código HTML para exibir o nome e slogan do seu site. A maioria dos sites tem um título que pode ser acessado para levar o visitante de volta à página principal. Independentemente de onde seus visitantes estejam no site, eles sempre podem retornar clicando no título do seu site no cabeçalho.

Para criar um título que possa ser clicado, use a seguinte marcação HTML e tags de template:

```
<a href="<?php bloginfo( 'url' ); ?>"><?php bloginfo( 'name' ); ?></a>
```

A tag `bloginfo( 'url' );` é o endereço da internet do seu site principal, enquanto a tag `bloginfo( 'name' );` é o nome do seu site (veja a Tabela 9-1). Portanto, o código cria um link semelhante a este:

```
<a href="http://seudominio.com">Nome do Seu Site</a>
```

O slogan normalmente não leva os visitantes de volta à página inicial. É possível exibi-lo com a seguinte tag:

```
<?php bloginfo( 'description' ); ?>
```

Essa tag extrai o slogan diretamente daquele configurado na página Configurações Gerais, no Painel do WordPress.

Esse exemplo mostra que o WordPress é intuitivo e amigável para o usuário. Você pode fazer coisas como mudar nome e slogan do site digitando algumas palavras no Painel. Alterar suas opções do Painel também aplicará as alterações em toda página do seu site sem a necessidade de algum conhecimento de programação. Incrível, não é?

Com frequência, essas tags ficam envoltas por tags como estas: `<h1></h1>` e `<p></p>`. Essas tags são as tags de marcação HTML, as quais definem a aparência e o layout do nome e slogan do blog no CSS do seu tema. Eu menciono CSS em mais detalhes no Capítulo 10.

O arquivo de template `header.php` também pode incluir o arquivo de template `sidebar.php`, o que significa que ele diz ao WordPress para executar e exibir todas as funções de template inclusas no template Sidebar (`sidebar.php`). A linha de código do template Header que realiza essa tarefa se parece com a linha a seguir:

```
get_sidebar();
```

Nas seções seguintes, forneço mais informações sobre a inclusão de outros templates por meio da chamada deles em funções de templates.

O template Main Index

O template Main Index pega os posts do seu blog no banco de dados MySQL e os insere em seu site. Esse template é para o seu blog o que a pista de dança é para uma boate. É aqui que toda a ação acontece!

O nome de arquivo do template Main Index é `index.php`. Você pode encontrá-lo na pasta `/wp-content/themes/twentytwenty/`.

A primeira tag de template no Main Index chama o template Header, o que significa que ela recebe a informação do template Header e insere essa informação no template Main Index. O código para isso é o seguinte:

```
<?php get_header(); ?>
```

O seu tema funcionará sem chamar o template Header, mas perderá diversas partes essenciais — nome e slogan do site e o CSS, para começo de conversa. Sem a chamada para o template Header, seu blog se parecerá com a imagem da Figura 9-4.

Categories
Uncategorized

Hello world!

- Post author By lxwilson
- Post date May 29, 2020
- 1 Comment on Hello world!

Welcome to WordPress. This is your first post. Edit or delete it, then start writing!

One reply on "Hello world!"

A WordPress Commenter says:
May 29, 2020 at 3:13 am

Hi, this is a comment.
To get started with moderating, editing, and deleting comments, please visit the Comments screen in the dashboard.
Commenter avatars come from Gravatar.

Reply

Leave a Reply

Your email address will not be published. Required fields are marked *

Comment

Name *

Email *

Website

☐ Save my name, email, and website in this browser for the next time I comment.

Post Comment

This site uses Akismet to reduce spam. Learn how your comment data is processed.

O template Main Index no tema padrão Twenty Twenty chama outros três arquivos de forma semelhante:

» `get_template_part( 'template-parts/content', get_ post_ type() );`

Essa função inclui o template específico do tipo de post para o conteúdo.

» `get_template_part( 'template-parts/pagination' );`

Essa função chama o arquivo de template intitulado `pagination.php`, responsável por lidar com a saída de paginação do site.

» `get_template_part( 'template-parts/footer-menus- widgets' );`

Essa função chama o arquivo de template intitulado `footer-menus- widgets.php`, responsável por lidar com a exibição de menus e widgets no rodapé do site.

LEMBRE-SE

Anteriormente neste capítulo, na seção "Conectando templates", expliquei o conceito de chamar um arquivo de template com uma função ou tag de template. É exatamente isso que o template Main Index faz com as quatro funções para os templates Header, Loop, Sidebar e Footer explicados nesta seção.

O Loop

Não estou me referindo ao segundo maior centro financeiro dos Estados Unidos, originado na esquina da rua State com a rua Madison, em Chicago. Eu poderia descrever algumas experiências interessantes que tive por lá... mas então este seria um livro diferente.

O Loop, neste caso, é uma função usada pelo WordPress para exibir conteúdo em seu site, como posts de blogs e conteúdo de páginas. O Loop tem um ponto de início e um ponto final, e qualquer coisa entre esses pontos é usada para exibir cada um dos posts, incluindo quaisquer tags e códigos HTML, PHP ou CSS.

Dê uma olhada no que o WordPress Codex chama de índice mais simples do mundo:

```php
<?php
get_header();
  if (have_posts()) :
  while (have_posts()) :
    the_post();
      the_content();
  endwhile;
  endif;
get_sidebar();
get_footer();
?>
```

Veja uma explicação do funcionamento do código:

1. **O template abre a tag** `php`.

2. **O Loop inclui o Header, o que significa que ele recebe qualquer informação contida no arquivo** `header.php` **e a exibe.**

3. **O Loop começa com o trecho** `while (have_posts()) :`.

4. **Qualquer coisa entre o trecho** `while` **e o trecho** `endwhile` **se repete para cada post exibido.**

   O número de posts exibidos é determinado na seção de configurações do Painel do WordPress.

5. **Se o seu site tiver posts (e a maioria dos sites tem, mesmo quando instalado pela primeira vez), o WordPress continuará com o Loop, iniciando com um trecho de código semelhante a este:**

```
if (have_posts()) :
while (have_posts()) :
```

Esse código diz para o WordPress pegar os posts do banco de dados MySQL e exibi-los na sua página.

6. **O Loop é encerrado com a seguinte tag:**

```
endwhile;
endif;
```

Perto do começo do template Loop está uma tag de template como esta:

```
if (have_posts()) :
```

Em bom português, essa tag quer dizer Se [If] (este blog [this blog]) tiver posts [has posts].

7. **Se seu site cumprir a condição (ou seja, se tiver algum post), o WordPress seguirá com o Loop e exibirá seus posts. Se o site não cumprir a condição (não tiver posts), o WordPress exibirá uma mensagem dizendo que não existem posts.**

8. **Quando o Loop termina (no trecho** endwhile**), o template de índice executa os arquivos para a barra lateral e o rodapé.**

Embora seja simples, o Loop é uma das funções centrais do WordPress.

O mau posicionamento das declarações while ou endwhile pode fazer com que o Loop pare de funcionar. Se enfrentar problemas com o Loop em um template existente, confira sua versão ao lado da versão original para ver se alguma declaração while foi colocada no local errado.

Em suas andanças como um usuário do WordPress, poderá se deparar com plugins ou scripts com instruções como: "Este plugin deve ser colocado dentro do Loop." Esse Loop é o mesmo Loop discutido nesta seção, então preste atenção. Entender o Loop poderá armá-lo com um conhecimento necessário para mexer com seus temas do WordPress.

O Loop não é nada diferente de qualquer outra tag de template. Ele deve começar com uma função para iniciar o código PHP e terminar com uma função para encerrar o código PHP. O Loop começa com PHP e faz um pedido: "Enquanto houver posts no site, exiba-os nesta página." Essa função PHP diz ao WordPress para pegar as informações relacionadas ao post do blog no banco de dados e inseri-las no site. O final do Loop é como um agente de tráfego com uma grande placa de pare ordenando ao WordPress que finalize a função.

Você pode configurar o número de posts exibidos por página na página Configurações de Leitura do Painel WordPress. O Loop seguirá a regra dessa configuração e só exibirá o número de posts por página configurado por você.

O grande se

O PHP funciona de uma forma bem simples e lógica. Ele faz aquilo que eu e você fazemos diariamente: toma decisões com base em questões e respostas. O PHP lida com três declarações condicionais:

» `if (se)`

» `then (então)`

» `else (senão)`

A ideia básica é a seguinte: SE isso, ENTÃO aquilo, ou SENÃO isso.

O template Sidebar

O template Sidebar no WordPress tem o nome de arquivo `sidebar.php`. A barra lateral geralmente aparece do lado esquerdo ou direito da área de conteúdo principal do seu tema WordPress (por padrão, o tema Twenty Twenty não possui uma barra lateral). Esse é um bom local para inserir informações úteis sobre seu site, como resumo do site, anúncios ou depoimentos.

Muitos temas usam áreas de widget no template da barra lateral para exibir conteúdo em páginas e posts do WordPress. A seguinte linha de código é a função do WordPress para chamar o template Sidebar:

```
<?php get_sidebar(); ?>
```

Esse código chama o template Sidebar e toda a informação contida nele para sua página.

Na seção posterior deste capítulo intitulada "Usando Tags com Parâmetros para Barras Laterais", você encontrará informações sobre tags de template para serem utilizadas na barra lateral e exibir seus elementos comuns, como uma lista dos posts mais recentes ou uma lista de categorias.

O template Footer

O template Footer do WordPress tem o nome de arquivo `footer.php`. O rodapé geralmente fica ao final da página e contém rápidas informações de referência sobre o site, como informações de direitos autorais, créditos de design do template e uma menção à plataforma WordPress. De forma semelhante aos templates Header e Sidebar, o template Footer é chamado pelo template Main Index por meio da seguinte linha de código:

```
<?php get_footer(); ?>
```

DICA

Você pode escrever chamadas para os templates Sidebar e Footer, fazendo-os parte de uma chamada maior:

```
<?php
 get_sidebar();
 get_footer();
?>
```

É possível, e comum, unir duas tags de template em uma função PHP, fazendo com que apareçam diretamente uma após a outra. Os exemplos que ofereço neste capítulo separam as tags em funções individuais para garantir que você entenda o que cada uma faz.

Esse código chama o template Footer e toda informação contida nele até a página do seu site.

Outros templates

Para que seu site funcione da maneira adequada, o WordPress usa todos os arquivos de tema juntos. Alguns arquivos, como o do cabeçalho e o arquivo do rodapé, são usados em todas as páginas, enquanto outros, como o template Comments (`comments.php`), só são usados em momentos específicos e para funções específicas.

Quando alguém visita seu site, o WordPress faz uma série de solicitações para determinar quais templates usar.

Você pode incluir muitos outros templates de temas em seu tema. Veja outros arquivos de template que você pode utilizar:

» **Template Comments** (`comments.php`): Esse template é necessário se desejar hospedar comentários em seu site. É esse template que fornece as tags para exibir os comentários. A tag de template usada para chamar os comentários no template é `<?php comments_template(); ?>`.

» **Template Single Post** (`single.php`): Quando seus visitantes clicam no título ou link permanente de um post publicado em seu site, eles são levados até a página individual daquele post. De lá, eles podem ler o post e, caso os comentários estejam ativados, poderão ver o formulário de comentários e escrever suas impressões.

» **Template Page** (`page.php`): Você pode usar esse template para páginas estáticas do seu site WordPress.

» **Search Results** (`search.php`): Esse template pode criar uma exibição personalizada dos resultados de busca do seu site. Quando alguém usa a ferramenta de pesquisa para buscar palavras-chave específicas em seu site, esse template formata a saída desses resultados.

» **Template 404** (`404.php`): Use esse template para criar uma página personalizada do erro 404, que é a página que os visitantes acessam quando o navegador não consegue encontrar a página solicitada, retornando aquele erro chato: "404, Página Não Encontrada."

LEMBRE-SE

Os templates na lista anterior são opcionais. Se eles não existirem na pasta `themes` do seu tema, não tem problema. O template Main Index lida com a exibição padrão desses itens (a página de post único, os resultados de busca e por aí vai). A única exceção para isso é o template Comments. Se quiser exibir comentários no seu site, então é preciso incluir esse template ao seu tema.

Montando um Tema

Nesta seção, você montará um tema básico usando as informações sobre templates e temas que forneci ao longo deste capítulo. Os arquivos de template não podem fazer muita coisa sozinhos, então o verdadeiro poder surge quando esses arquivos são unidos.

Conectando templates

O WordPress tem funções embutidas para incluir os principais arquivos de template — como os arquivos `header.php`, `sidebar.php` e `footer.php` — em outros templates. Uma função `include` é uma função personalizada do PHP e embutida no WordPress que permite a você obter o conteúdo de um arquivo de template e exibi-lo ao longo de outro arquivo de template. A Tabela 9-2 mostra os templates e as funções que os incluem.

TABELA 9-2   Arquivos de Templates e Funções de Inclusão

Template	Função de inclusão
`header.php`	`<?php get_header(); ?>`
`sidebar.php`	`<?php get_sidebar(); ?>`
`footer.php`	`<?php get_footer(); ?>`
`search.php`	`<?php get_search_form(); ?>`
`comments.php`	`<?php comments_template(); ?>`

Se quiser incluir um arquivo sem uma função `include`, precisará de um código diferente. Para adicionar uma barra lateral única (ou seja, uma barra diferente daquela no arquivo `sidebar.php` presente no tema atual) a uma certa página do template, nomeie o arquivo de barra lateral de `sidebar-page.php`. Para incluir esse arquivo em outro template, use o código a seguir:

```
<?php get_template_part('sidebar', 'page'); ?>
```

Nessa declaração, a função `get_template_part('sidebar', 'page');` busca na pasta principal do tema o arquivo `sidebar-page.php` e em seguida exibe a barra lateral. A parte interessante da tag de template `get template part()` é que o WordPress busca o template `sidebar-page.php` primeiro, mas, se não o encontrar, usará o template padrão `sidebar.php`.

Nesta seção, você montará a base de um template Main Index simples a partir das informações a respeito de templates e tags fornecidas neste capítulo. Ao visualizar o arquivo de template `index.php` do tema Twenty Twenty, pode parecer que existe uma quantidade infinita de códigos, então simplifiquei o arquivo para você em uma lista passo a passo. Esses passos devem ajudá-lo a adquirir um conhecimento básico sobre o Loop do WordPress, bem como sobre as tags e funções comuns de template, possibilitando que você utilize essas informações para criar seus próprios temas.

CUIDADO

O tema que você está criando neste capítulo não lhe concederá nenhum prêmio. Na verdade, ele é bem feio, como você perceberá ao ativá-lo em seu site. Ele não tem muitas das funcionalidades que normalmente esperamos de um tema do WordPress nem é responsivo em dispositivos móveis, entre outras coisas. O propósito do tema exemplificado aqui é deixá-lo confortável com os conceitos e o funcionamento básicos dos temas, incluindo o uso das tags de template que fazem os temas funcionar e como unir diferentes templates. Como se trata de um capítulo para iniciantes, não quis complicar esse tema. Use os conceitos aprendidos aqui e os aplique conforme aprender assuntos mais avançados sobre desenvolvimento de temas — e, por favor, não use esse tema em lugar algum da internet.

Você cria um novo tema do WordPress usando alguns templates básicos. Os primeiros passos para unir esses templates são os seguintes:

1. **Conecte-se ao seu servidor web via SFTP, clique na pasta `wp-content` e clique na pasta `themes`.**

Essa pasta contém os temas atualmente instalados no seu site WordPress (veja o Capítulo 3 para saber mais sobre o SFTP).

2. **Crie uma nova pasta e use o nome `mytheme`.**

Na maioria dos programas SFTP, você pode clicar com o botão direito na janela e escolher a opção Nova Pasta a partir do menu de atalhos (se não tiver certeza de como criar uma pasta, confira os arquivos de ajuda do seu programa SFTP preferido).

3. **No seu editor de texto favorito (como Bloco de Notas no PC ou Editor de Texto no Mac), crie e salve os seguintes arquivos com as linhas de código fornecidas para cada um deles.**

- *Template Header:* Crie o arquivo com as seguintes linhas de código e salve o arquivo com o nome `header.php`:

```
<!DOCTYPE html>
<html <?php language_attributes(); ?>>


<head>
<meta http-equiv="Content-Type" content="<?php bloginfo(
'html_type' ); ?>; charset=<?php bloginfo( 'charset' );
?>"/>


<title><?php bloginfo( 'name' ); ?> <?php wp_title();
?></title>


<link rel="stylesheet" href="<?php bloginfo(
'stylesheet_url' ); ?>" type="text/css" media="screen"/>


<?php wp_head(); ?>
</head>
<body <?php body_class(); ?>>


<div id="header">
<h1 class="site-name"><a href="<?php bloginfo( 'url' );
?>"><?php bloginfo( 'name' ); ?></a></h1>
<p class="site-description"><?php bloginfo(
'description' ); ?></p>
</div>
    <div id="container">
```

- *Funções do Tema:* Crie o arquivo com as seguintes linhas de código e salve-o com o nome `functions.php`:

```
<?php
add_theme_support( 'title-tag' );


register_sidebar(
 array(
  'name' => __ ('Blog Sidebar'),
  'id' => 'sidebar',
  'before_widget' => '<div id="%1$s" class="widget
%2$s">',
  'after_widget' => '</div>',
  'before_title' => '<h2 class="widget-title">',
```

```php
  'after_title' => '</h2>'
 )
);


function register_my_menus() {
 register_nav_menus(
  array(
   'header-menu' => __( 'Primary' ),
  )
 );
 }
add_action( 'init', 'register_my_menus' );

?>
```

Esse arquivo registrará a área de Widget para o seu site para que você possa adicionar widgets à sua barra lateral com os widgets disponíveis na página Widgets do Painel WordPress. Esse arquivo também registra um menu de navegação que você poderá gerenciar na página Menus do Painel.

- *Template Sidebar:* Crie o arquivo com as seguintes linhas de código e salve-o com o nome `sidebar.php`:

```php
<div id="sidebar">
<?php
 if ( !dynamic_sidebar( 'sidebar' ) ) : ?>
  <p>Add Sidebar Widgets</p>
  <?php endif; // end dynamic sidebar ?>
</div>
```

Esse código diz ao WordPress onde você deseja que os widgets sejam inseridos no tema. Neste caso, os widgets são inseridos na barra lateral do seu site.

- *Template Footer:* Crie o arquivo com as seguintes linhas de código e salve-o com o nome `footer.php`:

```php
</div>
<div id="footer">
 <p>
  <?php bloginfo( 'name' ) ; ?> is proudly powered by
<a href="http://WordPress.org/">WordPress</a>.
 </p>
</div>
```

```
<?php wp_footer(); ?>
</body>
</html>
```

- *Folha de Estilo (ou Stylesheet):* Crie o arquivo com as seguintes linhas de código e salve-o com o nome `style.css`:

```css
/*
Theme Name: My Theme
Description: Exemplo de tema básico do WordPress Para
Leigos
Author: Lisa Sabin-Wilson
Author URL: http://lisasabin-wilson.com
*/
body {
 color:#333;
 font:14px/1.4 "Lucida Grande", Calibri, Verdana, Arial,
sans-serif;
 margin:40px auto;
 width:44em;
}
ol.commentlist {
 list-style:none;
 margin-left:0;
 padding-left:0;
}

ol.commentlist .comment-body {
 margin:1em 0;
}

ol.commentlist .avatar {
 float:right;
 margin:0 0 1em 1em;
}

/*
 * Estes são alguns estilos padrões que o WordPress
usa para imagens.
 * Você pode removê-los com segurança, mas o WordPress
recomenda que todos os temas mantenham esses estilos.
 */
.alignleft {
 float:left;
 margin-right:1em;
```

```
  margin-bottom:1em;
}

.alignright {
 float:right;
 margin-left:1em;
 margin-bottom:1em;
}

.aligncenter {
 display: block;
 margin-left: auto;
 margin-right: auto;
}

.wp-caption {
 border: 1px solid #ddd;
 text-align: center;
 background-color: #f3f3f3;
 padding-top: 4px;
 margin: 10px;
}

.wp-caption img {
 margin: 0;
 padding: 0;
 border: 0 none;
}
.wp-caption p.wp-caption-text {
 font-size: 11px;
 line-height: 17px;
 padding: 0 4px 5px;
 margin: 0;
}
```

Forneço mais detalhes sobre o CSS no Capítulo 10. Esse exemplo oferece apenas um estilo *bem* básico para ser usado no tema de exemplo. A Tabela 9-3 apresenta algumas tags de template usadas nos posts do WordPress.

TABELA 9-3

Tags de Template para Posts

Tag	Função
`get_the_date();`	Exibe a data do post.
`get_the_time();`	Exibe a hora do post.
`the_title();`	Exibe o título do post.
`get_permalink();`	Exibe o link permanente (URL) do post.
`get_the_author();`	Exibe o nome do autor do post.
`the_author_posts_url();`	Exibe o URL do site do autor.
`the_content( 'Read More...' );`	Exibe o conteúdo do post. (Se você usar um trecho [excerpt], como o próximo item da tabela, as palavras *Ler Mais [Read More]* aparecerão e serão vinculadas à página de post individual.)
`the_excerpt();`	Exibe um trecho do post.
`the_category();`	Exibe a categoria (ou categorias) atribuída(s) ao post. Se o post for atribuído a múltiplas categorias, elas serão separadas por vírgulas.
`comments_popup_link( 'No Comments', 'Comment (1)', 'Comments(%)' );`	Exibe um link para os comentários com a contagem de comentários do post em parênteses. Se nenhum comentário existir, o WordPress exibirá a mensagem `Sem Comentários`.
`next_posts_link( '&laquo; Previous Entries' )`	Exibe as palavras `Entradas Anteriores` [Previous Entries] vinculadas à página anterior nas entradas do blog.
`previous_posts_link( 'Next Entries &raquo;' )`	Exibe as palavras `Próximas Entradas` [Next Entries] vinculadas à próxima página nas entradas do blog.

CUIDADO

Quando estiver digitando o código dos templates, use um editor de texto como o Bloco de Notas ou Editor de Texto. O uso de um programa de processamento de texto, como Microsoft Word, pode causar uma série de problemas no seu código. Programas de processamento de texto normalmente inserem caracteres escondidos e formatam as aspas de uma forma que impossibilita a leitura do código pelo WordPress.

Agora que você já tem o fundamento básico do tema, o último arquivo de template que você precisa criar é o template Main Index. Para criar um template Main Index que funcione com os outros templates do seu tema

WordPress, abra uma nova janela em um editor de texto e realize os passos a seguir. (Digite o texto destes passos cada um em sua própria linha, pressionando Enter após cada linha para que cada tag inicie uma linha nova.)

Usando as tags fornecidas na Tabela 9-3 em conjunto com as informações sobre o Loop e as chamadas aos templates Header, Sidebar e Footer, fornecidas em seções anteriores, você poderá seguir os próximos passos para um exemplo simplório de como seria a aparência de um template Main Index ao finalmente unir todas as tags.

1. **Digite** `<?php get_header(); ?>`.

Essa tag recebe a informação do template Header do seu tema.

2. **Digite** `<div id="content">`

Essa marcação HTML diz ao navegador para procurar o div com id. `content` no arquivo CSS.

3. **Digite** `if (have_posts()) : while (have_posts()) : the_post(); ?>`

Essa tag é uma declaração `if` que pergunta: "Esse blog tem algum post?" Se a resposta for sim, a tag recebe as informações do conteúdo do post por meio do seu banco de dados MySQL e exibe essas informações no blog.

4. **Digite** `<div <?php post_class() ?> id="post-<?php the_ID(); ?>">`

Essa tag inicia o Loop.

5. **Digite** `<h2 class="entry-title"><a href="<?php the_permalink() ?>" title="Permanent Link to <?php the_title_attribute(); ?>" rel="bookmark"><?php the_title(); ?></a></h2>`.

Essa tag diz ao seu blog para exibir o título de um post que pode ser clicado (vinculado) para levar até o URL do post em questão, circundado pelas tags HTML de Header.

6. **Digite** `<div class="entry-content">`.

Essa marcação HTML diz ao navegador para procurar o div com classe `entry-content` no arquivo CSS.

7. **Digite** `<?php the_content( 'Continued&hellip;' ); ?>`.

Essa tag exibe o conteúdo do seu post. A porção `'Continued...'` dessa tag diz ao WordPress para exibir a mensagem `Continua [Continued]`, que pode ser clicada para levar até a página em que o leitor poderá ver o restante do post. Essa tag é aplicada ao exibir o trecho de um post, como determinado pela configuração atual de posts no Painel WordPress.

8. Digite `</div>`.

Essa tag encerra a tag HTML div que foi aberta no Passo 6.

9. Digite `</div>`.

Essa tag encerra a tag HTML div que foi aberta no Passo 4.

10. Digite `<?php endwhile; ?>`.

Essa tag encerra o Loop e pede ao WordPress que pare por aqui a exibição dos posts. O WordPress sabe exatamente quantas vezes o Loop precisa ser executado a partir da configuração escolhida no Painel WordPress. Essa configuração diz quantas vezes a plataforma executará o Loop.

11. Digite `<p class="pagination"><?php posts_nav_link(); ?></p>`.

Essa tag fornece uma paginação que permite ao leitor clicar em um link para navegar para o post seguinte ou anterior do site.

12. Digite `<?php endif; ?>`.

Essa tag finaliza a declaração `if` do Passo 3.

13. Digite `</div>`.

Essa tag encerra a tag HTML div que foi aberta no Passo 2.

14. Digite `<?php get_sidebar(); ?>`.

Essa tag chama o template Sidebar e puxa suas informações para o template Main Index.

15. Digite `<?php get_footer(); ?>`.

Essa tag chama o template Footer e insere a informação contida nele no template Main Index. ***Observação:*** O código no template `footer. php` encerra as tags `<body>` e `<html>` que foram abertas no template Header (`header.php`).

Ao terminar, o código no template Main Index será mais ou menos o seguinte:

```
<?php get_header(); ?>
<div id="content">
 <?php
```

```
    if (have_posts()) :
    while (have_posts()) : the_post(); ?>

     <div <?php post_class() ?> id="post-<?php the_ID();
?>">
      <h2 class="entry-title"><a href="<?php the_
permalink() ?>" title="Permanent Link
      to <?php the_title_attribute(); ?>"
rel="bookmark"><?php the_title(); ?></a></h2>

      <div class="entry-content">
       <?php the_content( 'Continued..' ); ?>
      </div>
     </div>

<?php endwhile; ?>
 <p class="pagination"><?php posts_nav_link(); ?></p>
<?php endif; ?>
</div>

<?php get_sidebar(); ?>
<?php get_footer(); ?>
```

16. Salve o arquivo como `index.php` e o coloque na pasta `mytheme`.

No Bloco de Notas ou Editor de Texto, você pode salvar o arquivo PHP escolhendo a opção Arquivo ➪ Salvar Como. Digite o nome do arquivo na caixa de texto Nome do Arquivo e, em seguida, clique em Salvar.

17. Ative o tema no Painel WordPress e visualize o site para ver seu trabalho em ação!

O meu código para o template Main Index tem uma tag sobre a qual explico no Capítulo 12: `<article <?php post_class() ?> id="post-<?php the_ID(); ?>">`. Essa tag o ajudará a criar estilos interessantes por meio do uso de CSS, então veja o Capítulo 12 para saber mais sobre ela!

Esse template Main Index simples não tem a marcação HTML padrão, então você perceberá que a exibição do seu site é diferente do tema padrão Twenty Twenty. Eu uso esse exemplo para ensinar o básico a respeito da dinâmica do template Main Index e do Loop. O Capítulo 10 tratará em mais detalhes o uso de HTML e CSS para criar bons estilos e formatação para seus posts e páginas.

DICA

Se estiver com dificuldades para digitar o código fornecido nesta seção, disponibilizei o download do tema de amostra no meu site. O arquivo `.zip` tem os arquivos discutidos neste capítulo para que você possa comparar, digitalmente, o seu trabalho com o meu. Você pode baixar o arquivo no seguinte endereço: `http://lisasabin-wilson.com/wpfd/my-theme.zip`.

Usando folhas de estilo adicionais

Com frequência, um tema usa diversas folhas de estilo para lidar com a compatibilidade de navegadores ou manter uma organização consistente. O processo para incluir as folhas ao template é o mesmo, independentemente da quantidade de folhas de estilo que serão utilizadas.

Para adicionar uma nova folha de estilo, crie um diretório na pasta raiz do tema com o nome `css`. Em seguida, crie um novo arquivo com o nome `mystyle.css` dentro da pasta `css`. Para incluir o arquivo, será preciso editar o arquivo `header.php`. O exemplo a seguir mostra o código que você precisa incluir no novo arquivo CSS:

```
<link rel="stylesheet" href="<?php bloginfo( 'stylesheet_
directory' );
?>/css/mystyle.css" type="text/css" media="screen"/>
```

Folhas de estilo adicionais são úteis quando você está trabalhando com um conceito chamado temas pai e filho, como é conhecida a prática de criar um tema filho que depende de um tema pai separado para seus recursos e funções. Escrevo mais sobre temas pai e filho, além de fornecer mais detalhes sobre HTML e CSS, no Capítulo 11.

Personalizando Seus Posts com Tags de Templates

Esta seção cobre as tags de template que você usa para exibir o corpo de cada post de blog que é publicado em seu site. O corpo de um post de blog inclui informações como data e hora do post, título, nome do autor, categoria e, é claro, o conteúdo do post. A Tabela 9-3, exibida anteriormente neste capítulo, lista as tags de template comuns que você pode usar para posts, todas disponíveis para serem usadas em qualquer template de tema WordPress. As tags da Tabela 9-3 só funcionam ao serem posicionadas dentro do Loop (que é descrito mais detalhadamente na seção anterior deste capítulo, "Conectando templates", e localizado no arquivo de template `index.php`).

Usando Tags com Parâmetros para Barras Laterais

Caso tenha acompanhado minhas descrições sobre as tags e os templates Header e Main Index ao longo deste capítulo, você terá um site WordPress funcional com posts e diversos metadados exibidos em cada um deles.

Nesta seção, fornecerei as tags de template para os itens que normalmente são colocados na barra lateral de um site. Quando digo *normalmente colocados*, quero dizer que é possível ser criativo e inserir esses itens em outros locais (no template Footer, por exemplo). Para que essa introdução às tags do template Sidebar continue simples, prosseguirei com o uso mais comum, deixando os usos mais criativos e incomuns por sua conta, quando você finalmente se sentir confortável com o básico.

Esta seção também introduz os *parâmetros de tag*, opções adicionais que você pode incluir na tag para controlar algumas de suas propriedades de exibição. Nem todas as tags de template têm parâmetros. Esses parâmetros são inseridos dentro dos parênteses da tag. Muitos dos parâmetros mencionados aqui foram obtidos da documentação do WordPress na página de referência da plataforma, em `https://developer.WordPress.org/reference` [conteúdo em inglês].

A Tabela 9-4 ajuda você a entender as três variações de parâmetros usadas no WordPress.

TABELA 9-4   Três Variações de Parâmetros de Template

Variação	Descrição	Exemplo
Tags sem parâmetros	Essas tags não têm opções adicionais. Tags sem parâmetros não têm nada incluído em seus parênteses.	`a_tag();`
Tags com parâmetros com funcionalidade semelhante ao PHP	Essas tags recebem uma lista de valores separados por vírgula dentro dos parênteses.	`a_tag( '1,2,3' );`
Tags com parâmetros de query string	Essas tags geralmente têm diversos parâmetros. O estilo dessa tag permite que você altere o valor de cada parâmetro sem precisar fornecer valores para todos os parâmetros disponíveis para a tag.	`a_tag( 'parameter=true' );`

IDENTIFICANDO ALGUNS METADADOS DE POSTS

Metadados são apenas dados sobre dados. No WordPress, *metadados* geralmente são os dados de cada post ou página, incluindo

- O nome do autor
- A(s) categoria(s) atribuída(s) ao post
- A data e o horário do post
- O link de comentários e o número de comentários

Você precisa conhecer estes três tipos de parâmetros:

» **Caracteres [String]:** Uma linha de texto que pode ser uma única letra ou uma longa lista de palavras. Uma string é inserida entre aspas e representa alguma configuração de parâmetro ou é exibida como texto.

» **Inteiro [Integer]:** Valor positivo ou negativo. Esses valores são colocados dentro dos parênteses, seja dentro ou fora de aspas. De qualquer forma, o WordPress os processará da maneira correta.

» **Booleano [Boolean]:** Um parâmetro que configura uma opção de `verdadeiro` ou `falso`. Esse parâmetro pode ser numérico (`0=falso` e `1=verdadeiro`) ou textual. Parâmetros booleanos não são inseridos dentro das aspas.

A página de referência do WordPress em inglês, encontrada no link a seguir, `https://developer.WordPress.org/reference`, tem todas as tags de template imagináveis e todos os parâmetros já vistos no software WordPress. As tags e os parâmetros que estou compartilhando com vocês neste capítulo são apenas os valores que uso com maior frequência.

Calendar

A tag `calendar` (ou calendário) exibe um calendário que destaca todos os dias da semana nos quais você publicou algum conteúdo. Esses dias também recebem um link para o post original. A tag a ser usada para a exibição do calendário é a seguinte:

```
<?php get_calendar(); ?>
```

A tag calendar tem dois parâmetros: $initial e $echo. Configure o parâmetro $initial para verdadeiro [true] para exibir o dia da semana com uma letra (sexta-feira, que em inglês chama-se *Friday*, seria marcada com a letra F, por exemplo). Marque esse parâmetro como falso [false] para exibir o dia da semana como uma abreviação de três letras (FRI, no caso do nosso exemplo).

Marque o parâmetro $echo como verdadeiro para exibir a saída do calendário em seu site ou marque como falso se não deseja exibir o calendário.

Veja um exemplo da tag de template com parâmetros que exibem o calendário com uma única letra representando os dias da semana:

```php
<?php get_calendar( true, true ); ?>
```

List pages

A tag `<?php wp_list_pages(); ?>` exibe uma lista das páginas estáticas que você pode criar em seu site WordPress (como as páginas Sobre Mim ou Contato). Exibir um link para as páginas estáticas as deixa disponíveis para que os visitantes possam clicar nos links e ler o conteúdo fornecido por você.

O WordPress tem uma ferramenta útil de construção de menu de navegação (mencionada detalhadamente no Capítulo 10) que lhe permite construir menus de navegação personalizados. Se você gostar da ferramenta de navegação, pode ser que nunca precise usar a tag `wp_list_pages();`. De qualquer forma, resolvi incluir essa tag aqui porque você pode acabar querendo usá-la se desejar um controle total sobre como a lista de páginas aparecerá em seu site.

Os parâmetros da tag `<list>` usam o estilo de string. A Tabela 9-5 mostra os parâmetros mais comuns utilizados para a tag de template `wp_list_pages`.

PARÂMETROS DE QUERY STRING

Dê uma olhada em como os parâmetros de query string são escritos:

```
'parameter1=value&parameter2=value&parameter3=value'
```

Toda a cadeia de caracteres está envolta em aspas simples, além de uma total ausência de espaço dentro dessa query string. Cada parâmetro é acompanhado de seu valor e do caractere =. Ao usar múltiplos parâmetros e valores, deve separá-los com o caractere &. É possível pensar na string da seguinte forma: parametro1=valor**E**parametro2=valor**E**parametro3=valor. Tenha essa convenção em mente para o restante das tags e parâmetros deste capítulo.

TABELA 9-5

Parâmetros Mais Comuns (Query String) para a wp_list_pages();

Parâmetro	Tipo	Descrição e Valores
`child_of`	integer	Exibe apenas as subpáginas da página. Esse parâmetro usa o ID numérico de uma página como o valor e seu valor padrão é 0 (exibir todas as páginas).
`sort_column`	string	Organiza as páginas de acordo com uma das seguintes opções: `'post_title'` — Organiza as páginas em ordem alfabética do título (padrão). `'menu_order'` — Organiza por ordem da página (a ordem em que as páginas aparecem nas abas Gerenciar e Páginas do Painel WordPress). `'post_date'` — Organiza de acordo com a data de criação das páginas. `'post_modified'` — Organiza de acordo com o horário em que a página foi modificada pela última vez. `'post_author'` — Organiza a lista de páginas de acordo com os autores. `author ID. #.'post_name'` — Organiza em ordem alfabética do slug do post. `'ID'` — Organiza pelo ID numérico da página.
`exclude`	string	Lista os números de ID numéricos, divididos por vírgulas, das páginas que você deseja excluir da exibição da lista de páginas (como em `'exclude=10, 20, 30'`). Não há valor padrão.
`depth`	integer	Usa um valor numérico para os níveis das páginas exibidos na lista de páginas. As opções possíveis são: 0 — Exibir todas as páginas, incluindo páginas principais e subpáginas (padrão). −1 — Exibir subpáginas, mas não as indentar na lista de exibição. 1 — Exibir apenas páginas principais (sem subpáginas). 2, 3 … — Exibir páginas de acordo com a profundidade.

(continua)

(continuação)

Parâmetro	Tipo	Descrição e Valores
show_date	string	Exibe a data quando a página foi criada ou modificada pela última vez. As possíveis opções são: ' ' — Não exibe data (padrão). 'modified' — Exibe a data em que a página foi modificada pela última vez. 'created' — Exibe a data em que a página foi criada.
date_format	string	Configura o formato de data a ser exibido; o formato padrão é aquele configurado na aba Opções Gerais do Painel WordPress.
title_li	string	Insere texto para o cabeçalho da lista de páginas. O valor padrão é o texto Páginas. Se o valor estiver vazio ("), nenhum cabeçalho será exibido. ('title_li=Minhas Páginas" exibirá o cabeçalho Minhas Páginas acima da lista de páginas, por exemplo.)

DICA

Uma alternativa para o uso da tag wp_list_pages() é a criação de um sistema de navegação que usa os menus embutidos do WordPress, o que permite a você criar menus personalizados que não dependam completamente das suas páginas do WordPress, mas que podem incluir links para posts, categorias e links personalizados definidos por você. O Capítulo 10 contém mais informações sobre a funcionalidade dos menus, bem como da tag de template wp_nav_menu() que você pode utilizar para a exibição desses menus.

As listas de páginas são exibidas em uma *unordered list* ou lista desordenada. Independentemente do termo usado, essa é uma lista com uma marcação antes do link de cada página.

A tag e a query string a seguir exibirão uma lista de páginas sem o cabeçalho "Páginas" (em outras palavras, nenhum título será exibido no topo da lista de links da página).

```
<?php wp_list_pages( 'title_li=' ); ?>
```

A próxima tag e query string exibem a lista de páginas organizada pela data de criação dessas páginas, com a data exibida ao lado do nome.

```
<?php wp_list_pages( 'sort_column=post_date&show_
date=created' ); ?>
```

Arquivos de posts

A tag de template `<?php wp_get_archives(); ?>` exibe os arquivos de várias formas diferentes por meio dos parâmetros e valores exibidos na Tabela 9-6. Os valores que aparecem em negrito são os valores padrão configurados pelo WordPress. Estes são apenas alguns exemplos do que você pode produzir com essa tag de template:

» Exibir os títulos dos últimos quinze posts do seu site

» Exibir os títulos dos posts criados nos últimos dez dias

» Exibir uma lista mensal de arquivos

TABELA 9-6 Parâmetros Mais Comuns (Query-String) para wp_get_archives();

Parâmetro e Tipo	Valores Possíveis	Exemplo

`type` (string)
 	
Determina o tipo de arquivo a ser exibido.
	`monthly`
	
	`daily`
	
	`weekly`
	
	`postbypost`
		`<?php wp_get_archives( 'type=postbypost' ); ?>`
		
		Exibe os títulos dos posts mais recentes.

`format` (string)
 	
Formata a exibição de links na lista de arquivos.
	`html` — Cerca os links com tags `<li> </li>`
	
	`option` — Coloca a lista de arquivos em um formato de menu suspenso
	
	`link` — Cerca os links com tags `<link> </link>`
	
	`custom` — Usa suas próprias tags HTML com os parâmetros `before` e `after`
		`<?php wp_get_archives( 'format=html' ); ?>`
		
		Exibe a lista de links de arquivo em que cada link está cercado por tags HTML `<li> </li>`.

`limit` (integer) Limita o número de arquivos a ser exibido.	Se nenhum valor for inserido, todos os posts serão exibidos.	`<?php wp_get_archives( 'limit=10' ); ?>` Exibe os últimos dez arquivos em uma lista.

(continua)

Parâmetro e Tipo	Valores Possíveis	Exemplo

`before` (string)
 	
Insere texto ou formatação antes do link na lista de arquivos quando o parâmetro custom é utilizado.
	Sem valor padrão	`<?php wp_get_`
		`archives(`
		`'before=<strong>'`
		`); ?>`
		
		Insere a tag HTML `<strong>` antes de cada link na lista de links de arquivos

`after` (string)
 	
Insere texto ou formatação após o link na lista de arquivos quando o parâmetro custom é utilizado.
	Sem valor padrão	`<?php wp_get_`
		`archives( 'after=</`
		`strong>' ); ?>`
		
		Insere a tag HTML `</strong>` após cada link na lista de links de arquivos

`show_post_count` (Boolean)
 	
Exibe o número de posts no arquivo. Você usaria esse parâmetro ao usar o `type` `monthly`.
	`true` ou `1`
	
	`false` ou `0`
		`<? wp_get_archives(`
		`'show_post_count=1'`
		`); ?>`
		
		Exibe o número de posts em cada arquivo após cada link de arquivo

Veja alguns exemplos de tags utilizadas para exibir arquivos de posts.

Esta tag exibe uma lista com links de arquivos mensais (novembro de 2017, dezembro de 2017 e assim por diante):

```
<?php wp_get_archives( 'type=monthly' ); ?>
```

Esta próxima tag exibe uma lista dos quinze posts mais recentes:

```
<?php wp_get_archives( 'type=postbypost&limit=15' ); ?>
```

Categories

O WordPress permite que você crie categorias e atribua posts a uma categoria específica (ou diversas categorias diferentes). As categorias fornecem um sistema de navegação organizado que ajuda você e seus leitores a encontrarem posts sobre certos assuntos.

A tag de template `<?php wp_list_categories(); ?>` permite a exibição de uma lista de categorias por meio do uso dos valores e parâmetros disponíveis (a Tabela 9-7 mostra alguns dos parâmetros mais populares).

Cada categoria está vinculada à página adequada de categoria que lista todos os posts atribuídos àquela categoria. Os valores que aparecem em negrito são os valores padrão do WordPress.

TABELA 9-7 **Parâmetros (Query-String) mais Comuns para wp_list_categories();**

Parâmetro e Tipo	Valores Possíveis	Exemplo

`orderby` (string)
 	
Determina como a categoria será organizada.
	`ID`
	
	`name`
		`<?php wp_list_categories( 'orderby=name' ); ?>`
		
		Exibe uma lista de categorias em ordem alfabética do nome, conforme elas aparecem no Painel.

`style` (string)
 	
Determina o formato da exibição da lista de categorias.
	`list`
	
	`none`
		`<?php wp_list_categories ( 'style=list' ); ?>`
		
		Exibe a lista de links de categoria em que cada link está cercado por tags HTML `<li> </li>`.
		
		`<?php wp_list_categories( 'style=none' ); ?>`
		
		Exibe a lista de links de categoria com uma quebra de linha simples após cada link.

`show_count` (Boolean) Determina se deve exibir a contagem de posts para cada categoria listada.	`true` ou 1 `false` ou 0	`<?php wp_list_categories( 'show_count=1' ); ?>` Exibe a contagem de posts, em parênteses, após cada lista de categorias. `Espresso (10)`, por exemplo, mostra que a categoria Espresso tem dez posts.
`hide_empty` (Boolean) Determina se categorias vazias devem ser exibidas na lista (uma categoria sem nenhum post atribuído a ela).	`true` ou 1 `false` ou 0	`<?php wp_list_categories( 'hide_empty=0' ); ?>` Exibe apenas categorias com posts atribuídos.
`feed` (string) Determina se o feed RSS deve ser exibido para cada categoria na lista.	`rss` O padrão é a não exibição de feeds.	`<?php wp_list_categories( 'feed=rss' ); ?>` Exibe títulos de categoria com um link de RSS próximo de cada uma delas.

(continua)

Parâmetro e Tipo	Valores Possíveis	Exemplo
`feed_image` (string) Fornece o caminho/nome do arquivo para uma imagem no feed.	Sem valor padrão	`<?php wp_list_categories( 'feed_image=/wp-content/ images/feed.gif' ); ?>` Exibe a imagem feed.gif para cada título de categoria. Essa imagem será vinculada ao feed RSS para aquela categoria.
`hierarchical` (Boolean) Determina se as categorias filhas devem ser exibidas após as categorias mães na lista de links de categorias.	`true` ou 1 `false` ou 0	`<?php wp_list_categories( 'hierarchical=0' ); ?>` Não exibe as categorias filhas após cada categoria mãe na lista.

Veja alguns exemplos de tags usadas para exibir uma lista de categorias.

Este exemplo, com os parâmetros aqui inseridos, exibe uma lista de categorias organizadas por nome e sem o número de posts atribuído em cada uma delas, além de incluir um feed RSS para o título de cada categoria:

```
<?php wp_list_categories( 'orderby=name&show_
count=0&feed=RSS' ); ?>
```

Este exemplo, com os parâmetros aqui inseridos, exibe uma lista de categorias organizadas por nome com a exibição de contagem de posts e as subcategorias de cada categoria mãe:

```
<?php wp_list_categories( 'orderby=name&show_
count=1&hierarchical=1' ); '>
```

Sendo widgetizado

Muitos temas são *widget-ready,* ou prontos para widgets, o que significa que você pode facilmente inserir widgets nesses temas. Os widgets permitem que você adicione funcionalidades à sua barra lateral sem o uso de código. Algumas funcionalidades comuns de widget são a exibição de posts e comentários recentes, a adição de uma caixa de pesquisa para a busca de conteúdo no site, e adição de texto estático. No entanto, até os temas prontos para widgets têm suas limitações. Você pode acabar descobrindo que o tema escolhido por você não está pronto para widgets nos lugares que gostaria de usar. No entanto, você pode criar suas próprias áreas prontas para widgets.

Em um tema do WordPress, os templates Theme Functions (`functions.php`) e o modelo Sidebar (`sidebar.php`) criam a funcionalidade e a possibilidade da existência de widgets dentro de um tema. Não existe um limite para onde incluir widgets. Neste exemplo, eu uso o template Sidebar (`sidebar.php`).

Para adicionar uma área pronta para widgets à interface de widgets do Painel WordPress, primeiro registre o widget no seu arquivo `functions.php`, assim como faz o código a seguir:

```
function my_widgets_init() {
  register_sidebar( array (
    'name' => __( 'Widget Name' ),
    'id' => 'widget-name',
    'description' => __( 'The primary widget area' ),
    'before_widget' => '<li id="%1$s" class="widget-container %2$s">',
    'after_widget' => "</li>",
    'before_title' => '<h3 class="widget-title">',
    'after_title' => '</h3>',
  ) );
}
add_action( 'widgets_init', 'my_widgets_init' );
```

Você pode inserir esse código diretamente abaixo da primeira tag de abertura do código PHP (`<?php`).

Dentro desse código, você verá sete *arrays* (conjuntos de valores que dizem ao WordPress como deseja que seus widgets sejam interpretados e exibidos):

» `name`: Esse nome é único do widget e aparece na página Widgets do Painel WordPress. É útil para registrar diversas áreas "widgetizadas" em seu site.

» `id`: Esse array é o ID único dado ao widget.

» `description` **(opcional):** Esse array é uma descrição em texto do widget. O texto inserido aqui é exibido na página Widgets do Painel.

» `before_widget`: Esse array é o código HTML inserido diretamente antes do widget, útil para fins de estilização por meio de CSS.

» `after_widget`: Esse array é o código HTML inserido diretamente após o widget.

» `before_title`: Esse array é o código HTML inserido diretamente antes do título do widget.

» `after_title`: Esse array é o código HTML inserido diretamente depois do título do widget.

Apesar de usar `register_sidebar` para registrar um widget, ele não precisa aparecer em uma barra lateral; os widgets podem aparecer onde você achar melhor. O trecho de código usado como exemplo anteriormente nesta seção registra um widget com nome Widget Name no Painel WordPress. Além disso, o código insere o conteúdo do widget em um elemento com a classe CSS `widget` e insere tags `<h3>` ao redor do título do widget.

Os widgets que forem registrados no Painel estarão prontos para serem alimentados com conteúdo. No menu aparência do Painel de seu site, é possível encontrar o link Widgets. Ao clicar nesse link, verá a nova área de widgets que você acabou de registrar.

Você pode registrar um número ilimitado de widgets para seu tema. Essa flexibilidade permite que você crie diversas áreas para widgets diferentes, bem como diversas funcionalidades de widgets em seu site. O Capítulo 12 explica, com mais detalhes, como usar os templates Sidebar para criar áreas prontas para widgets e novas funcionalidades para seu site.

NESTE CAPÍTULO

» **Explorando o básico de CSS**

» **Configurando novas cores de fundo e de tema**

» **Criando um cabeçalho**

» **Personalizando menus de navegação**

» **Mudando fontes**

» **Conhecendo o essencial de HTML**

Capítulo **10**

Ajustando Temas do WordPress

O Capítulo 8 mostra como usar temas gratuitos do WordPress em seu site. Muitas pessoas ficam satisfeitas em usar esses temas sem nenhum tipo de ajuste. No entanto, não dá para contar a quantidade de vezes que já me perguntaram se era possível personalizar um tema que encontraram por aí. Minha resposta para essa pergunta sempre é: "Claro que sim!"

A prática de alterar alguns elementos de um tema existente é conhecida como *ajuste* (do inglês *tweaking*). Milhares de donos de sites na plataforma ajustam seus temas regularmente. Este capítulo oferece algumas informações sobre os ajustes mais comuns que você pode fazer em um tema, como a alteração de imagem de cabeçalho, alteração da cor de fundo ou dos links em texto, e alteração de estilos de fonte. Essas mudanças podem ser feitas bem facilmente e você poderá ajustar seus temas em breve!

Usar um tema exatamente da forma que o autor lançou é ótimo. Se uma nova versão for lançada, resolvendo algum problema de compatibilidade ou adicionando funcionalidades oferecidas por uma nova versão do WordPress, então é muito fácil fazer uma rápida atualização do tema.

Existem boas chances, porém, de que você desejará modificar o design, adicionando recursos ou modificando a estrutura do tema. Se modificar o tema, então não poderá atualizar para uma nova versão sem modificar o tema de novo.

Seria muito bom se você pudesse atualizar as versões personalizadas dos temas quando novas versões fossem lançadas! Felizmente, os temas filhos resolvem esse problema. O Capítulo 11 explica o que são os temas filhos, como criar um tema pai capaz de aceitar temas filhos e como tirar o maior proveito possível de usar temas filhos.

LEMBRE-SE

Antes de partir para o ajuste desenfreado de templates, faça um backup do tema para manter os arquivos originais, caso precise restaurar o tema ao seu estado padrão. Esse backup pode ser feito ao se conectar com seu servidor web via SFTP (veja o Capítulo 3) e baixar sua pasta de temas no computador. Quando os arquivos originais estiverem seguros dentro do seu disco rígido, sinta-se livre para começar a ajustar de cabeça tranquila graças ao backup que acabou de fazer.

Estilizando com CSS: O Básico

Cascading Style Sheets (CSS) são folhas em cascata com marcação de estilo que controlam a aparência do conteúdo de um site. Cada tema do WordPress que você usa em seu site faz uso do CSS. O CSS fornece estilo e design às tags de template nos seus templates (veja o Capítulo 9 para saber mais sobre as tags de template do WordPress). O CSS para o seu tema WordPress é carregado no template Header (`header.php`) e recebe o nome `style.css`.

No template Functions (`functions.php`) da maioria dos temas do WordPress, você encontrará a seguinte linha de código, cujo objetivo é receber as informações do arquivo CSS (`style.css`) e inseri-las na página para fornecer a formatação adequada dos elementos do blog:

```
function mytheme_register_styles() {
    wp_enqueue_style( 'mytheme-style', get_stylesheet_uri(),
array(), $theme_version );
)


add_action( 'wp_enqueue_scripts', 'mytheme_register_styles'
);
```

CUIDADO

Não ajuste a linha de código que recebe a informação do arquivo `style.css`; se fizer isso, o CSS pode não funcionar em seu site.

O Capítulo 9 cobre os parâmetros mais usados para a tag de template `bloginfo()`; dos temas WordPress.

Seletores CSS

Com o CSS, você pode atribuir estilos (como tamanho, cor e posicionamento) aos elementos do seu site (como links em texto, imagens de cabeçalho, tamanhos e cores de fontes, margens de parágrafo e espaçamento de linhas). Os *seletores CSS* contêm nomes, propriedades e valores para definir quais elementos HTML dos templates você vai estilizar com o CSS. Você usa esses seletores CSS para declarar (ou selecionar) em qual parte da marcação o estilo será aplicado. Por exemplo, se decidisse atribuir o estilo ao seletor h1, esse estilo afetaria todas as tags <h1> do seu documento HTML. Às vezes, nós queremos fazer isso. Outras vezes, desejamos afetar apenas um subconjunto de elementos.

A Tabela 10-1 fornece alguns exemplos de seletores CSS e seus respectivos usos.

TABELA 10-1   Seletores CSS Básicos

Seletor CSS	Descrição	HTML	CSS
body	Seleciona o estilo para o corpo geral do site, como a cor de fundo e as fontes padrões	<body>	body {background-color: white;} A cor de fundo de toda a página será o branco
p	Define como parágrafos são formatados	<p>Isto é um parágrafo</p>	p {color: black;} A cor das fontes usadas em todos os parágrafos será o preto
h1, h2, h3, h4, h5, h6	Fornece títulos em negrito para diferentes seções do site	<h1>Este é um título de um site</h1>	h1 {font-weight: bold;} Uma fonte cercada pelas tags HTML <h1></h1> ficará em negrito
a	Define como os links em texto são exibidos em seu site	<a href="http://altabooks.com.br">Editora Alta Books</a>	a {color: red;} Todos os links em texto aparecerão em vermelho

Classes e IDs

Com as classes e IDs do CSS, você pode definir ainda mais elementos. De forma geral, você usa IDs para estilizar um elemento amplo (como a seção de cabeçalho) da sua página. Classes estilizam, definem e categorizam itens agrupados de forma mais específica (como alinhamento de textos e imagens, widgets e links para posts). As diferenças entre IDs e classes do CSS são:

» **IDs do CSS** são identificados pelo sinal cerquilha (#). `#header`, por exemplo, indica o ID header. Apenas um elemento pode ser identificado pelo mesmo ID em uma página. Ou seja, os IDs de uma página são sempre únicos.

» **Classes do CSS** são identificadas por um ponto final (.). `.alignleft`, por exemplo, indica o alinhamento de um elemento à esquerda.

A Figura 10-1 mostra a folha de estilo do tema padrão Twenty Twenty.

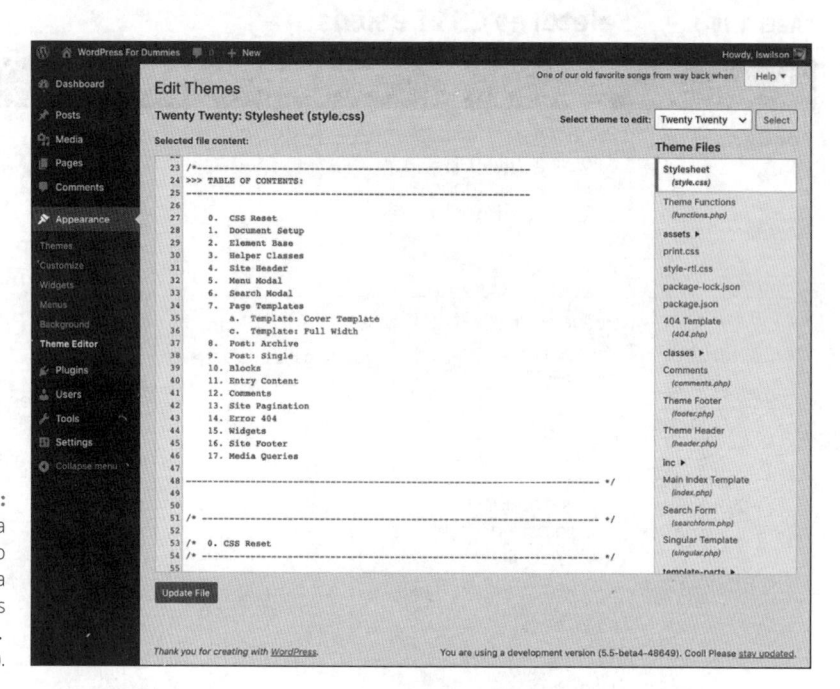

FIGURA 10-1:
Uma folha de estilo de tema WordPress (`style.css`).

IDs e classes definem propriedades de estilo para diferentes seções do tema. A Tabela 10-2 mostra alguns exemplos de IDs e classes para o template `header.php` no tema Twenty Twenty. Armado com essa informação, você saberá o que procurar nas folhas de estilo quando quiser mudar o estilo de uma área específica do seu tema.

TABELA 10-2   Conectando HTML com Seletores CSS

HTML	Seletor CSS	Descrição
`<header id="site-header">`	`#site-header`	Aplica o estilo nos elementos do ID site-header do(s) seu(s) template(s)
`<button class="search-toggle">`	`.search-toggle`	Aplica o estilo aos elementos de classe search-toggle do(s) seu(s) template(s)
`<div class= "header-titles">`	`.header-titles`	Aplica o estilo aos elementos de classe header-titles do(s) seu(s) template(s)
`<ul class= "primary-menu ">`	`.primary-menu`	Aplica o estilo aos elementos de classe primary-menu do(s) seu(s) template(s)

LEMBRE-SE

Se encontrar um elemento no código do template que use o termo `id` (como em `div id=` ou `p id=`), busque o símbolo cerquilha na folha de estilo. Se encontrar um elemento no template que use o termo `class` (como em `div class=` ou `p class=`), busque, na folha de estilo, o ponto final acompanhado do nome do seletor.

Propriedades e valores de CSS

As propriedades de CSS são atribuídas ao nome do seletor CSS. Você também precisa fornecer valores às propriedades de CSS para definir os elementos de estilo para o seletor CSS com o qual está trabalhando.

O seletor `body` a seguir define a aparência geral da sua página. `background` é uma propriedade, enquanto `#DDDDDD` (cinza-claro) é o valor; `color` é uma propriedade, e `#222222` (cinza bem escuro, quase preto) é o valor.

```
body {
  background: #DDDDDD;
  color: #222222;
}
```

Toda propriedade de CSS deve ser acompanhada por dois pontos (:), e cada valor de CSS é acompanhado de ponto e vírgula (;).

O fato de que as propriedades são atribuídas aos seletores, bem como seus valores e opções, torna o CSS um lugar divertido para personalizar seu site. Com ele, é possível testar cores, fontes, tamanhos de fontes e outros detalhes para ajustar a aparência do seu tema.

Alterando o Gráfico de Fundo com CSS

O uso de gráficos de fundo é uma forma simples de diferenciar o seu site dos outros que fazem uso do mesmo tema. Encontrar o gráfico de fundo ideal para seu site é praticamente como encontrar a imagem de fundo para seu computador. Você pode escolher uma grande variedade de gráficos para seu site, como fotografia, arte abstrata e padrões.

É possível encontrar ideias de gráficos de fundo novos e diferentes conferindo algumas galerias de CSS na internet, como a CSS Drive (`www.cssdrive.com`) [conteúdo em inglês].

Sites como esses devem ser usados apenas como inspiração e não como fonte de plágio. Tome muito cuidado ao usar imagens de fontes externas.

Só use gráficos e imagens dos quais você tiver o direito (por permissão expressa ou licença de reutilização) de uso. Por essa razão, sempre compre gráficos de fontes confiáveis, como os sites a seguir:

» **iStock** (`https://www.istockphoto.com/br`): Uma grande biblioteca de fotografia, ilustração de vetores, clipes de vídeo e áudio, e mídia do Adobe Flash. Você pode criar uma conta e buscar bibliotecas de arquivos de imagem para encontrar as imagens mais adequadas para você ou seu cliente. Os arquivos que você usa da iStock não são gratuitos, portanto é preciso pagar por eles. Certifique-se de ler a licença de todas as imagens que usar.

O site possui diversas licenças. A mais barata delas é a licença padrão, que tem algumas limitações. Você pode usar uma ilustração do iStock em um design de site, por exemplo, mas não pode usar a mesma ilustração em um design de tema que deseja vender diversas vezes (em uma loja de temas premium, por exemplo). Sempre leia as letras pequenas do contrato!

» **Dreamstime** (`https://www.dreamstime.com`)**:** É uma grande fornecedora de fotografias e imagens digitais. Crie sua conta e comece a pesquisar na grande biblioteca de ofertas digitais. A Dreamstime por vezes oferece imagens gratuitas, então fique de olhos bem abertos! Além disso, a Dreamstime tem diferentes licenças para seus arquivos de imagem e você precisa estar atento a isso.

Um recurso legal é a opção de licença livre de royalties, que lhe permite pagar pela imagem uma vez e usar quantas vezes quiser. No entanto, nessa licença não é possível redistribuir a imagem no mesmo tema repetidas vezes, como em um template que você coloca à venda em uma loja.

» **GraphicRiver** (`https://graphicriver.net`)**:** Fornece arquivos como imagens do Adobe Photoshop, templates de design, textura, gráficos vetorizados e ícones, apenas para mencionar alguns. A seleção é diversa e o custo para baixar e usar os arquivos é mínimo.

Assim como em todas as bibliotecas de gráficos e imagens, certifique-se de ler os termos de uso ou qualquer licença anexada aos arquivos para garantir que você esteja cumprindo as determinações legais.

» **Unsplash** (`https://unsplash.com`)**:** Oferece imagens que podem ser licenciadas tanto para uso pessoal quanto comercial. E o melhor de tudo? As imagens são gratuitas.

Parar tirar o máximo de proveito dos gráficos de fundo, responda algumas perguntas simples:

» **Qual tipo de gráfico de fundo você deseja usar?** Talvez você queira um padrão ou uma textura que se repita, por exemplo, ou uma fotografia em preto e branco de algo relacionado ao seu negócio.

» **Como você quer que esse gráfico seja exibido em seu navegador?** Talvez você queira que o gráfico se repita ou seja exibido lado a lado, ou que fique fixo em uma posição específica independentemente do tamanho do navegador do visitante.

As respostas para essas perguntas determinarão como instalar um gráfico de fundo no seu tema.

LEMBRE-SE

Ao trabalhar com gráficos na internet, use os formatos de imagem GIF, JPG ou PNG. Para imagens com poucas cores (como gráficos, line art e logos), o formato GIF é o mais indicado. Para outros tipos de imagens (capturas de tela com texto e imagem, composição alfa, entre outros) use o formato JPG (também conhecido como JPEG) ou PNG.

No web design, as características de cada formato de arquivo de imagem podem ajudá-lo a decidir qual formato precisará usar em seu site. Entre os formatos e características de imagem mais comuns, estão:

» **JPG:** Ideal para fotografias ou pequenas imagens nos seus projetos de web design. Embora o formato JPG faça uma compressão com perda de dados, você pode ajustar a compressão ao salvar um arquivo no formato JPG. Ou seja, é possível escolher o grau (ou quantidade) de compressão, de um até cem. Normalmente, não é possível ver grande perda de qualidade de imagem quando a compressão estiver entre os níveis um e vinte.

» **PNG:** Ideal para gráficos maiores usados no web design, como uma logo ou um gráfico principal de cabeçalho que ajuda no branding geral do seu site. Um arquivo `.png` usa uma compressão de imagem sem perda de dados, portanto, nenhum dado será perdido e você terá uma imagem mais limpa. Você também pode criar e salvar um arquivo `.png` em uma tela transparente. Os arquivos `.jpg` precisam de uma tela branca ou com alguma outra cor designada.

» **GIF:** Ideal para exibir imagens simples e com poucas cores. A compressão de um arquivo `.gif` não sofre perda de imagem. Essa compressão sem perda de imagem só acontece quando a imagem usa 256 cores ou menos. Para imagens que usam mais cores (maior qualidade), o GIF não é um formato adequado. Nesses casos, a sua melhor opção é o formato PNG.

Enviando uma imagem para usar de fundo

Se quiser alterar o gráfico de fundo do seu tema, siga os próximos passos:

1. **Envie seu novo gráfico de fundo via SFTP para a pasta de imagens do diretório do seu tema.**

Normalmente, essa pasta de imagens fica em `wp-content/themes/nomedotema/images`.

2. **No Painel WordPress, clique no link Editor, no menu Aparência.**

Isso abrirá a tela Editar Temas.

3. **Clique no link Folha de Estilo (`style.css`) no lado direito da página.**

Isso abrirá o template `style.css` na caixa de edição de texto que se encontra no lado direito da tela Editar Temas.

4. **Role para baixo para encontrar o seletor CSS body.**

O seguinte segmento de código é um trecho de amostra de CSS que você pode usar para definir a cor de fundo do seu site (este exemplo usa o cinza-claro):

```
body {
  background: #f1f1f1;
  }
```

5. **(Opcional) Modifique os valores da propriedade background do código no Passo 4.**

Mude de

```
background: #f1f1f1;
```

para

```
background: #FFFFFF url('images/newbackground.gif');
```

Com esse exemplo, você adicionará uma nova imagem de fundo ao código existente (newbackground.gif) e alterará a cor do código para o branco (#FFFFFF).

6. **Clique no botão Atualizar Arquivo [Update File] para salvar as alterações de Folha de Estilo que foram feitas.**

Suas alterações serão salvas e aplicadas ao tema.

Posicionando, repetindo e anexando imagens

Após enviar um gráfico de fundo, você pode usar as propriedades de background do CSS para posicioná-lo da forma que achar melhor. As principais propriedades de CSS para o fundo — background-position, background-repeat e background-attachment — o ajudarão a alcançar o efeito desejado.

A Tabela 10-3 descreve as propriedades de background do CSS e os valores disponíveis para elas na folha de estilo do seu tema. Caso seja uma pessoa visual, você vai se divertir testando e ajustando esses valores para conferir os efeitos em seu site.

TABELA 10-3   # Propriedades de Background do CSS

Propriedade	Descrição	Valores	Exemplo

`background -position`	Determina o ponto de início da imagem de fundo na sua página	`bottom center`
		
		`bottom right`
		
		`left center`
		
		`right center`
		
		`center center`
			`background -position: bottom center;`

`background -repeat`	Determina se a imagem de fundo vai se repetir ou se será posicionada lado a lado	`repeat` (repetição infinita) `repeat-y` (repetição vertical) `repeat-x` (repetição horizontal) `no-repeat` (sem repetição)	`background -repeat: repeat-y;`

`background -attachment`	Determina se sua imagem de fundo será fixa ou se moverá com a janela do navegador	`fixed`
		
		`scroll`
			`background -attachment: scroll;`

`background -origin`	Especifica a área de posicionamento das imagens de fundo	`padding-box`
		
		`border-box`
		
		`content-box`
		
		`initial`
		
		`inherit`
			`background -origin: content-box;`

`background -clip`	Especifica a área de desenho das imagens de fundo	`border-box`
		
		`padding-box`
		
		`content-box`
		
		`initial`
		
		`inherit`
			`background- clip: padding- box;`

Suponha que seu objetivo seja repetir a imagem de fundo de forma que ela acompanhe a largura do navegador em qualquer computador. Para atingir esse objetivo, abra a folha de estilo e mude de:

```
background: #f1f1f1;
```

para:

```
background: #FFFFFF;
background-image: url(images/newbackground.gif);
background-repeat: repeat;
```

Agora, se o seu objetivo for exibir uma imagem fixa que não se move quando seu visitante rola a página, então é possível usar as propriedades `background-position`, `background-repeat` e `background-attachment` para exibir exatamente como você quer que o fundo seja exibido.

Para alcançar esse objetivo, adicione `background-attachment: fixed` e altere a propriedade `background-repeat` para `no-repeat` na sua folha de estilo, desta forma:

```
background: #FFFFFF;
background-image: url(images/newbackground.gif);
background-repeat: no-repeat;
background-attachment: fixed;
```

Ao se familiarizar com as propriedades do CSS, você pode começar a usar métodos abreviados [do inglês, *shortening methods*] para tornar sua prática de programação em CSS mais eficiente. O bloco de código anterior, por exemplo, ficará da seguinte forma ao usarmos métodos mais rápidos:

```
background: #FFFFFF url(images/newbackground.gif) no-repeat
fixed;
```

Como pode ver a partir desses exemplos, alterar o gráfico de fundo por meio do CSS envolve configurar opções que dependem mais da sua criatividade e estilo de design do que qualquer outra coisa. Ao usar essas opções da maneira adequada, o CSS pode levar seu design ao próximo nível.

Usando Sua Própria Imagem de Cabeçalho

A maioria dos temas tem uma imagem de cabeçalho que aparece no topo da página. Essa imagem é gerada por um gráfico definido no valor do CSS para a propriedade que representa a área do cabeçalho ou por meio de um recurso do WordPress conhecido como cabeçalho personalizado. Para instalar uma logo personalizada nessa região do seu site, siga os próximos passos com o tema Twenty Twenty ativo:

1. **No Painel WordPress, clique no link Personalizar, no menu Aparência.**

A página Personalização abrirá no lado esquerdo da sua tela.

2. **Clique no link Identidade do Site [Site Identity].**

A janela de Personalizar Identidade do Site abrirá dentro da página Personalização.

3. **Clique no botão Escolher Logo [Select Logo] abaixo do título Logo.**

A janela de escolha de logo abrirá, permitindo que você escolha uma imagem da Biblioteca de Imagens ou envie uma nova imagem do seu computador.

4. **Clique no botão Selecionar.**

Esse passo abrirá a tela Cortar Imagem [Crop Image], como mostra a Figura 10-2.

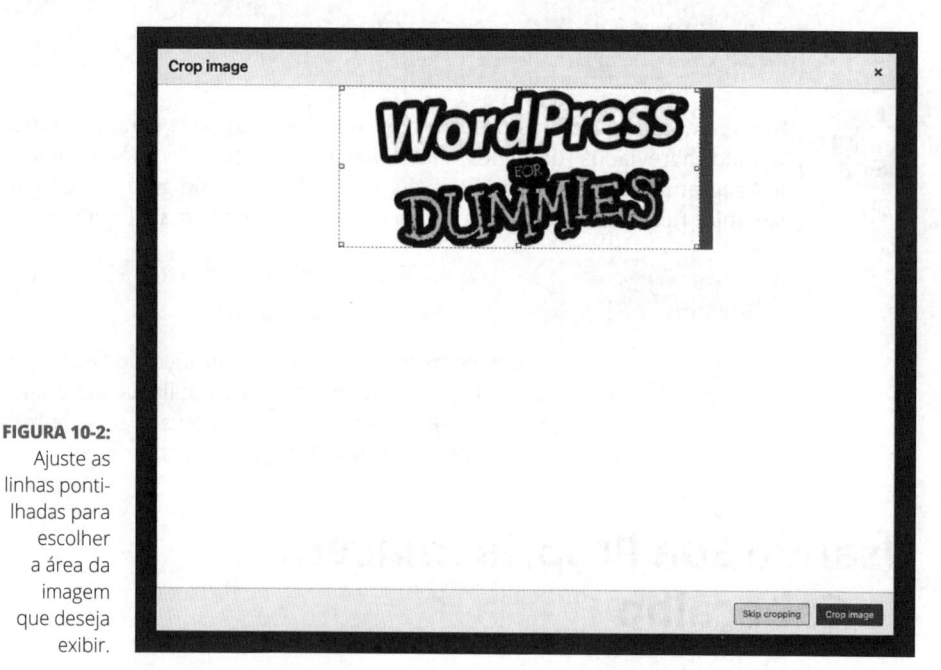

FIGURA 10-2: Ajuste as linhas ponti- lhadas para escolher a área da imagem que deseja exibir.

5. **(Opcional) Corte a imagem como achar melhor.**

Para redimensionar e cortar sua imagem, arraste um dos oito pequenos quadrados nos cantos e no meio da imagem. Você também pode clicar na imagem e arrastá-la para cima e para baixo, conseguindo o posiciona- mento e efeito de corte ideal para seu uso.

6. **Clique no botão Cortar Imagem [Crop Image] para cortá-la.**

7. **Clique no botão Publicar, no canto superior direito da tela Perso-nalizar Identidade do Site, para salvar suas alterações.**

Personalizando Cores no Twenty Twenty

Após explorar as configurações de Identidade do Site, você pode escolher uma cor de fundo ou alterar a cor do texto do cabeçalho. A cor de fundo padrão do Twenty Twenty é o branco, mas você pode alterar o esquema de cores. Os passos a seguir mostram esse procedimento.

1. **No Painel WordPress, clique no link Personalizar no menu Aparência.**

    O painel Personalização abrirá no lado esquerdo da sua tela.

2. **Clique no link Cores.**

    A página Personalizar Cores aparecerá.

3. **Clique no botão Escolher Cor abaixo do título Cor de Fundo.**

    Isso abrirá um seletor de cores, permitindo que você escolha a cor dese-jada para o fundo do seu site.

4. **No seletor de cores, escolha sua cor favorita.**

    Clique em qualquer lugar no seletor de cores para escolher a cor de fundo.

5. **Ao finalizar suas escolhas, clique no botão Publicar.**

DICA

O painel Personalizar do WordPress será exibido no lado esquerdo da sua tela, enquanto uma pré-visualização do seu site será exibida no lado direito. Ao fazer as alterações no painel, será possível conferir a pré-visua-lização dessas alterações antes de publicá-las.

Criando Menus de Navegação Personalizados

Um *menu de navegação* é uma lista de links exibidos em seu site. Esses links podem levar até páginas, posts ou categorias do site, ou podem levar até outros sites. Você pode definir menus de navegação no seu site usando o recurso embutido de Menu Personalizado do WordPress.

É uma boa prática adicionar pelo menos um menu de navegação em seu site para que os leitores possam ver tudo que seu site tem para oferecer. Dar um link — ou vários — aos seus leitores mantém o espírito *point-and-click* da internet.

Montando menus de navegação personalizados

Após adicionar a funcionalidade de menu ao seu tema (ou caso esteja usando um tema com essa funcionalidade), montar um menu de navegação é simples. Siga estes passos:

1. **Clique no link Menus no menu Aparência do seu Painel.**

Isso abrirá a página Menus.

2. **Clique no link Criar um Novo Menu.**

Isso abrirá o painel Estrutura de Menu.

3. **Digite um nome na caixa Nome do Menu e clique no botão Criar Menu.**

A página Menus recarregará com seu novo menu pronto para receber seus links.

4. **Adicione links ao seu novo menu.**

O WordPress oferece quatro formas de adicionar links ao seu novo menu (veja a Figura 10-3):

- *Páginas:* Clique no link Visualizar Tudo para exibir uma lista de todas as páginas publicadas em seu site. Marque a caixa perto do nome das páginas que deseja adicionar ao seu menu e clique no botão Adicionar ao Menu.

- *Posts:* Clique no link Visualizar Tudo para exibir uma lista de todos os posts publicados em seu site. Marque a caixa perto do nome dos posts que deseja adicionar ao menu e clique no botão Adicionar ao Menu.

- *Links Personalizados:* No campo URL, digite o URL do site que deseja adicionar (como `https://www.google.com`). Em seguida, no campo de texto Rótulo, digite o nome do link que deseja exibir em seu menu (no caso do exemplo anterior, Google) e clique no botão Adicionar ao Menu.

- *Categorias:* Clique no link Visualizar Tudo para exibir uma lista com todas as categorias criadas em seu site. Marque a caixa perto do nome de todas as categorias que deseja adicionar ao menu. Em seguida, clique no botão Adicionar ao Menu.

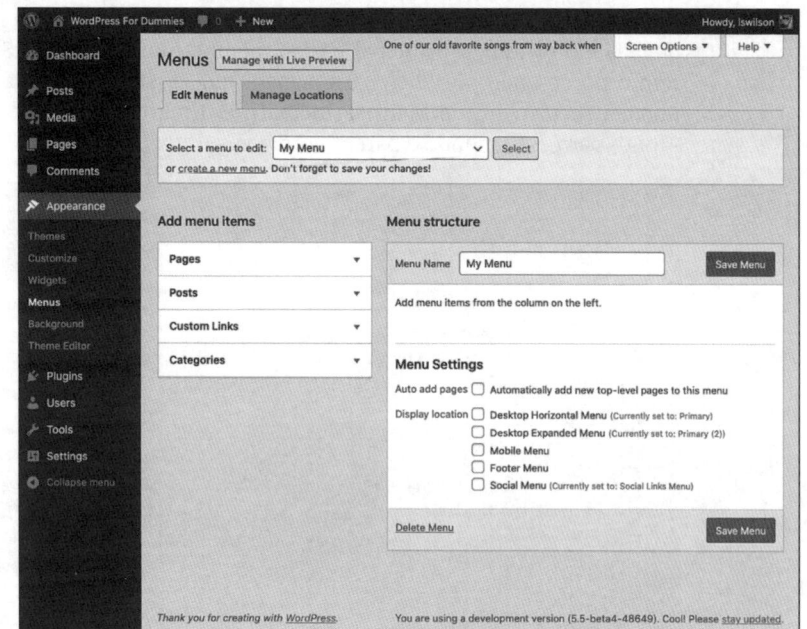

FIGURA 10-3:
Opções de
menus per-
sonalizados
na página
Menus do
Painel
WordPress.

5. **Revise suas escolhas de menu no lado direito da página.**

Ao adicionar itens de menu, a coluna à direita da página Menu será ali-
mentada com suas escolhas.

6. **Edite suas escolhas de menu, se necessário.**

Clique no link Editar, à direita do nome do link do menu, para editar a
informação de cada link em seu novo menu.

7. **Salve seu menu antes de sair da página Menus.**

Certifique-se de que você clicou no botão Salvar Menu [Save Menu] (veja
a Figura 10-3). Uma mensagem aparecerá, confirmando que o novo menu
foi salvo.

DICA

Você pode criar quantos menus precisar para seu site. Apenas siga os
parâmetros para a tag de template de menu para se certificar de que está
usando o menu correto no local correto do tema. Preste atenção ao ID ou
nome do menu na tag de template. Você pode encontrar mais opções para
seus menus de navegação clicando na aba Opções de Tela no canto superior
direito do Painel. Nessa aba, é possível adicionar coisas como Posts e Tipos
Personalizados de Posts às suas opções de menu, bem como a descrição
dos itens de menus.

Por padrão, a marcação HTML para o menu é gerada como uma lista desordenada e o contêiner principal para o menu tem uma classe CSS que contém o nome dado por você para o menu no Passo 3 da lista anterior. Eu nomeei meu menu de Main [Principal], e a marcação HTML do código-fonte para esse menu se parece com a seguinte:

```
<div class="menu-main-container">
 <ul id="menu-main" class="menu">

  <li id="menu-item-56" class="menu-item menu-item-type-
custom menu-item- object-custom current-menu-item current_
page_item menu-item-home menu-item-56"><a href="http://
fordummies.local/" aria- current="page">Home</a>
  </li>

  <li id="menu-item-57" class="menu-item menu-item-type-post_
type menu-item- object-page menu-item-57"><a href="http://
fordummies.local/ about/">About</a>
  </li>

  <li id="menu-item-58" class="menu-item menu-item-type-
post_type menu-item- object-page menu-item-has-children
menu-item-58"><a href="http:// fordummies.local/blog">Blog</a>

   <ul class="sub-menu">
    <li id="menu-item-60" class="menu-item menu-
item-type-taxonomy menu-item- object-category menu-
item-60"><a href="http://fordummies.local/ category/
uncategorized/">Uncategorized</a>
    </li>

   </ul>

  </li>

  <li id="menu-item-59" class="menu-item menu-item-type-post_
type menu-item- object-page menu-item-59"><a href="http://
fordummies.local/ contact/">Contact</a>
  </li>

 </ul>
</div>
```

Perceba que a primeira linha define a classe CSS: `<div class="menu-main -container">`. A classe dessa linha reflete o nome que você deu ao menu. Dado que nomeei meu menu de Main ao criá-lo no Painel, o ID CSS se torna `menu-main-container`. Se eu o tivesse nomeado Foo, o ID seria `menu-foo-container`. Essa habilidade de atribuir nomes de menu na marcação CSS e HTML é a razão pela qual o WordPress permite que você use o CSS para a criação de diferentes estilos e formatos para diferentes menus.

Quando você está desenvolvendo temas para uso próprio ou para terceiros, é preciso se certificar de que o CSS usado para definir os menus possa fazer coisas como permitir subpáginas por meio da criação de efeitos de menu suspenso. A Lista 10-1 oferece apenas um exemplo de um bloco de CSS simples que pode ser usado para dar um estilo bacana ao seu menu (esse exemplo presume que você tem um menu chamado Main. Portanto, as marcações HTML e CSS indicam `'menu-main-container'`).

No Capítulo 9, você construiu um tema simples do zero e eu ofereci um link no qual é possível baixar o tema inteiro. O menu CSS dessa seção está incluído no arquivo style.css daquele tema. Você pode encontrar o tema completo no link a seguir: `https://lisasabin-wilson.com/wpfd/my-theme.zip`.

DICA

| **LISTA 10-1:** | **CSS de Amostra para um Menu Suspenso de Navegação** |

```
div.menu-main-container {
  display: block;
  width: 100%;
  clear: both;
  height: 55px;
}

div.menu-main-container ul {
  list-style: none;
  margin: 0;
  padding: 0;
}

div.menu-main-container li {
  position: relative;
  line-height: 1.7;
}

div.menu-main-container a {
  color: blue;
```

```css
    text-decoration: none;
    display: block;
}

div.menu-main-container > ul > li {
    float: left;
}

div.menu-main-container > ul > li > a{
    padding: 10px 10px;
}

div.menu-main-container > ul > li:hover > a{
    background: #333;
    color: white;
}

/* Submenu/Menu Filho */
div.menu-main-container .sub-menu,
div.menu-main-container .children {
    position: absolute;
    left: 0;
    top: 100%;
    z-index: 1;
    background: #333;
    color: white;
    min-width: 200px;
    display: none;
}

div.menu-main-container li:hover > .sub-menu,
div.menu-main-container li:hover > .children {
    display: block;
}

div.menu-main-container .sub-menu a,
div.menu-main-container .children a {
    padding: 5px 10px;
    color:white;
}

div.menu-main-container .sub-menu li:hover a,
div.menu-main-container .children li:hover a {
```

```
    background: #444;
    color: white;
}

/* Menu Neto */
div.menu-main-container .sub-menu .sub-menu,
div.menu-main-container .children .children {
    position: absolute;
    left: 100%;
    top: 0;
    background: #444;
}
```

O código CSS usado para personalizar a exibição dos seus menus será diferente daquele presente na Lista 10-1, que é apenas um exemplo. Após pegar o jeito do CSS, tente diferentes métodos, cores e estilos para criar um visual único.

Exibindo menus personalizados com widgets

Você não precisa usar a tag de template `wp_nav_menu()`; para exibir os menus do seu site, porque o WordPress também oferece widgets de menus personalizados que você pode adicionar ao seu tema. Assim, é possível usar widgets no lugar das tags de template para exibir os menus de navegação do seu site. Essa funcionalidade é especialmente útil caso você tenha criado múltiplos menus para o seu site.

Seu primeiro passo é registrar uma área especial de widget para que seu tema possa lidar com a exibição do widget de menu personalizado. Para registrar esse widget, abra o arquivo `functions.php` do seu tema e adicione o seguinte código em uma nova linha:

```
// ADICIONAR WIDGET DE MENU
function my_widgets_init() {
 register_sidebar( array (
 'name'  => __( 'Blog Sidebar' ),
 'id'    => 'blog-widget-area',
 ) );
}
```

```
add_action('widgets_init', 'my_widgets_init');
```

Essas poucas linhas de código criam uma nova área de widget chamada Área de Widget de Menu na página Widgets do Painel. Agora você pode arrastar o widget de menu personalizado até a área de Barra Lateral do blog para indicar que deseja exibir um menu personalizado no local. A Figura 10-4 mostra a área de Widgets Disponíveis [Available Widgets] com a Barra Lateral do Blog [Blog Sidebar] exibida.

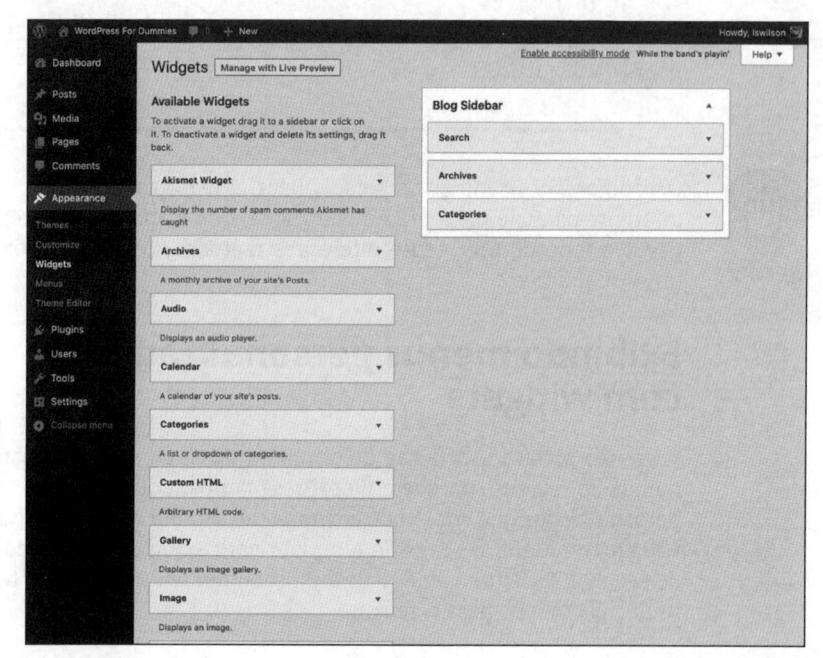

FIGURA 10-4: Página Widgets exibindo o widget Barra Lateral do Blog nos Widgets Disponíveis.

Para adicionar a área de widget ao seu tema, vá ao Editor de Temas escolhendo o menu Aparência ⇨ Editor, e abra o arquivo `header.php` (ou seja lá em qual template você deseje inserir a área de widget). Em seguida, adicione estas próximas linhas de código na área em que deseja que o widget de menu seja exibido:

```
<ul>
 <?php
  if ( !function_exists( 'dynamic_sidebar' ) || !dynamic_
sidebar( 'Blog Sidebar' ) ) :
  endif;
 ?>
</ul>
```

Essas linhas de código dirão ao WordPress que você quer que a informação contida no widget de menu seja exibida em seu site.

Alterando Família, Cor e Tamanho da Fonte

Você pode alterar as fontes do seu tema para melhorar o estilo ou a leitura. Já vi especialistas em design tipográfico usarem variações simples de fontes para alcançar resultados incríveis de design. Você pode usar as fontes para separar os títulos do corpo do texto (ou títulos do widget do conteúdo principal). A Tabela 10-4 lista alguns exemplos de propriedades de fontes usadas com frequência.

TABELA 10-4 **Propriedades de Fontes**

Propriedades de Fontes	Valores Comuns	Exemplos de CSS
`font-family`	`Georgia, Times, serif`	`body {font-family: Georgia; serif;}`
`font-size`	`px, %, em, rem`	`body {font-size: 14px;}`
`font-style`	`italic, underline`	`body {font-style: italic;}`
`font-weight`	`bold, bolder, normal`	`body {font-weight: normal;}`

A internet é um tanto seletiva quanto à exibição de fontes, bem como quanto aos tipos de fontes que você pode usar na propriedade `font-family`. Nem todas as fontes são exibidas corretamente na internet. Para não correr o risco de ter problema, procure escolher sempre algumas famílias comuns de fontes que são exibidas corretamente na maioria dos navegadores:

» **Fontes com serifa:** Times New Roman, Georgia, Garamond, Bookman Old Style

» **Fontes sem serifa:** Verdana, Arial, Tahoma, Trebuchet MS

LEMBRE-SE

As fontes com serifa têm pequenas caudas nas bordas das letras (o corpo do texto deste livro está escrito em uma fonte com serifa). *Fontes sem serifa* têm bordas retas e não costumam ter um estilo muito extravagante (os títulos deste capítulo, por exemplo, usam uma fonte sem serifa — nada de caudas!).

Alterando a cor da fonte

Com mais de 16 milhões de combinações de cores disponíveis em HTML, tenho certeza de que é possível encontrar o valor de cor ideal para o seu projeto. Depois de algum tempo, você memorizará os códigos das suas cores favoritas. Acredito que conhecer o código para diferentes tons de cinza me ajudou a adicionar rapidamente um toque extra de design. Com frequência, uso os tons de cinza citados na Tabela 10-5 para o fundo, as bordas de alguns elementos e os cabeçalhos de widgets.

TABELA 10-5 **Minhas Cores Favoritas do CSS**

Cor	Valor
Branco	#FFFFFF
Preto	#000000
Cinza	#CCCCCC
	#DDDDDD
	#333333
	#E0E0E0

Você pode mudar facilmente a cor da sua fonte ao alterar a propriedade `color` do seletor CSS que deseja ajustar. Use os códigos hex para definir essas cores.

É possível definir a cor geral das fontes do seu site ao defini-las no seletor CSS body, como mostra o exemplo a seguir:

```
body {
  color: #333333;
}
```

Alterando o tamanho da fonte

Para ajustar o tamanho da sua fonte, mude a propriedade `font-size` do seletor CSS que você deseja alterar. Os tamanhos da fonte geralmente são determinados por unidades de medida. Entre essas unidades de medida, temos:

» `px`: Medida em pixel. Aumentar ou diminuir o número de pixels vai aumentar ou diminuir o tamanho da fonte (`12px` é maior que `10px`.)

» `rem`: Os valores para essas fontes são relativos ao valor raiz do elemento HTML. Por exemplo, se o tamanho da fonte do elemento raiz for 14px, então 1 rem = 14px. Se o tamanho da fonte do elemento raiz não for definido, então 1 rem será igual ao valor do tamanho padrão da fonte do navegador.

» `em`: Medida em largura. Um *em* é uma unidade de medida igual ao tamanho da fonte atual (originalmente, um espaço *em* era igual à largura da letra maiúscula *M*). Se o tamanho da fonte do corpo do site for definido como `12px`, `1em` será igual a `12px`; da mesma forma, `2em` equivale a `24px`.

» `%`: Medida em porcentagem. Aumentar ou reduzir o valor da porcentagem afetará o tamanho da fonte (se o corpo do site usa `14px` como valor padrão, `50%` será igual a 7 pixels, enquanto `100%` equivalerá a 14 pixels).

No template padrão de CSS, o tamanho da fonte é definido, em pixels, na tag `<body>` da seguinte forma:

```
font-size: 12px;
```

Quando incluímos a família, a cor e o tamanho da fonte juntos na tag `<body>`, estilizamos a fonte do corpo geral do seu site. O seguinte exemplo mostra como essas propriedades trabalham juntas na tag `<body>` do template padrão de CSS:

```
body {
  font-size: 12px;
  font-family: Georgia, "Bitstream Charter", serif;
  color: #666666;
}
```

Quando quiser alterar uma família de fonte no seu arquivo CSS, abra a folha de estilo (`style.css`), busque `font-family`, altere os valores dessa propriedade e salve suas alterações.

No template padrão de CSS, a fonte está definida na tag `<body>` desta forma:

```
font-family: Georgia, "Bitstream Charter", serif;
```

Famílias de fontes, ou fontes com mais de um nome, devem ser incluídas entre aspas na sua folha de estilo.

Adicionando bordas

As bordas do CSS podem adicionar um aspecto único aos elementos do seu tema. A Tabela 10-6 lista propriedades comuns e exemplos de CSS para as bordas.

TABELA 10-6   **Propriedades Comuns das Bordas**

Propriedades das Bordas	Valores Comuns	Exemplos de CSS
`border-size`	px, em	`body {border-size: 1px;}`
`border-style`	solid, dotted, dashed	`body {border-style: solid;}`
`border-color`	Valores hexadecimais	`body {border-color: #CCCCCC;}`

Entendendo Técnicas Básicas de HTML

HTML pode ajudá-lo a personalizar e organizar seu tema. Para entender como HTML e CSS trabalham juntos, considere o seguinte exemplo: se um site fosse um prédio, HTML seria a estrutura (a fundação e as vigas), enquanto o CSS seria a tinta.

A marcação HTML contém os elementos para os quais o CSS fornece o estilo. Tudo o que você precisa fazer para aplicar um estilo CSS é usar o elemento HTML correto. Veja um bloco básico de HTML:

```
<body>
 <div id="content">
  <h1>O Título Fica Aqui</h1>
  <p>
```

```
    Frase de exemplo do corpo do texto.
      <blockquote>
       Uma jornada de mil léguas começa com o primeiro passo.
      </blockquote>
      Vou continuar com a frase e encerrá-la aqui.
     </p>
     <p>
       Clique <a href="http://corymiller.com">aqui</a> para
    visitar meu site.
     </p>
    </div>
   </body>
```

Todos os elementos HTML precisam de tags de abertura e encerramento. As tags de abertura são contidas entre os símbolos menor que (<) e maior que (>). As tags de encerramento são iguais, mas também são precedidas por uma barra (/).

Veja um exemplo:

```
   <h1>O Título Fica Aqui</h1>
```

Os elementos HTML devem ser aninhados adequadamente. Na quarta linha do exemplo anterior, uma tag de parágrafo foi aberta (`<p>`). Depois, em outra linha, um bloco de citação foi aberto (`<blockquote>`) e aninhado dentro da tag de parágrafo. Ao editar essa linha, não seria possível encerrar o parágrafo (`</p>`) antes de encerrar o bloco de citação (`</blockquote>`). Elementos aninhados devem ser encerrados antes dos elementos nos quais eles estão aninhados.

Finalmente, a *indentação* adequada é importante ao escrevermos em HTML, principalmente para facilitar a leitura ao buscar algum elemento. Uma boa regra a seguir é: caso você não tenha encerrado uma tag na linha acima, então use uma indentação na linha abaixo. Essa prática permite que você veja onde cada elemento começa e termina, além de ser muito útil no diagnóstico de problemas.

Você usará diversas técnicas básicas de marcação HTML repetidas vezes no design e construção de sites. Anteriormente neste capítulo, na seção "Estilizando com CSS: O básico", falei sobre como combinar o CSS com a marcação HTML para criar diferentes estilos de exibição (bordas, fontes, entre outros elementos).

As seções a seguir discutem trechos de marcação HTML usados com frequência que você também pode usar como referência no código do seu site. Para tutoriais mais aprofundados sobre HTML, confira a seção de HTML neste endereço: `https://www.w3schools.com/html/default.asp` [o link tem conteúdo em inglês, mas o site oferece uma ferramenta embutida para tradução do conteúdo].

Inserindo imagens

Você provavelmente vai querer inserir uma imagem em seu site, talvez no corpo de um post ou página, na barra lateral por meio de um widget, ou dentro do próprio código do template. Ferramentas modernas, como o Editor de Blocos do WordPress, retiram todo o processo de tentativa e erro ao permitir que imagens sejam inseridas sem nenhum conhecimento de HTML, mas você precisa saber o básico de marcação HTML para inserir uma imagem caso precise reconhecer esse código em algum momento. A marcação HTML se parecerá com isto:

```
<img src="/path/to/image-file.jpg" alt="Nome do Arquivo de
Imagem"/>
```

A lista seguinte divide o código em trechos menores para ajudá-lo a entender o que está acontecendo:

» `<img src=`: Essa marcação HTML diz ao navegador que o site está buscando um arquivo de imagem.

» `"/path/to/image-file.jpg"`: Esse código é o caminho pelo qual o navegador encontrará o arquivo de imagem. Caso tenha enviado uma imagem para o seu servidor web, inserindo-a, por exemplo, na pasta /`wp-content/uploads`, então o caminho físico para esse arquivo de imagem será /`wp-content/uploads/image-file.jpg`.

» `alt="Nome do Arquivo de Imagem"`: A tag `alt`, que faz parte da marcação HTML, fornece uma descrição da imagem que os mecanismos de busca usarão e reconhecerão como palavras-chave. A descrição da tag `alt` também é exibida como texto em um navegador que não consegue carregar a imagem (talvez o tempo de carregamento do servidor esteja lento ou talvez o usuário esteja usando um leitor de tela com as imagens desligadas. Nesses casos, a descrição em texto será carregada para dizer ao visitante qual é o conteúdo da imagem).

» `/>`: Essa tag de marcação HTML encerra a tag inicial `<img src="`, dizendo ao navegador que o chamado para o arquivo de imagem foi concluído.

Inserindo hyperlinks

Você provavelmente vai querer inserir um hyperlink no corpo do seu site. Um *hyperlink* é uma linha de texto vinculada a um endereço online (URL), de forma que clicar nesse link levará o visitante a outro site ou página em sua janela do navegador.

A marcação HTML que insere um hyperlink é a seguinte:

```
<a href="https://altabooks.com.br">Editora Alta Books</a>
```

Leia a seguir uma explicação simples do código:

» `<a href=`: Esse código diz ao navegador que o texto dentro da tag deve ser um hyperlink para o endereço fornecido em seguida.

» `"https://altabooks.com.br"`: Esse código é o URL que você deseja vincular ao seu texto. Deixe o URL cercado por aspas duplas para que seja reconhecido pela marcação.

» `>`: Essa marcação fecha a tag `<a href=` que foi aberta anteriormente.

» `Editora Alta Books`: Nesse exemplo, esse texto é vinculado ao URL. Esse texto será exibido em seu site e pode ser clicado para levar o visitante ao URL definido.

» `</a>`: Essa tag de marcação HTML diz ao navegador que o hyperlink foi fechado. Qualquer coisa que exista entre as tags `<a href=".">` e `</a>` será um hyperlink para o URL definido.

O mais comum entre os designers é usar URLs para vincular palavras a outros sites ou páginas, mas você também pode criar hyperlinks para arquivos, como arquivos `.pdf` (Adobe Acrobat) e `.docx` (Microsoft Word).

Inserindo listas

Vamos supor que você precise criar um formato limpo para listas de informações que publica em seu site. Com a marcação HTML, você pode criar, com grande facilidade, listas que são formatadas de forma ordenada (numeradas) ou desordenada (sem numeração), a depender de suas necessidades.

As listas ordenadas [em inglês, *ordered lists*] são numeradas de forma sequencial. Um exemplo é uma lista passo a passo de afazeres, como a seguinte:

1. **Escrever os capítulos do meu livro.**

2. **Enviar os capítulos do livro para a editora.**

3. **Entrar em pânico por um momento quando o livro for publicado.**

4. **Suspirar de alívio quando as análises do público forem majoritariamente positivas!**

É fácil criar listas ordenadas em um programa como Microsoft Word ou até mesmo no editor de posts do WordPress (dado que é possível usar o editor de blocos para formatar a lista para você). Caso queira usar HTML para programar uma lista ordenada, a experiência será um pouco diferente. A lista anterior, em marcação HTML, seria mais ou menos assim:

```
<ol>
  <li>Escrever os capítulos do meu livro.</li>
  <li>Enviar os capítulos do livro para a editora.</li>
  <li>Entrar em pânico por um momento quando o livro for publicado.</li>
  <li>Suspirar de alívio quando as análises do público forem majoritariamente positivas!</li>
</ol>
```

A tag de início, `<ol>`, diz ao navegador para exibir essa lista como uma lista ordenada, o que significa que o navegador ordenará a lista com números, começando do número um. A lista é finalizada com a tag HTML `</ol>`, que diz ao navegador que a lista ordenada foi concluída.

Entre as tags `<ol>` e `</ol>` estão os itens da lista, designados como tal pela marcação HTML `<li>`. Cada item começa com a tag `<li>` e finaliza com a tag `</li>`, que dizem ao navegador para exibir aquele trecho do texto como um item da lista.

CUIDADO

Se não fechar uma tag de marcação HTML aberta — talvez iniciando uma lista ordenada com `<ol>`, mas sem incluir a tag de encerramento `</ol>` — você vai criar uma confusão na exibição do seu site. Um navegador considerará qualquer coisa após a tag inicial como parte da lista ordenada até reconhecer a tag de encerramento: `</ol>`.

Listas desordenadas [em inglês, *unordened lists*] são semelhantes, mas em vez de usar números, elas usam marcadores (ou bullets), como o exemplo a seguir:

>> Escrever os capítulos do meu livro.

>> Enviar os capítulos do livro para a editora.

>> Entrar em pânico por um momento quando o livro for publicado.

>> Suspirar de alívio quando as análises do público forem majoritariamente positivas!

A marcação HTML para uma lista desordenada é muito parecida com a marcação da lista ordenada, mas, em vez de usarmos a tag de abertura HTML `<ol>`, usaremos a tag `<ul>` (UL = unordered list):

```
<ul>
  <li>Escrever os capítulos do meu livro.</li>
  <li>Enviar os capítulos do livro para a editora.</li>
  <li>Entrar em pânico por um momento quando o livro for
  publicado.</li>
  <li>Suspirar de alívio quando as análises do público forem
  majoritariamente positivas!</li>
</ul>
```

Perceba que ambos os estilos de lista usam as tags de itens de lista, `<li>` e `</li>`. A única diferença está nas tags de abertura e encerramento:

>> **Listas ordenadas:** Use `<ol>` e `</ol>`.

>> **Listas desordenadas:** Use `<ul>` e `</ul>`.

>> **Itens de lista:** Use `<li>` e `</li>`.

ENCONTRANDO RECURSOS ADICIONAIS

Pode ser que, em dado momento, você queira explorar ainda mais a personalização do seu tema. Veja alguns recursos recomendados:

- **WordPress Codex** (`https://developer.wordpress.org/`): Documentação oficial do WordPress
- **W3Schools** (`https://www.w3schools.com`): Uma referência gratuita e completa de HTML e CSS. [O conteúdo é em inglês, mas o site conta com ferramenta embutida para tradução das páginas.]

332   PARTE 4 **Personalizando o WordPress**

Capítulo **11**

Entendendo Temas Pai e Filho

sar um tema exatamente como foi lançado pelo autor é ótimo. Se uma nova versão for lançada, consertando alguma compatibilidade de navegador ou adicionando recursos oferecidos por uma nova versão do WordPress, então é muito simples fazer uma rápida atualização de tema.

Mas é muito provável que você vai querer ajustar o design, adicionar funcionalidades ou modificar a estrutura do tema. Se modificar o tema, então não poderá atualizar para uma nova versão sem modificar o tema de novo.

Como seria tão bom se você pudesse atualizar versões personalizadas dos temas, não é? Felizmente, os temas filhos oferecem exatamente essa solução.

Este capítulo explora o que são os temas filhos, como criar um tema pai pronto para o uso de temas filhos e como tirar o maior proveito possível do uso de temas filhos.

Personalizando Estilos de Temas com Temas Filhos

Um *tema* do WordPress consiste em uma coleção de arquivos de template, folhas de estilo, imagens e arquivos JavaScript. O tema controla o layout e o design que seus visitantes veem ao entrar no site. Quando um tema é configurado adequadamente como um tema pai, ele permite que um *tema filho,* ou um subconjunto de instruções, sobreponha seus arquivos, garantindo que um tema filho modifique de forma seletiva o layout, estilo e funcionalidade do tema pai.

A forma mais rápida de entender temas filhos é com um exemplo. Nesta seção, você criará um tema filho simples que modifica o estilo do tema pai.

No momento em que este livro foi escrito, o tema padrão do WordPress era o tema Twenty Twenty. A Figura 11-1 mostra como o tema Twenty Twenty se comporta em um site de amostra.

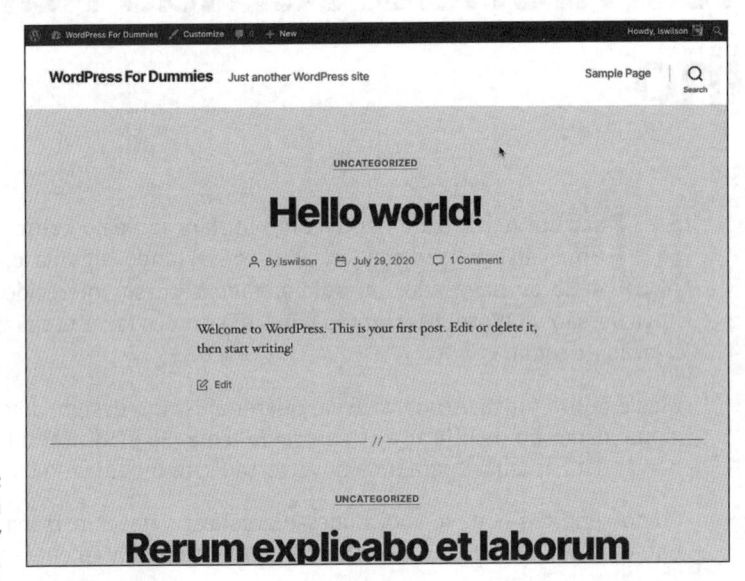

FIGURA 11-1: O tema Twenty Twenty.

Provavelmente você usa o tema Twenty Twenty no seu site, e esse tema oferece suporte para temas filhos; portanto, ele é um ótimo candidato para a criação de um tema filho.

Assim como temas comuns, um tema filho precisa estar em um diretório dentro da pasta `/wp-content/themes`. O primeiro passo é a criação de uma pasta que vai guardar o tema filho. Para esse exemplo, entre em sua conta de hospedagem por meio do SFTP e crie um novo diretório chamado `twentytwenty-child` dentro da pasta `/wp-content/themes`.

Para registrar a pasta `twentytwenty-child` como um tema e fazer dela um tema filho do Twenty Twenty, crie um arquivo `style.css` e adicione o cabeçalho adequado de tema. Para isso, digite o seguinte código no seu editor de texto favorito (como Bloco de Notas, no PC, ou Editor de Texto, no Mac) e salve o arquivo como `style.css`:

```
/*
Theme Name: Twenty Twenty Child
Description: Meu tema filho 2020
Author: Lisa Sabin-Wilson
Version: 1.0
Template: twentytwenty
*/
```

Geralmente, você encontrará o seguinte cabeçalho em um tema WordPress:

» `Theme Name`: O usuário do tema verá esse nome no backend do WordPress.

» `Description`: Essa parte do cabeçalho fornece ao usuário informações adicionais sobre o tema. Atualmente, essa informação só aparece na tela Gerenciar Temas (que pode ser acessada clicando no link Temas do menu Aparência).

» `Author`: Esse cabeçalho indica um ou mais autores do tema. Atualmente, essa informação só aparece na tela Gerenciar Temas (que pode ser acessada clicando no link Temas do menu Aparência).

» `Version`: O número de versão é útil para manter um registro das versões antigas do tema. Sempre é uma boa ideia atualizar o número da versão ao modificar um tema.

» `Template`: Esse cabeçalho altera um tema, tornando-o um tema filho. O valor desse cabeçalho diz ao WordPress o nome da pasta do tema pai. Dado que seu tema filho usa o tema Twenty Twenty como tema pai, seu arquivo `style.css` precisa de um cabeçalho `Template` com o valor `twentytwenty` (o nome da pasta do tema Twenty Twenty).

Agora ative o novo tema Twenty Twenty Child como seu tema ativo (para saber mais sobre como ativar um tema, veja o Capítulo 8). Você deve ver um layout parecido com o que é exibido na Figura 11-2.

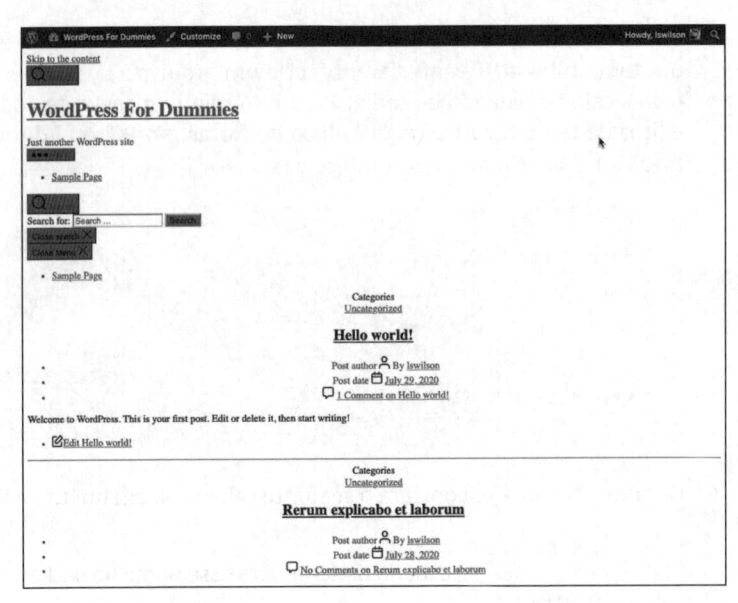

A Figura 11-2 mostra que o tema não parece muito legal, certo? O problema é que o novo tema filho substituiu o arquivo `style.css` do tema pai, mas o arquivo `style.css` do tema filho está vazio.

Você poderia simplesmente copiar e colar o conteúdo do arquivo `style.css` do tema pai, mas esse método desperdiçaria um pouco do potencial de um tema filho.

Carregando um estilo de um tema pai

LEMBRE-SE

Algo ótimo sobre o CSS é que algumas regras podem sobrepor outras. Se você listar a mesma regra duas vezes no seu CSS, a última regra vai se sobrepor à primeira.

Considere o seguinte exemplo:

```
a {
color: blue;
}
a {
color: red;
}
```

Esse exemplo é bastante simplista, mas mostra bem o que estou falando. A primeira regra diz que todos os links (tags) devem ser azuis, enquanto a segunda regra diz que todos os links devem ser vermelhos. Com o CSS, a última regra vai sobrepor a primeira, então os links serão vermelhos.

Usando essa funcionalidade do CSS é possível herdar todos os estilos do tema pai e modificar o estilo de forma seletiva, sobrepondo as regras do tema pai com novas regras. Mas como carregar o arquivo `style.css` do tema pai para herdar seu estilo? Isso acontece no arquivo Functions do tema, `functions.php`, e funciona da seguinte forma:

```
function mytheme_enqueue_styles() {
    wp_enqueue_style('parent-theme', get_template_directory_
uri() .'/style.css');
}
add_action('wp_enqueue_scripts', 'mytheme_enqueue_styles');
```

O parâmetro `parent-theme` na função `wp_enqueue_style` reconhece o template que você identificou no cabeçalho do tema da folha de estilo. A função diz ao WordPress para incluir a folha de estilo do template identificado no cabeçalho da folha de estilo.

A Figura 11-3 mostra como o site aparece após o arquivo `style.css` do tema filho ser atualizado.

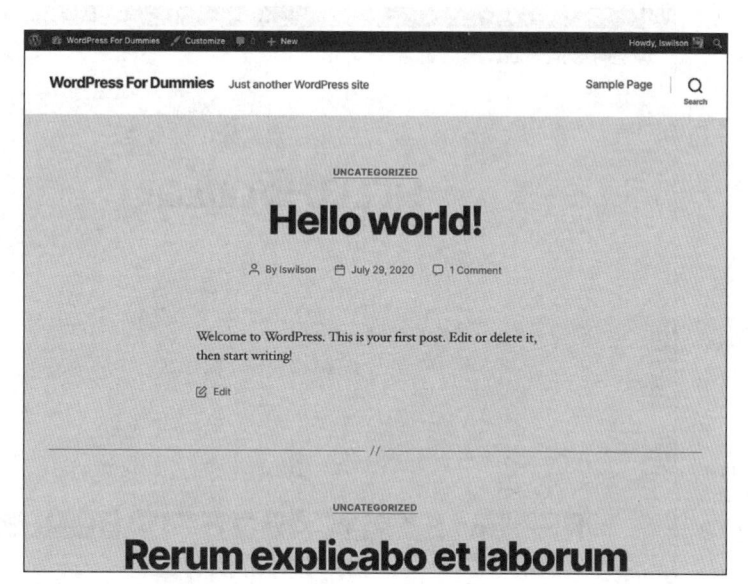

Personalizando o estilo do tema pai

O seu tema Twenty Twenty Child está configurado para ser igual ao tema Twenty Twenty pai. Agora é possível adicionar novos estilos ao arquivo `style.css` do tema filho. Para ver um exemplo simples de como funciona a personalização, crie um estilo que deixe todos os títulos H1, H2 e H3 em caixa alta, assim como no próximo exemplo:

```
/*
Theme Name: Twenty Twenty Child
Description: Meu tema filho 2020
Author: Lisa Sabin-Wilson
Version: 1.0
Template: twentytwenty
*/


h1, h2, h3 {
  text-transform: uppercase;
}
```

A Figura 11-4 mostra como o tema filho se parece com essa adição aplicada. No trecho de código anterior, você mirou as tags de título H1, H2 e H3 do site e inseriu o valor `text-transform: uppercase`, fazendo todas essas tags de título aparecerem em caixa alta. Agora os títulos do site e dos posts estão todos em caixa alta, diferentemente da Figura 11-3.

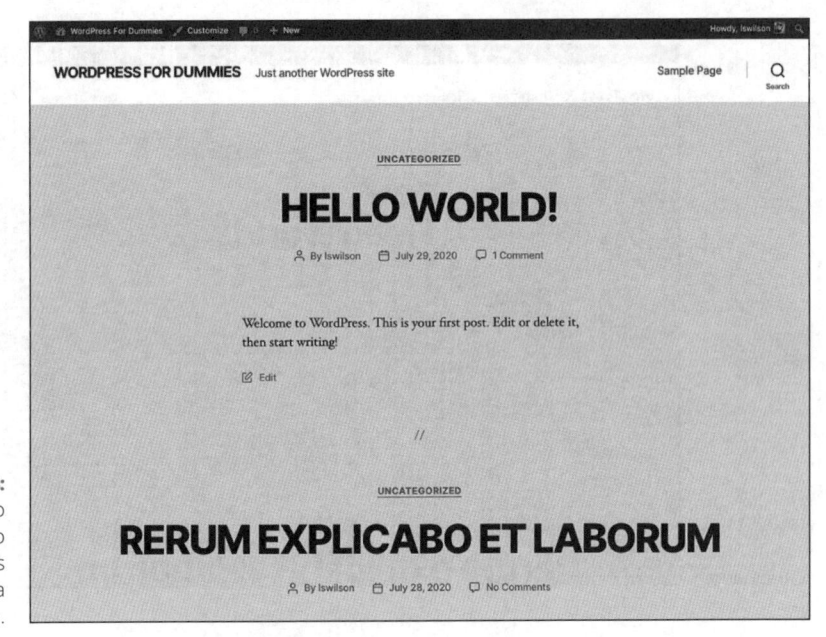

FIGURA 11-4:
O tema filho atualizado com títulos em caixa alta.

Como você pode ver, com algumas poucas linhas em um arquivo `style.css` é possível criar um novo tema filho que adicione uma personalização específica a um tema existente. A mudança é rápida e pode ser feita facilmente. Além disso, não é preciso modificar nada no tema pai para que ela funcione.

DICA

Quando disponível, você pode atualizar o tema pai para receber os recursos adicionais sem precisar fazer suas modificações novamente, já que elas estarão no tema filho e não no tema pai.

Personalizações mais complexas funcionam da mesma forma. Simplesmente adicione as novas regras após a regra de importação que adiciona a folha de estilo do tema pai.

Usando imagens no design de temas filhos

Muitos temas usam imagens para adicionar um toque diferente ao seu design. Geralmente, essas imagens são adicionadas a uma pasta chamada `images`, dentro da pasta do tema.

Assim como um tema pai pode se referir às suas imagens no arquivo `style.css`, seus temas filhos podem ter sua própria pasta `images`. As próximas seções mostram exemplos de como usar essas imagens.

Usando uma imagem de tema filho na folha de estilo do tema filho

Incluir uma imagem na folha de estilo do tema filho é comum. Para fazer isso, é preciso apenas adicionar a nova imagem na pasta `images` do tema filho e indicar o caminho até ela no arquivo `style.css` do tema filho. Para entender um pouco melhor a mecânica desse processo, siga os passos a seguir:

1. Crie uma pasta chamada `images` dentro do diretório do tema filho.

2. Adicione uma imagem na pasta `images`.

Para esse exemplo, adicionaremos uma imagem chamada `body-bg.png`.

3. Adicione o estilo necessário ao arquivo `style.css` do tema filho, como mostra o próximo exemplo:

```
/*
Theme Name: Twenty Twenty Child
Description: Meu tema filho 2020
Author: Lisa Sabin-Wilson
Version: 1.0
Template: twentytwenty
*/


body {
  background: url('images/body-bg.jpg');
```

```
        background-position: center top;
        background-attachment: fixed;
        background-repeat: repeat-x;
    }
```

Atualize o site para ver que ele terá uma nova imagem de fundo. A Figura 11-5 mostra o resultado.

Usando imagens em um tema filho

Imagens do tema filho são aceitáveis para a maioria dos propósitos. Você pode adicionar suas imagens ao tema filho mesmo se ela não existir na pasta do tema pai — e isso pode ser feito sem nenhuma alteração no tema pai.

No rodapé do tema Twenty Twenty, você pode adicionar uma logo do WordPress à esquerda da frase em inglês *Powered by WordPress*, como mostra a Figura 11-6. Por padrão, a logo não aparece no rodapé do tema Twenty Twenty.

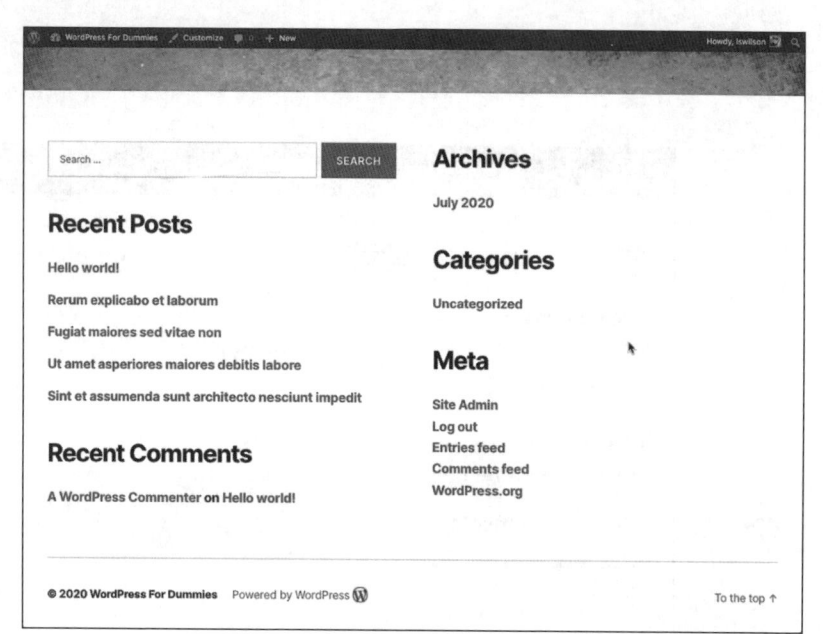

FIGURA 11-6:
A logo do
WordPress
no rodapé
do tema
Twenty
Twenty.

Crie uma pasta no seu tema filho intitulada /images e adicione as imagens escolhidas a essa pasta. Em seguida, você pode chamar essas imagens para o seu tema filho usando o arquivo de folha de estilo (style.css) na pasta do tema filho.

No próximo exemplo, adicione a mesma logo do WordPress na frente de cada título de widget da barra lateral. Uma vez que essa imagem já existe dentro da pasta /images do tema filho (graças ao tema anterior), é possível adicionar uma personalização do arquivo style.css do tema filho para fazer a alteração, como mostra o exemplo a seguir:

```
/*
Theme Name: Twenty Twenty Child
Description: Meu tema filho 2020
Author: Lisa Sabin-Wilson
Version: 1.0
Template: twentytwenty
*/


.widget-title {
 background: url(images/WordPress.png);
 background-repeat: no-repeat;
 background-position: left center;
 padding: 0px 30px;
}}
```

Salve o arquivo e atualize o site. Agora você está mostrando seu orgulho por usar o WordPress! (Veja a Figura 11-7.)

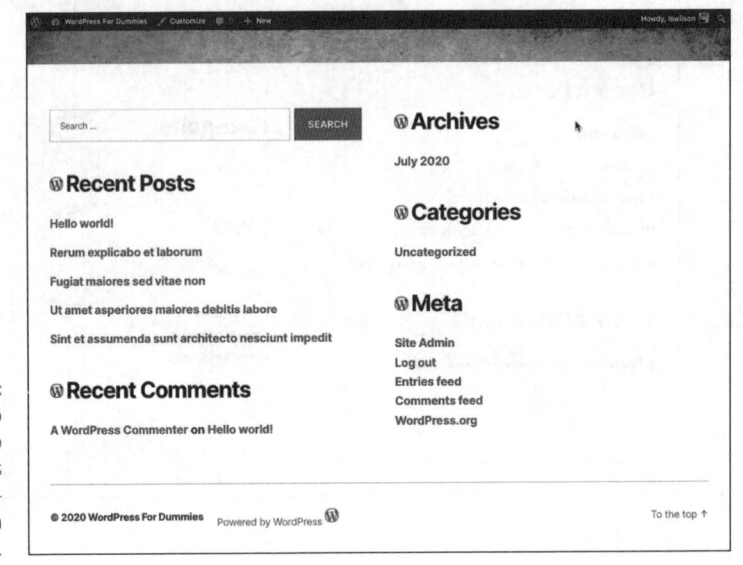

FIGURA 11-7: Mostrando a logo do WordPress antes do título de cada widget.

Modificando a Estrutura de Tema com Temas Filhos

A seção anterior mostra como usar um tema filho para modificar a folha de estilo de um tema existente. Essa é uma funcionalidade muito poderosa. Um desenvolvedor CSS experiente pode usar essa técnica para criar uma variedade incrível de layouts e designs, usando recursos e funcionalidades existentes no tema pai. Criar um tema filho remove, ou ao menos reduz, a necessidade de inventar a roda tendo que recriar todo o template de um tema.

Esse recurso é apenas o começo do poder de um tema filho. Embora todo tema filho sobreponha o arquivo `style.css` do tema pai, o tema filho pode sobrepor os arquivos de template (PHP) do tema pai, também.

Temas filhos não estão limitados a sobrepor arquivos de templates. Quando necessário, os temas filhos também podem fornecer seus próprios arquivos de template.

Arquivos de template são arquivos `.php` que o WordPress executa para renderizar diferentes visões do seu site. Uma *visão do site* é o tipo de conteúdo que é exibido. Alguns exemplos são a página inicial, arquivo de categorias, posts individuais e conteúdo da página.

Entre os arquivos de template comuns, nós temos `index.php`, `archive.php`, `single.php`, `page.php`, `attachment.php` e `search.php`. (Você pode ler mais sobre arquivos de template disponíveis, bem sobre como usá-los, no Capítulo 9.)

Você pode estar se perguntando o propósito de modificar um arquivo de template de um tema pai. Embora modificar a folha de estilo do tema pai ofereça um forte controle sobre o design, isso por si só não impossibilita a inclusão de novos conteúdos, a modificação da estrutura do site e nem a alteração das funções do tema. Para obtermos esse tipo de controle, precisamos modificar os arquivos de template.

Sobrepondo arquivos de template

Quando os temas pai e filho fornecem o mesmo arquivo de template, o WordPress usa o arquivo de template filho e ignora o arquivo do tema pai. Esse processo de substituição dos arquivos de template originais é chamado de *sobreposição* [do inglês *overriding*].

LEMBRE-SE

Embora sobrepor cada um dos arquivos de template do tema acabe com o propósito de usar um tema filho (dado que atualizações desses arquivos não melhorarão o tema filho), às vezes a sobreposição é necessária para produzir o resultado desejado.

A forma mais fácil de personalizar um arquivo de template específico em um tema filho é copiar o arquivo de template da pasta do tema pai para a pasta do tema filho. Após copiar o arquivo, você pode personalizá-lo. Essas alterações serão exibidas ao usar o tema filho.

Um bom exemplo de arquivo de template que pode ser sobreposto é o arquivo `footer.php`. A personalização do rodapé permite a adição de um branding mais específico.

Adicionando arquivos de template

Um tema filho pode sobrepor os arquivos de template existentes do tema pai, mas também pode fornecer arquivos de template que não existem no tema pai. Muito embora você provavelmente não precisará de um tema filho para isso, essa opção pode adicionar mais uma possibilidade aos seus designs.

Essa técnica costuma ser valiosa com templates de páginas. O tema Twenty Twenty tem um template que lida com páginas chamado `singular.php`. Esse template cria um layout de largura total para o conteúdo e remove a barra lateral, como mostra a Figura 11-8.

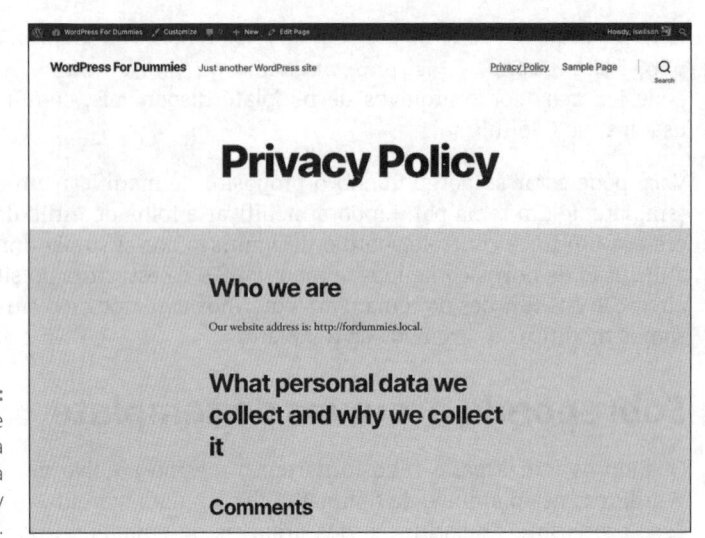

FIGURA 11-8:
Template
de página
no tema
Twenty
Twenty.

O layout foi intencionalmente configurado assim para melhorar a leitura nas páginas nas quais você pode não desejar a distração de outros conteúdos na barra lateral. Às vezes, gosto de ter a opção de largura total do conteúdo caso queira incorporar um vídeo, adicionar um fórum ou outro conteúdo que funciona bem dessa forma. Outra vezes, prefiro uma página estática que possa exibir a barra lateral. Se quiser personalizar esse template e sobrepor o template atualmente disponível no tema Twenty Twenty, simplesmente crie um novo template de página com o mesmo nome de arquivo daquele que será substituído (neste caso, page.php). Em seguida, adicione o código para exibir a barra lateral (get_sidebar();). Feito isso, o WordPress usará o arquivo de template page.php do seu tema filho por padrão, ignorando o arquivo presente na pasta do tema pai.

Removendo arquivos de template

Você pode estar se perguntando por que gostaria de remover um arquivo de template de um tema pai e essa é uma boa pergunta. Infelizmente, o tema Twenty Twenty não oferece um bom exemplo para esse uso. Por isso, precisaremos usar um pouco de imaginação.

Suponha que você esteja criando um tema filho a partir de um tema pai chamado Exemplo de Pai. O tema Exemplo de Pai é bem construído e foi possível criar rapidamente um bom tema filho a partir dele. O tema filho se parece exatamente com o que você quer e se comporta do jeito ideal, mas tem um problema.

O tema Exemplo de Pai tem um arquivo de template home.php que fornece uma página altamente personalizável sem relação com um blog. No entanto, você deseja uma página inicial padrão de um blog. Se o arquivo home.php não existisse no Exemplo de Pai, tudo funcionaria perfeitamente.

Você não pode remover o arquivo `home.php` do Exemplo de Pai sem modificar o tema, então é preciso usar um truque. Em vez de remover o arquivo, você sobrepõe o arquivo `home.php`, fazendo-o emular o arquivo `index.php`.

Talvez você pense que simplesmente copiar e colar o arquivo `index.php` do Exemplo de Pai no arquivo `home.php` do tema filho seja uma boa abordagem. Embora essa técnica funcione, existe um caminho ainda melhor: você pode dizer ao WordPress para executar o arquivo `index.php` para que o `index.php` desejado seja respeitado. Uma única linha de código é tudo o que você precisa para substituir o arquivo `home.php` peolo `index.php`:

```
<?php locate_template( array( 'index.php' ), true ); ?>
```

A função `locate_template` faz um pouco dessa mágica. Se o tema filho fornecer um arquivo `index.php`, este arquivo será usado; caso contrário, o arquivo do tema pai será utilizado em seu lugar.

Essa técnica produz o mesmo resultado de remover o arquivo `home.php` do tema pai. O WordPress ignorará o código do arquivo `home.php` e respeitará as alterações encontradas no `index.php`.

Modificando o arquivo functions.php

Assim como arquivos de template, os temas filhos podem fornecer um template Theme Functions, ou arquivo `functions.php`. Diferentemente dos arquivos de template, o arquivo `functions.php` de um tema filho não sobrepõe o arquivo do tema pai.

Quando ambos os temas pai e filho têm um arquivo `functions.php`, os dois arquivos `functions.php` são executados. O arquivo do tema filho é executado primeiro e, logo em seguida, é executado o arquivo do tema pai. Essa configuração é intencional, visto que ela permite que o tema filho substitua as funções definidas pelo tema pai. No entanto, ter dois arquivos `function.php` só funciona se as funções forem configuradas para permitir isso.

O arquivo `functions.php` do tema Twenty Twenty define uma função chamada `twentytwenty_theme_support`. Essa função lida com a configuração de muitas opções do tema e ativa algumas funcionalidades opcionais. Os temas filhos podem substituir essa função para alterar a configuração e recursos padrões do tema.

As linhas de código a seguir resumem como o arquivo `functions.php` permite que o tema filho altere a configuração e recursos padrões do tema:

```
if ( ! function_exists( 'twentytwenty_theme_support' ) ):
function twentytwenty_theme_support() {
```

```
// código removido
}
endif;
```

Colocar a declaração da função entre uma declaração `if` protege o site de entrar em um conflito de código, permitindo que o tema filho defina sua própria versão da função.

No tema Twenty Twenty Child, é possível ver como modificar essa função altera o tema. Adicione uma nova função `twentytwenty_setup` capaz de adicionar suporte às miniaturas dos posts no arquivo `functions.php` do tema filho, como mostra o exemplo a seguir:

```php
<?php
function twentytwenty_theme_support() {
  add_theme_support( 'post-thumbnails' );
}
```

Como resultado dessa alteração, o tema filho não oferece mais suporte a outras funcionalidades especiais do WordPress, como estilo personalizado do editor, geração automática de link de feed, internacionalização e localização de idiomas.

O que podemos retirar desse exemplo é que um tema filho consegue fornecer sua própria versão personalizada da função porque o tema pai insere a declaração da função em um bloco `if` que primeiro verifica a existência dessa função.

Preparando um Tema Pai

O WordPress facilita a criação de temas pais. A plataforma faz a maior parte do trabalho, mas é preciso seguir algumas regras para que um tema pai funcione adequadamente.

Usei *folhas de estilo [stylesheet]* e *template* diversas vezes ao longo deste livro e em muitos contextos. Normalmente, *folha de estilo* se refere a um arquivo CSS em um tema, enquanto *template* se refere a um arquivo de template em um tema. No entanto, essas palavras também têm um significado específico no contexto de temas pai e filho. É preciso entender a diferença entre uma folha de estilo e um template ao trabalhar com esses tipos de temas.

No WordPress, o tema ativo é a folha de estilo, enquanto o pai do tema ativo é o template. Se o tema não tiver um pai, então o tema ativo será tanto a folha de estilo quando o template.

No começo, os temas filhos só podiam substituir o arquivo `style.css` de um tema. O tema pai fornecia todos os arquivos de template e todo o código do arquivo `functions.php`. Assim, o tema filho fornecia o estilo e o tema pai fornecia os arquivos de template. A capacidade dos temas filhos expandiu nas versões subsequentes do WordPress, tornando o uso desses termos nesse contexto um tanto quanto confuso.

Imagine dois temas: um tema pai e um tema filho. O seguinte código está no arquivo `header.php` do tema pai e carrega uma folha de estilo adicional fornecida pelo tema:

```
<link type="text/css" rel="stylesheet" media="all"
href="<?php
bloginfo( 'stylesheet_directory' ) ?>/reset.css"/>
```

A função `bloginfo` exibe informações sobre as configurações do blog. Esse exemplo usa a função para exibir a localização URL do diretório da folha de estilo. O site está hospedado em `http://example.com` e o tema pai é o tema ativo. O resultado produzido é o seguinte:

```
<link type="text/css" rel="stylesheet" media="all"
href="http://example.com/wp-content/themes/Parent/reset.css"/>
```

Se o tema filho estiver ativo, então o resultado será:

```
<link type="text/css" rel="stylesheet" media="all"
href="http://example.com/wp-content/themes/Child/reset.css"/>
```

Agora a localização se refere ao arquivo `reset.css` do tema filho. Esse código funcionaria se todo tema filho copiasse o arquivo `reset.css` do tema pai, mas exigir que temas filhos adicionem arquivos para funcionar não é uma boa prática de design. No entanto, a solução é simples. Em vez de usar `stylesheet_directory` na chamada do `bloginfo`, use `template_directory`. O código se parecerá com o seguinte trecho:

```
<link type="text/css" rel="stylesheet" media="all"
href="<?php
bloginfo( 'template_directory' ) ?>/reset.css"/>
```

Agora, todos os temas filhos carregarão adequadamente o arquivo pai `reset.css`.

Ao desenvolver, use `template_directory` em temas pais individuais e `stylesheet_directory` em temas filhos.

Para praticar, você pode baixar uma cópia do meu Twenty Twenty Child Theme no link a seguir: `https://lisasabin-wilson.com/wpfd/twentytwenty-child.zip`.

Capítulo **12**

WordPress Como um Sistema de Gerenciamento de Conteúdo

aso tenha evitado usar o WordPress como uma solução para criar seu site porque pensou se tratar exclusivamente de uma plataforma de blog e não desejava ter um blog (nem todo dono de site deseja criar um, afinal), então é hora de repensar sua posição. O WordPress é um poderoso sistema de gerenciamento de conteúdo, flexível e expansível o suficiente para gerenciar um site inteiro — e um site sem nenhum blog, se assim você preferir.

Um *sistema de gerenciamento de conteúdo* (CMS, na sigla em inglês) é usado para criar e manter todo o seu site. Tal sistema inclui ferramentas para publicação e edição, bem como para a pesquisa e obtenção de informações e conteúdo. Um CMS permite que você faça a manutenção do seu site com pouco ou nenhum conhecimento em HTML. Você pode criar, modificar e atualizar seu conteúdo sem sequer tocar no código exigido para realizar essas tarefas.

Este capítulo mostra algumas formas de usar a plataforma WordPress para fortalecer todo seu site, tenha você um blog ou não. O capítulo menciona diferentes configurações de template que você pode usar para criar seções separadas do seu site. Este capítulo também fala um pouco sobre uma funcionalidade do WordPress conhecida como tipos personalizados de post (ou *custom post types*), que lhe permite controlar como o conteúdo é exibido em seu site.

DICA

Este capítulo fala sobre trabalhar com temas e templates do WordPress — um conceito que é explicado de maneira aprofundada no Capítulo 9. Se ainda acha que os templates e temas são intimidadores, leia os Capítulos 8 e 9 primeiro.

Você pode fazer muitas coisas com o WordPress para expandi-lo além da criação e gerenciamento de blogs. Uso o tema do WordPress intitulado Twenty Twenty para mostrar como usar o WordPress como um site completamente funcional com uma plataforma CMS — desde o menor site pessoal possível até um grande site empresarial.

Criando Diferentes Visualizações de Página com Templates do WordPress

Uma *página estática* contém algum conteúdo que não aparece na página do blog, mas em uma página separada do seu site. Você pode ter incontáveis páginas estáticas, e cada uma delas com um design diferente com base no template criado (vá para o Capítulo 8 para saber tudo sobre como escolher e usar templates em seu site). Você pode criar diversos templates de página estática e atribuí-los a páginas específicas ao usar código no topo desses templates.

Este é o código que aparece no topo do template de página estática que a minha empresa usava para um template de página "Sobre":

```php
<?php
/*
Template Name: About
*/
?>
```

Usar um template em uma página estática é um processo de duas etapas: envie o template e diga ao WordPress, com um ajuste de código, para usar o template em uma página específica.

No Capítulo 10, você pode descobrir mais sobre a funcionalidade de menus personalizados do WordPress, incluindo como criar menus de navegação para seu site. Você pode criar um menu de links que inclui todas as páginas criadas no seu Painel WordPress, por exemplo, e exibir esse menu com a funcionalidade de menus da plataforma.

Enviando o template

Para usar um template de página, é preciso criar um. Você pode criar esse arquivo em um programa editor de texto, como Bloco de Notas ou Editor de Texto (para saber mais sobre como criar um template, leia o Capítulo 9, que oferece uma informação bem completa sobre os templates e temas do WordPress). Para criar uma página "Sobre", por exemplo, é preciso salvar o template com o nome `about.php`.

Para começo de conversa, a melhor forma de realizar essa etapa do processo é copiar o arquivo `page.php` do seu tema, renomear o arquivo para `about.php` e, em seguida, fazer suas edições (destacadas nesta seção) no novo arquivo `about.php`. Conforme você fica mais confiante e experiente quanto aos templates e temas do WordPress, você será capaz de criar esses arquivos do zero sem precisar copiar outros arquivos — ou você pode continuar copiando os arquivos. Por que reinventar a roda?

Para os fins deste capítulo, usarei o tema Twenty Twenty, que, no momento de escrita deste livro, era o tema padrão incluso em toda nova instalação do WordPress. A essa altura, você provavelmente já instalou o WordPress, então existem boas chances de que você já tenha o tema Twenty Twenty instalado.

Normalmente, quando pratico programação em um site, faço uso de um repositório de código com controle de versão para manter o backup automático dos meus arquivos de template. Essa prática me permite desfazer quaisquer alterações feitas nos arquivos de maneira fácil e rápida, se eu precisar corrigir algum erro ou alteração feita. O uso de um repositório de código com controle de versão é um assunto que rende outro livro inteiro. (Minha recomendação é *Professional Git*, de Brent Laster, publicado pela Wrox Publishing e ainda sem tradução no Brasil.) Para os propósitos dos exercícios de programação deste livro, você vai baixar, editar e reenviar os arquivos por SFTP, então recomendo fortemente que mantenha uma cópia dos arquivos em uma pasta diferente do seu computador. Dessa forma, você pode restaurar os arquivos originais para o seu servidor web se necessário.

Quando criar seu template, siga os próximos passos para torná-lo parte do WordPress:

1. **Envie o arquivo de template para a pasta de temas do WordPress.**

Você encontrará essa pasta dentro do seu servidor web, em `/wp-content/themes`. (Veja o Capítulo 3 para saber mais sobre o SFTP.)

2. **Faça login em seu Painel WordPress e clique no link Editor, no menu Aparência.**

Isso abrirá a tela Editar Temas.

3. **Clique no link do template `about.php` localizado no lado direito da página.**

4. **Insira a tag Template Name diretamente acima da tag de template `get_header()`.**

A tag header se parecerá com isso:

```
get_header(); ?>
```

Se você estiver criando uma página "Sobre", o código para criar a tag Template Name será assim:

```
<?php
/*
Template Name: Sobre
*/
get_header();
?>
```

5. **Clique no botão Atualizar Arquivo.**

O arquivo será salvo e a página atualizada. Se tiver criado um template de página "Sobre", o template `about.php` agora será chamado de "Página Sobre" na lista de template do lado direito da página.

A Figura 12-1 mostra o template Page e exibe o código necessário para definir um nome específico para o template.

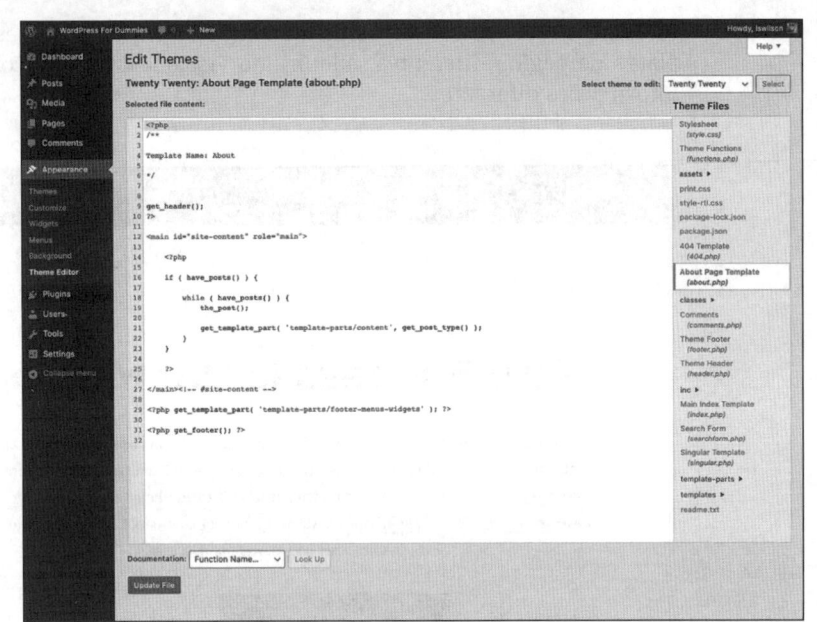

Atribuindo o template a uma página estática

Após criar e nomear seu template, atribua o template a uma página seguindo estes passos:

1. **Clique no link Adicionar Novo no menu Páginas do Painel.**

Isso abrirá a tela Adicionar Nova Página, permitindo que você adicione uma nova página ao seu site.

2. **Digite o título na caixa de texto Título e o conteúdo da página na caixa de texto maior.**

3. **Escolha o template da página a partir do menu suspenso Template.**

Por padrão, o menu suspenso Template, no módulo Atributos de Página, aparecerá do lado direito da página.

4. **Clique no botão Publicar para salvar e publicar a página em seu site.**

A Figura 12-2 mostra o layout da página inicial do site da minha empresa, `https://webdevstudios.com`, e a informação contida nela. A Figura 12-3 mostra o layout e informações contidos na página Equipe [Team], em `https://webdevstudios.com/about/team`. Ambas as páginas estão no mesmo site e na mesma instalação do WordPress, mas têm templates de página diferentes, adquirindo visuais, layouts e conjuntos de informações diferentes.

FIGURA 12-2: Página inicial da empresa da Lisa, WebDev Studios. com.

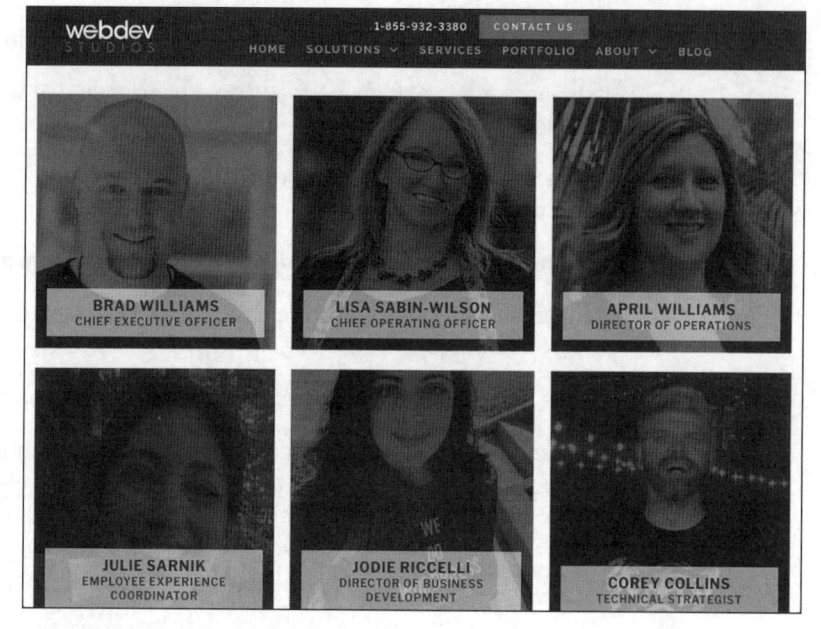

FIGURA 12-3: A página Team no site da WebDev Studios. com.

Criando um Template para Cada Categoria de Post

Você não precisa se limitar a criar um template de página estática para seu site. É possível utilizar templates específicos para as categorias criadas em seu blog (as quais menciono melhor no Capítulo 5), criando seções únicas para seu site.

A Figura 12-4 mostra o portfólio de design da minha empresa. Você pode criar uma página assim ao usar a categoria Portfólio no WordPress. Em vez de usar uma página estática para a exibição do portfólio, você pode usar um template de categoria para lidar com a exibição de todos os posts feitos dentro dessa categoria.

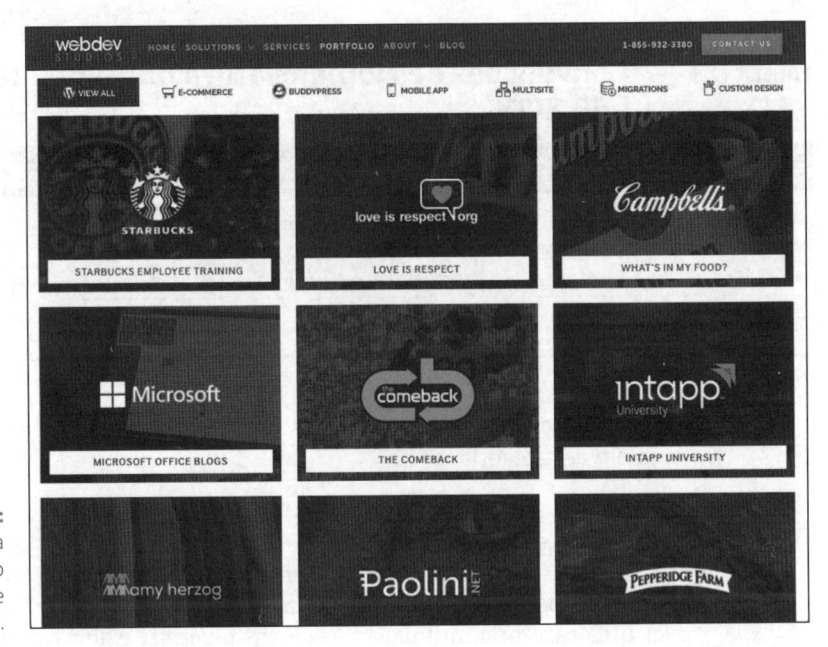

FIGURA 12-4: Uma página de portfólio em um site WordPress.

Você pode criar templates de categoria para todas as categorias em seu site simplesmente criando arquivos de template com nomes de arquivo que correspondam ao slug da categoria e, em seguida, enviando esses arquivos para a pasta `themes` da sua instalação do WordPress via SFTP (veja o Capítulo 3). Veja a lógica por trás da criação de templates de categoria:

» Um template com o nome `category.php` é um template genérico para a exibição de categorias.

» Adicione um traço e o slug da categoria ao final do nome do arquivo (como mostra a Tabela 12-1) para especificar um template de uma categoria individual.

» Se você não tiver um arquivo `category.php` ou `category-slug.php`, a exibição de categoria será definida a partir do template Main Index (`index.php`).

TABELA 12-1 ## Convenções de Nomenclatura do Template Category

Se o Slug da Categoria For...	O Nome de Arquivo do Template Category Será...
`portfolio`	`category-portfolio.php`
`books`	`category-books.php`
`music-i-like`	`category-music-i-like.php`

A Tabela 12-1 mostra três exemplos dos requisitos de nomenclatura do template de categoria.

O WordPress possibilita extrair tipos bem específicos de conteúdo do seu site por meio do uso da classe `WP_Query`. Se você incluir a `WP_Query` antes do Loop (veja o Capítulo 9 para saber mais sobre o Loop), o WordPress o permitirá especificar de qual categoria você deseja extrair a informação. Se tiver uma categoria intitulada WordPress e desejar exibir os últimos três posts dessa categoria — na sua página frontal, na barra lateral e em algum outro lugar do site —, então você pode usar essa classe.

PAPO DE ESPECIALISTA

A classe `WP_Query` aceita diversos parâmetros para que você exiba diferentes tipos de conteúdo, como posts em categorias específicas, conteúdo de páginas/posts específicos ou datas nos arquivos do seu blog. A classe `WP_Query` permite que você passe tantas variáveis e parâmetros que não posso listar todos aqui. No entanto, você pode visitar o WordPress Codex para ler sobre as opções disponíveis nessa classe: `https://developer.WordPress.org/reference/classes/wp_query`.

Aqui estão dois parâmetros que você pode usar com a classe `WP_Query`:

» `posts_per_page=X`: Esse parâmetro diz ao WordPress quantos posts você deseja exibir. Se quiser exibir apenas três posts, insira **posts_per_page=3**.

» `category_name=slug`: Esse parâmetro diz ao WordPress que você deseja extrair posts de uma categoria com um slug específico. Se quiser exibir posts da categoria WordPress, insira **category_name=WordPress**.

O trecho de código a seguir pode ser usado em qualquer template de tema para exibir posts de uma única categoria em qualquer lugar do site. Este trecho usa a classe `WP_Query` para fazer uma query que extrai conteúdos de posts em uma categoria intitulada `WordPress`. Com a inserção deste trecho, seu site exibirá o título do post com um hyperlink para o URL do post e cercado pelas tags HTML `<p>` . `</p>` para formatar o conteúdo. Usando técnicas mencionadas no Capítulo 10 a respeito do CSS na personalização de estilo das tags HTMLs, é possível criar um visual único para esses posts. Pode ser preciso alterar a porção `WordPress` do trecho a seguir caso queira extrair conteúdo de uma outra categoria do seu site.

```php
<?php
$args = array( 'category_name' => 'WordPress' );
$query = new WP_Query( $args );
 if( $query->have_posts() ) :
 while( $query->have_posts() ) :
  $query->the_post(); {
   echo '<p><a href="';
   echo the_permalink();
   echo '">';
   echo the_title();
   echo '</a></p>';
  }
 endwhile; endif;
?>
```

PAPO DE ESPECIALISTA

Nas versões antigas do WordPress, as pessoas usavam a função `query_posts()`; para extrair conteúdo de uma categoria específica, mas a classe `WP_Query` é mais eficiente. Embora a função `query_posts()`; forneça o mesmo resultado, ela também aumenta o número de chamadas ao banco e dados, além de aumentar o carregamento da página e a carga nos recursos do servidor, então, por favor, não use a função `query_posts()`; (não importa o que você tenha lido na internet!).

Usando Templates Sidebar

Você pode criar templates de barras laterais separados para diferentes páginas do seu site com uma declaração include. Quando você escreve uma declaração include, está dizendo ao WordPress simplesmente que você deseja incluir um arquivo específico em uma página específica.

O código que insere o template Sidebar comum (sidebar.php) em todos os outros templates, como o Main Index (index.php), se parece com este:

```
<?php get_sidebar(); ?>
```

E se você criar uma página e desejar usar uma barra lateral com um conteúdo diferente daquele que você já incluiu no template Sidebar (sidebar.php)? Você pode fazer isso seguindo os passos a seguir para criar um novo template Sidebar e incluí-lo em qualquer arquivo de template:

1. **Crie um novo template de barra lateral em um editor de texto, como o Bloco de Notas ou Editor de Texto.**

Veja o Capítulo 9 para obter mais informações sobre tags de templates e temas. Minha recomendação é copiar um arquivo sidebar.php existente no seu tema atual e renomeá-lo.

2. **Salve o arquivo como sidebar2.php.**

No Bloco de Notas (ou Editor de Texto para o Mac), escolha Arquivo ⇨ Salvar. Quando o programa perguntar o nome do arquivo, digite **sidebar2.php** e clique em Salvar.

3. **Envie o arquivo sidebar2.php para a pasta Themes do seu servidor web.**

Veja o Capítulo 3 para obter mais informações a respeito do SFTP, e veja o Capítulo 9 para saber como localizar a pasta Themes.

Agora, o template estará na sua lista de arquivos de tema na tela Editar Temas. (Faça login no seu Painel WordPress e clique no link editor dentro do menu Aparência.)

4. **Para incluir o template sidebar2.php em um dos seus templates de página, substitua o código <?php get_sidebar(); /> pelo código a seguir:**

```
<?php get_template_part( 'sidebar2' ); ?>
```

Esse código chama, dentro do seu tema, um template criado por você.

DICA

Ao usar a função `get_template_part`, você pode incluir praticamente qualquer arquivo em qualquer template do WordPress. É possível usar esse método para criar templates de rodapés para páginas do seu site, por exemplo. Primeiro, crie um novo template com o nome de arquivo `footer2.php`. Em seguida, localize o seguinte código no seu template:

```
<?php get_footer(); ?>
```

e substitua-o pelo código a seguir:

```
<?php get_template_part( 'footer2' ); ?>
```

PAPO DE ESPECIALISTA

Não há um tema do WordPress que seja igual ao outro, então você descobrirá que um tema pode ter um template Sidebar (`sidebar.php`) na pasta principal da sua pasta de temas. Da mesma forma, outro tema pode colocar seu template Sidebar em uma pasta intitulada `/includes` ou `/content`. O tema padrão Twenty Twenty, por exemplo, nem sequer usa um template Sidebar, embora um tema padrão de uma versão anterior do WordPress, Twenty Seventeen, tivesse um template Sidebar na pasta principal da pasta do tema. Cada tema será diferente e terá um método diferente de estruturar o diretório de arquivos, então pode ser necessário procurar um pouco até descobrir os mistérios do tema com o qual você está trabalhando. Ou você pode visitar o Capítulo 9 para descobrir como criar seu próprio tema do zero.

Criando Estilos Personalizados para Posts Fixados, Categorias e Tags

No Capítulo 9, você pode encontrar o método para reunir um tema WordPress básico que inclui um template Main Index fazendo uso do Loop. Você pode usar uma tag personalizada para exibir estilos personalizados para posts fixados, categorias e tags no seu blog. Essa tag especial é mais ou menos assim:

```
<article id="post-<?php the_ID(); ?>" <?php post_class(); ?>
>
```

A seção `post_class()` é a parte mais legal do template. Essa tag de template diz ao WordPress para inserir uma marcação HTML específica no seu template que permita o uso de CSS para criar estilos personalizados para posts fixados, categorias e tags.

LEMBRE-SE

No Capítulo 5, falo tudo sobre como publicar novos posts em seu site, incluindo as opções que você pode escolher para seus posts, como categorias, tags e configurações de publicação. Uma dessas configurações é a opção de fixar um post na página inicial do blog. Neste capítulo, mostro como criar um estilo personalizado para esses posts. O processo não é tão confuso quanto parece!

Suponha que você tenha publicado um post com as seguintes configurações:

- » Fixar este post à página inicial.

- » Arquivar este post na categoria WordPress.

- » Marcar este post com a tag Notícias [News].

Quando a tag `post_class()` está no template, o WordPress insere uma marcação HTML que o permitirá usar CSS para estilizar *posts fixados* [*sticky posts*] — que nada mais são senão posts com a maior prioridade de exibição — de maneira diferente do resto dos seus posts. O WordPress insere a seguinte marcação HTML:

```
<article class="post sticky category-WordPress tag-news">
```

No Capítulo 10, você pode ler mais sobre seletores CSS e marcação HTML, além de como as duas coisas trabalham juntas para criar o estilo e formatação do seu tema WordPress. Com a tag `post_class()` no seu devido lugar, você pode ir ao arquivo CSS (`style.css`) do seu tema e definir os estilos para os seguintes seletores CSS:

- » `.post`: Use essa tag como um estilo genérico para todos os posts do seu site. O código CSS para essa tag é

    ```
    .post {
    background: #ffffff;
    border: 1px solid silver;
    padding: 10px;
    }
    ```

    Um estilo será criado para todos os posts com um fundo branco, uma fina borda prata e dez pixels de preenchimento (ou *padding*) entre o texto do post e as bordas.

- » `.sticky`: Você fixa um post em sua página inicial para chamar a atenção para esse post, então pode ser uma boa ideia usar um estilo CSS diferenciado para que ele se destaque dos outros conteúdos do seu site:

    ```
    .sticky {
    background: #ffffff;
    border: 4px solid red;
    padding: 10px;
    }
    ```

Esse estilo CSS cria um estilo para todos os posts designados como fixos no painel de configurações da página Editar Post, fazendo com que apareçam no seu site com um fundo branco, uma borda grossa vermelha e 10 pixels de padding entre o texto e a borda do post.

» `.category-wordpress`: Visto que escrevo sobre o WordPress no meu blog, os meus leitores podem gostar de ter uma dica visual para quando os posts publicados forem desse assunto. Posso fazer isso com o CSS, pedindo para que o WordPress exiba um pequeno ícone da plataforma no canto superior direito de todos os meus posts na categoria WordPress.

```
.category-wordpress {
  background: url(wordpress-icon.jpg) top right no-
  repeat;
  height: 100px;
  width: 100px;
}
```

Esse estilo CSS insere um gráfico — `wordpress-icon.jpg` — com cem pixels de altura e cem pixels de largura no canto superior direito de todo post que eu atribuo à categoria WordPress do meu site.

» `.tag-news`: Posso estilizar todos os posts com a tag News do mesmo jeito que fiz com a categoria WordPress:

```
.tag-news {
  background: #f2f2f2;
  border: 1px solid black;
  padding: 10px;
}
```

Esse estilo CSS faz com que todos os posts na categoria de Notícias [News] tenham um fundo cinza-claro e uma borda fina de cor preta, com 10 pixels de padding entre o conteúdo do post e a borda.

Você pode usar de maneira muito simples a tag `post-class()` em conjunto com o CSS para criar estilos dinâmicos para os posts do seu site!

Trabalhando com Tipos Personalizados de Posts

Os tipos personalizados de posts, assim como as taxonomias personalizadas, têm expandido as capacidades do WordPress como um CMS e provavelmente se tornarão parte importante das funcionalidades de plugins e temas conforme os desenvolvedores passam a se familiarizar com seus usos. Os *tipos personalizados de posts* permitem que você crie novos tipos de conteúdo separados dos posts e páginas, como análises de filmes ou receitas. As *taxonomias personalizadas* permitem que você crie novos tipos de grupos de conteúdo separados das categorias e tags, como gêneros para as análises dos filmes ou estações para as receitas.

Os posts e páginas são ótimos *contêineres* genéricos de conteúdo. Uma *página* é um conteúdo atemporal com uma estrutura hierárquica; uma página pode ter uma página mãe (formando uma estrutura de páginas aninhada, ou hierárquica). Um *post* é um conteúdo listado em ordem linear (e não hierárquica) com base na data da sua publicação e organizado em categorias e tags. O que acontece quando desejamos criar um híbrido entre essas duas funcionalidades? E se você deseja um conteúdo que não apareça nas listagens de posts nem que tenha categorias ou tags, mas que exiba a data de publicação? Os tipos de posts personalizados foram criados para satisfazer o desejo de personalizar tipos de conteúdo.

Por padrão, o WordPress tem diferentes tipos de posts embutidos no software, prontos para o uso. Entre os tipos padrão de post, temos:

> » Posts de blog
> » Páginas
> » Menus
> » Anexos
> » Revisões

Tipos personalizados de posts oferecem a habilidade de criar tipos novos e úteis de conteúdo para o site, incluindo uma forma inteligente e fácil de publicar esses tipos de conteúdo no seu site.

As possibilidades para o uso dos tipos personalizados de posts são infinitas. Para atiçar um pouco sua imaginação, veja algumas das ideias mais populares e úteis que alguns desenvolvedores têm implementado em seus sites:

> » Galeria de fotos
> » Podcast ou vídeo
> » Análises de livros
> » Cupons e ofertas especiais
> » Calendários de eventos

Para criar e usar os tipos personalizados de posts no seu site, é importante se certificar de que seu tema contém o código e as funções adequadas. Nos passos a seguir, crio um tipo personalizado de post básico com o nome de Conteúdo Genérico [Generic Content]. Siga estes passos para criá-lo:

1. **Faça login no seu servidor web via SFTP.**

   Para saber como se conectar ao seu site via SFTP, veja o Capítulo 3.

2. **Navegue até a pasta do tema Twenty Twenty.**

   No seu servidor web, essa pasta ficará em `/wp-content/themes/twentytwenty/`.

3. **Encontre o arquivo de template `functions.php`.**

4. **Baixe o arquivo de template `functions.php` para o seu computador.**

5. **Abra o arquivo `functions.php` em um editor de textos.**

   Use o Bloco de Notas se usar Windows ou o Editor de Texto se usar um Mac.

6. **Adicione o código do tipo personalizado de post abaixo da seguinte linha de código:**

```
function twentytwenty_theme_support() {.
```

   Para adicionar um tipo personalizado de post com o nome Generic Content, insira:

```
// Adiciona o tipo personalizado de post Generic
Content
add_action( 'init', 'create_my_post_types' );
 function create_my_post_types() {
  register_post_type( 'generic_content', array(
   'label' => ( 'Generic Content' ),
   'singular_label' => ( 'Generic Content' ),
   'description' => ( 'Description of Generic Content
type' ),
   'public' => true,
  )
 );
}
```

7. **Salve o arquivo Functions e envie-o de volta ao seu servidor web.**

A Figura 12-5 mostra o Painel WordPress com um novo item de menu no menu à esquerda; abaixo do link Comentários, você encontrará um link com o nome Generic Content. Esse link é a amostra de tipo personalizado de post que você adicionou ao seu site nos passos anteriores. Com isso, é possível confirmar que o tipo personalizado de post foi registrado com sucesso e está pronto para ser usado.

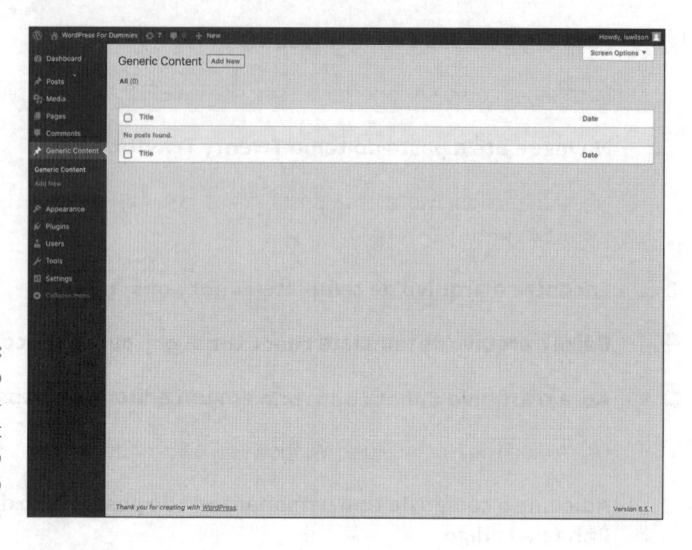

FIGURA 12-5:
O novo tipo personalizado de post intitulado Conteúdo Genérico.

PAPO DE ESPECIALISTA

A função `register_post_type` pode aceitar diversos argumentos e parâmetros (os quais você pode conferir na Tabela 12-2). É possível usar uma série de combinações de argumentos e parâmetros para criar um tipo específico de post. Você pode ler mais a respeito dos tipos personalizados de post e do uso da função `register_post_type` no Codex do WordPress, que pode ser acessado em `https://developer.wordpress.org/reference/functions/register_post_type`.

TABELA 12-2   ## Argumentos e Parâmetros para a Função register_post_type();

Parâmetro	Informação	Padrão	Exemplo
`label`	O nome do tipo do post.	Nenhum	`'label' => __( 'Generic Content' ),`
`description`	A descrição do tipo de post, exibida no Painel para representar o tipo.	Nenhum	`'description' => __( 'Esta é uma descrição do tipo Generic Content' ),`

Parâmetro	Informação	Padrão	Exemplo
`show_in_rest`	Determina se o tipo de post deve ser incluído no API REST. Este parâmetro deve ser definido como `true` para que o tipo de post em questão possa usar o Editor de Blocos.	Nenhum	`'show_in_rest' => true,`

`public`
 	
`show_ui`
 	
`publicly_queryable`
 	
`exclude_from_search`
	Marca o tipo como público ou não.
	
	Existem outros três argumentos:
	
	`show_ui`: Marca se deve exibir a tela do administrador ou não.
	
	`publicly_queryable`: Marca se esse tipo de post pode ser extraído do banco de dados a partir da frontend.
	
	`exclude_from_search`: Marca se esse tipo de post deve aparecer nos resultados de busca.
		`true` ou `false`
		
		O padrão é o valor do argumento public
			`'public' => true,`
			
			`'show_ui' => true,`
			
			`'publicly_queryable' => true,`
			
			`'exclude_from_search' => false,`

`menu_position`	Configura a posição do item de menu do tipo de post no menu de navegação do Painel.	Padrão: null Por padrão, o item de menu aparece após o menu Comentários do Painel Configure um integer em intervalos de 5 (5, 10, 15, 20 e assim por diante)	`'menu_position' => 25,`

(continua)

Parâmetro	Informação	Padrão	Exemplo
`menu_icon`	Define um ícone personalizado (gráfico) para o item de menu do tipo de post no menu de navegação do Painel. Cria e envia a imagem para a pasta images da pasta do seu tema.	Ícone de posts	`'menu_icon' => get_ stylesheet_ directory_ uri() . '/ images/generic -content.png',`
`hierarchical`	Diz ao WordPress se deve exibir a lista de conteúdo do tipo de post de forma hierárquica.	`true` ou `false` O padrão é `false`	`'hierarchical' => true,`
`query_var`	Controla se o tipo de post pode ser usado em uma variável query como query_posts ou `WP_ Query`.	`true` ou `false` O padrão é `true`	`'query_var' => true,`
`capability_ type`	Define permissões para que usuários editem, crie ou leiam o tipo personalizado de post.	`post` (padrão) Dá as mesmas permissões para os usuários que podem editar, criar e ler os posts de blog	`'query_var' => post,`
`supports`	Define quais meta boxes ou módulos estão disponíveis para esse tipo de post no Painel.	`title`: Caixa de texto para o título do post `editor`: Caixa de texto para o conteúdo do post `comments`: Caixa de seleção para ativar/desativar comentários `trackbacks`: Caixa de seleção para ativar/desativar trackbacks e pingbacks	`'supports' => array( 'title', 'editor', 'excerpt', 'custom- fields', 'thumbnail' ),`

Parâmetro	Informação	Padrão	Exemplo
		`revisions:` Permite revisões de post	
		`author:` Menu suspenso para definir autor do post	
		`excerpt:` Caixa de texto para trecho do post	
		`thumbnail:` Uma imagem em destaque selecionada	
		`custom-fields:` Área de campos personalizados	
		`page-attributes:` Menus suspensos da página pai do template da página	
		`post-formats:` Adiciona formatações de post	
`rewrite`	Reescreve a estrutura de links permanentes para o tipo de post	`true` ou `false` O padrão é `true` com o tipo de post como slug Dois outros argumentos estão disponíveis: `slug:` Slug de link permanente para ser usado nos seus tipos personalizados de post `with_front:` Caso tenha usado uma estrutura de link permanente com um prefixo específico, como `/blog`	`'rewrite' => array( 'slug' => 'my- content', 'with_ front' => false ),`

(continua)

(continuação)

Parâmetro	Informação	Padrão	Exemplo

`taxonomies`	Usa taxonomias existentes do WordPress (categorias e tags).	Category
		
		post_tag
			`'taxonomies'`
			`=> array(`
			`'post_tag',`
			`'category'),`

Após adicionar um tipo personalizado de post com o nome Generic Content no seu site, um novo tipo de post com o mesmo nome aparecerá no menu de navegação do Painel.

Você pode adicionar e publicar novos conteúdos usando o novo tipo personalizado de post, assim como você faz ao escrever e publicar posts ou páginas (veja o Capítulo 4). O conteúdo publicado não é adicionado à listagem cronológica dos posts. Em vez disso, ele é tratado como um conteúdo separado do seu blog (assim como as páginas estáticas).

Veja o link permanente do conteúdo publicado e perceberá que ele usa o nome Generic Content como parte de sua estrutura, criando um link permanente mais ou menos assim: `https://seudominio.com/generic-content/novo-artigo`.

DICA

Um plugin muito útil para a construção rápida de tipos personalizados de posts no WordPress é o Custom Post Type UI. Desenvolvido por minha equipe na WebDevStudios, esse plugin (`https://br.wordpress.org/plugins/custom-post-type-ui/`) oferece uma interface limpa dentro do seu Painel WordPress para ajudá-lo a criar os tipos personalizados de posts no seu site de forma fácil e rápida. Esse plugin elimina a necessidade de adicionar o código no arquivo `functions.php`, oferecendo as configurações necessárias para criar o tipo personalizado de post do jeito que preferir. A Figura 12-6 mostra a página de opções do Custom Post Type UI no Painel.

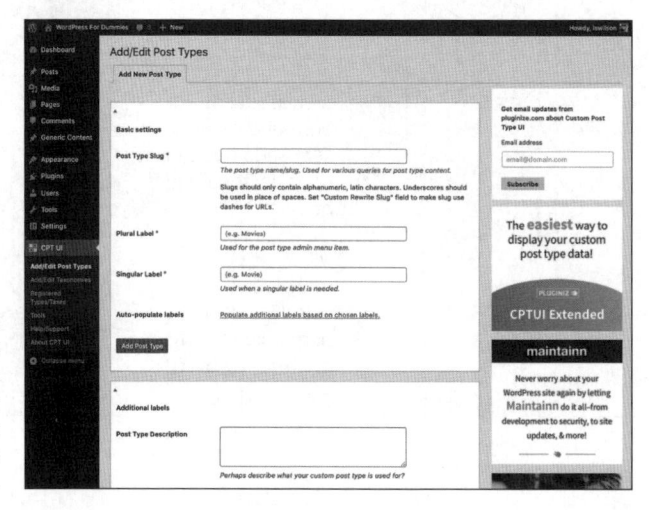

FIGURA 12-6: A página de opções do plugin Custom Post Type UI.

DICA

Para adicionar tipos personalizados de posts às opções de menu na página Menus que pode ser acessada do Painel (selecionando Aparência➪Menus), clique na aba Opções de Tela no canto superior direito dessa tela. Marque a caixa perto de Tipos de Post para ativar os tipos personalizados de posts nos menus que você criar (a opção Tipos de Post só aparecerá se o seu tema atualmente oferecer suporte aos tipos personalizados de posts).

Por padrão, um tipo personalizado de post usa o template `single.php` do seu tema, a menos que você crie um template específico para esse tipo de post. Pode ser que você pense que o template `single.php` acaba limitando demais o seu tipo de post, dependendo do conteúdo que deseja incluir e se deseja aplicar diferentes formatos e estilos com marcação HTML e CSS.

Anteriormente neste capítulo, na seção "Trabalhando com Tipos Personalizados de Posts", compartilhei com você o código para criar um post personalizado simples intitulado Generic Content. Após adicionar esse código, será possível visualizar o menu Generic Content no Painel WordPress. Escolha Generic Content➪Adicionar Novo e então publique um novo post com algum conteúdo apenas para fins de teste. Adicione um novo tipo Generic Content com o título `Teste` e uma breve descrição, por exemplo. Uma vez que esse tipo de post ainda não recebeu nenhum template específico, ele acaba usando o template `single.php`, o que faz com que a aparência do post não seja diferente dos seus posts comuns.

DICA

Caso você se depare com o aviso de página não encontrada ao tentar visitar uma nova entrada de um tipo personalizado de post, redefina suas configurações de links permanentes. Clique no link de Links Permanentes, no menu Configurações do Painel WordPress, e clique no botão Salvar Alterações. Essa ação fará com que o WordPress redefina os links permanentes, adicionando o formato ao link do novo tipo personalizado de post nesse processo.

Para criar um template especificamente para o tipo de post que intitulamos Generic Content, adicione um novo template `single-posttype.php`. (`posttype` é o primeiro argumento recebido pela função `register_post_type` da seção "Trabalhando com Tipos Personalizados de Posts"). Nesse exemplo, o arquivo de template específico para o tipo de post Generic Content é o `single-generic-content.php`. Quaisquer modificações feitas nesse arquivo só serão exibidas em instâncias do tipo de post Generic Content.

Adicionando Suporte às Taxonomias

Um dos engenheiros do meu trabalho faz a seguinte pergunta para cada candidato entrevistado para uma vaga de engenheiro: "Se você precisasse criar um sistema de classificação para um zoológico virtual, como organizaria o reino animal?"

Não existe resposta certa ou errada para essa pergunta, mas a resposta do candidato passa para o entrevistador parte do seu raciocínio no processo de arquitetura de dados. O candidato agruparia os animais por cores, por exemplo, ou por raça? Um candidato começou a agrupar os animais com base na localização deles dentro do zoológico; outro candidato decidiu agrupar de acordo com a espécie. Essas respostas fornecem um insight muito útil sobre como um candidato usaria o WordPress para categorizar dados complexos. No entanto, às vezes as categorias e tags embutidas não são suficientes para realizar uma tarefa complexa, como a arquitetura de um zoológico virtual.

Em um site em que o conteúdo sobre diferentes tipos de animais é publicado, o conteúdo do zoológico pode necessitar de novos tipos de taxonomias ou opções de agrupamento. Organizar os animais por cor, raça, espécie, localização no zoológico e tamanho permite que os visitantes vejam diferentes grupos de animais que podem interessá-los.

Para registrar essa nova taxonomia, use a função `register_taxonomy`. Adicionar o código a seguir ao final do arquivo `functions.php` do seu tema registrará a taxonomia Cor [Color] que você pode usar para categorizar os animais de acordo com a cor:

```
register_taxonomy( 'color', 'post', array(
  'label' => 'Color' )
);
```

Essa chamada de função dá à sua nova taxonomia personalizada o nome `color`, atribui a nova taxonomia aos posts e dá à taxonomia o rótulo de Color. Ao registrar a taxonomia, você verá um link para ela no menu Posts, dentro do Painel WordPress. Na Figura 12-7, é possível ver a tela da taxonomia Color, na qual é possível adicionar novos termos da mesma forma que você adiciona categorias na tela Categorias.

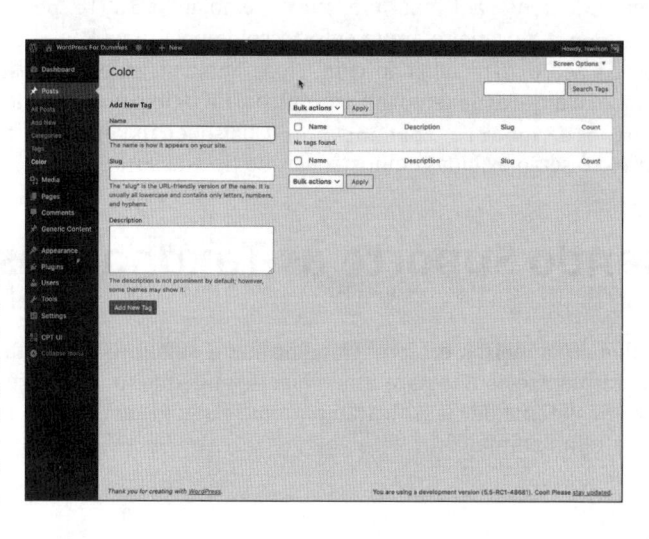

FIGURA 12-7:
Uma nova taxonomia intitulada Color que acabou de ser registrada no WordPress.

Adicionando Suporte às Miniaturas de Post

A funcionalidade do WordPress chamada de miniaturas de post, thumbnails ou imagens em destaque, resolve muito do trabalho que temos ao associar uma imagem com um post e usar o tamanho correto. Uma forma bastante popular de exibir conteúdo em temas do WordPress inclui a exibição de uma miniatura com um trecho do texto publicado. As miniaturas são consistentes dentro do seu tema, tanto em tamanho quanto em posicionamento.

Antes da inclusão de miniaturas de post no WordPress, os usuários precisavam abrir suas imagens em um programa editor de imagens (como o Adobe Photoshop), cortar e redimensionar as imagens para o tamanho adequado. Outra opção na época era fazer uso de scripts complicados (que normalmente costumam consumir muitos recursos dos servidores web) para redimensionar as imagens instantaneamente. Nenhuma dessas soluções é a mais adequada. Que tal usar um CMS capaz de cortar e redimensionar suas imagens para as dimensões exatas que forem especificadas? Sim, o WordPress consegue fazer tudo isso com apenas alguns ajustes.

Por padrão, ao enviar uma imagem para o WordPress, o software cria três versões dessa imagem com base nas dimensões configuradas na página Configurações de Mídia do Painel (escolha Configurações ⇨ Mídia):

» **Tamanho de miniatura:** Dimensões padrões são de 150px × 150px.

» **Tamanho Médio:** Dimensões padrões são de 300px × 300px.

» **Tamanho Grande:** Dimensões padrões são de 1024px × 1024px.

Portanto, ao enviar uma imagem, você fica com quatro tamanhos da imagem armazenados no seu servidor web: miniatura, tamanho médio, grande e a imagem original enviada. As imagens são cortadas e redimensionadas de forma proporcional e, quando decidir usá-las em seus posts, geralmente poderá escolher o tamanho que será usado nas opções de imagem do Bloco de Imagem, no Editor de Blocos do WordPress. (Veja o Capítulo 6 para obter mais detalhes sobre o envio de imagens no WordPress.)

Dentro do painel de configurações para um determinado post, você pode designar uma imagem específica como a imagem em destaque do post e, em seguida, usando a função de imagem em destaque que você adicionou ao tema, incluir tags de template para exibir sua imagem junto com o post. Essa técnica é útil para criar os temas com estilo de revista — ou jornal — que são bem populares nos sites WordPress. A Figura 12-8 mostra miniaturas de posts e imagens em destaque no blog do site da minha empresa, que pode ser acessado em `https://webdevstudios.com/blog`.

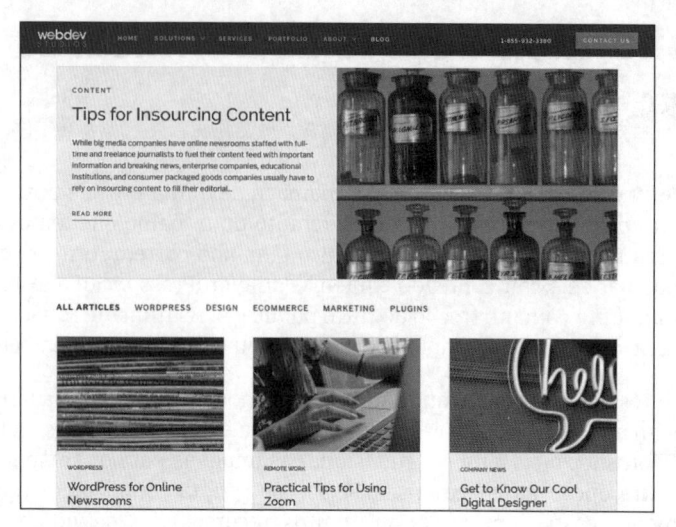

FIGURA 12-8:
Miniaturas
de posts em
uso no URL
`https://
webdev
studios.
com/blog`.

No Capítulo 6, falo sobre os tamanhos padrões de imagens que são configurados na página Configurações de Mídia do Painel.

Adicionando as miniaturas de posts a um tema

A adição de suporte para as miniaturas de posts inclui uma única linha de código ao arquivo functions (`functions.php`) do seu tema:

```
add_theme_support( 'post-thumbnails' );
```

DICA

Muitos temas, incluindo os temas padrões que estão disponíveis com a instalação inicial do WordPress, já oferecem suporte para as miniaturas de temas. Se o tema que você estiver usando (ou criando) não oferecer esse suporte, é possível adicioná-lo com a linha de código exibida anteriormente.

Depois de adicionar essa linha de código ao arquivo de template Functions, você poderá usar a funcionalidade de miniaturas de post em seus posts. É possível designar imagens em destaque na seção Imagem em Destaque do painel de configurações, na tela Editar Post.

Após adicionar as imagens em destaque ao seu post, certifique-se de adicionar a tag correta no(s) seu(s) template(s) para que a imagem seja exibida na área desejada. Abra o template `index.php` e adicione a seguinte linha de código para incluir a versão em miniatura da imagem em destaque escolhida para seus posts:

```
<?php if ( has_post_thumbnail() ) { the_post_thumbnail(
'thumbnail' ); } ?>
```

A primeira parte dessa linha de código (`if ( has_post_thumbnail())`) verifica se uma imagem em destaque está associada ao post. Em caso afirmativo, a imagem será anexada ao post. A segunda parte desse código (`the_post_thumbnail('thumbnail')`) exibe a versão em miniatura da imagem. Se não existir uma imagem em destaque associada ao post, então a segunda parte do código será ignorada e nada acontecerá. Você também pode incluir os outros tamanhos padrões configurados na tela Configurações de Mídia do Painel (tamanho médio, grande e original) usando as seguintes tags:

```
<?php if ( has_post_thumbnail() ) { the_post_thumbnail(
'medium' ); } ?>
<?php if ( has_post_thumbnail() ) { the_post_thumbnail(
'large' ); } ?>
<?php if ( has_post_thumbnail() ) { the_post_thumbnail(
'full' ); } ?>
```

Adicionando tamanhos personalizados de imagens para as miniaturas de posts

Se os tamanhos de imagem padrões predefinidos (miniatura, tamanho médio, grande e original) não o satisfazem e você deseja exibir imagens em dimensões diferentes, o WordPress torna relativamente fácil a tarefa de expandir a funcionalidade do recurso de miniatura de post com a definição de tamanhos personalizados de imagens no arquivo de template Functions. Feito isso, você usa a função `the_post_thumbnail` para exibir essas imagens em seu tema.

Não há um limite para quantos tamanhos você pode usar. O exemplo a seguir mostra como adicionar um novo tamanho de imagem de 600px × 300px. Adicione a seguinte linha ao seu arquivo de template Functions (`functions.php`), logo abaixo da função `add_theme_support( 'post-thumbnails' )`:

```
add_image_size( 'custom', 600, 300, true );
```

Esse código diz ao WordPress para criar uma versão adicional das imagens que você envia e cortá-las nas dimensões 600px × 300px. Perceba os quatro parâmetros da função `add_image_size`:

» **Nome** (`$name`): Esse parâmetro fornece um nome único para a imagem que você pode usar mais tarde na sua tag de template. O tamanho da imagem, neste exemplo, usa o nome `'custom'`.

» **Largura** (`$width`): Fornece ao tamanho da imagem um valor de largura. No exemplo demonstrado, a largura é `600`.

» **Altura** (`$height`): Fornece ao tamanho de imagem um valor para a altura. No exemplo, o valor de altura é `300`.

> » **Cortar** (`$crop`): Diz ao WordPress se ele deve, ou não, cortar a imagem nas dimensões exatas ou redimensionar a imagem de forma proporcional. Em vez de cortar nas dimensões exatas, o WordPress corrige as dimensões automaticamente com base na largura das configurações da miniatura. Os argumentos aceitos são `true` e `false`. No exemplo, a configuração de corte está marcada como `true`.

Adicionar um tamanho de imagem personalizado ao seu template para exibir a imagem que você designou como imagem em destaque é a mesma coisa que adicionar tamanhos padrões de imagem. A única diferença é que o nome da imagem é definido entre os parênteses da tag de template. Para adicionar um tamanho personalizado de imagem, use a seguinte tag:

```
<?php if ( has_post_thumbnail() ) { the_post_thumbnail(
'custom' ); ?>.
```

Otimizando Seu Site WordPress

A otimização para mecanismos de busca (SEO, na sigla em inglês) é a prática de preparar seu site para que os mecanismos de busca tenham facilidade em navegar pelo seu site e registrar seus dados no sistema, fazendo com que seu site obtenha a melhor classificação possível nas pesquisas. Essa seção oferece uma rápida introdução às práticas de SEO com o WordPress.

Se você pesquisar pelas palavras-chave *WordPress website design and development* no Google, o site da minha empresa WebDevStudios aparecerá entre os dez primeiros resultados (ou pelo menos era o que acontecia ao fazer essa pesquisa no momento em que este livro foi escrito). Esses resultados podem mudar de um dia para o outro, então, quando você estiver lendo este livro, alguém pode ter ocupado essa posição. A realidade de buscar esses resultados de alta classificação é que você os alcançará hoje e os perderá amanhã. O objetivo do SEO é garantir que seu site tenha a maior classificação possível dentro das palavras-chave que você acredita que as pessoas usarão para encontrar seu site. Após obter essas posições, o próximo objetivo é se manter nelas.

O WordPress está equipado para criar um ambiente amigável para mecanismos de busca, dando a eles uma navegação simples por seus arquivos, categorias e páginas. O WordPress fornece esse ambiente por meio de uma base de código limpa, conteúdo facilmente atualizado pela interface da plataforma e uma estrutura confiável de navegação.

Para expandir ainda mais as práticas de SEO, você pode ajustar cinco elementos dos seus posts, páginas e templates:

» **Links permanentes personalizados:** Use links permanentes personalizados no lugar dos links permanentes padrão. Assim, você preencherá os URLs de posts e páginas com palavras-chave valiosas. Veja o Capítulo 5 para saber mais sobre os links permanentes do WordPress.

» **Títulos de posts e páginas:** Crie títulos descritivos para seus posts e páginas, fornecendo boas palavras-chave em seu site.

» **Texto:** Preencha seus posts e páginas com palavras-chave para que sejam encontradas e indexadas pelos mecanismos de busca. Manter seu site atualizado com texto e frases descritivas ajuda os mecanismos de busca a encontrarem as palavras-chave que devem ser associadas ao seu site.

» **Nomes de categoria:** Use nomes descritivos para as categorias que você cria no WordPress para colocar boas palavras-chave no URL dessas páginas de categoria caso você use os links permanentes personalizados.

» **Imagens e tags `<ALT>`:** Coloque tags `<ALT>` em suas imagens para defini-las e descrevê-las melhor. Você pode fazer isso facilmente com o campo de descrição que pode ser preenchido ao enviar uma nova imagem para seu site WordPress.

Plantando palavras-chave em seu site

Se estiver interessado em melhorar a classificação do seu site nos mecanismos de busca, use links permanentes personalizados. Dessa forma, você estará inserindo de forma automática palavras-chave nos URLs dos seus posts e páginas, permitindo que os mecanismos de busca incluam esses posts e páginas em seus bancos de dado de informação a respeito desses assuntos. Se você tiver contratado um provedor com suporte ao módulo `mod_rewrite`, então poderá usar a estrutura personalizada de link permanente no seu site WordPress.

As palavras-chave são o primeiro passo na sua jornada para bons resultados nos mecanismos de busca. Esses mecanismos dependem das palavras-chave, e as pessoas usam essas palavras-chave ao procurar conteúdo.

A estrutura de links permanentes padrão do WordPress é bem feia. Quando você observa o link permanente padrão de qualquer post, verá um URL mais ou menos assim:

```
http://seudominio.com/p?=105
```

Esse URL não contém nenhuma palavra-chave de valor. Ao mudar essa estrutura para uma estrutura personalizada, os URLs dos seus posts incluirão automaticamente o título dos posts, fornecendo palavras-chave aos mecanismos de busca. Um link permanente personalizado pode ter o seguinte formato:

```
http://seudominio.com/2020/12/01/titulo-do-post
```

Explico detalhadamente como configurar e usar links permanentes personalizados no Capítulo 4.

Otimizando os títulos de posts para os mecanismos de busca

A otimização dos mecanismos de busca não depende completamente de como você configura o site. Isso é algo que também depende de você, o dono, e de como seu conteúdo é apresentado.

Você pode apresentar seu conteúdo de forma que permita uma fácil catalogação do seu site por parte dos mecanismos de busca, definindo títulos aos posts e páginas que façam sentido e passem bem a ideia do conteúdo apresentado. Caso esteja fazendo um post sobre determinado assunto, tenha a certeza de que o título do post contém pelo menos uma ou duas palavras-chave sobre o assunto em questão. Essa prática dá aos mecanismos de busca ainda mais munição para listar seu site em pesquisas relevantes.

LEMBRE-SE

Conforme a presença do seu site em mecanismos de pesquisa aumenta, mais pessoas o encontrarão e, com isso, você terá um maior número de leitores.

Um post com o título "Um Livro que Estou Lendo" não diz para ninguém *qual* livro está sendo lido, dificultando a pesquisa das pessoas que pesquisarem sobre o livro em questão. No entanto, ao intitular o post de *WordPress Para Leigos: Minha Análise,* você fornece palavras-chave logo no título, e (caso esteja usando links permanentes personalizados) o WordPress automaticamente as insere no URL, dando aos mecanismos de busca uma oportunidade tripla de obter palavras-chave:

» Palavras-chave no título do post.

» Palavras-chave no URL do post.

» Palavras-chave no conteúdo do post.

Escrevendo o conteúdo e pensando nos leitores

Para se certificar de que seu conteúdo aparecerá na primeira página dos resultados de busca, facilitando que as pessoas encontrem seu site, será preciso pensar nessas pessoas na hora de redigir o conteúdo.

Quando os mecanismos de busca visitam seu site e vasculham seu conteúdo, eles não veem o belo design que foi feito. Eles procuram palavras que podem incluir em seus bancos de dados. Você, o dono do site, precisará se certificar de que seus posts e páginas usam as palavras e frases que deseja incluir nesses mecanismos.

Se o seu post é sobre uma receita de tomates verdes fritos, por exemplo, você precisa adicionar uma palavra-chave ou frase que você imagina que as pessoas usarão ao pesquisar o assunto. Se você acha que as pessoas pesquisariam *receita de tomates verdes fritos*, então pode ser interessante incluir essa frase no conteúdo e no título do post.

O título "Uma Receita que Gosto" não vai ser tão eficaz quanto "Receita de Tomates Verdes Fritos". A inclusão de um título claro e específico no seu post ou no conteúdo da página dá aos mecanismos de busca duas fontes de palavras-chave para se divertirem.

Criando categorias que atraem mecanismos de busca

Uma dica pouco conhecida de SEO para usuários do WordPress: os nomes que você dá às categorias do seu site fornecem palavras-chave muito interessantes e que podem atrair mecanismos de busca como o mel atrai as abelhas. Os mecanismos de busca também enxergam suas categorias como palavras-chave relevantes para o conteúdo do seu site. Certifique-se de dar às suas categorias nomes relevantes para o conteúdo fornecido.

Se de vez em quando você escreve sobre suas receitas favoritas, pode facilitar o trabalho dos mecanismos de busca criando uma categoria específica para as receitas sobre as quais escreve. Em vez de uma categoria geral chamada Receitas Favoritas, você pode ter vários nomes de categorias que correspondam aos tipos de receita: Cozidos, Sobremesas, Carnes e Frango, por exemplo.

LEMBRE-SE

A criação de títulos específicos de categoria não só ajuda os mecanismos de busca como também ajuda seus leitores a descobrir conteúdo relacionado aos assuntos que os interessam.

Você também pode ter uma categoria com o nome Receitas Favoritas e criar subcategorias (também conhecidas como *categorias filhas*) que dão alguns detalhes a mais sobre os tipos de receitas que você escreveu (o Capítulo 5 oferece mais detalhes sobre a criação de categorias e subcategorias).

As categorias usam a estrutura de link permanente personalizado, assim como os posts, então as categorias do WordPress também se tornam ferramentas de palavras-chave dentro do seu site para auxiliar o trabalho dos mecanismos de busca — e, em última análise, o trabalho dos usuários desses mecanismos — de encontrar o conteúdo. O uso de links permanentes personalizados cria URLs das páginas de categoria parecidas com o URL a seguir:

```
http://seudominio.com/categoria/nome_categoria
```

A porção `nome_categoria` desse URL coloca as palavras-chave nas mãos dos mecanismos de busca.

Usando a tag \<ALT\> para imagens

Ao usar a Biblioteca de Mídia do WordPress para enviar e editar imagens, a plataforma exibe um campo de texto chamado Texto ALT (ou texto alternativo). Use esse campo de texto para inserir uma descrição da imagem (falo mais sobre como enviar e inserir imagens em seus posts e páginas no Capítulo 6). O texto inserido nessa caixa se torna automaticamente aquilo que é conhecido como tag \<ALT\>.

O propósito do atributo \<ALT\> é fornecer uma descrição da imagem para leitores de tela para as pessoas com deficiências visuais. Em um navegador com base em texto e sem a exibição de imagens, por exemplo, os visitantes poderão ver a descrição, ou texto \<ALT\>, dizendo a eles qual imagem estaria naquele lugar se pudessem vê-la. Além disso, a tag ajuda as pessoas com problemas de visão e que dependem da tecnologia de leitura de tela, visto que esses leitores de tela costumam ler o texto \<ALT\> da imagem. Você pode saber mais sobre acessibilidade na internet no link a seguir: `https://www.w3.org/WAI/people-use-web`.

Um outro benefício das tags \<ALT\> é que os mecanismos de busca recebem dados dessas tags para classificar ainda mais o conteúdo do seu site. O seguinte código insere uma imagem com a tag \<ALT\> em negrito para demonstrar o que estou querendo dizer:

```
<img src="http://seudominio.com/image.jpg" alt="Esta é uma
tag ALT"/>
```

Os mecanismos de busca recebem essas tags \<ALT\> como palavras-chave. O WordPress oferece uma forma fácil de incluir essas tags sem se preocupar em inseri-las no código da imagem. Para isso, simplesmente preencha a caixa de texto de descrição antes de enviar a imagem e adicioná-la ao seu post. O Capítulo 6 fornece informações detalhadas sobre adicionar imagens ao conteúdo do seu site, incluindo como adicionar texto descritivo para a tag \<ALT\> e palavras-chave.

Um bom local para ler mais sobre o texto ALT para imagens é no seguinte link do Google: `https://support.google.com/webmasters/answer/114016?hl=en#descriptive-alt-text`.

NESTE CAPÍTULO

» **Decidindo se você deve usar múltiplos sites**

» **Explorando considerações a respeito da hospedagem web**

» **Habilitando as funcionalidades da Rede WordPress**

» **Gerenciando uma rede**

» **Afastando spammers e sploggers**

Capítulo **13**

Hospedando Múltiplos Sites com o WordPress

Neste capítulo, apresento o recurso de rede embutido no software WordPress. Esse recurso permite que você, o dono do site, adicione e mantenha diversos blogs com uma única instalação do WordPress. Aqui, você descobrirá como montar a rede e explorar as configurações, bem como entenderá melhor a função de administrador de rede e determinará qual será a configuração ideal para você (deseja usar subdiretórios ou sub-domínios?). Além disso, encontrará também ótimos recursos para ajudá-lo ao longo do caminho.

Com o recurso Multisite ativado, os usuários da sua rede podem administrar seus próprios sites dentro da sua instalação do WordPress. Todos terão acesso ao seu próprio Painel, com as mesmas opções e funcionalidades discutidas nos primeiros doze capítulos deste livro. Ora, provavelmente seria uma boa ideia comprar um exemplar deste livro para cada membro da sua rede para que todos possam se familiarizar com o Painel WordPress e suas funcionalidades. Tenha ao menos um exemplar sempre ao seu alcance, para que você possa emprestá-lo!

Decidindo Quando Usar o Recurso de Múltiplos Sites

Normalmente, para que diversos usuários publiquem em um único site, a instalação padrão do WordPress é suficiente. A palavra "múltiplos" do recurso de Múltiplos Sites do WordPress não se refere ao número de usuários adicionados ao site, mas à possibilidade de administrar múltiplos sites em uma única instalação do software. *Multisite* ou *Múltiplos Sites* é um nome que gera confusão, além de ser uma representação imprecisa do que o software faz. Definir o recurso como uma *rede de sites* é uma descrição muito mais precisa.

Para determinar se você precisa usar o recurso de múltiplos sites é preciso analisar o acesso de usuários e o histórico de publicação do seu site. Cada site na rede compartilha uma base de códigos e usuários, mas é uma unidade contida independentemente. Os usuários ainda têm acesso ao backend de seus respectivos sites para gerenciar as opções ou postar naquele site. Uma quantidade limitada de opções ainda está disponível ao longo de toda a rede, e a publicação não é uma dessas opções.

Você pode usar múltiplos sites em uma rede para dar a aparência de que existe apenas um único site. Usando o mesmo tema em cada um dos sites, o visitante nem sequer perceberá que são, na realidade, muitos sites. Esta técnica é uma boa forma de separar as seções de um site de revista, por exemplo, usando editores para edições independentes (sites), mas sem deixá-los acessar outras partes da rede ou o backend de outros sites.

Outro fator a considerar é o quão confortável você está em editar arquivos diretamente no servidor. Configurar uma rede envolve um processo de acessar o servidor diretamente, e a manutenção e o suporte contínuos oferecidos para seus usuários geralmente fazem com que o dono da rede realize toda a manutenção necessária, o que não costuma ser tarefa simples.

Geralmente, uma rede de sites é adequada nos casos descritos a seguir:

> » **Você quer múltiplos sites e uma única instalação.** Esse é o caso de quem é blogueiro ou dono de um site e deseja manter um outro site, provavelmente com um subdomínio ou um domínio separado, com ambos os sites em um único provedor de hospedagem. Também é preciso estar confortável com a edição de arquivos e querer trabalhar com uma única base de códigos para facilitar a manutenção dos sites. Além disso, é uma boa ideia que a maioria de seus plugins e temas sejam acessíveis para os outros sites. Assim, você pode ter um mesmo login em diferentes sites e gerenciar cada site individualmente.

>> **Você quer hospedar blogs ou sites de terceiros.** Esse processo exige um pouco mais de esforço. Nesse caso, você deseja montar uma rede na qual os usuários podem se cadastrar para ter seus próprios sites ou blogs abaixo (ou dentro) do site principal enquanto você gerencia os aspectos técnicos.

Visto que todos os arquivos são compartilhados, alguns aspectos ficam fechados por razões de segurança. Uma das medidas de segurança mais confusas para novos usuários é a supressão de erros. A maioria dos erros de PHP (como aqueles que acontecem ao instalar um plugin danificado ou ao editar um arquivo incorretamente) não exibem mensagens na tela. Em vez disso, o WordPress exibe o que costumo chamar de Tela Branca da Morte.

Encontrar e usar logs de erro, bem como fazer um debugging geral, são qualidades necessárias para gerenciar sua própria rede. Mesmo se seu provedor de hospedagem web cuidar de todas as tarefas diárias ou semanais para você, o gerenciamento de uma rede pode envolver uma curva de aprendizado íngreme.

LEMBRE-SE

Quando você habilita o recurso Multisite, o site WordPress se torna o site principal da instalação.

Embora o WordPress seja uma ferramenta poderosa, o gerenciamento de múltiplos sites tem suas limitações nas situações descritas a seguir:

>> **Uma conta de hospedagem é usada para a instalação.** Não é possível usar múltiplas contas de hospedagem.

>> **Você deseja postar em mais de um blog ao mesmo tempo.** Por padrão, o WordPress não possibilita essa prática.

>> **Se você escolher sites com subdiretórios, o site principal recriará os links permanentes com o trecho /blog/ para prevenir colisões com subsites.** Existem plugins disponíveis para evitar essa recriação.

O melhor exemplo de uma grande rede de blogs com milhões de blogs e usuários é o serviço hospedado no link WordPress.com (`https://wordpress.com`). No WordPress.com, as pessoas cadastram suas contas e começam um blog dentro do recurso Multisite da plataforma WordPress contida no servidor WordPress. Ao habilitar esse recurso em seu próprio domínio, habilitando também o registro de usuários, você estará convidando os usuários a fazer o seguinte:

>> Criar uma conta

>> Criar um blog nas instalações WordPress deles (dentro do seu domínio)

>> Criar conteúdo, publicando posts de blogs

» Enviar arquivos de mídia como fotos, áudio e vídeo.

» Convidar amigos para visualizar seus blogs ou fazer suas próprias contas.

Entendendo a Diferença entre Sites e Blogs

Cada blog adicional em uma rede Multisite do WordPress é um *site* em vez de um *blog*. Qual é a diferença?

Em grande parte, a diferença é uma questão de percepção. Tudo funciona da mesma forma, mas as pessoas enxergam maiores possibilidades quando não pensam em cada site como "apenas" um blog. O WordPress pode ser muito mais:

» Com o recurso embutido de mapeamento de domínio, você pode gerenciar múltiplos sites com nomes de domínio únicos e diferentes. Nenhum desses sites precisa ser um blog. Os sites podem ter elementos de blog ou podem ser sites estáticos que fazem uso apenas de páginas.

» As opções embutidas permitem que você escolha entre sites de subdomínio e subpasta ao instalar a rede. Caso você instale o WordPress na pasta raiz do seu espaço da hospedagem web, o endereço será `subdominio.`*`seudominio.com`* (se escolher subdomínio) ou `seudominio.com/subpasta` (se escolher subpasta).

LEMBRE-SE

» Após escolher o tipo de sites que deseja hospedar e criá-los, você não poderá alterá-los. Esses sites existem virtualmente, o que significa que não possuem arquivos ou pastas em algum lugar do servidor, existindo apenas no banco de dados. A localização correta é oferecida ao navegador por meio das regras rewrite do arquivo `.htaccess`.

» O site principal, ou site pai, da rede também pode ser uma *landing page* para toda a rede de sites, exibindo conteúdo de outros sites da rede e atraindo mais visitantes.

Considerando os Serviços de Hospedagem Web

Este capítulo presume que você já instalou o software WordPress corretamente no seu servidor web e que seu servidor web atende os requisitos mínimos do WordPress (para saber mais, confira o Capítulo 2).

Antes de habilitar o recurso de rede do WordPress, você precisa determinar como usará esse recurso. Você tem duas opções:

» Gerenciar alguns poucos sites ou blogs do WordPress

» Gerenciar uma rede completa com centenas de sites e diversos usuários

Se estiver planejando gerenciar apenas alguns sites com o recurso de rede do WordPress, sua situação de hospedagem atual provavelmente será adequada para essa tarefa (confira o Capítulo 3 para saber mais sobre os serviços de hospedagem web). No entanto, se o plano for hospedar uma grande rede, com centenas de blogs e vários usuários, é preciso levar em consideração a possibilidade de entrar em contato com o provedor e aumentar sua largura de banda, bem como os limites de espaço em disco, da sua conta.

CUIDADO

Além das necessárias medidas de segurança, o tempo e as tarefas administrativas que envolvem o gerenciamento de uma comunidade de sites, você precisa se preocupar com mais algumas coisas. Criar uma comunidade aumenta o uso dos recursos, da largura de banda e do espaço em disco do seu servidor. Em muitos casos, ao ultrapassar os limites atribuídos por sua hospedagem web, será necessário pagar um valor adicional alto. Certifique-se de antecipar suas necessidades de largura de banda e espaço em disco antes de gerenciar uma grande rede no seu site (depois não diga que eu não avisei!).

Muitas comunidades Multisite do WordPress começam com sonhos grandiosos de se tornarem comunidades grandes e ativas. Seja realista sobre a operação da sua comunidade para tomar as escolhas certas de hospedagem para você e para os outros.

Pequenas comunidades de múltiplos sites podem ser gerenciadas por uma solução de servidor compartilhado, enquanto comunidades maiores e mais ativas realmente precisam de um servidor dedicado para suas operações. A diferença entre as duas opções está no nome:

» **Servidor compartilhado:** Você tem uma conta em um servidor com muitas outras contas nele. Pense nessa solução como um prédio de apartamentos. Cada prédio tem diversos apartamentos para que muitas pessoas vivam sob um mesmo teto.

» **Servidor dedicado:** Você tem uma conta e um servidor. Esse servidor é dedicado para sua conta e sua conta dedicada para esse servidor. Pense nessa solução como ter sua casa própria que você não precisa compartilhar espaços de convivência com ninguém.

Uma solução de servidor dedicado é um investimento mais caro, enquanto o servidor compartilhado é mais econômico A decisão para sua comunidade WordPress deve ser feita com base em estimativas realistas de tamanho e atividade da comunidade. Você pode migrar de um servidor compartilhado para um servidor dedicado se a comunidade se tornar maior do que o esperado, mas é mais fácil começar com a solução certa desde o início.

Habilitando o Recurso de Rede do WordPress

O WordPress facilita a habilitação do recurso de rede, mas fazer isso requer que você abra um arquivo do seu servidor web com o nome `wp-config.php` e faça uma pequena alteração. Siga os passos a seguir para dar início ao processo:

1. **Baixe o arquivo `wp-config.php` da instalação do WordPress no seu servidor web.**

O meio mais fácil é usar um programa SFTP para baixar uma cópia do arquivo do seu servidor web no seu computador (o Capítulo 3 explica detalhadamente como usar o SFTP).

2. **Usando seu editor de texto preferido, abra o arquivo `wp-config.php`.**

Usuários do Windows podem usar o Bloco de Notas para editar o arquivo, enquanto usuário de Mac podem usar o Editor de Texto.

3. **Clique no final da linha `define( 'DB_COLLATE', '' );` e pressione Enter para criar uma nova linha em branco.**

4. **Digite o seguinte código na nova linha:**

```
define( 'WP_ALLOW_MULTISITE', true );
```

5. **Salve o arquivo no seu computador com o nome `wp-config.php`.**

6. **Envie o novo arquivo para seu servidor web, dentro do diretório de instalação do WordPress.**

7. **Vá para o Painel WordPress no seu navegador.**

Você verá um novo item com o nome Configuração de Rede [Network Setup] no menu Ferramentas [Tools].

8. **Clique no link Configuração de Rede no menu Ferramentas.**

Uma página intitulada Crie uma Rede de Sites WordPress [Create a Network of WordPress Sites] será carregada em seguida, como mostra a Figura 13-1.

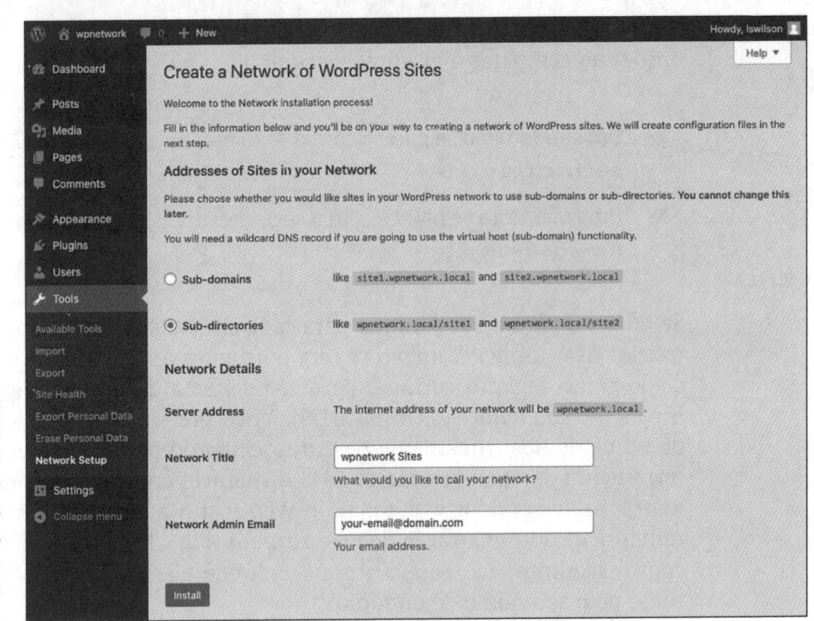

FIGURA 13-1:
A página
Crie uma
Rede de
Sites
WordPress
no seu
Painel
WordPress.

CUIDADO

Se tiver algum plugin instalado e ativo em sua instalação do WordPress, desative-o antes de prosseguir com a configuração da rede. O WordPress não prosseguirá com a configuração antes de desativar todos os plugins.

Antes de continuar com os últimos passos para habilitar o recurso de rede do WordPress, você precisa organizar os itens da próxima seção no seu servidor web. Também será preciso decidir como lidar com os múltiplos sites dentro da sua rede. Essas configurações precisam ser realizadas para que você possa executar a rede WordPress com sucesso. Se conseguir realizar essas configurações sozinho (e caso tenha acesso aos arquivos de configuração Apache), então a próxima seção é para você. Se não souber como, não se sentir confortável com esse ajuste ou não tiver acesso aos arquivos, peça ajuda para seu provedor de hospedagem ou contrate um consultor para realizar essas configurações por você.

DNS

O recurso Multisite do WordPress oferece duas formas de gerenciar uma rede de sites no seu domínio: a opção de subdomínios e a opção de subpastas (ou subdiretórios). A opção mais popular (e a estrutura recomendada) configura subdomínios para os sites criados dentro de uma rede WordPress. Com a opção de subdomínios, o nome de usuário do site aparecerá em primeiro lugar, seguido pelo nome do seu domínio. Já na opção de subpastas, o seu nome de domínio aparecerá primeiro, seguido do nome de usuário do site.

Qual opção escolher? Você pode conferir a diferença no URL dessas duas opções ao comparar o exemplo a seguir:

> » Um subdomínio se parece com o seguinte: `http://nomedeusuario.seudominio.com`
>
> » Uma subpasta se parece com o seguinte: `http://seudominio.com/nomedeusuario`

Se quiser usar um subdomínio para cada site na sua rede WordPress, você precisa usar um *wildcard record* (em português também pode ser referenciado como registro curinga) para seu sistema de nome de domínio (do inglês *domain name system* ou DNS). Você precisa adicionar um registro de nome de host [hostname record] apontando para seu servidor web na ferramenta de configuração de DNS disponível em seu software de administração de servidor web (como o WebHost Manager, uma popular ferramenta de administração de hospedagem web). Esse registro se parecerá com o seguinte: `*.seudominio.com` (onde `seudominio.com` é substituído pelo seu nome de domínio).

Apache mod_rewrite

Apache (`https://www.apache.org/free`) é um software de servidor web que está em pleno vapor no seu servidor. No entanto, nem todo mundo tem acesso aos arquivos Apache. Normalmente, a única pessoa com acesso a esses arquivos é o administrador do servidor web (que geralmente é o seu provedor). Dependendo da sua conta e configuração de servidor web, você pode não ter acesso aos arquivos do software Apache.

O módulo Apache que você precisa para criar bons links permanentes (confira o Capítulo 5 para saber mais sobre links permanentes bonitos) para sua rede WordPress se chama `mod_rewrite`. Esse módulo precisa ser configurado para que esteja ativo e instalado no seu servidor.

Você (ou seu provedor) deve se certificar de que o módulo mod_rewrite Apache está ativo no seu servidor. Para isso, abra o arquivo `httpd.conf` e verifique se ele inclui a seguinte linha:

```
LoadModule rewrite_module /libexec/mod_rewrite.so
```

Se essa linha não estiver presente, digite-a em uma linha em branco e salve o arquivo. Provavelmente será preciso reiniciar o software Apache para que as mudanças surtam efeito.

CUIDADO

Lembre-se de que o módulo Apache `mod_rewrite` é obrigatório para o recurso Multisite do WordPress. Se não souber se o seu ambiente atual de hospedagem possui (ou não) esse módulo, envie um e-mail para o seu provedor e faça essa pergunta. O provedor poderá sanar sua dúvida (bem como instalar o módulo para você, caso seu servidor não o possua).

As redes também funcionam bem em servidores Nginx e Lightspeed, mas muitos usuários relataram dificuldades em servidores IIS (Windows). Portanto, não recomendo configurar o recurso Multisite do WordPress em um servidor do Windows.

Sites de subdomínio funcionam por meio de uma entrada de virtual host no Apache, também conhecido como *wildcard subdomain* ou subdomínio curinga. Na hospedagem compartilhada, a equipe de suporte do seu provedor deve habilitar essa entrada para você (ou talvez já tenham feito isso para todas as contas). O melhor a fazer é perguntar para o seu provedor antes de começar. Nessas situações, o domínio que você usa para sua instalação deve ser o domínio padrão da sua conta. Caso contrário, os URLs dos seus subsites não funcionarão direito ou não terão um nome de pasta.

Alguns provedores podem exigir um endereço IP dedicado, mas essa exigência não se trata de uma exigência de software específica de uma rede WordPress.

Antes de continuar com os passos finais para habilitar o recurso Multisite do WordPress, você precisa que alguns itens estejam funcionando em seu servidor web. Além disso, também é preciso decidir como lidar com os múltiplos sites dentro da sua rede. Essas configurações precisam ser realizadas para que a rede funcione bem. A próxima seção falará sobre algumas dessas configurações e itens exigidos, incluindo o virtual host e algumas considerações a respeito de PHP.

Virtual host

É preciso fazer alguns ajustes na seção `<VirtualHost>` do mesmo arquivo `httpd.conf` que mencionei na seção anterior ("Apache mod_rewrite").

Nesta seção, você editará e configurará arquivos Apache. Se conseguir realizar os procedimentos descritos aqui sozinho (e caso tenha acesso aos arquivos de configuração Apache), então esta seção é para você. Se não souber como, não se sentir confortável com esse ajuste ou não tiver acesso aos arquivos, peça ajuda para seu provedor de hospedagem ou contrate um consultor para realizar essas configurações por você. Gostaria de deixar BEM claro que você não deve editar os arquivos do servidor Apache sozinho se não se sentir confortável ou não entender completamente o que está fazendo. Os provedores de hospedagem web têm uma equipe de suporte pronta para ajudá-lo com essas coisas se precisar, então, aproveite!

Siga os passos a seguir para editar seu arquivo `httpd.conf`:

1. **Encontre a seção `<VirtualHost>` no arquivo `httpd.conf`.**

Essa linha do arquivo fornece diretivas, ou configurações, que se aplicam ao seu site.

2. **Encontre uma linha na seção `<VirtualHost>` do arquivo `httpd.conf` que se parece com o seguinte:**

```
AllowOverride None
```

3. **Substitua a linha anterior pela linha a seguir:**

```
AllowOverride FileInfo Options
```

4. **Em uma nova linha, digite ServerAlias *.*seudominio*.com.**

Substitua *seudominio*.com pelo domínio do seu site. Essa linha define o nome do host para o site da sua rede e é essencial para que o virtual host funcione adequadamente.

5. **Salve o arquivo `httpd.conf` e feche-o.**

Você também precisa adicionar um registro de subdomínio DNS curinga (do inglês, *wildcard subdomain DNS record*). Dependendo da configuração do seu domínio, é possível fazer isso na registradora do domínio ou no seu servidor de hospedagem. Caso tenha simplesmente apontado para o nameserver do serviço de hospedagem, você pode adicionar mais registros DNS no serviço de hospedagem web dentro da interface de administração do servidor, como o WHM (Web Host Manager).

Também é preciso adicionar um registro CNAME com um valor de *. CNAME, que significa *Nome Canônico [Canonical Name]*, é um registro armazenado nas configurações DNS do seu servidor web Apache que diz ao Apache que você deseja associar um novo subdomínio com o domínio da conta principal. Aplicar o valor de * diz ao Apache para enviar quaisquer pedidos de subdomínio para seu domínio principal. A partir disso, o WordPress busca subdomínios no banco de dados para conferir se eles existem.

As redes exigem muito mais memória RAM do servidor do que os sites típicos do WordPress (aqueles que não usam o recurso Multisite) porque normalmente as redes são maiores, consomem mais tráfego e usam um maior espaço no banco de dados, além de usar mais recursos. Isso ocorre porque existe mais de um site sendo executado ao mesmo tempo. Você não está apenas adicionando novas instâncias do WordPress, mas também multiplicando o uso de processamento do servidor com o recurso Multisite. Embora instâncias menores de uma rede rodem sem problemas na maioria dos provedores de hospedagem, geralmente recomendo que comece com uma conta que tenha acesso a pelo menos 256MB de memória RAM.

Para cada site criado, nove tabelas são adicionadas a um único banco de dados. Cada tabela tem um prefixo similar ao `wp_BLOG-ID_tablename` (em que o `BLOG-ID` é um ID único atribuído ao site).

A única exceção para isso é o site principal: suas tabelas permanecem as mesmas. Com o recurso Multisite, todas as novas instalações deixam as tabelas do blog principal intocadas e numeram de forma sequencial as tabelas de sites adicionais conforme um novo site é adicionado à rede.

PHP

Nesta seção, você editará a configuração PHP do seu servidor web. O PHP precisa das seguintes configurações no arquivo `php.ini` do seu servidor web para executar o recurso Multisite no seu servidor:

» Configure seu PHP para *não* exibir qualquer mensagem de erro na janela do navegador do visitante. (Essa opção costuma estar desativada por padrão, mas é bom conferir para garantir.)

» Descubra se o seu PHP é compilado com verificações de limite de memória [*memory-limit checks*]. Você pode descobrir procurando o texto `memory_limit` no arquivo `php.ini`. Geralmente, o limite padrão é de 8MB. Aumente o limite de memória para pelo menos 32MB, ou até 64MB, para prevenir erros de memória PHP ao rodar múltiplos sites WordPress.

DICA

O limite de memória padrão para o WordPress é de 40MB ou 64MB para uma configuração de múltiplos sites. Como uma alternativa à edição do arquivo `php.ini` no seu servidor web para aumentar o limite de memória PHP, você pode adicionar a seguinte linha ao arquivo `wp-config.php` da sua instalação WordPress:

```
define( 'WP_MEMORY_LIMIT', '64M' );
```

A porção `64M` dessa linha de código define o limite de memória em megabytes, e é possível escolher qualquer valor desde que não ultrapasse os 512MB.

Instalando a Rede em Seu Site

A seção Detalhes de Rede [Network Details] da página Crie uma Rede de Sites WordPress (consulte a Figura 13-1 exibida anteriormente neste capítulo) tem algumas opções que são preenchidas automaticamente. O endereço do servidor, por exemplo, é extraído da sua instalação e não pode ser editado. O título da rede e endereço de e-mail do administrador também são extraídos do banco de dados da instalação, dado que seu site WordPress inicial é também o site principal da rede.

Siga os passos a seguir para concluir a instalação (e certifique-se de ter seu programa editor de texto favorito por perto):

1. **Clique no botão Instalar ao final da página Crie uma Rede de Sites WordPress do seu Painel.**

Isso abrirá a página Habilitando a Rede (não exibida nas figuras deste livro).

2. **Adicione as linhas de configuração relacionadas à rede exigidas ao arquivo `wp-config.php` depois da linha `define( 'WP_ALLOW_ MULTISITE', true );` que você adicionou anteriormente.**

Na página Habilitando a Rede, o WordPress oferece até seis linhas de regras de configuração que precisam ser adicionadas ao arquivo `wp-con-fig.php`. As linhas de código devem ser mais ou menos como a seguir:

```
define('MULTISITE', true);
define('SUBDOMAIN_INSTALL', false);
define('DOMAIN_CURRENT_SITE', dominio.com);
define('PATH_CURRENT_SITE', '/');
define('SITE_ID_CURRENT_SITE', 1);
define('BLOG_ID_CURRENT_SITE', 1);
```

Essas linhas de código fornecem uma configuração para o WordPress ao dizer se o WordPress está usando subdomínios, qual é a base do URL do seu site e qual é o caminho atual do seu site. Esse código também atribui um ID único de 1 ao seu site como o site principal da instalação da rede de múltiplos sites.

CUIDADO

As linhas de código que aparecem na tela Habilitando a Rede são únicas para a *sua* instalação do WordPress. Copie as linhas que são dadas a você na página da *sua* instalação, pois elas são específicas da configuração do seu site.

DICA

A minha instalação do WordPress está configurada para usar subdomínios no lugar de subpastas. Se você gostaria de usar subpastas, mude `define( 'SUBDOMAIN_INSTALL', true );` para `define( 'SUBDOMAIN_ INSTALL', false );`. Certifique-se primeiro de ter as devidas configurações no `<VirtualHost>` e no Apache `mod_rewrite`. Falo mais detalhadamente sobre as duas configurações nas seções anteriores deste capítulo.

3. **Adicione as regras rewrite necessárias ao arquivo `.htaccess` do seu servidor web.**

O WordPress oferece diversas linhas de código que você precisa adicionar a um arquivo chamado `.htaccess` dentro do seu servidor web (é possível encontrá-lo no diretório de instalação do WordPress). Essas linhas serão mais ou menos assim:

```
RewriteEngine On
```

```
RewriteBase /
RewriteRule ^index\.php$ - [L]

# adicione uma barra ao final de /wp-admin
RewriteRule ^wp-admin$ wp-admin/ [R=301,L]

RewriteCond %{REQUEST_FILENAME} -f [OR]
RewriteCond %{REQUEST_FILENAME} -d
RewriteRule ^ - [L]
RewriteRule ^(wp-(content|admin|includes).*) $1 [L]
RewriteRule ^(.*\.php)$ $1 [L]
RewriteRule . index.php [L]
```

LEMBRE-SE

Anteriormente neste capítulo, mencionei o módulo Apache `mod_rewrite`, cuja instalação é necessária para o recurso Multisite do WordPress. As regras adicionadas ao arquivo `.htaccess` do seu servidor web são regras `mod_rewrite`, e elas precisam ser adicionadas para que seu servidor web diga ao WordPress como lidar com coisas como links permanentes para posts, páginas, mídias e outros arquivos enviados. Se essas regras não forem adicionadas, o recurso Multisite não funcionará corretamente.

4. **Copie as linhas de código inseridas no Passo 3, abra o arquivo `.htaccess` file e cole o código.**

Substitua as regras que já existem no arquivo.

5. **Salve o arquivo `.htaccess` e envie-o de volta ao servidor web.**

6. **Volte ao seu Painel WordPress e clique no link Fazer Login ao final da tela Habilitando a Rede.**

A seção foi encerrada porque, ao seguir esses passos, você mudou algumas regras de cookies nos arquivos `wp-config.php` e `.htaccess`.

7. **Faça login no WordPress, inserindo seu nome de usuário e senha nas caixas correspondentes.**

Explorando o Menu do Painel de Administrador da Rede

Com o recurso Multisite ativado, você verá o link Meus Sites. Ao passar o ponteiro do mouse sobre esse link, o link Administrador da Rede [Network

Admin] aparecerá no menu suspenso da seção superior esquerda do Painel, como mostra a Figura 13-2.

Meus Sites

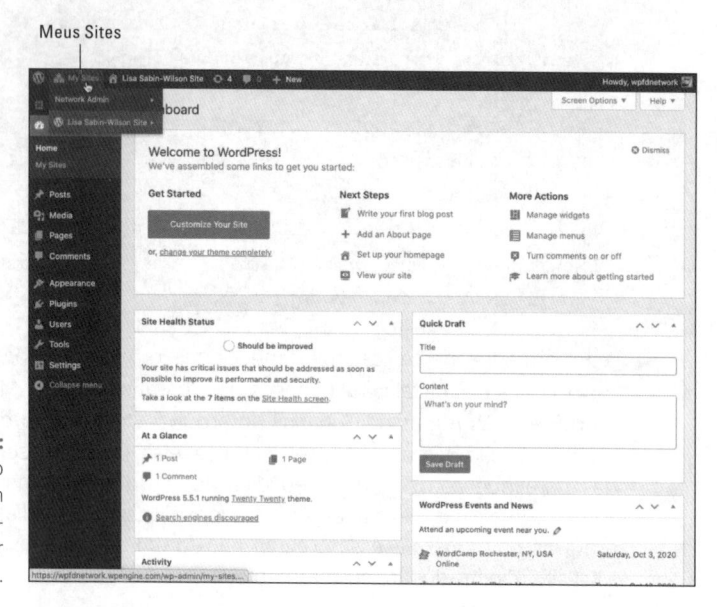

FIGURA 13-2:
Link para o
Painel com
a opção Ad-
ministrador
da Rede.

O WordPress separou os recursos de menu do Painel do Administrador da Rede dos recursos do Painel comum (Administrador do Site) visando facilitar que o administrador saiba qual parte do site está sendo gerenciada. Se estiver realizando ações para a manutenção do seu site principal — publicando posts ou páginas, criando ou editando categorias, entre outros —, então você trabalhará no Painel comum (Administrador do Site). Se estiver gerenciando algum dos sites, plugins e temas da rede, bem como gerenciando algo para algum de seus usuários, então você trabalhará na seção do Painel destinada ao Administrador da Rede.

LEMBRE-SE

Tenha em mente as diferenças entre os painéis do Administrador do Site e do Administrador da Rede, bem como os recursos do menu de cada um. O WordPress faz um bom trabalho em saber com quais recursos você está tentando trabalhar, mas, caso se perca no Painel, ou caso não esteja encontrando um menu ou recurso que costumava encontrar, certifique-se de estar trabalhando na seção correta do Painel WordPress.

O Painel do Administrador da Rede (veja a Figura 13-3) é semelhante ao Painel WordPress comum, mas, como você pode ter notado, os módulos pertencem à rede de sites. Entre as opções estão a criação de um site, a criação de usuário e a busca de sites e usuários existentes. É claro que você não realizará essa busca se não tiver nenhum usuário ou site. No entanto, essa função é extremamente útil quando você tem uma comunidade de usuários e sites dentro da sua rede.

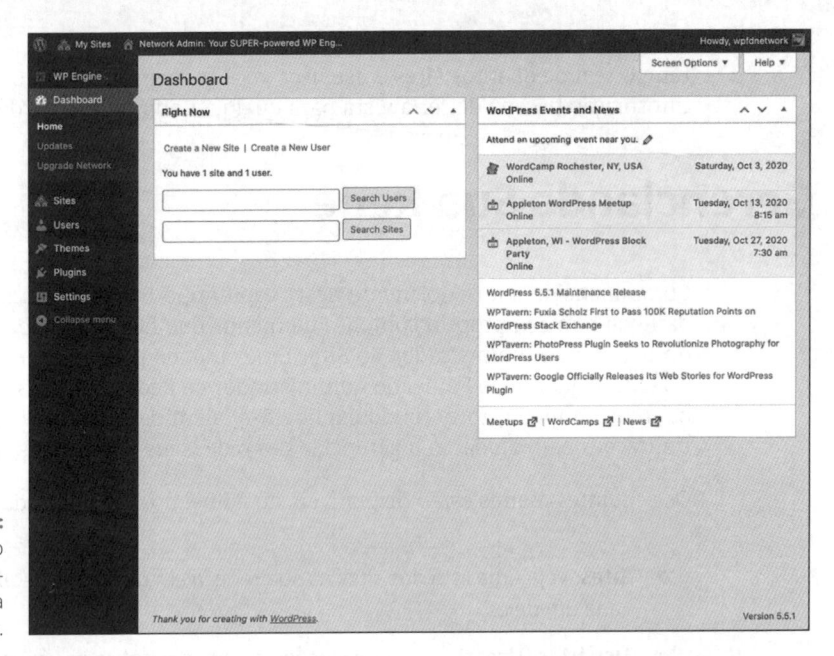

FIGURA 13-3:
O Painel do
Adminis-
trador da
Rede.

DICA

O Painel do Administrador da Rede pode ser configurado assim como o Painel comum, e você pode mover os módulos de lugar e editar as configurações deles. Confira o Capítulo 4 para saber mais sobre como organizar os módulos do Painel para que se adéquem melhor às suas necessidades.

A funcionalidade de pesquisa de usuários permite que você busque nomes de usuário e endereços de e-mail dos usuários. Se pesquisar o usuário *Lisa*, por exemplo, os seus resultados incluirão qualquer usuário que tenha *Lisa* seja no nome de usuário ou no endereço de e-mail. Dessa forma, é possível receber muitos usuários com a pesquisa de uma única palavra ou frase. A funcionalidade de pesquisa de sites retorna quaisquer sites dentro da sua rede que correspondam aos termos pesquisados.

O Painel do Administrador da Rede tem dois links úteis perto do topo da tela:

» **Crie um Novo Site:** Clique nesse link para criar um novo site dentro da sua rede. Ao clicar nesse link, a tela Adicionar Novo Site aparecerá. Descubra como adicionar um novo site na seção posterior deste capítulo, intitulada "Sites".

» **Crie um Novo Usuário:** Clique nesse link para criar uma nova conta de usuário dentro da sua comunidade. Ao clicar nesse link, a tela Adicionar Novo Usuário aparecerá. Descubra como adicionar um novo usuário à sua comunidade na seção posterior deste capítulo intitulada "Usuários".

Além disso, o Painel do Administrador da Rede oferece um contador em tempo real de quantos sites e usuários você tem em sua rede, o que é uma informação bacana de ter à vista para qualquer administrador de rede.

Gerenciando Sua Rede

Como mencionei anteriormente neste capítulo, o Painel do Administrador da Rede tem seu próprio conjunto de menus que fica separado das opções do Painel do Administrador do Site. Esses menus podem ser encontrados no lado esquerdo do Painel do Administrador da Rede. Esta seção fala sobre os itens de menu, fornecendo explicações, além de instruções sobre configurações para ajudá-lo a gerenciar sua rede, seus sites e seus usuários.

Os seguintes menus estão disponíveis no Painel do Administrador da Rede:

> » **Sites:** Veja uma lista dos sites na sua rede, além de alguns detalhes sobre cada um deles.
>
> » **Usuários [Users]:** Veja informações detalhadas sobre os usuários cadastrados atualmente na sua rede.
>
> » **Temas [Themes]:** Veja todos os temas atualmente disponíveis para serem ativados ou desativados na sua rede.
>
> » **Plugins:** Gerencie (ative ou desative) temas para que sejam usados em todos os sites dentro da rede.
>
> » **Configurações [Settings]:** Configurações globais para a sua rede.

Todos os itens no Painel do Administrador da Rede são importantes e serão usados com frequência ao longo da vida útil da rede. Normalmente, eu falaria sobre os itens do menu na ordem em que eles aparecem para que você possa acompanhar no seu Painel, mas é importante realizar algumas configurações preliminares na sua rede. Por isso, começarei esta seção falando sobre o menu Configurações. Feito isso, falarei sobre os outros itens de menu na ordem em que eles aparecem no Painel do Administrador da Rede.

Configurações

Clique no menu Configurações do Painel do Administrador da Rede. Isso carregará a tela Configurações de Rede [Network Settings] (veja a Figura 13-4), exibindo diversas seções de opções para que você configure sua rede da forma que achar melhor.

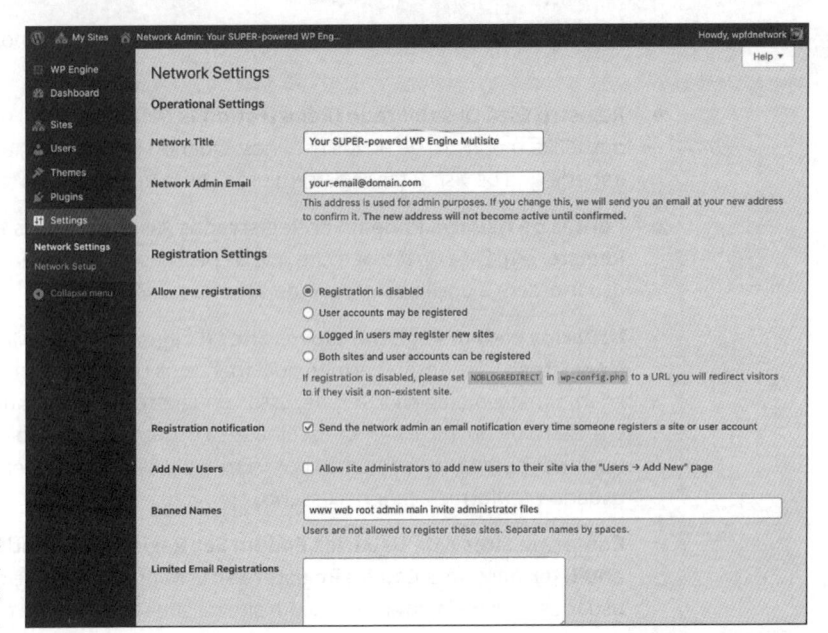

Configurações Operacionais

A seção Configurações Operacionais [Operational Settings] tem as seguintes configurações:

» **Título da Rede [Network Title]:** Essa configuração é o título de toda a
rede de sites. Esse nome estará incluso em toda comunicação a respeito
da rede, incluindo e-mails enviados para novos usuários quando eles
cadastram um novo site dentro da rede. Digite o título desejado na caixa
de texto correspondente.

» **E-mail do Administrador da Rede [Network Admin E-mail]:** Essa
configuração é o e-mail para onde vai toda a correspondência do seu site,
incluindo todos os e-mails de cadastro que os novos usuários recebem
ao criar um novo site e/ou usuário dentro da sua rede. Na caixa de texto,
digite o e-mail que você deseja usar para esse fim.

Configurações de Registro

A seção Configurações de Registro [Registration Settings] permite que você
controle diversos aspectos na permissão para que os usuários se cadastrem
na sua rede. A opção mais importante aqui é abrir ou fechar o registro livre.

Para escolher uma das opções, selecione o botão radial correspondente:

» **Registro Está Desabilitado [Registration Is Disabled]:** Essa opção desabilita o registro de novos usuários. Quando selecionada, a opção impede que os visitantes registrem uma conta de usuário na sua rede.

» **Contas de Usuário Podem Ser Registradas [User Accounts May Be Registered]:** Essa opção permite que as pessoas criem apenas contas de usuário, sem a opção de criação de sites na sua rede.

» **Usuários Podem Registrar Novos Sites [Logged In Users May Register New Sites]:** Essa opção permite que apenas os usuários existentes criem um novo blog na sua rede. Essa configuração também desabilita o registro de novos usuários. Escolha essa opção se você não quiser que qualquer pessoa registre uma conta. Em vez disso, você poderá adicionar usuários conforme achar necessário.

» **Contas de Sites e de Usuários Podem Ser Registradas [Both Sites and User Accounts Can Be Registered]:** Essa opção permite que os usuários registrem uma conta e um site na sua rede durante o processo de registro.

Essas opções só são aplicáveis aos usuários externos. Como administrador da rede, você pode criar novos sites e usuários a qualquer momento, configurando as opções necessárias no Painel do Administrador da Rede (para mais informações sobre a criação de usuários, confira a seção posterior intitulada "Usuários").

As opções restantes na seção Configurações de Registro são:

» **Notificação de Registro [Registration Notification]:** Quando essa opção é selecionada, um e-mail é enviado ao administrador da rede sempre que um usuário ou site for criado no sistema, mesmo se o criador for o próprio administrador.

» **Adicionar Novos Usuários [Add New Users]:** Quando essa opção está selecionada, os donos de blogs da comunidade (os administradores dos sites individuais) podem adicionar novos usuários em suas próprias comunidades por meio da página Usuários de seus respectivos painéis.

» **Nomes Banidos [Banned Names]:** Por padrão, o WordPress impede que diversos nomes de usuário sejam registrados na sua comunidade, incluindo *www, web, root, admin, main, invite* e *administrator*. Essa lista de proibição existe por um bom motivo: você não quer que um usuário qualquer registre um nome de usuário como *admin* porque você não deseja que essa pessoa finja ser um representante do seu site. É possível inserir uma quantidade ilimitada de nomes de usuário na caixa de texto de nomes banidos.

» **Registros de E-mail Limitados [Limited E-mail Registrations]:**
Você pode limitar os cadastros com base nos domínios de e-mail ao preencher essa caixa de texto, inserindo um domínio por linha. Se o seu registro for aberto, mas os endereços de e-mail forem limitados, apenas as pessoas com o domínio de e-mail dentro dessa lista poderão se registrar. Essa opção é excelente para usar em um ambiente escolar e corporativo no qual você fornecerá endereços de e-mail e sites para estudantes ou funcionários.

» **Domínios de E-mail Banidos [Banned E-mail Domains]:** Esse recurso, que é o oposto da opção anterior, bloqueia todos os cadastros de um domínio em particular e pode ser útil para impedir spammers. Você pode inserir, por exemplo, o domínio **gmail.com** na caixa de texto para impedir qualquer um que tente se registrar usando um endereço Gmail.

Configurações de Novo Site

A seção Configurações de Novo Site [New Site Settings] (veja a Figura 13-5) é uma lista configurável de itens que o WordPress popula com valores padrões quando um novo site é criado. Esses valores incluem aqueles que aparecem nos e-mails de boas-vindas, na página do primeiro post de um usuário e na primeira página de um novo site.

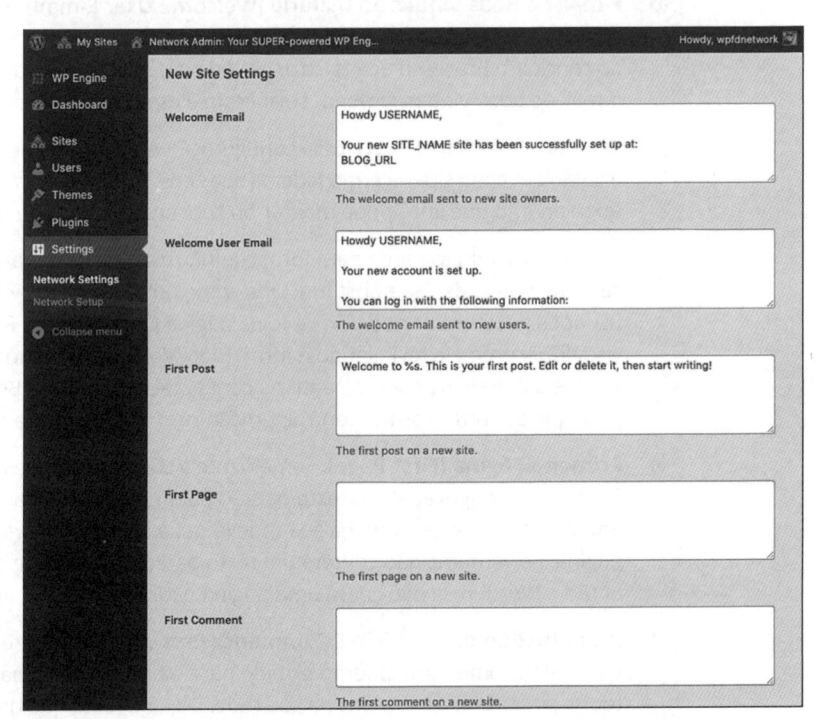

FIGURA 13-5: Seção Configurações de Novo Site na página Configurações de Rede.

Na lista de itens configuráveis, temos:

» **E-mail de Boas-vindas [Welcome E-mail]:** Essa configuração é o texto do e-mail que os donos dos sites recém-registrados da sua rede recebem quando concluem o processo de registro. Você pode manter a mensagem padrão, se quiser, ou pode digitar o texto que preferir que seus usuários recebam ao registrar um novo site na sua rede.

Existem algumas variáveis que você pode usar nesse e-mail e que não são explicadas com muitos detalhes na tela Configurações de Rede, incluindo

- SITE_NAME: Insere o nome do seu site WordPress

- BLOG_URL: Insere o URL do blog do novo membro

- USERNAME: Insere o nome de usuário do novo membro

- PASSWORD: Insere a senha do novo membro

- BLOG_URLwp-login.php: Insere o URL (como um hyperlink) de login para o blogo do novo membro

- SITE_URL: Insere o URL (como um hyperlink) para o seu site WordPress

» **E-mail de Boas-vindas ao Usuário [Welcome User E-mail]:** Essa configuração é o texto do e-mail que os usuários recém-criados recebem ao concluir o processo de registro. As variáveis usadas para o outro e-mail de boas-vindas também se aplicam a essa configuração.

» **Primeiro Post [First Post]:** Essa configuração é o primeiro post padrão exibido em cada site recém-criado na sua rede. O WordPress fornece um texto padrão que você pode manter ou substituir por qualquer outro.

Você pode usar essa área para fornecer informações importantes sobre seu site e serviços. Esse post funciona como um bom guia para novos usuários porque eles poderão vê-lo na página Editar Post do Painel e visualizar como ele foi inserido e formatado. Você também pode usar as variáveis descritas anteriormente na configuração E-mail de Boas-vindas para que o WordPress adicione alguma informação de forma automática.

» **Primeira Página [First Page]:** Semelhante à configuração de Primeiro Post, essa configuração é o texto padrão para uma página padrão exibida em todo site recém-criado na sua rede (a caixa de texto da primeira página, na verdade, não contém um texto padrão; se deixá-la em branco, então o WordPress não criará uma página padrão).

» **Primeiro Comentário [First Comment]:** Essa configuração representa o primeiro comentário padrão exibido para o primeiro post padrão de todos os sites recém-criados na sua rede. Digite o texto que deseja exibir no primeiro comentário desses sites.

» **Autor do Primeiro Comentário [First Comment Author]:** Digite o nome do autor do Primeiro Comentário para todos os sites da sua rede.

» **E-mail do Primeiro Comentário [First Comment E-mail]:** Digite o e-mail do autor do primeiro comentário para todos os sites da sua rede.

» **URL do Primeiro Comentário [First Comment URL]:** Digite o endereço (URL) do autor do Primeiro Comentário. O WordPress criará um hyperlink com o nome do autor do comentário para o URL inserido por você.

Configurações de Upload

A seção de Configurações de Upload [Upload Settings] (veja a Figura 13-6) define valores globais a respeito do tipo de arquivos que você permitirá que donos de sites dentro da sua rede enviem por meio do recurso de envio de arquivo na janela Adicionar Mídia do WordPress (para saber mais, confira o Capítulo 6).

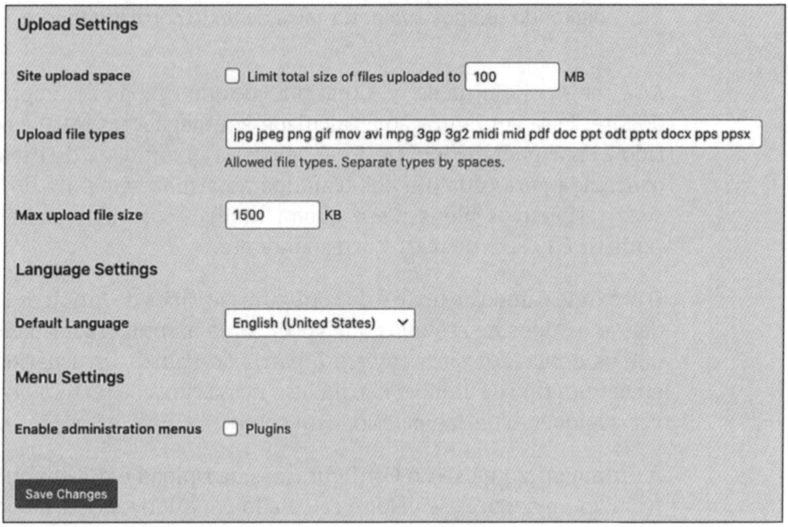

FIGURA 13-6: Seção Configurações de Upload na página Configurações de Rede.

Entre os tipos de arquivos que os donos do site podem enviar temos arquivos de imagem, vídeo, documento e música. Os campos na seção Configurações de Upload já foram preenchidos com valores padrões:

» **Espaço de Upload do Site [Site Upload Space]:** Se deixar essa caixa desmarcada, os usuários poderão usar todo o espaço que quiserem para seus envios; não terão nenhum limite alocado. Marque essa caixa para limitar o espaço disponível por site e, depois, preencha a quantidade em megabytes (MB). O espaço em disco padrão sugerido é de 100MB. Essa quantidade de espaço em disco é o valor que você dará para cada usuário dentro da sua rede para ele armazenar os arquivos enviados. Caso queira alterar o espaço em disco padrão, digite outro número na caixa correspondente.

» **Tipos de Arquivos Enviados [Upload File Types]:** Esse campo de texto define os tipos de arquivo que você, como administrador da rede, aceitará que sejam enviados para os sites por meio do Painel. Os usuários não podem enviar um tipo de arquivo que não apareça nessa caixa. Por padrão, o WordPress inclui os seguintes tipos de arquivos: `.jpg`, `.jpeg`, `.png`, `.gif`, `.mov`, `.avi`, `.mpg`, `.3gp`, `.3g2`, `.midi`, `.mid`, `.pdf`, `.doc`, `.ppt`, `.odt`, `.pptx`, `.docx`, `.pps`, `.ppsx`, `.xls`, `.xlsx`, `.key`, `.mp3`, `.ogg`, `.flac`, `.m4a`, `.wav`, `.mp4`, `.m4v`, `.webm`, `.ogv` e `.flv`. Você pode remover qualquer extensão padrão, bem como adicionar extensões novas.

» **Tamanho Máximo de Arquivo Enviado [Max Upload File Size]:** Essa quantidade é descrita em kilobytes (KB) e o valor padrão é 1500KB. Essa configuração significa que um usuário não pode enviar um arquivo com um tamanho maior que 1500KB. Ajuste esse número como achar melhor, digitando um novo valor na caixa de texto correspondente.

A primeira opção na seção Configurações de Upload é o Espaço de Upload do Site. Essa configuração é calculada em megabytes (MB) e o valor sugerido é, por padrão, 100MB. Esse valor é a quantidade de espaço em disco concedida para cada um dos usuários no armazenamento dos arquivos de seus respectivos blogs. Caso queira mudar esse valor padrão, digite um número na caixa de texto correspondente.

O próximo campo de texto é da configuração Tipos de Arquivos Enviados, que define os tipos de arquivos que você, como administrador da rede, permite que os donos dos sites enviem a partir do Painel. Os usuários não podem enviar um tipo de arquivo não incluso nessa caixa de texto. Você pode remover qualquer extensão padrão, bem como adicionar extensões novas.

A última opção na seção Configurações de Upload é o Tamanho Máximo de Arquivo Enviado. Esse valor é calculado em kilobytes (KB) e o valor padrão é de 1500KB, de modo que um usuário não pode enviar um arquivo maior que 1500KB. Ajuste esse número como achar melhor, digitando um novo valor na caixa de texto correspondente.

Configurações de Menu

O menu de administração de plugins está desativado no Painel de todos os donos de sites da rede, mas o administrador da rede sempre tem acesso ao menu Plugins. Se deixar a caixa Plugins desmarcada (veja a Figura 13-6), a página Plugins ficará visível nos painéis dos usuários. Marque essa caixa para habilitar o menu de administração de plugins para os usuários da rede. Para mais informações sobre o uso de plugins no WordPress, confira o Capítulo 7.

LEMBRE-SE

Ao concluir as configurações na página Configurações de Rede, não se esqueça de clicar no botão Salvar Alterações ao final da página, logo abaixo da seção Configurações de Menu. Se você sair da página sem clicar nesse botão, nenhuma das suas configurações será salva e você precisará realizar todo o processo novamente.

Sites

Clicar no item de menu Sites dentro do Painel do Administrador da Rede o levará até uma página com o mesmo nome na qual é possível gerenciar seus sites individuais. Embora cada site da rede tenha seu próprio Painel com funcionalidades simples, como postar e alterar temas, a página Sites é onde você cria e deleta esses sites, bem como edita as propriedades dos sites dentro da sua rede. Editar informações a partir dessa página é útil quando você enfrentar problemas para acessar o Painel de um site específico.

A página Sites também lista todos os sites dentro da sua rede e exibe as seguintes estatísticas para cada site:

» **URL:** O caminho do site dentro da sua rede. Na Figura 13-7, você pode ver um site listado com o caminho `newsite`. Esse caminho significa que o domínio do site é `newsite.seudominio.com` (caso esteja usando uma instalação com estrutura de subdomínios) ou `seusite.com/newsite` (no caso de uma instalação com subpastas). Falo mais sobre subdomínios e subpastas na seção anterior deste capítulo intitulada "DNS".

» **Última Atualização [Last Updated]:** A data em que o site foi atualizado pela última vez (ou a data em que ocorreu a última publicação).

» **Registrado [Registered]:** A data em que o site foi registrado em sua rede.

» **Usuários [Users]:** O nome de usuário e endereço de e-mail associado ao(s) usuário(s) de determinado site.

» **ID:** O número ID único atribuído ao site. Esse valor corresponde às tabelas do banco de dados em que os dados do site foram armazenados.

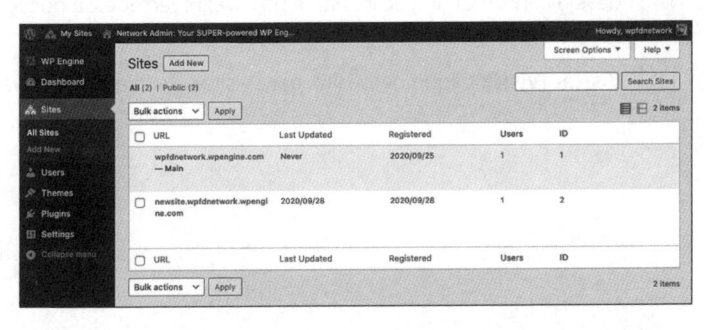

FIGURA 13-7: Opções de gerenciamento de sites na página Sites.

Ao passar o ponteiro do mouse sobre o nome do caminho de um site da sua rede, você verá uma lista útil de links que o ajudarão a gerenciar o site em questão (esses links também aparecem como abas na tela Editar Site, como mostra a Figura 13-8). As opções que aparecem abaixo de um determinado site ao passar o ponteiro do mouse sobre ele incluem:

» **Editar [Edit]:** Clique nesse link para ir até a página Editar Site (veja a Figura 13-8), na qual é possível alterar aspectos de cada site.

» **Painel [Dashboard]:** Clique nesse link para ir até o Painel do site.

» **Desativar [Deactivate]:** Clique nesse link para marcar o site de modo a ser desativado da sua rede. Uma mensagem aparecerá em uma janela pop-up, confirmando sua intenção de desativar o site. Clique no botão Sim para confirmar. Em seguida, o site do usuário exibirá uma mensagem declarando que o site foi desativado.

É possível reverter essa ação, visitando a tela Sites e clicando no link Ativar que aparecerá acima do nome do caminho do site (o link Ativar só aparece em sites que foram marcados para serem desativados).

» **Arquivar [Archive]:** Clique nesse link para arquivar o site da sua rede, impedindo que ele seja visualizado por visitantes. O site do usuário exibirá a seguinte mensagem: `Este site foi arquivado ou suspenso.`

É possível reverter essa ação visitando a tela Sites e clicando no link Desarquivar que aparecerá abaixo do nome do caminho do site (o link Desarquivar só aparecerá para sites marcados como Arquivados).

» **Spam:** Clique nesse link para marcar o site como spam e bloquear o acesso dos usuários ao Painel. O WordPress exibirá a seguinte mensagem: `Este site foi arquivado ou suspenso.`

É possível reverter essa ação visitando a tela Sites e clicando no link Não é Spam que aparecerá abaixo do nome do caminho do site (o link Não é Spam só aparecerá para sites marcados como spam).

» **Deletar [Delete]:** Clique nesse link para apagar o site da sua rede. Embora uma tela de confirmação apareça, perguntando se você deseja confirmar sua ação, não é possível reverter essa opção após o site ser deletado.

» **Visitar [Visit]:** Clique nesse link para visitar o site em seu navegador.

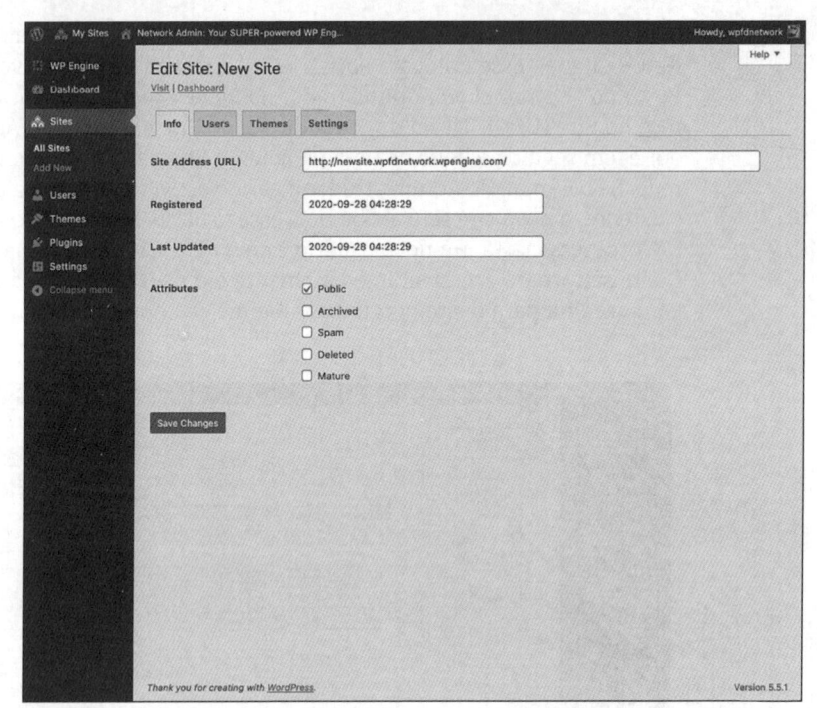

Geralmente, você só usa a tela Editar Site quando as configurações não estão disponíveis no Painel daquele site específico. Configure estas opções nas quatro abas da tela Editar Site:

>> **Info:** Nessa aba, você pode editar domínio, caminho, data de registro, data de atualização e atributos (Público, Arquivado, Spam, Deletado ou Adulto) do site.

>> **Usuários [Users]:** Nessa aba, você pode gerenciar os usuários que foram atribuídos ao site, além de adicionar novos usuários.

>> **Temas [Themes]:** Nessa aba, você pode habilitar temas para o site. Esse recurso é especialmente útil se você tem algum tema que não foi habilitado na rede (confira a seção "Temas" mais adiante neste capítulo). Todos os temas que não estão ativos dentro da sua rede ficam listados na aba Temas, o que permite que você ative temas de forma individual.

>> **Configurações [Settings]:** As configurações dessa aba tratam de todas as configurações do banco de dados para o site que você está editando. Raramente é preciso editar essas configurações porque, como administrador da rede, você tem acesso ao Painel de cada usuário e, portanto, deve ser capaz de fazer quaisquer alterações na configuração do site a partir de lá.

O menu Sites também inclui um link com o nome Adicionar Novo [Add New]. Clique nesse link para abrir a tela Adicionar Novo Site (veja a Figura 13-9) no seu Painel do Administrador da Rede. Preencha os campos Endereço do Site (URL), Título do Site, Idioma do Site e E-mail do Administrador e, em seguida, clique no botão Adicionar Site para adicionar o site à sua rede. Se o E-mail do Administrador inserido estiver associado a um usuário existente, o novo site será atribuído a esse usuário. Se o usuário não existir, o WordPress criará um novo usuário e enviará uma notificação por e-mail. O site se tornará acessível imediatamente e o usuário receberá um e-mail com um link para o site, um link de login e seu nome de usuário e senha.

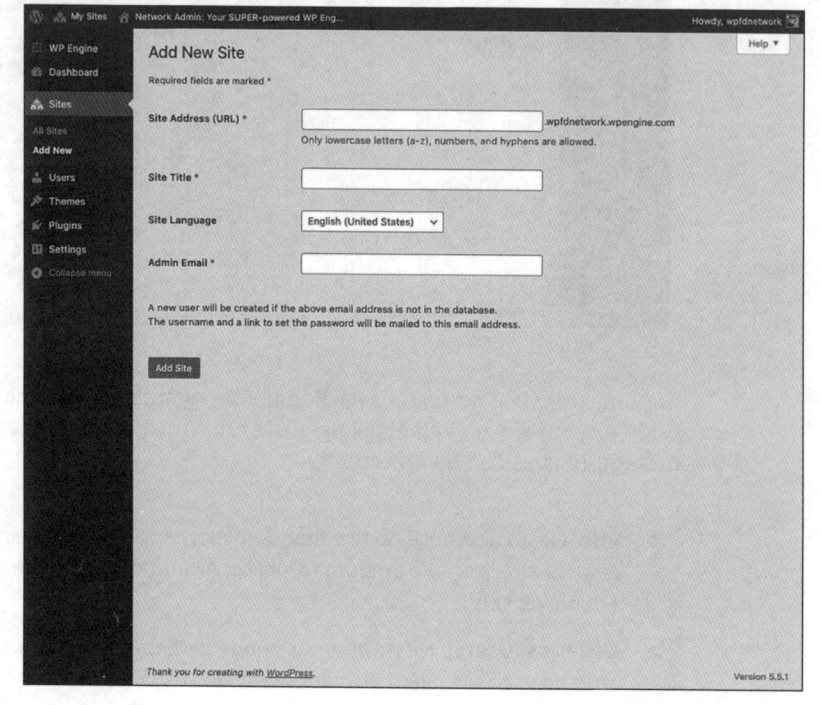

FIGURA 13-9: A tela Adicionar Novo Site do Painel do Administrador da Rede.

Usuários

Clicar no link Usuários [Users] do Painel do Administrador da Rede o levará até a tela Usuários (veja a Figura 13-10), na qual você observará uma lista completa dos membros, ou usuários, da sua rede.

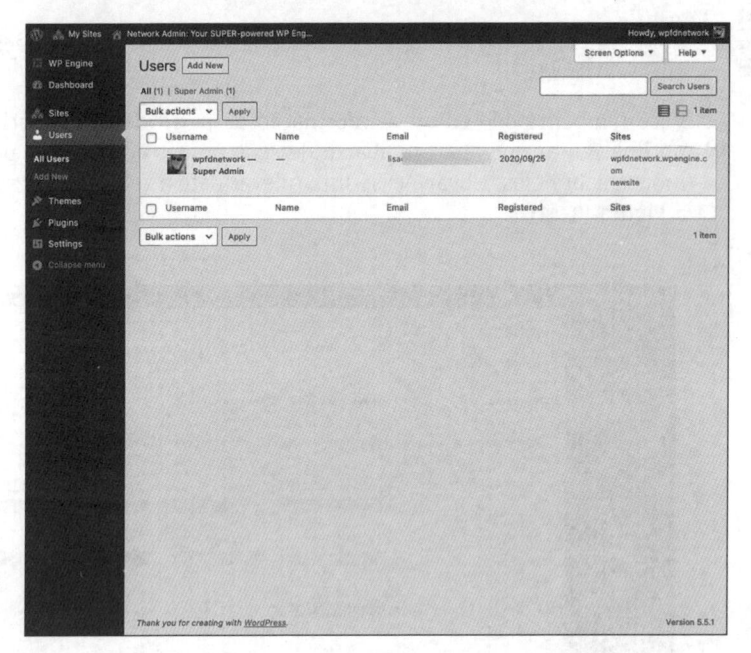

FIGURA 13-10:
A tela
Usuários.

A tela Usuários lista as seguintes informações sobre cada um dos usuários:

» **Nome de usuário [Username]:** Essa configuração é o nome de login que o membro usa quando ele entra na conta da sua comunidade.

» **Nome [Name]:** Essa configuração é o nome verdadeiro do usuário, retirado do seu perfil. Se o usuário não tiver fornecido um nome em seu perfil, então essa coluna ficará em branco.

» **E-mail:** Essa configuração é o endereço de e-mail que o usuário inseriu ao se registrar no site.

» **Registrado [Registered]:** Essa configuração é a data em que o usuário foi registrado.

» **Sites:** Se você tiver habilitado os sites dentro da sua Rede WordPress, então essa configuração lista todos os sites dos quais o usuário é membro.

Você pode adicionar e deletar usuários da rede, bem como gerenciar usuários, clicando no link Editar ou Deletar que aparece abaixo de seus nomes ao passar o ponteiro do mouse sobre eles.

Para deletar um usuário, passe o ponteiro do mouse sobre o nome de usuário na lista da tela Usuários e clique no link Deletar. Uma nova janela aparecerá, dizendo para transferir os posts e links desse usuário para outra conta (sua própria conta, provavelmente). Em seguida, clique no botão Confirmar Deleção. Feito isso, o WordPress removerá o usuário da rede.

CUIDADO

Essa ação é irreversível, então tenha certeza sobre a sua decisão antes de clicar nesse botão.

Você também pode editar a informação de perfil de um usuário clicando no link Editar que aparece abaixo de seus nomes ao passar o ponteiro do mouse sobre eles. Clicar nesse link o levará até a tela Perfil [Profile] (veja a Figura 13-11).

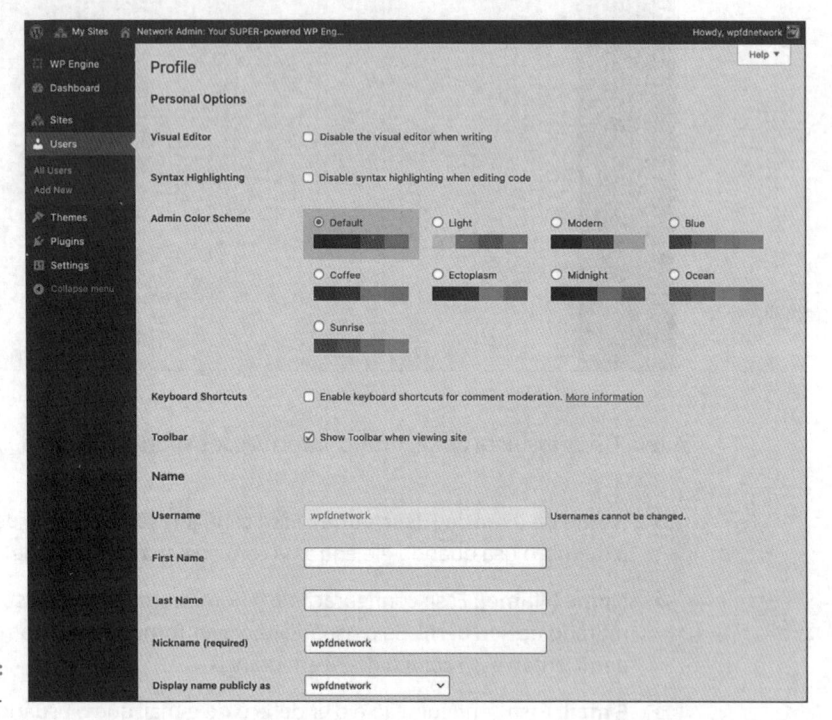

FIGURA 13-11: A tela Perfil.

Além disso, no menu Usuários do Painel do Administrador da Rede, existe um link com o nome Adicionar Novo. Clique nesse link para carregar a tela Adicionar Novo Usuário [Add New User] (veja a Figura 13-12).

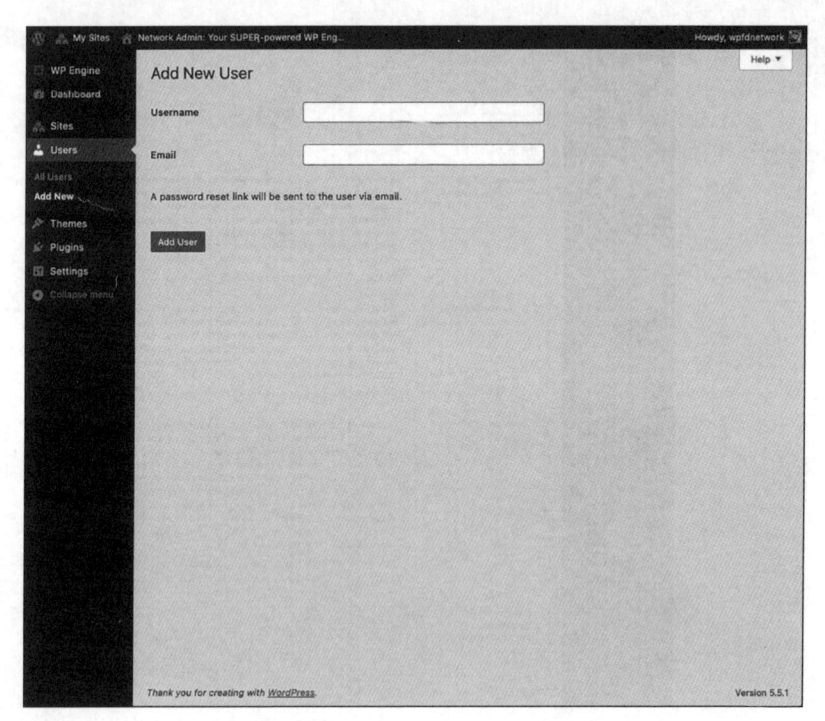

Você pode adicionar um novo usuário preenchendo os campos Nome de Usuário e E-mail e, em seguida, clicar no botão Adicionar Usuário [Add User]. O WordPress enviará ao novo usuário uma notificação por e-mail da conta criada, junto de um URL do site, o nome de usuário e a senha (gerada aleatoriamente pelo WordPress no momento em que a conta é criada).

Temas

Quando uma rede é habilitada, apenas os usuários com acesso de administrador de rede têm a permissão para instalar temas, que serão compartilhados em toda a rede. Você pode ler mais sobre como encontrar, instalar e ativar novos temas no Capítulo 8. Após instalar um tema, é preciso ativá-lo na sua rede para que ele apareça no menu Aparência de cada site. Para acessar a tela Temas (Exibida na Figura 13-13), clique no link Temas no menu de mesmo nome dentro do Painel de Administrador de Rede.

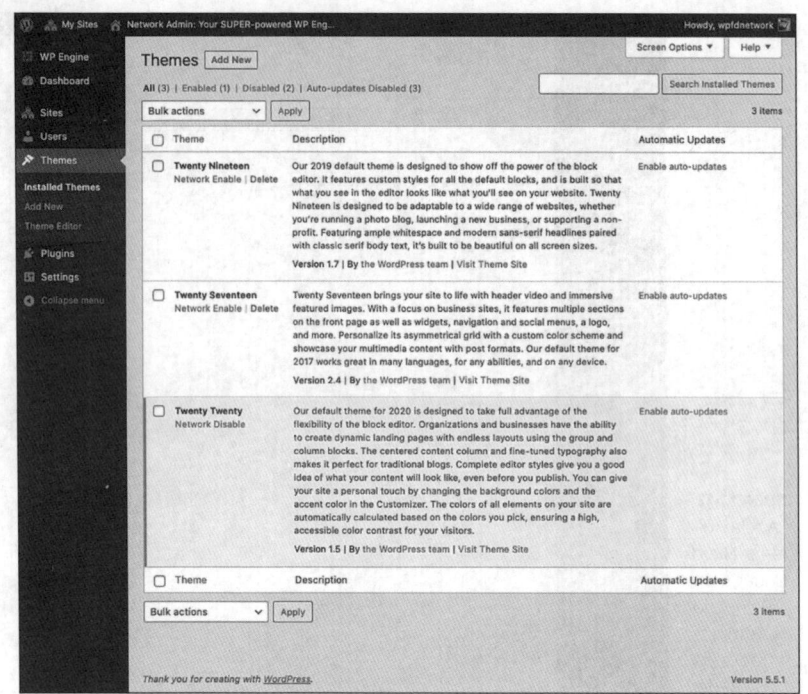

FIGURA 13-13:
A tela
Temas.

Plugins

Em sua grande maioria, todos os plugins WordPress funcionam na sua rede. No entanto, existem alguns plugins especiais, e o uso de plugins em uma rede envolve algumas considerações especiais.

DICA

Para detalhes sobre como encontrar, instalar e ativar plugins no WordPress, confira o Capítulo 7.

Vá até a tela Plugins do seu Painel do Administrador de Rede clicando no link Plugins. Essa tela é praticamente a mesma daquela vista no Capítulo 7, mas, se não souber onde olhar, poderá deixar passar uma diferença bem pequena e sutil. Veja a Figura 13-12 e olhe logo abaixo do nome do plugin. Percebe o link de Ativação em Rede [Network Activate]? Esse link é a grande diferença entre os plugins listados no Painel normal e os plugins listados no Painel do Administrador de Rede. Como administrador de rede, você pode habilitar certos plugins para que sejam ativados em toda a rede. Todos os sites da sua rede terão os recursos dos plugins ativos na rede, diferentemente dos plugins que são ativados no Painel comum (Administrador do Site), que só são ativados para o seu site principal.

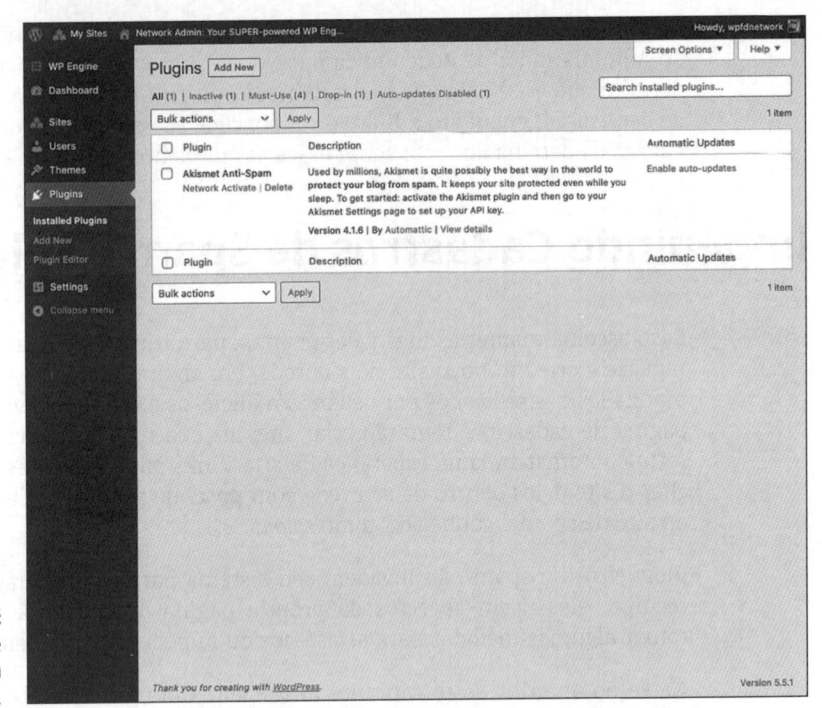

FIGURA 13-14:
A tela de
plugins da
rede.

DICA

Se você selecionar o menu de administração de plugins (veja a seção anterior deste capítulo, "Configurações de Menu") na página Configurações de Rede, os usuários verão os plugins listados na página Plugins de seus respectivos Painéis. Na lista de plugins deles, eles verão apenas os plugins que você não ativou na rede — ou seja, todos os plugins na sua instalação do WordPress que não foram ativados no site daquele usuário. Os usuários podem ativar e desativar esses plugins conforme desejarem.

Apenas os administradores de rede têm acesso à instalação de novos plugins no site; os usuários comuns dentro da rede não têm esse tipo de acesso (a menos que você tenha concedido a eles as permissões de administrador de rede nas configurações de usuário).

SUPER ADMIN VERSUS ADMIN DE REDE

No momento em que este livro foi escrito, os termos *super admin* e *admin de rede* são intercambiáveis. Logo quando o WordPress fundiu a base de códigos Multisite com o software WordPress comum, o termo mais usado era *super admin*. Atualmente, *admin de rede* é o termo padrão, mas *super admin* ainda é bem usado em algumas áreas do Painel do Administrador da Rede e do Painel comum. Essa situação pode mudar em um futuro próximo, quando a equipe do WordPress perceber a discrepância e lançar uma nova versão do software.

Além disso, dois outros links estão presentes no menu Plugins do Painel do Administrador de Rede: Adicionar Novo e Editor. O link Adicionar Novo permite que você adicione e instale novos plugins ao pesquisá-los dentro do seu Painel, enquanto o link Editor concede acesso ao Editor de Plugins. Falo mais detalhadamente sobre esses assuntos no Capítulo 7.

Impedindo Cadastros de Spam e Splogs

Caso escolha manter as inscrições abertas, permitindo que qualquer um se registre e crie um novo site na sua rede, em algum momento robôs automatizados e gerenciados por usuários maliciosos e spammers visitarão sua página de cadastro e tentarão criar sites na sua rede. Eles fazem isso de forma automatizada na esperança de criar links para seus sites ou preencher o site deles dentro da sua rede com posts de spam. Esse tipo de blog ou site de spam é conhecido como *splog*.

Blogueiros de spam não invadem seu sistema para tirar vantagem desse recurso; eles usam aspectos da própria página de cadastro. Você pode tomar algumas medidas para atrasá-los ou impedi-los completamente.

Na seção anterior deste capítulo, intitulada "Configurações de Registro", falei sobre algumas opções, incluindo áreas nas quais você pode especificar quais endereços de e-mail permitir ou bloquear. A caixa de seleção Adicionar Novos Usuários [Add New Users] (consulte a Figura 13-4) impede muitos spammers quando não está selecionada. Quando os spammers acessam o sistema para configurar um site de spam, costumam usar o recurso Adicionar Novos Usuários para, de forma programável (por meio de programas embutidos nos robôs), criar muitos outros sites.

Os spammers geralmente encontram seu site no Google, e é lá que eles encontram o link para a página de cadastro. Você pode impedir que o Google e outros mecanismos de busca naveguem pela sua página de cadastro adicionando o código `rel=nofollow,noindex` ao link da página de cadastro. Para isso, sempre que adicionar um link para sua página de cadastro convidando novos usuários, o código HTML deve incluir `nofollow,noindex`, como mostra o seguinte exemplo:

```
<a href="http://seusite.com/wp-signup.php"
rel="nofollow,noindex">Crie seu próprio site aqui</a>
```

Adicione esse código a qualquer página ou widget como um link comum para convidar visitantes legítimos a se cadastrarem na sua rede.

NESTE CAPÍTULO

» **Encontrando a notificação de atualização do Painel**

» **Fazendo backup do banco de dados antes de atualizar**

» **Atualizando o WordPress manual e automaticamente**

» **Migrando do WordPress para outra plataforma**

» **Transferindo seu site de um provedor de hospedagem para outro**

Capítulo **14**

Atualizando, Fazendo Backup e Migrando

E m algum momento, pode ser necessário migrar seu site para outro local na internet, seja para outro provedor de hospedagem ou para outra conta no seu provedor atual. Ou talvez você esteja lendo este livro porque deseja levar seu blog para uma plataforma diferente do WordPress. Você descobrirá que, durante seu tempo como usuário do WordPress, a atualização do software é importante, bem como a criação de backups do seu site para que você não perca meses ou até anos de trabalho.

Neste capítulo, você descobrirá o sistema de notificação de atualização do WordPress e o que fazer quando a plataforma notificar que há uma nova versão disponível do software. Este capítulo menciona as melhores práticas para a atualização da plataforma a fim de garantir o melhor resultado possível (ou seja, não destruir o seu site após uma atualização).

Este capítulo também trata sobre como migrar um blog que existe em uma plataforma diferente de blog (como Movable Type ou TypePad) para o WordPress. E, por fim, falaremos sobre como fazer o backup dos arquivos, dados e conteúdos do WordPress para então migrar a um novo provedor de hospedagem ou domínio.

Sendo Notificado sobre Atualizações

Após instalar o WordPress e fazer login pela primeira vez, você pode encontrar o número da versão no Painel. Assim, se alguém lhe perguntar qual versão está usando, você saberá exatamente onde procurar.

Suponha que você tenha uma instalação do WordPress com a qual publicou conteúdo em seu site por diversas semanas, talvez até meses. Então, um belo dia, você faz o login e vê uma mensagem no topo do Painel que nunca viu antes: `O WordPress 5.5.1 está disponível! Por favor, atualize agora`. Você pode ver uma mensagem como essa, em inglês, na Figura 14-1.

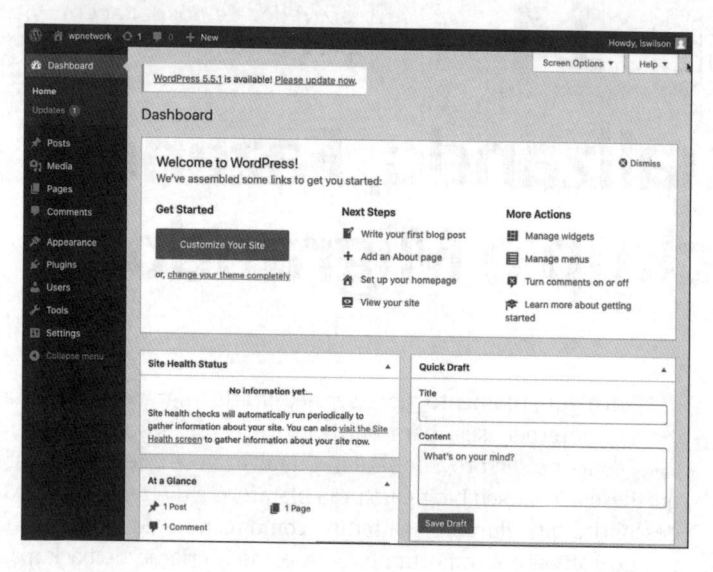

FIGURA 14-1: Notificação de uma atualização disponível do WordPress.

Tanto a mensagem no topo da tela quanto a bolha de notificação no menu do Painel são indicadores visuais de que você está usando uma versão defasada do WordPress e que pode (e deve) atualizar o software.

A mensagem na parte superior do seu Painel tem dois links que você pode acessar para obter mais informações. O primeiro, exibido na Figura 14-1, é um link com o texto `WordPress 5.5.1`. Clicar nesse link o levará até uma página do WordPress Codex com o título Versão 5.5.1. Essa página contém informações sobre a atualização, incluindo

» Informações da instalação/atualização

» Resumo do ciclo de desenvolvimento da versão

» Lista de arquivos revisados

O segundo link, "Por favor, atualize agora" [Please Update Now], o levará até a tela Atualizações do WordPress no Painel. Essa página é exibida na Figura 14-2.

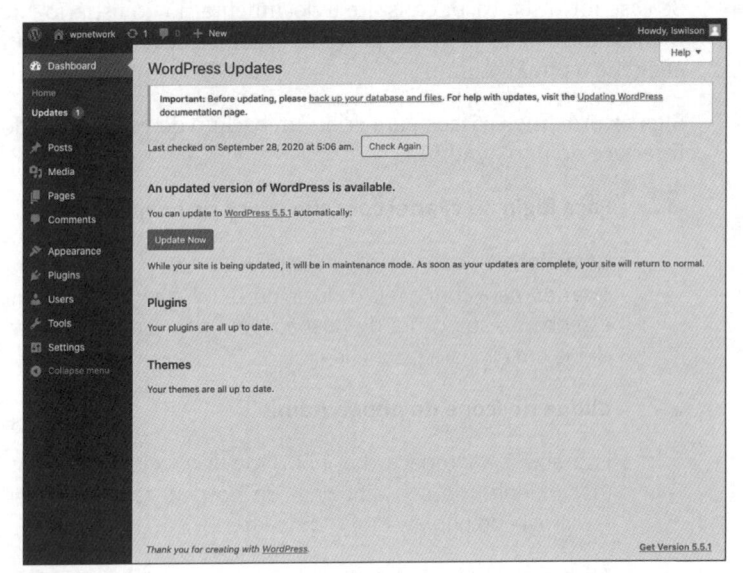

FIGURA 14-2: Receba a última versão do WordPress por meio da tela Atualizações do WordPress.

Na parte superior da tela Atualizações do WordPress está outra mensagem importante (veja a Figura 14-2): `Importante: Antes de atualizar, faça o backup do seu banco de dados e arquivos (https://WordPress. org/support/article/WordPress-backups). Para obter ajuda com atualizações, visite a página de documentação da atualização do WordPress (https://WordPress.org/support/article/updating-WordPress).` A tela Atualizações do WordPress diz que existe uma versão atualizada do software disponível.

Fazendo o Backup do Banco de Dados

Antes de atualizar sua instalação do WordPress, certifique-se de fazer o backup do seu banco de dados. Esse passo não é obrigatório, é claro, mas é um passo inteligente a fazer para proteger seu site e ter a consciência limpa de que, caso a atualização dê errado de alguma forma, você terá uma cópia completa de todos os dados do seu site que podem ser restaurados se necessário.

A melhor forma de fazer o backup do banco de dados é usar a interface de administração MySQL fornecida pelo seu provedor de hospedagem.

DICA

O cPanel é uma interface de hospedagem web fornecida por muitos provedores como uma ferramenta de gerenciamento de contas. Ela usa o phpMyAdmin como a ferramenta preferida para gerenciar e administrar bancos de dados. Nem todos os provedores usam o cPanel e o phpMyAdmin. Se esse for o seu caso, consulte a documentação do usuário para as ferramentas fornecidas pelo seu provedor. As instruções deste capítulo usam o cPanel e o phpMyAdmin.

Siga os próximos passos para criar um backup do banco de dados usando a interface do phpMyAdmin:

1. Faça login no cPanel com sua conta de hospedagem.

Geralmente, você vai até o endereço `http://seudominio.com/cpanel` para abrir a tela de login do seu cPanel. Insira o nome de usuário e senha da sua conta de hospedagem nos campos correspondentes e clique em OK para fazer o login.

2. Clique no ícone do phpMyAdmin.

Isso abrirá a interface do phpMyAdmin e exibirá seu banco de dados (dependendo do seu ambiente de hospedagem, pode ser necessário fazer login no phpMyAdmin, também).

3. Clique no título do banco de dados que você deseja fazer backup.

Se você tiver mais de um banco de dados em sua conta, o menu esquerdo do phpMyAdmin exibirá os nomes de todos eles. Clique naquele que você deseja fazer o backup. Isso carregará o banco de dados na janela da interface principal, na lateral da tela.

4. Clique na aba Exportar, na parte superior da tela.

A tela será atualizada, exibindo o utilitário de backup.

5. Selecione a caixa Salvar Como Arquivo.

6. Escolha a opção "compactado".

Essa opção compilará o arquivo de backup do banco de dados em um arquivo `.zip` e vai prepará-lo para o download.

7. Clique no botão Ir.

Isso carregará uma janela pop-up, permitindo que você escolha um local no seu computador para armazenar o arquivo de backup do banco de dados.

8. Clique no botão Salvar para fazer o download do arquivo no seu computador.

Com os dados do seu site WordPress salvos com sucesso, você pode prosseguir com a atualização do seu software WordPress. Caso alguma coisa dê errado, você terá uma cópia completa de todo o conteúdo no site, que pode ser restaurada posteriormente caso haja a necessidade.

Atualizando o WordPress Automaticamente

O WordPress oferece um método fácil, rápido e confiável de atualizar o software central a partir do Painel. Recomendo usar essa opção sempre que possível para garantir que você esteja atualizando a plataforma de forma adequada.

Para atualizar o WordPress automaticamente, siga os próximos passos:

CUIDADO

1. Faça o backup do seu site WordPress.

Não pule esta etapa!

Fazer o backup do seu site inclui o backup do seu banco de dados (mostrado na seção anterior, "Fazendo o Backup do Banco de Dados") e o download de elementos cruciais por meio do SFTP (veja o Capítulo 3). Entre os elementos cruciais podemos incluir toda a pasta /wp-content, que contém seus plugins, temas e todos os arquivos de mídia (imagens, vídeos, documentos e outros) que foram enviados ao seu site. Além disso, faça um download de backup do arquivo wp-config.php localizado na pasta raiz de instalação do WordPress.

2. Desative todos os plugins.

Essa etapa garantirá que qualquer conflito de plugin causado por uma atualização do WordPress não atrapalhe o processo de atualização. Além disso, essa etapa também garante que seu site não vai parar de funcionar ou exibir algum tipo de erro após a conclusão da atualização. Você pode encontrar mais informações a respeito de como trabalhar com plugins e gerenciá-los no Capítulo 7. Para os fins desta etapa, você pode desativar os plugins com o procedimento descrito a seguir:

a. *Clique no link Plugins do menu Plugins no Painel para carregar a tela de mesmo nome.*

b. *Selecione todos os plugins marcando a caixa à esquerda da coluna Plugin.*

c. *Escolha Desativar a partir do menu suspenso na parte superior da tela.*

d. *Clique no botão Aplicar.*

3. **Clique no link Atualizações no menu do Painel e, em seguida, clique no botão Atualizar Agora dentro da tela Atualizações do WordPress.**

O Painel será atualizado, exibindo a página de boas-vindas da versão mais recente. Essa página exibirá, também, uma lista com todos os novos recursos da versão que acabou de instalar, como é possível ver na Figura 14-3. Agora você está usando a versão mais recente do WordPress.

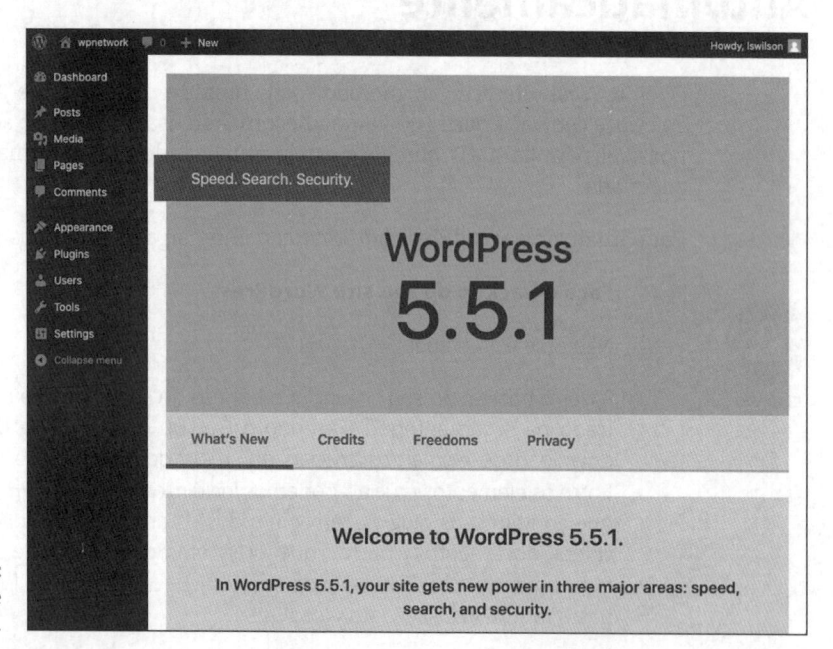

FIGURA 14-3: A página de boas-vindas.

Ao concluir a atualização do WordPress, você pode voltar à tela Plugins e reativar os plugins que foram desativados no passo 2 da lista apresentada nesta seção.

Atualizando o WordPress Manualmente

A segunda maneira de atualizar o WordPress é o método manual, que é menos usado. Esse método é menos usado principalmente porque o método automático (discutido na seção "Atualizando o WordPress Automaticamente") é muito rápido e fácil. No entanto, em certas circunstâncias — provavelmente relacionadas à incapacidade de o seu ambiente de hospedagem acomodar o método automático —, você precisará atualizar o WordPress manualmente.

Os passos para a atualização manual do WordPress são descritos a seguir:

1. **Faça o backup do seu site WordPress e desative todos os plugins.**

Veja os passos 1 e 2 da seção "Atualizando o WordPress Automaticamente" apresentada anteriormente neste capítulo.

2. **Acesse o site WordPress e clique no botão Baixar o WordPress.**

Esse passo levará você até a página de download do WordPress.

3. **Clique no botão de download.**

Esse passo abrirá uma caixa de diálogo que lhe permitirá salvar o arquivo `.zip` da versão mais recente do WordPress em seu computador (veja a Figura 14-4).

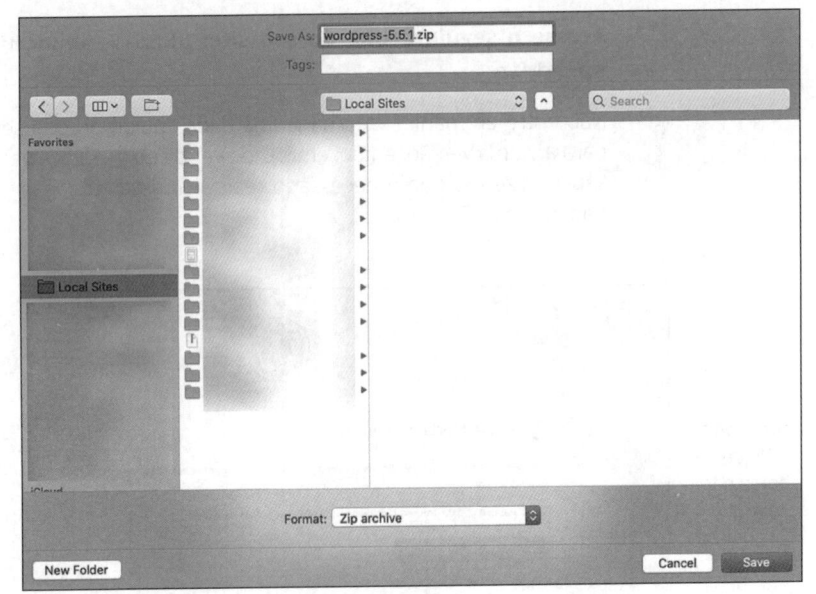

FIGURA 14-4: Baixando os arquivos do WordPress no seu computador.

4. **Escolha um local para armazenar o pacote e clique em Salvar.**

O arquivo `.zip` será baixado no local especificado do seu computador.

5. **Vá até o arquivo `.zip` em seu computador.**

6. **Faça a descompressão do arquivo.**

Use um programa como WinZip (`https://www.winzip.com/br`) para descomprimir um arquivo `.zip`.

7. **Conecte-se ao seu servidor web via SFTP.**

O Capítulo 3 possui mais informações sobre como usar o SFTP.

8. **Delete todos os arquivos e pastas do seu diretório de instalação do WordPress, *exceto* os seguintes arquivos e pastas:**

- Pasta `/wp-content`

- `.htaccess`

- `wp-config.php`

9. **Envie o conteúdo da pasta `/WordPress` — não envie a pasta em si — para seu servidor web.**

A maioria dos clientes SFTP permite que você selecione todos os arquivos para, em seguida, arrastar e soltá-los no seu servidor web. Outros programas exigirão que você selecione os arquivos e clique em um botão com o nome Transferir ou algo semelhante.

10. **Acesse o seguinte URL do seu site: `http://seudominio.com/wp-admin`.**

Não entre em pânico: seu banco de dados ainda precisa ser atualizado para a última versão, então, em vez de ver o seu site, você verá uma mensagem dizendo que é necessário realizar uma atualização do banco de dados (veja a Figura 14-5).

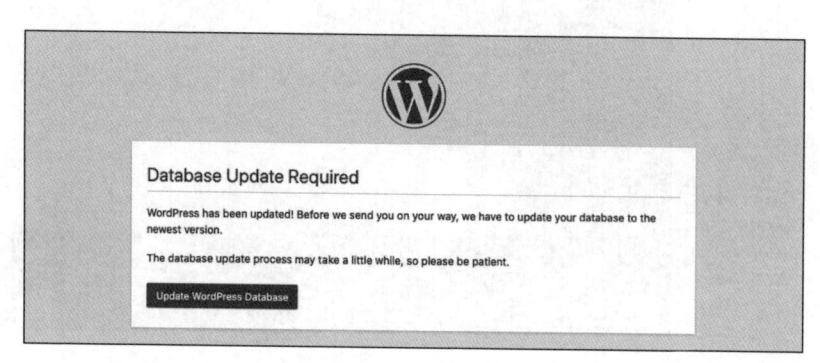

FIGURA 14-5: Clique no botão para atualizar o banco de dados do WordPress.

11. **Clique no botão Atualizar Banco de Dados do WordPress [Upgrade WordPress Database].**

Essa ação iniciará a atualização do banco de dados MySQL associado ao seu site. Quando a atualização terminar, a página será atualizada, exibindo uma mensagem de conclusão de atualização.

12. **Clique no botão Continuar.**

O seu navegador carregará a página de login do WordPress. Com isso, a atualização estará completa e você poderá continuar usando o WordPress com todos os seus recursos recém-atualizados.

No seu tempo como usuário do WordPress, você fará atualizações constantes, pelo menos de três a quatro vezes por ano. Para alguns usuários, a necessidade de atualização é uma realidade frustrante da plataforma. Graças ao desenvolvimento bastante ativo do projeto WordPress, essa é a plataforma de publicação de conteúdo mais popular atualmente. O WordPress sempre adiciona novas coisas para garantir que você tire o maior proveito possível das novas ferramentas e recursos disponíveis.

Caso não se sinta confortável em realizar tarefas administrativas como a atualização e criação de backup de banco de dados, pode contratar alguém para realizar essas tarefas para você — um membro da sua empresa, caso você gerencie um negócio, ou um consultor WordPress que tenha experiência com essas tarefas.

Migrando Seu Site para o WordPress

Então você tem um site em um sistema de gerenciamento de conteúdo (CMS) diferente e deseja migrá-lo para o WordPress? Este capítulo o ajudará a fazer isso. O WordPress torna relativamente fácil a migração de dados de uma plataforma para o software WordPress.

Por padrão, o WordPress permite que você mova seu site de plataformas como Blogger, TypePad e Movable Type. Ele também oferece uma forma interessante de migração de qualquer plataforma a partir do feed RSS, desde que a plataforma da qual você está importando tenha um feed RSS disponível. Algumas plataformas, como a Medium (`https://medium.com`), têm certas limitações na disponibilidade do feed RSS, então certifique-se de conferir com o provedor da plataforma. Nesta seção, você descobrirá como preparar seu site para migração e movê-lo das plataformas específicas para as quais o WordPress fornece plugins de importação.

PAPO DE ESPECIALISTA

A plataforma WordPress.org oferece plugins de instalação rápida e fácil para cada plataforma suportada, a fim de que você possa importar e usar seu conteúdo imediatamente. Os importadores estão no formato de plugin porque muitas pessoas só usam um importador uma vez, enquanto outras nunca chegam a usar. Os plugins estão disponíveis para serem usados caso você precise. Por outro lado, o WordPress.com tem importadores embutidos no software. Preste atenção nas diferenças entre as versões disponíveis da plataforma.

Migrando

Os donos dos sites têm uma série de razões para migrar do WordPress a partir de outro sistema:

» **Curiosidade:** O WordPress é responsável atualmente por mais de 35% de todos os sites existentes. As pessoas sentem uma curiosidade natural em conhecer um software tão popular para a criação de conteúdo.

» **Mais controle sobre seu site:** Essa razão se aplica especialmente àqueles com um site no Medium, TypePad ou outro serviço hospedado. Os programas hospedados limitam o que você pode fazer, criar e experimentar. Quando se trata de plugins, add-ons e criação de temas, hospedar um blog do WordPress em seu próprio servidor oferece uma diversidade muito maior. Além disso, você terá um controle completo dos seus dados, arquivos e capacidade de backup ao hospedar seu blog dentro do seu próprio servidor.

» **Facilidade de uso:** Muitas pessoas acham o WordPress fácil de ser usado e compreendido, além de ser muito mais simples para o usuário do que grande parte das outras plataformas de blogs disponível atualmente.

LEMBRE-SE

No software WordPress, os importadores são adicionados às instalações como plugins. Os plugins de importação inclusos neste capítulo são plugins embutidos no software do WordPress, mas, além disso, também é possível encontrá-los na página de plugins: `https://br.WordPress.org/plugins/tags/importer`. Você pode importar conteúdo de diversas outras plataformas ao instalar plugins que não estão disponíveis nessa página, mas para isso será necessário fazer uma busca para encontrá-los.

Preparando-se para a migração

Dependendo do tamanho do seu site (isso é, a quantidade de posts e comentários), o processo de migração pode levar cinco minutos em alguns casos e mais de trinta minutos em outros. Assim como acontece com qualquer grande alteração ou atualização, independentemente de onde seu site estiver hospedado, a primeira coisa a ser feita é criar um backup. Você deve realizar um backup dos seguintes dados:

» **Arquivos:** Posts, páginas, comentários e trackbacks. Esse backup é feito ao realizar o backup do banco de dados.

» **Template:** Arquivos de template e de imagem. Esse backup é feito ao transferir a pasta `/wp-content/themes` do seu servidor de hospedagem para o computador via SFTP.

» **Plugins:** Arquivos de plugins. Faça o backup transferindo a pasta `/wp-content/plugins` do seu servidor para seu computador via SFTP.

» **Mídia:** Quaisquer imagens, vídeos, áudios ou documentos usados no blog. Faça o backup transferindo os arquivos do seu servidor para o computador via SFTP (geralmente, as imagens enviadas para posts ou páginas são armazenadas na pasta `/wp-content/uploads`).

A Tabela 14–1 oferece algumas dicas para a criação de dados de exportação do seu blog em algumas plataformas grandes. *Observação:* Esta tabela presume que você tenha feito login no seu software.

TABELA 14-1 Fazendo Backup dos Dados do Seu Site nas Principais Plataformas

Plataforma Atual	Informação de Backup
Movable Type	Clique no botão Importar/Exportar no menu do seu Painel do Movable Type. Em seguida, clique no link Exportar Entradas De. Quando a página terminar de carregar, salve-as no seu computador como um arquivo `.txt`.
TypePad	Clique no nome do site que deseja exportar e, em seguida, clique no link Importar/Exportar no menu Visão Geral. Feito isso, clique no link Exportar ao final da página Importar/Exportar. Quando a página terminar de carregar, salve-o no seu computador como um arquivo `.txt`.
Blogger	Faça o backup do seu template copiando o texto do template em um editor de texto, como o Bloco de Notas. Em seguida, salve-o no seu computador como um arquivo `.txt`.
Live Journal	Vá até o endereço `https://livejournal.com/export.bml` e insira a informação requisitada. Escolha o formato XML e salve o arquivo no seu computador.
Tumblr	Vá até o endereço `https://www.tumblr.com/oauth/apps` e siga as direções para criar um app Tumblr. Ao finalizar, copie as chaves OAuth Consumer Key e Secret Key e cole-as em um arquivo de texto no seu computador. Use essas chaves para conectar seu site WordPress à sua conta Tumblr.
WordPress	Clique no link Exportar no menu Ferramentas do Painel, abrindo a página Exportar. Escolha as opções na página, clique no botão Baixar Arquivo de Exportação e salve o arquivo no seu computador.
Feed RSS	Use seu navegador para acessar o URL do feed RSS que deseja importar. Aguarde até a página ser carregada completamente (pode ser preciso configurar seu feed para exibir todos os posts). Veja o código-fonte da página; em seguida, copie e cole esse código-fonte em um arquivo `.txt` e, depois, salve-o no computador.

DICA

O script de importação do WordPress permite um tamanho de arquivo máximo de 128MB. Caso você se depare com um erro "out of memory", tente dividir o arquivo de importação em diferentes partes e enviá-las separadamente. O script de importação é inteligente o suficiente para ignorar entradas duplicadas, então, se precisar executar o script algumas vezes para importar tudo, poderá fazê-lo sem se preocupar com a duplicação de conteúdo.

Convertendo templates

Cada plataforma usa um meio único de entregar conteúdo e dados para o seu blog. As tags de template variam de programa para programa; não existem duas tags iguais e, portanto, cada arquivo de template precisa ser convertido caso queira usar o *seu* template com seu novo blog WordPress. Nesses casos, duas opções estão disponíveis para você:

» **Converta o template sozinho.** Para realizar essa tarefa, você precisa saber sobre as tags de template do WordPress e sobre HTML. Se tiver um template que está usando em outra plataforma de blog e deseja convertê-lo para o formato do WordPress, você pode trocar as tags da plataforma original pelas tags do WordPress. As informações fornecidas nos Capítulos 8 ao 11 oferecem uma visão geral do trabalho com os temas, bem como algumas tags de template básicas do WordPress. Essas informações podem lhe ser úteis caso você planeje realizar uma dessas conversões de template.

» **Contrate um consultor WordPress experiente para realizar a conversão.** Você pode encontrar uma lista de consultores WordPress reunida pela equipe da WP Engine (um provedor de hospedagem voltado para o WordPress) no seguinte endereço: `https://wpengine.com/partners/agencies/`.

Para usar seu próprio template, certifique-se de que você salvou *todos* os arquivos de template, imagens e folha de estilo da configuração anterior. Você precisará deles para converter seu(s) template(s) para o formato do WordPress.

LEMBRE-SE

Milhares de temas gratuitos estão disponíveis no WordPress, então pode ser mais fácil abandonar o tema com o qual você está trabalhando e encontrar um tema gratuito. Caso tenha pagado pela criação de um design personalizado para seu site, entre em contato com o designer do seu tema e o contrate para fazer a conversão. Além disso, você pode contratar diversos consultores WordPress para realizar essa tarefa para você — inclusive esta que vos escreve.

Levando seu site para o WordPress

Você juntou todas as suas coisas e sua nova casa está preparada. Chegou o dia da mudança! Esta seção o guiará pelos passos necessários para tirar seu site de uma plataforma e levá-lo até o WordPress. Esta seção presume que você já fez uma instalação do WordPress e que ele já está configurado em um domínio próprio.

Encontre a função de importação que você precisa com os passos a seguir:

1. **No Painel, escolha Ferramentas ⇨ Importar.**

Isso carregará a tela Importar, que listará as plataformas das quais você pode importar conteúdo (como Blogger e Movable Type). A Figura 14-6 mostra a tela Importar do Painel WordPress.

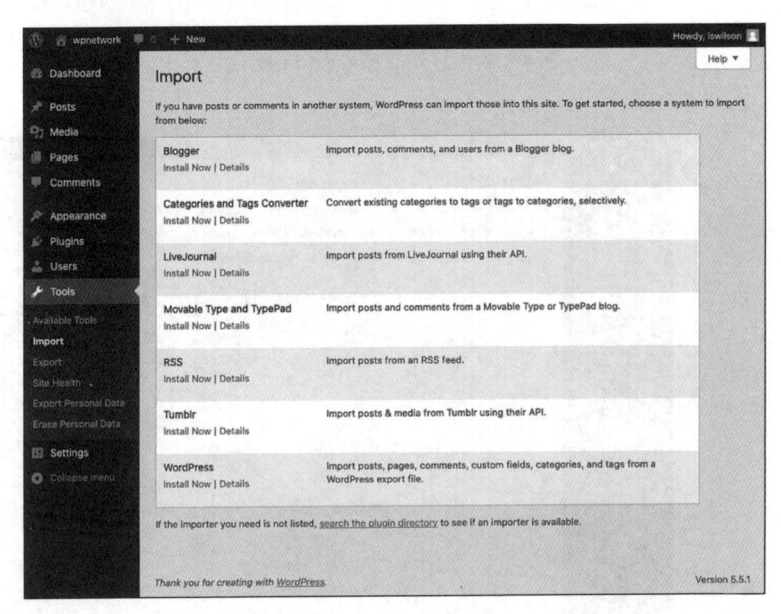

FIGURA 14-6: A tela Importar.

2. **Encontre a plataforma com a qual você está trabalhando.**

3. **Clique no link Instalar Agora para instalar o plugin de importação e comece a usá-lo.**

As seções seguintes descrevem algumas direções de importação para os CMS mais populares (depois do próprio WordPress). Cada plataforma tem seu próprio método, então confira a documentação da plataforma que você está usando.

Importando do Blogger

Blogger (anteriormente chamado Blogspot) é o aplicativo de blog do Google.

1. **No Painel, escolha Ferramentas ⇨ Importar.**

Isso abrirá a tela Importar, listando as plataformas das quais você pode importar conteúdo (consulte a Figura 14-6).

2. Encontre a plataforma com a qual você está trabalhando.

3. Clique no link Instalar Agora abaixo do título Blogger na tela Importar e instale o plugin para a importação a partir do Blogger.

4. Clique no link Executar o Importador.

Isso carregará a página Importar do Blogger [Import Blogger], que contém instruções para importar seu arquivo, como é possível ver na Figura 14-7. Se ainda não preparou um arquivo no Blogger para ser importado no WordPress, então será preciso fazer isso agora.

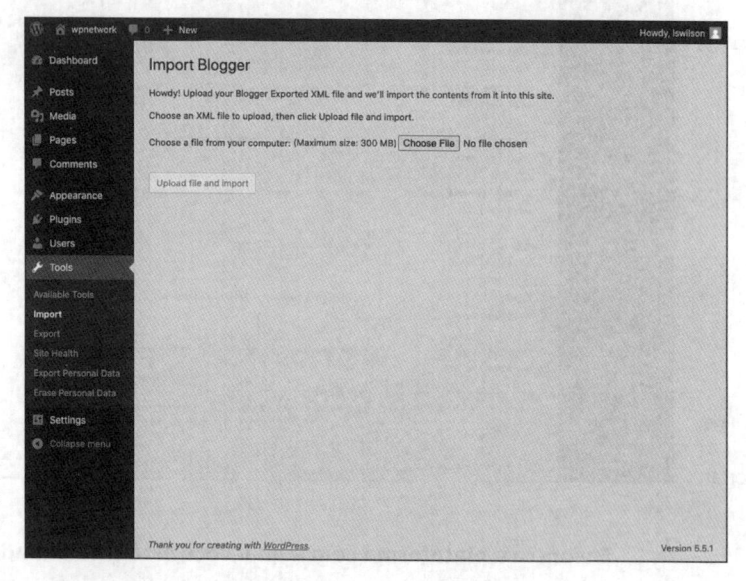

FIGURA 14-7:
A página
Importar do
Blogger.

5. Faça login na sua conta Blogger.

6. Na sua conta Blogger, clique no blog que você deseja importar.

7. Escolha Configurações ⇨ Outras na sua conta do Blogger.

Esse link pode ser encontrado no menu esquerdo.

8. Na sua conta do Blogger, escolha Fazer Backup de Conteúdo ⇨ Salvar no Seu Computador para salvar o arquivo `.xml`.

9. Na tela Importar do Blogger do seu Painel WordPress, clique no botão Escolher Arquivo para enviar o arquivo do Blogger.

10. Clique no botão Enviar Arquivo e Importar [Upload File and Import].

Esse passo enviará o arquivo, e a página será atualizada para a seção Atribuir Autores da tela Importar do Blogger.

11. Clique no botão Configurar Autores para atribuir autores aos posts.

O nome de usuário do Blogger aparece à esquerda da página; um menu suspenso do lado direito da página exibe o nome de login do WordPress.

12. Atribua autores usando o menu suspenso.

Caso só tenha um autor em cada blog, o processo é especialmente simples: use o menu suspenso no lado direito para atribuir o login do WordPress ao seu nome de usuário do Blogger. Se existirem múltiplos autores em ambos os blogs, cada nome de usuário do Blogger será listado à esquerda, com um menu suspenso à direita de cada nome de usuário. Escolha um login do WordPress para cada nome de usuário do Blogger para fazer as devidas atribuições.

13. Clique em Salvar Alterações.

Importação concluída!

Importando do LiveJournal

Tanto o WordPress.com quanto o WordPress.org oferecem um script de importação para usuários do LiveJournal, e o processo de importar do LiveJournal para o WordPress é o mesmo para ambas as plataformas.

Para exportar o conteúdo do seu blog do LiveJournal, faça login no blog correspondente e digite o seguinte URL na barra de endereços do navegador: `https://www.livejournal.com/export.bml`.

O LiveJournal permite que você exporte os arquivos `.xml` um mês de cada vez. Portanto, se tiver diversos meses de conteúdo no LiveJournal, esteja preparado para passar algum tempo nesse processo. Primeiro, você precisa exportar as entradas um mês de cada vez e, em seguida, importá-las para o WordPress — adivinha... — também um mês de cada vez.

DICA

Para agilizar um pouco esse processo, você pode salvar todos os arquivos exportados do LiveJournal em um único documento de texto, copiando e colando o arquivo `.xml` de cada vez em um único arquivo de texto (criado com um editor como o Bloco de Notas). Isso vai basicamente criar um grande arquivo .xml com todos os posts do seu blog LiveJournal. Feito isso, salve o arquivo como `.xml` e esteja preparado para importá-lo no seu blog WordPress.

Após exportar o arquivo `.xml` do LiveJournal, volte à página Importação do Painel WordPress e siga os próximos passos:

1. Clique no link Instalar Agora abaixo do título LiveJournal e instale o plugin correspondente.

2. Clique no link Executar Importador.

Isso carregará a tela Importar do LiveJournal, que contém instruções para importar seu arquivo, como é possível ver na Figura 14-8.

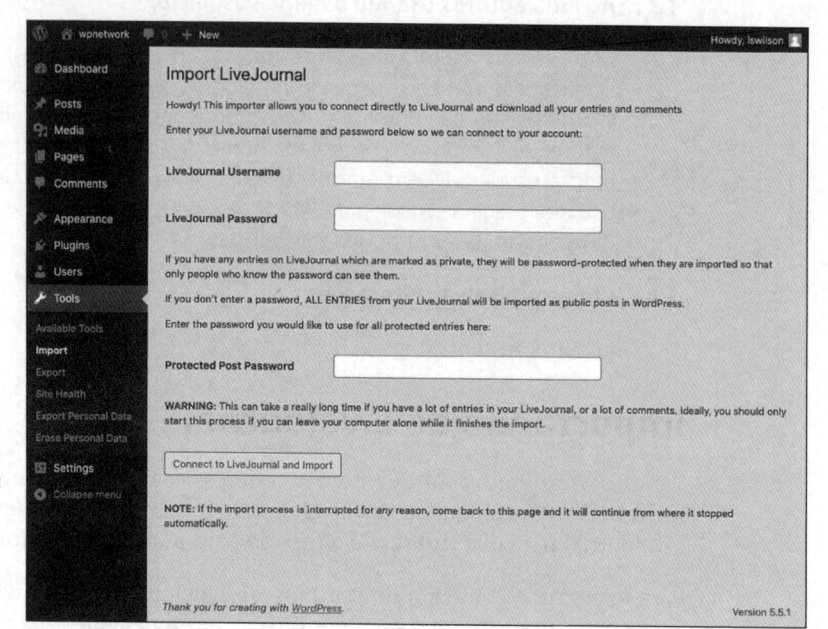

3. No campo Usuário LiveJournal [LiveJournal Username], digite o nome de usuário para sua conta LiveJournal.

4. No campo Senha LiveJournal [LiveJournal Password], digite a senha para sua conta LiveJournal.

5. No campo Senha de Post Protegido [Protected Post Password], insira a senha que você deseja usar para todas as entradas protegidas da sua conta LiveJournal.

CUIDADO

Se não completar esse passo, cada entrada importada para o WordPress será visível para todos. Certifique-se de realizar esse procedimento se alguma entrada da sua conta LiveJournal for protegida por senha.

6. Clique no botão Conectar ao LiveJournal e Importar [Connect to LiveJournal and Import].

Esse passo conecta seu site WordPress à sua conta LiveJournal e importa automaticamente todas as entradas do LiveJournal na sua instalação do WordPress. Se o seu site LiveJournal tiver muitas entradas, esse processo pode demorar, então seja paciente.

Importando do Movable Type e do TypePad

Movable Type e TypePad foram criados pela mesma empresa: Six Apart. Essas duas plataformas usam, em essência, a mesma base de código, então o procedimento de importar/exportar é basicamente o mesmo para as duas. Consulte a Tabela 14-1 exibida anteriormente neste capítulo para saber os detalhes de como executar o processo de exportação tanto em uma quanto em outra. Esse script de importação move todos os seus posts, comentários e trackbacks para seu site WordPress. Siga os próximos passos para importar o conteúdo do Movable Type ou do TypePad:

1. **No Painel, escolha Ferramentas ⇨ Importar.**

   A tela Importar será carregada, listando as plataformas das quais você pode importar conteúdo (veja a Figura 14-6).

2. **Encontre a plataforma com a qual você está trabalhando.**

3. **Clique no botão Instalar Agora abaixo do título Movable Type e TypePad para instalar o plugin correspondente.**

4. **Clique no link Executar Importador.**

   Isso carregará a tela Importar do Movable Type ou do TypePad, que contém instruções para a importação do seu arquivo, como mostra a Figura 14-9.

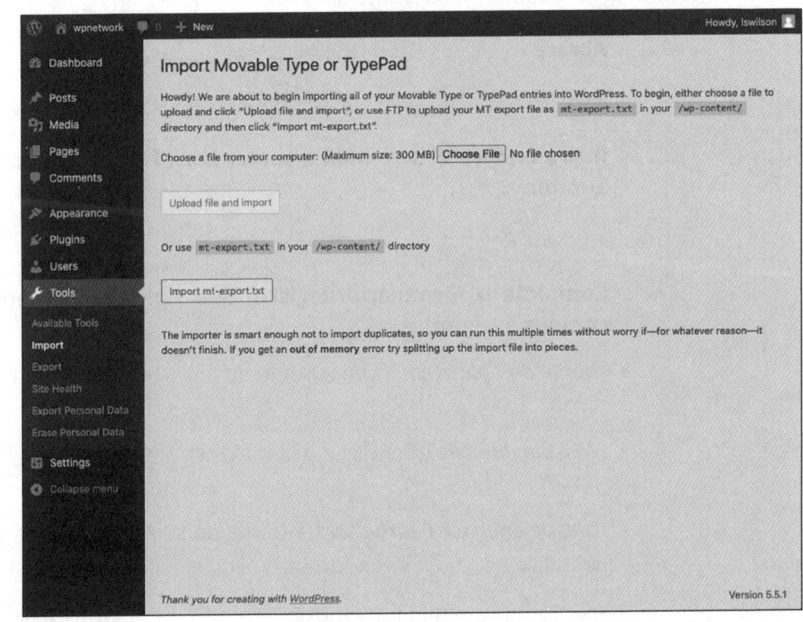

FIGURA 14-9: A tela Importar do Movable Type ou do TypePad do Painel WordPress.

5. **Clique no botão Escolher Arquivo.**

6. **Dê um duplo clique no nome do arquivo de exportação que você salvou do blog Movable Type ou TypePad.**

7. **Clique no botão Enviar Arquivo e Importar.**

   Sente-se e deixe o script de importação fazer a mágica. Quando o script finalizar, ele recarregará a página com uma mensagem confirmando a conclusão do processo.

8. **Quando o script de importação terminar, atribua usuários aos posts, relacionando os nomes de usuário do Movable Type ou do TypePad com nomes de usuário do WordPress.**

   Se houver só um autor em cada um dos blogs, esse processo é fácil: apenas atribua seu login do WordPress ao nome de usuário do Movable Type ou TypePad por meio do menu suspenso. Caso existam múltiplos usuários em ambos os blogs, relacione os nomes de usuário do Movable Type ou do TypePad com os nomes de login do WordPress.

9. **Clique em Salvar Alterações.**

Importando do Tumblr

Com o script de importação do Tumblr para o WordPress, é muito fácil importar o conteúdo da sua conta Tumblr para seu blog WordPress. Para concluir essa importação, siga os passos a seguir:

1. **Acesse** `https://www.tumblr.com/oauth/apps`.

   Isso carregará a página de login do Tumblr.

2. **Insira endereço de e-mail e senha para fazer login em sua conta Tumblr.**

   A página Registre Sua Aplicação será aberta.

3. **Complete o formulário Registre Sua Aplicação preenchendo os campos a seguir:**

   - *Nome da Aplicação:* Insira o nome do seu site WordPress no campo de texto.

   - *Website da Aplicação:* Digite o URL do seu site WordPress no campo de texto.

   - *URL de Callback Padrão:* Digite o URL do seu site WordPress no campo de texto.

   Esse formulário tem um total de sete campos de texto, mas você só precisa preencher esses três e deixar o resto em branco.

4. **Clique na caixa de texto com o título Eu Não Sou um Robô para provar que você é um humano e não um spammer.**

5. **Clique no botão Registrar.**

   A página de aplicações vai recarregar, exibindo sua informação registrada na parte superior.

6. **Copie a chave OAuth Consumer Key e cole-a em um arquivo de texto no seu computador.**

7. **Copie a chave Secret Key e cole-a no mesmo arquivo de texto em que você inseriu a OAuth Consumer Key no passo 6.**

8. **No seu Painel, escolha Ferramentas ⇨ Importar e clique no link Tumblr.**

   A tela Importar do Tumblr do seu Painel abrirá, como mostra a Figura 14-10.

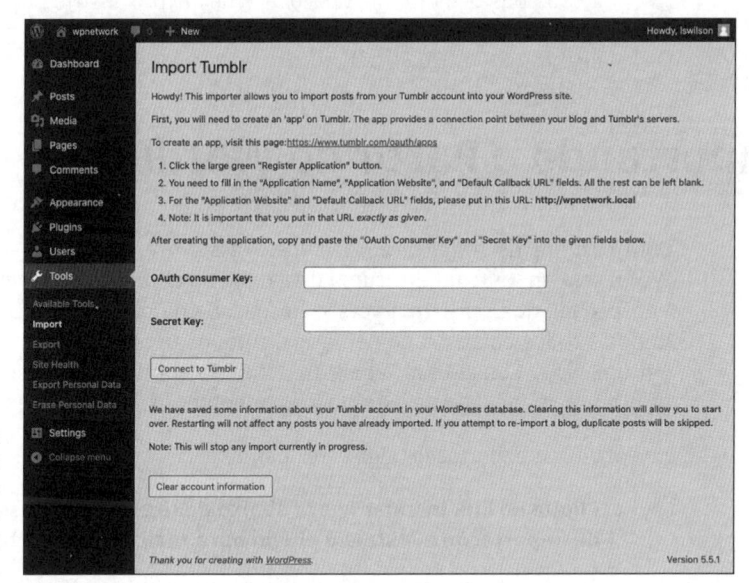

FIGURA 14-10: Tela Importar do Tumblr do Painel WordPress.

9. **Insira a chave OAuth Consumer Key na caixa de texto correspondente.**

   Use a OAuth Consumer Key que você salvou em um arquivo de texto no passo 6.

10. **Insira a chave Secret Key na caixa de texto correspondente.**

    Use a Secret Key que você salvou em um arquivo de texto no passo 7.

11. Clique no botão Conectar ao Tumblr.

Isso abrirá a tela Importar do Tumblr com uma mensagem instruindo você a autorizar o acesso.

12. Clique no link Autorizar a Aplicação.

A página de autorização do Tumblr perguntará se você deseja autorizar que o site WordPress acesse sua conta Tumblr.

13. Clique no botão Permitir.

Isso abrirá a tela Importar do Tumblr no seu Painel, exibindo uma lista dos sites da sua conta Tumblr.

14. Clique no botão Importar Este Blog na seção Ação/Status.

O conteúdo da sua conta Tumblr será importado na conta WordPress. Dependendo da quantidade de conteúdo em sua conta Tumblr, esse processo pode demorar um pouco. Ao final do processo, a página Importar do Tumblr será atualizada com uma mensagem indicado a conclusão da importação.

Importando a Partir do WordPress

Com o script de importação do WordPress, você pode importar um site WordPress em outro; tal recurso está disponível tanto para a versão auto--hospedada quanto para a versão hospedada da plataforma. O WordPress importa todos os posts, comentários, campos personalizados e categorias em um blog. Consulte a Tabela 14-1 neste capítulo para descobrir como usar a funcionalidade de exportação para obter os dados do seu site.

Ao concluir a exportação, siga estes passos:

1. Clique no link Instalar Agora abaixo do título WordPress na página de importação e instale o plugin para realizar a importação.

2. Clique no link Executar Importador.

Isso carregará a tela Importar WordPress, com instruções de importação para seu arquivo, como mostra a Figura 14-11.

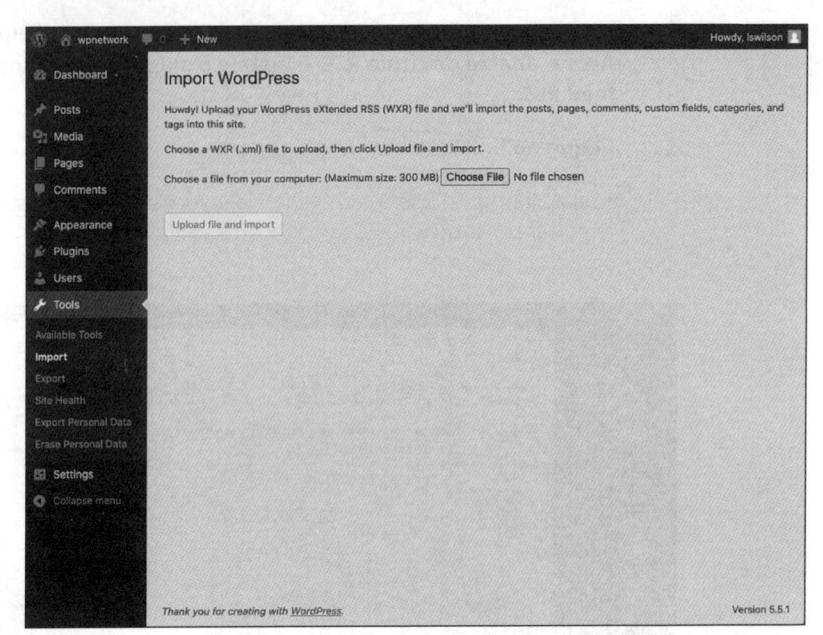

FIGURA 14-11:
A tela
Importar
WordPress.

3. Clique no botão Escolher Arquivo [Choose File].

Isso carregará uma janela, listando os arquivos no seu computador.

4. Dê um clique duplo no arquivo de exportação que você salvou anteriormente a partir do seu blog WordPress.

5. Clique no botão Enviar Arquivo e Importar.

O script de importação trabalhará sozinho e, ao terminar, a página será recarregada e você será recepcionado com uma mensagem confirmando a conclusão do procedimento.

Importando de um feed RSS

Se der tudo errado ou se o WordPress não fornecer um script de importação necessário para sua plataforma atual, você pode importar os dados do seu site por meio do feed RSS para o site que você deseja importar. Com o método de importação RSS, você só pode importar posts. Portanto, não é possível usar o seguinte método para importar comentários, trackbacks, categorias ou usuários.

Consulte a Tabela 14-1 para obter mais informações sobre a criação do arquivo que você precisa para importar via RSS. Em seguida, siga estes passos:

1. **Na página Importação do Painel WordPress, clique no link Instalar Agora, abaixo do título RSS, e instale o plugin para importar de um feed RSS.**

2. **Clique no link Executar Importador.**

   A tela Importar RSS será carregada. Nela, você encontrará instruções para importar seu arquivo RSS, como mostra a Figura 14-12.

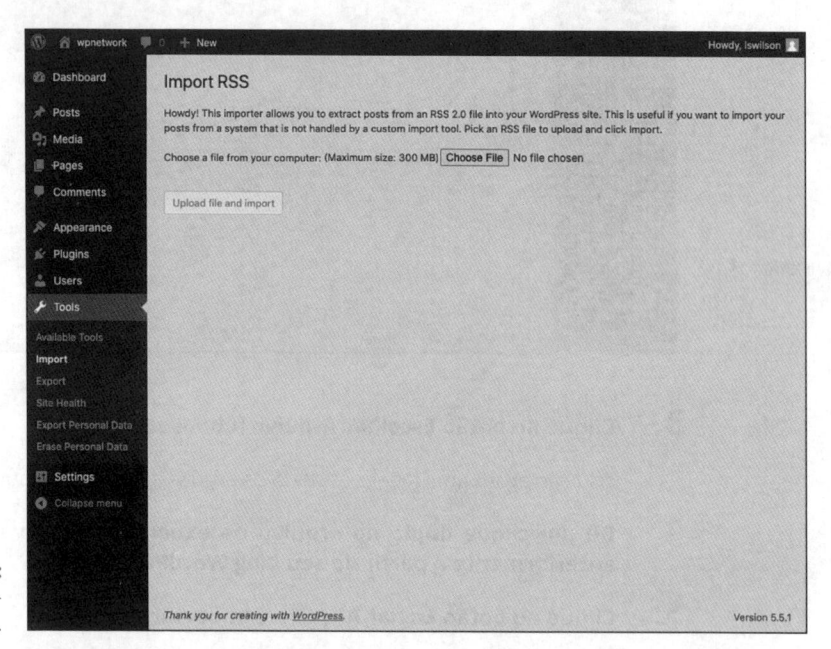

3. **Clique no botão Escolher Arquivo [Choose File] na página Importar RSS.**

4. **Dê um duplo clique no arquivo de exportação que você salvou anteriormente do seu feed RSS.**

5. **Clique no botão Enviar Arquivo e Importar.**

   O script de importação fará a sua mágica e recarregará a página, que conterá uma mensagem confirmando o término do processo.

Encontrando outros recursos de importação

O Suporte do WordPress tem uma longa lista de scripts, plugins, gambiarras e verdadeiros truques para importar conteúdo de outras plataformas. Você poderá encontrar essa informação aqui: `https://wordpress.org/support/article/importing-content`.

LEMBRE-SE

Perceba que esse site é gerenciado por voluntários. Ao visitá-lo, esteja ciente de que nem tudo citado na página está necessariamente atualizado ou posto de forma precisa, incluindo as informações de importação (ou qualquer outra informação sobre gerenciar seu site WordPress).

Movendo Seu Site para Outro Provedor

Em algum momento, você pode decidir que deseja migrar do seu provedor de hospedagem atual para outro. Pode ser que você se veja obrigado a mudar de provedor por diversas razões. Você pode estar insatisfeito com o provedor atual ou talvez o provedor esteja encerrando seus serviços, o que força você a buscar um outro lar virtual.

Transferir essas informações de um provedor para outro é uma realidade que alguns donos de site precisam enfrentar. Transferir um site existente, com todo seu conteúdo, arquivos e dados de um provedor para outro pode ser uma tarefa assustadora. No entanto, esta seção deve facilitar seu trabalho.

Você tem duas formas de prosseguir:

» Manualmente, fazendo o backup do banco de dados e baixando arquivos essenciais

» Usando um plugin para automatizar o processo tanto quanto for possível

Obviamente, usar uma ferramenta para automatizar o processo é o modo mais simples e desejável, mas, caso você precise fazer o trabalho manualmente, a seção seguinte deste capítulo, "Criando um backup e movendo manualmente", fornece instruções a respeito disso.

Criando um backup e movendo manualmente

Anteriormente neste capítulo, na seção "Fazendo o Backup do Banco de Dados", forneci instruções passo a passo para realizar o backup do banco de dados com o phpMyAdmin. Siga os passos daquela seção para ter um backup do seu banco de dados com todo o conteúdo recém-publicado em seu blog. Por *conteúdo*, me refiro ao conteúdo que você (ou os outros) escreveu ou digitou no seu blog por meio do Painel, incluindo:

» Posts de blog, páginas e tipos personalizados de post

» Links, categorias e tags

- » Opções de posts e páginas como trechos, hora e data, campos personalizados, categorias, tags e senhas
- » Configurações do WordPress realizadas no menu Configurações do Painel
- » Todos os widgets que você criou e configurou
- » Todas as opções de plugin que você configurou para os plugins instalados

Outros elementos do seu site não são armazenados no banco de dados e precisarão ser baixados (via SFTP) do seu servidor web. A seguir, você tem uma lista com todos esses elementos, incluindo instruções sobre como encontrá-los e como baixá-los para o seu computador:

- » **Arquivos de mídia:** Esses são os arquivos que você enviou a partir do recurso de envio de mídias do WordPress e incluem imagens, vídeos, arquivos de áudio e documentos. Os arquivos de mídia podem ser encontrados na pasta `/wp-content/uploads/`; conecte-se ao seu servidor web via SFTP e baixe essa pasta para o seu computador.

- » **Arquivos de plugin:** Embora todas as configurações de plugins sejam armazenadas no banco de dados, os arquivos em si que contêm o código de programação não são. Os arquivos de plugin podem ser encontrados na pasta `/wp-content/plugins/`; conecte-se ao seu servidor web via SFTP e baixe essa pasta para seu computador.

- » **Arquivos de temas:** Os widgets e as opções configuradas no seu tema atual estão armazenados no banco de dados, mas os arquivos de template dos temas, as imagens e as folhas de estilo não ficam armazenados com eles. Esses arquivos podem encontrados na pasta `/wp-content/themes`; conecte-se ao seu servidor web via SFTP e baixe essa pasta para seu computador.

Agora que você já tem seu banco de dados e seus arquivos WordPress devidamente armazenados no computador, movê-los para um outro provedor envolve um processo inverso, como mostram os passos a seguir:

1. Crie um novo banco de dados em sua nova conta de hospedagem.

Você encontrará os passos para a criação de um banco de dados no Capítulo 3.

2. Importe o backup do seu banco de dados no banco de dados que acabou de criar:

a. *Faça login no cPanel com sua conta de hospedagem.*

b. *Clique no ícone phpMyAdmin e escolha seu novo banco de dados no menu esquerdo.*

c. *Clique na aba Importar, na parte superior.*

d. *Clique no botão Pesquisar e selecione o backup do banco de dados no seu computador.*

e. *Clique no botão Ir para importar o banco de dados antigo para o novo.*

3. Instale o WordPress em sua nova conta de hospedagem.

Veja o Capítulo 3 para saber mais sobre como instalar o WordPress.

4. Edite o arquivo `wp-config.php` para que ele contenha seu novo nome, nome de usuário, senha e host do banco de dados.

5. Envie tudo que você baixou da pasta `/wp-content/` para sua nova conta de hospedagem

6. No seu navegador, acesse seu novo domínio.

Seu site deve funcionar e você deve conseguir fazer login no Painel WordPress com o mesmo nome de usuário e senha de antes, já que essa informação é armazenada no banco de dados que você importou.

Usando um plugin para fazer o backup e migrar para um novo provedor

Um plugin que uso regularmente para levar um site WordPress de um provedor até outro se chama, de forma muito adequada, BackupBuddy. Esse plugin não é gratuito e também não está disponível na página oficial de plugins do WordPress, portanto, é preciso pagar por ele. Mas preciso dizer que esse plugin vale cada centavo, visto que ele consegue trivializar todo o processo de backup e migração. Em outras palavras, o plugin é de fácil uso e você consegue finalizar todo o procedimento em questão de minutos no lugar de horas.

Você pode comprar o plugin BackupBuddy no seguinte endereço do iThemes: `https://ithemes.com/backupbuddy`. No momento em que este livro foi escrito, o plugin custava a partir de 80 dólares anuais. Após a compra, você pode baixar e instalar o plugin (confira as instruções de instalações de plugins no Capítulo 7). Feito isso, siga as instruções no Painel WordPress para fazer uma cópia de backup do site e movê-lo até outro servidor.

A Parte dos Dez

Descubra plugins populares para adicionar melhorias ao seu site.

Encontre dez temas incríveis e de uso gratuito.

Capítulo **15**

Dez Plugins Populares para o WordPress

Neste capítulo, listo dez dos plugins mais populares disponíveis para o seu site WordPress. Essa lista não está completa de forma alguma; existem centenas de plugins excelentes para o WordPress, oferecendo muitas formas de expandir as funcionalidades do seu blog. Se esses dez plugins não forem suficientes, poderá encontrar muitos outros na página oficial de plugins do WordPress (`https://br.WordPress. org/plugins/`).

LEMBRE-SE

O melhor plugin de todos é o Akismet, o qual descrevo mais detalhadamente no Capítulo 7. O Akismet é a resposta para o spam de comentários e trackbacks. Ele já vem na instalação padrão do WordPress. O Capítulo 7 contém mais informações sobre como encontrar, baixar, extrair, instalar, ativar e gerenciar plugins no seu site WordPress.

Custom Post Type UI

Desenvolvedor(a): WebDevStudios

```
https://br.WordPress.org/plugins/custom-post-type-ui/
```

No Capítulo 12 deste livro, apresentei você ao recurso Tipo Personalizado de Post. Esse recurso permite que você crie novos tipos de conteúdo separados dos posts e imagens, como análises de filmes ou receitas. As taxonomias personalizadas permitem que você crie novos grupos de conteúdo separados das categorias e tags, como gêneros, nos casos dos filmes, ou temperos, no caso das receitas.

A seção "Trabalhando com Tipos Personalizados de Post" do Capítulo 12 mostra como criar tipos personalizados de post e taxonomias ao adicionar diversas linhas de código ao arquivo `functions.php` do seu tema WordPress. Mas nem todo mundo está interessado ou se sente confortável em vasculhar os arquivos de template para adicionar um punhado de códigos, e é aí que entra o plugin Custom Post Type UI. Esse plugin ajuda você a criar tipos personalizados de posts e taxonomias sem precisar mexer no código.

O plugin oferece uma tela de configurações no Painel WordPress que permite ao usuário configurar seu tipo personalizado de post e taxonomia. Ao terminar, basta clicar no botão Salvar para salvar todas as configurações.

Jetpack

Desenvolvedor(a): Automattic

```
https://br.WordPress.org/plugins/jetpack/
```

Jetpack não é um mero plugin; ele é um conjunto de plugins que conecta seu site auto-hospedado do WordPress.org com o serviço do WordPress.com, trazendo muitos dos recursos favoritos dos usuários do WordPress.com. O Jetpack reúne funcionalidades como:

- » **Estatísticas do WordPress.com:** Receba informações sobre os visitantes do seu site, como o número de visitantes, a localização deles e qual conteúdo visualizaram.

- » **Comentários do Jetpack:** Gerencie comentários que podem ser integrados com opções de redes sociais, como Facebook, Twitter e Google.

- » **Post por e-mail:** Publique posts no seu blog diretamente da sua conta de e-mail.

- **» Carrossel:** Transforme suas galerias de imagem em apresentações de slide e carrosséis.

- **» Gramática e Ortografia:** Revise sua gramática, ortografia e pontuação com esse serviço de revisão integrado.

- **» VaultPress:** Gerencie backups e varreduras de segurança em tempo real para o seu site.

- **» Formulário de contato:** Insira um formulário de contato em qualquer lugar do seu site com um clique.

- **» Encurtador de links WP.me:** Crie um URL curto para um compartilhamento simplificado com o serviço WP.me.

- **» Grades de imagens:** Crie layouts de revistas para suas fotos.

- **» CSS personalizado:** Personalize a aparência do seu site com o CSS sem modificar seus arquivos de tema.

- **» Widgets de barra lateral extras:** Adicione widgets ao seu site WordPress, como RSS e Easy Image.

- **» Login único Jetpack:** Permite que os usuários façam login em seu site ao usar as credenciais do WordPress.com.

- **» Distribuição aprimorada:** Compartilhe seu conteúdo com mecanismos de busca e outros serviços em tempo real.

- **» VideoPress:** Envie e insira vídeos em seu site.

Dado que o Jetpack é executado e hospedado no servidor em nuvem do WordPress.com, as atualizações desse conjunto de plugins acontecem automaticamente.

Para usar o Jetpack, é preciso ter uma conta na plataforma WordPress.com (veja o Capítulo 1 para saber mais).

Limit Login Attempts Reloaded

Desenvolvedor(a): WPChef

```
https://br.WordPress.org/plugins/limit-login-attempts-
reloaded/
```

Esse plugin limita o número de vezes que um usuário pode tentar fazer login no seu site WordPress antes de ser bloqueado por um período. Por padrão, sem um plugin como esse, o WordPress permite uma quantidade ilimitada de tentativas, o que significa, também, uma quantidade ilimitada de tentativas para descobrir senhas. Esse plugin registra todas as tentativas para que você adicione endereços IP, endereços de e-mail ou nomes de usuário em uma lista de bloqueio. Você pode adicionar qualquer IP, endereço de e-mail ou nome de usuário a uma lista de bloqueio que impossibilita quaisquer tentativas dessas fontes. Esse plugin é compatível com o recurso Multisite do WordPress.

Cookie Notice for GDPR & CCPA

Desenvolvedor(a)s: dFactory

```
https://pt.WordPress.org/plugins/cookie-notice/
```

A Lei Geral de Proteção de Dados (LGPD, ou GDPR em inglês) trata sobre a privacidade de dados pessoais que foi aprovada em 2018. A lei lida com a organização e o processamento de dados de usuários para todos os usuários do país. Ela declara que todos os sites devem informar aos seus visitantes a respeito da coleta e do armazenamento de dados por diferentes meios. Essas notificações devem estar visíveis para todos os usuários do site. Uma lei parecida, a Lei de Privacidade do Consumidor da Califórnia (CCPA, da sigla em inglês), dá aos consumidores o controle sobre as informações pessoais que os sites podem coletar deles. Todos os donos de sites devem cumprir tudo o que for determinado em ambas as leis.

O plugin Cookie Notice for GDPR & CCPA permite que você configure uma mensagem personalizada para notificar aos seus usuários sobre o uso de cookies quando visitam seu site. Quando o visitante clicar no botão Eu Concordo, enviando seu consentimento a respeito do armazenamento de dados pessoais, então seu site poderá configurar um cookie de modo que seu navegador se lembre desse ato de consentimento.

Você pode estar se perguntando por que seu site precisaria cumprir essas leis. Quase todos os sites coletam dados sobre seus usuários. Se o seu site faz qualquer uma das coisas a seguir, então você deve ter uma notificação sobre a LGPD e a CCPA em seu site:

» **Comentários:** Sites que permitem comentários em artigos estão coletando, no mínimo, o endereço IP e de e-mail dos usuários, bem como o conteúdo desses comentários.

» **Registro de Usuários:** Sites que permitem o registro de usuários estão coletando o endereço IP e de e-mail desses usuários.

» **Formulários de Contato:** Sites com formulário de contato estão coletando endereços de e-mail e de IP, nomes e números de telefone, além do conteúdo das mensagens que são enviadas.

» **Analytics:** Sites que usam esse tipo de ferramenta coletam dados do usuário, como endereços IP e localizações geográficas.

Sob essas leis, o consentimento do usuário a respeito da coleta e armazenamento de dados deve ser informado; ele não pode ser meramente presumido.

Yoast SEO

Desenvolvedor(a): Team Yoast

`https://br.WordPress.org/plugins/WordPress-seo/`

Quase todo mundo está preocupado com a otimização para mecanismos de busca (SEO) de seus sites. Boas práticas de SEO ajudam os maiores mecanismos de busca (como Google, DuckDuckGo e Bing) a encontrar e salvar facilmente seu blog nos bancos de dados para que, quando as pessoas pesquisarem usando palavras-chave corretas, possam encontrar seu blog nos resultados de busca. O Yoast SEO ajuda a realizar o ajuste fino do seu site para o SEO, criando de forma automática títulos otimizados para SEO e gerando palavras-chave de HTML para seus posts individuais. Se você for iniciante, esse plugin servirá para você assim que o instalar, sem a necessidade de configurações adicionais. Maravilha! Mas, se você for usuário avançado, é possível configurar o Yoast SEO para atender às suas necessidades.

BackupBuddy

Desenvolvedor(a): iThemes

`https://ithemes.com/backupbuddy`

Com preços a partir de US$80 para uso pessoal e US$199 para a função ilimitada, o BackupBuddy permite que você faça o backup de todo o seu site em uma questão de minutos. Com esse plugin, você também pode determinar um calendário de backups automáticos com regularidade diária, semanal ou mensal. Você pode armazenar os backups desse plugin na sua conta de hospedagem web, enviá-los para um endereço de e-mail específico, transferir os arquivos via SFTP para um servidor SFTP designado ou armazená-los no S3 da Amazon, no Dropbox ou no Rackspace Cloud, se você tiver contas nesses serviços.

O BackupBuddy faz o backup não só para seus dados do WordPress (posts, páginas, comentários, entre outros), mas também de qualquer tema e plugin personalizado que você tenha instalado (incluindo as configurações do dito plugin). Além disso, ele também salva e faz o backup de todas as configurações e widgets do WordPress que você estiver usando.

O BackupBuddy inclui um script de importação e migração (`importbuddy. php`) que possibilita a transferência de um site existente para um novo domínio ou hospedagem em minutos. Para isso, é necessário apenas baixar o arquivo de backup criado pelo BackBuddy a partir do seu Painel (escolha BackupBuddy⇨ Backups), instalar o script em um novo domínio e seguir os passos exibidos na tela.

PAPO DE ESPECIALISTA

Esse plugin é valiosíssimo para designers e desenvolvedores que trabalham com o design de sites para o WordPress. Com ele, você pode baixar o backup do site e usar o script de importar/migração para transferir o site completo para o site do seu cliente dentro de minutos, mantendo todo o trabalho de personalização que você fez no tema e os plugins que instalou, incluindo as configurações e os dados com os quais trabalhou tão arduamente.

WP Super Cache

Desenvolvedor(a): Automattic

`https://br.WordPress.org/plugins/wp-super-cache/`

O WP Super Cache cria arquivos HTML estáticos para o seu conteúdo dinâmico do WordPress. Por que esse conteúdo é útil? Em um site de alto tráfego, ter versões em cache dos seus posts e páginas pode reduzir consideravelmente o tempo de carregamento do site. Uma versão *em cache* significa apenas que o conteúdo é convertido para páginas HTML estáticas (em vez de ser extraído de forma dinâmica do seu banco de dados por meio de uma série de comandos PHP) que são armazenadas no servidor. Esse processo reduz os esforços que o servidor web precisa fazer para exibir o conteúdo nos navegadores dos visitantes.

Você pode ler um artigo muito útil escrito por um dos desenvolvedores do plugin, Donncha O'Caoimh, no link `https://odd.blog/ wp-super-cache.`

WooCommerce

Desenvolvedor(a): Automattic

`https://br.WordPress.org/plugins/woocommerce/`

E-commerce é a prática de vender produtos ou serviços no seu site. O plugin WooCommerce para o WordPress é útil para esse tipo de trabalho. Esteja você vendendo produtos como camisetas, pôsteres ou arte, ou serviços como consultorias, o WooCommerce permite que você organize produtos e aceite transações em seu site.

Veja algumas tarefas que você pode realizar com o plugin WooCommerce:

- **Aceitar pagamentos.** Você pode aceitar pagamentos dos seus clientes pelo PayPal ou por qualquer uma das principais empresas de cartão de crédito.

- **Configuração de envios.** Se você vende bens físicos que requerem o envio de remessas, o recurso de frete do WooCommerce oferece diversas opções, incluindo a opção de frete grátis ou de frete fixo.

- **Gerenciar inventário.** Gerencie facilmente bens físicos e digitais (como músicas, por exemplo). Você também pode atribuir gerentes de loja para lidar com o inventário de grandes lojas online diariamente.

- **Executar relatórios.** Mantenha o registro das suas vendas, análises, níveis de estoque e desempenho geral da loja com as ferramentas de relatório do WooCommerce.

- **Execute campanhas de marketing.** Com o WooCommerce você terá uma gama de descontos, limites de uso e restrições de produto e/ou usuário, bem como a opção de frete grátis.

- **Configuração de impostos.** Configure impostos com classes e taxas de impostos locais.

O WooCommerce tem uma variedade de add-ons, chamados de extensões, que permitem expandir sua plataforma de e-commerce da forma que achar melhor. A biblioteca de extensões do plugin contém itens como Agendamento de Eventos, Assinaturas, Análises de Produtos e Rótulos de Produtos.

Google XML Sitemaps

Desenvolvedor(a): Auctollo

```
https://br.WordPress.org/plugins/google-sitemap-
generator/
```

Esse plugin permite que você crie um sitemap em XML que obedece às normas do Google para todo o blog. Sempre que criar um novo post ou página, o sitemap é atualizado e enviado para os principais mecanismos de busca, incluindo Google, Yahoo! e Bing. Esse plugin ajuda os mecanismos de busca a encontrar e catalogar o novo conteúdo do seu site, fazendo esse novo conteúdo aparecer nos mecanismos de busca mais rápido do que se não houvesse um sitemap.

Sucuri Security

Desenvolvedor(a): Sucuri, Inc.

`https://WordPress.org/plugins/sucuri-scanner`

Com o aumento da popularidade do WordPress, um abominável grupo de hackers anônimos procurou ganhar vantagem do grande número de usuários na comunidade, tentando injetar código malicioso e malware em temas, plugins e em arquivos defasados e pouco seguros dentro do código central da plataforma.

O plugin Sucuri SiteCheck Malware Scanner verifica a existência de malware, spam, blacklisting e outros problemas de segurança escondido nos arquivos de código. Essa é a sua melhor defesa contra hackers maliciosos, além de ser um plugin muito simples de implementar — e, considerando a tranquilidade que ele oferece, é um plugin que vale a pena.

Capítulo **16**

Dez Temas Gratuitos do WordPress

A lista apresentada aqui não é uma lista fechada. Os Capítulos 8, 10 e 11 oferecem alguns outros recursos para encontrar um tema capaz de atender às suas necessidades.

Todos os temas deste capítulo atendem aos seguintes critérios:

» **São *user-friendly*.** Você não precisa mexer muito no tema para que as coisas fiquem do jeito que deseja.

» **São compatíveis com widgets.** Os widgets são incríveis. Falo sobre eles no Capítulo 9.

» **São gratuitos.** Existem alguns temas premium bem legais por aí, mas por que pagar por eles?

» **Usam um código válido.** Embora você possa não perceber, códigos válidos que atendem aos padrões W3C (`https://www.w3.org`) não causarão erros em navegadores.

Hybrid Core

Designer do tema: Justin Tadlock

```
https://themehybrid.com/hybrid-core
```

Hybrid Core, na verdade, está mais próximo de um *framework* de tema, ou um tema pai que pode ser modificado infinitamente para criar o tema filho perfeito, do que um tema pronto. Mas não deixe essa descrição intimidá--lo! O tema é muito fácil de ser usado e bastante *user-friendly*.

Por padrão, o tema Hybrid Core é bem simples, mas ele suporta todas as funções e recursos do WordPress que você pode querer:

>> **Pronto para SEO.** O tema está pronto para a otimização para mecanismos de busca (SEO).

>> **Altamente personalizável.** O Hybrid tem quinze páginas de template para você escolher. Cada página personalizada é configurada de forma levemente diferente, oferecendo um grande conjunto de opções.

>> **Pronto para widgets.** Esse tema tem diversas áreas "widgetizadas" para que você possa inserir seu conteúdo, tornando sua experiência com o tema simples e eficiente.

Você pode ler mais sobre o tema Hybrid Core no site do desenvolvedor Justin Tadlock, `https://themehybrid.com/hybrid-core`. Você também pode baixar e instalar o tema diretamente do seu site WordPress, usando o instalador automático de temas embutido no seu Painel.

DICA

Confira as opções para instalar e ajustar os temas nos Capítulos 9, 10 e 11. Esses capítulos dão mais informações sobre CSS, HTML e ajuste de temas, além de guiá-lo sobre como trabalhar com temas pai e filho.

Hestia

Designer do tema: Themeisle

```
https://themeisle.com/demo/?theme=Hestia
```

Hestia (veja a Figura 16-1) é um tema de página única criado para sites de empresas de pequeno porte. O tema funciona em todos os dispositivos: computadores, tablets e smartphones.

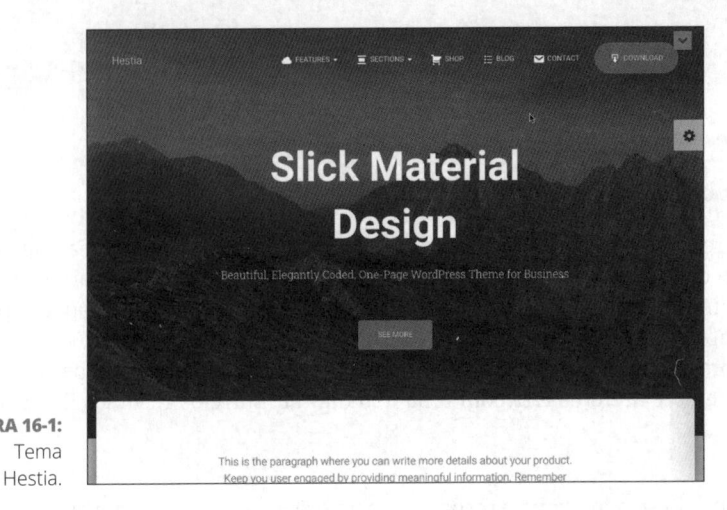

FIGURA 16-1:
Tema
Hestia.

Entre os recursos do Hestia, temos:

» Interface de arrastar e soltar para criação de conteúdo

» Otimização SEO

» Um personalizador que permite realizar alterações e vê-las em tempo real

» Suporte aos menus do WordPress e menus de navegação personalizados

» Suporte às cores e imagens personalizadas

» Links e compartilhamento de redes sociais embutidos

Responsive

Designer do tema: CyberChimps

```
https://br.WordPress.org/themes/responsive
```

O design responsivo é muito interessante atualmente graças à emergência da navegação em smartphones e tablets. O design responsivo garante que um site permanecerá perfeito independentemente do dispositivo utilizado para a navegação. O tema Responsive, de Emil Uzelac, tem nove templates de páginas, incluindo Blog, Resumo do Blog e outros templates de páginas estáticas em um sistema fluido de grades que se adapta ao ambiente de navegação do usuário.

As opções de tema incluem ferramentas de webmaster, gerenciamento de logo, suporte à tipografia do Google, ícones de redes sociais, menus de navegação e suporte a múltiplos idiomas.

Ashe

Designer do tema: WP Royale

`https://br.WordPress.org/themes/ashe/`

O tema Ashe é perfeito para um site ou blog pessoal. A aparência e sensação do design são adequados para um blog de estilo de vida ou para empresas como panificadoras, agências de viagens e consultorias de saúde, apenas para citar algumas opções. O design é minimalista e bonito, com tons e cores suaves. Esse tema oferece suporte ao WooCommerce para aqueles que desejarem usá-lo com uma loja digital. Entre os recursos desse tema, estão:

» Design moderno e responsivo para exibir seu conteúdo em qualquer dispositivo

» Programado com práticas consistentes de SEO para ajudá-lo a obter bons retornos de SEO

» Possibilidade de usar o Personalizador do WordPress para enviar um arquivo de imagem da sua logo

» Imagem de capa, slider de página inteira e slider do Instagram para exibir alguns dos seus conteúdos

Prefer Blog

Designer do tema: Template Sell

`https://br.WordPress.org/themes/prefer-blog`

Prefer Blog é um tema de blog simples, perfeito para quem deseja criar e gerenciar um blog no WordPress. O tema funciona muito bem com o editor Gutenberg. Dois dos recursos mais interessantes desse tema são os padrões embutidos de bloco de Autor e Contato, facilitando a adição de informações sobre o autor em qualquer página ou post, bem como um formulário de contato (caso você tenha instalado o plugin Contact Form 7 [`https://br.WordPress.org/plugins/contact-form-7`]).

Outras opções do tema são:

» Diversas opções de barra lateral

» Slider em destaque

> » Caixas promocionais
>
> » Widgets personalizados para posts em destaque e ícones de redes sociais
>
> » Diversas opções de cores

BlackBird

Designer do tema: InkThemes

https://br.WordPress.org/themes/blackbird

BlackBird, exibido na Figura 16-2, é um tema responsivo (pronto para o uso em dispositivos móveis) e com muitas opções de personalização. O tema permite que você

> » Use sua própria logo
>
> » Inclua seu código de analytics
>
> » Personalize o texto em destaque com um widget de uso simples
>
> » Personalize cores e imagens de fundo
>
> » Incorpore miniaturas de post usando o recurso de imagem em destaque
>
> » Personalize a imagem do cabeçalho
>
> » Use os recursos de menu de navegação do WordPress

FIGURA 16-2:
BlackBird,
por Ink-
Themes.

Storefront

Designer do tema: Automattic

`https://br.WordPress.org/themes/storefront/`

O tema Storefront, cuja tradução livre seria Vitrine, é exatamente isso: um tema para sua loja. Ele é compatível com o WooCommerce e é um ótimo tema gratuito para que você comece seu empreendimento no mundo do e-commerce. Ele oferece diversas opções de layout e cores, um design responsivo e widgets personalizados com foco nos recursos do WooCommerce (leia mais sobre o plugin WooCommerce no Capítulo 15). Entre os recursos embutidos, temos:

>> Opções de fundo personalizado

>> Opções de cores personalizadas

>> Opções de cabeçalho personalizado

>> Opções de menu personalizado

>> Imagens em destaque

>> Widgets de rodapé

>> Habilidade de incluir uma barra lateral do lado esquerdo ou direito

>> Habilidade de remover a barra lateral

A Figura 16-3 mostra o tema Storefront.

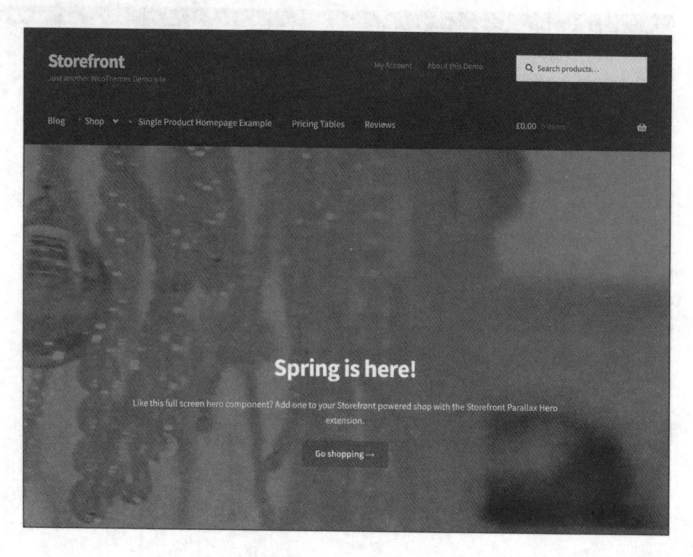

FIGURA 16-3: Tema Storefront.

Sinatra

Designer do tema: Sinatra Team

`https://br.WordPress.org/themes/sinatra/`

Você pode usar o tema Sinatra para criar qualquer tipo de site ou blog. Esse tema é perfeito para um novo blogueiro ou para quem gerencia um site de negócios, seja de serviços criativos, restaurantes, panificadoras, startups de tecnologia ou qualquer outra coisa.

O tema Sinatra funciona com o editor Gutenberg e suporta plugins populares como WooCommerce, Jetpack e Yoast SEO. Entre suas incríveis funcionalidades, temos:

- » Layouts diversos
- » Opções ilimitadas de cores
- » Integração de microdados
- » Opções personalizadas de fundo
- » Imagens em destaque
- » Barra lateral do lado esquerdo ou direito

Nisarg

Designer do tema: Nisarg

`https://br.WordPress.org/themes/nisarg`

Nisarg é um belo tema para um blog. Ele tem um layout limpo, com menus de navegação de uso fácil, uma grande área para a inserção da sua imagem de cabeçalho personalizada e suporte a cores e fundos personalizados.

O tema Nisarg oferece templates de páginas personalizados (como templates sem barra lateral, portfólio e blog) e permite que você use os recursos padrão do WordPress, como cabeçalhos personalizados, fundos personalizados, menus de navegação, imagens em destaque e formatação de posts.

Optics

Designer do tema: Graph Paper Press

`https://graphpaperpress.com/themes/optics/`

Optics é um tema minimalista com um layout em grade (veja a Figura 16-4). O tema tem elementos limpos, simples e leves que permitem que o seu design foque o conteúdo em vez da aparência. O tema usa tons de preto, branco e cinza e um layout de coluna dupla, com conteúdos do lado direito e uma barra lateral à esquerda.

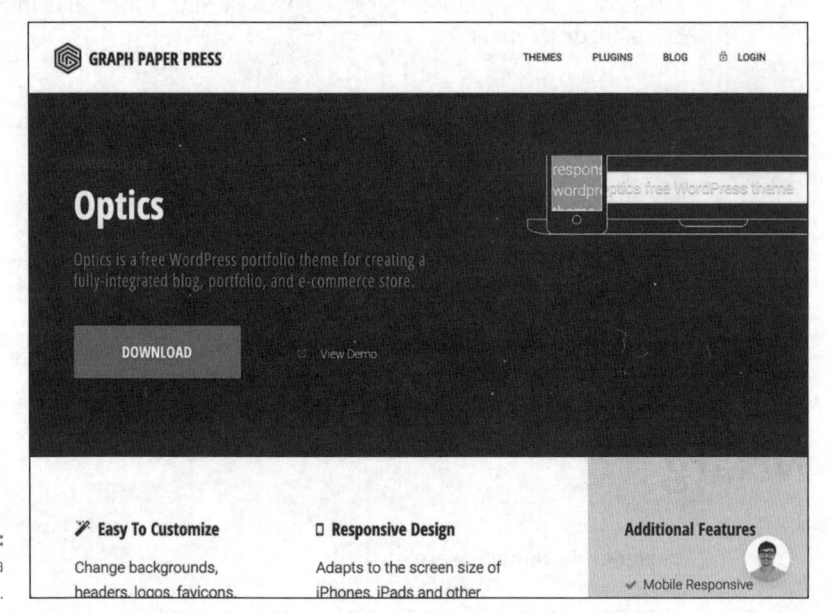

FIGURA 16-4: Tema Optics.

Esse tema gratuito é oferecido por uma empresa de temas comerciais, a Graph Paper Press, e para baixá-lo é preciso criar uma conta gratuita no site da empresa.

Índice